· 侦查学系列教材 ·

司法精神病学

张小宁　石美森 ◆ 编著

中国政法大学出版社

2019·北京

声　明　　1. 版权所有，侵权必究。
　　　　　2. 如有缺页、倒装问题，由出版社负责退换。

图书在版编目（CIP）数据

司法精神病学/张小宁，石美森编著.—北京：中国政法大学出版社，2019.11（2023.8重印）

ISBN 978-7-5620-9172-1

Ⅰ．①司… Ⅱ．①张… ②石… Ⅲ．①司法精神医学 Ⅳ．①D919.3

中国版本图书馆CIP数据核字（2019）第174262号

出 版 者	中国政法大学出版社
地　　址	北京市海淀区西土城路25号
邮寄地址	北京 100088 信箱 8034 分箱　邮编 100088
网　　址	http://www.cuplpress.com（网络实名：中国政法大学出版社）
电　　话	010-58908435（第一编辑部）58908334（邮购部）
承　　印	固安华明印业有限公司
开　　本	720mm×960mm　1/16
印　　张	21
字　　数	365千字
版　　次	2019年11月第1版
印　　次	2023年8月第2次印刷
印　　数	3001～6000册
定　　价	59.00元

作者简介

张小宁 主任法医师,中国政法大学刑事司法学院教授、硕士生导师;发表论文20余篇,出版专著17本;代表作:《基础司法精神病学》《法医学》《刑事司法精神疾病鉴定法律规范的几个问题》《刑事案件中精神障碍问题与对策》《重视刑事案件中限制责任能力的司法鉴定问题》等。

石美森 法医学博士、博士后、主任法医师,中国政法大学刑事司法学院教授、硕士生导师;教育部新世纪优秀人才,北京市科技新星,耶鲁大学访问学者;主持国家级、省部级科研基金10余项,发表科研论文50余篇,SCI收录20余篇;代表作:《生物学证据研究与应用》等。

编写说明

中国政法大学作为"211工程"重点建设高校和国家"双一流"建设高校，经教育部2001年批准设立了侦查学本科专业，凭借本校的法学教育资源优势为公安、安全、检察、海关、纪检监察、财政税务、金融保险、市场监督等部门培养了大量证据调查和侦查方面的专门人才。侦查学专业在教育部和学校的大力支持下建立了侦查学实验中心和网络犯罪侦查实验室，为侦查学专业的教学、科研工作提供了高水准的实验平台。多年来，侦查学专业紧紧依托本校法学专业的优势，以深厚的法学知识为基础，讲授侦查学基本原理，传授科学先进的侦查技能与方法，并以侦查学基本理论、侦查技术、侦查实践技能为核心构建了多学科相融通的课程体系。同时，结合侦查实践的急需，建立了以网络犯罪案件侦查为特色的侦查学理论教学和研究基地。为适应现代化侦查和满足经济全球化、社会信息化对证据调查和侦查人才培养的需要，根据国务院《国家教育事业发展"十三五"规划》和教育部《关于加快建设高水平本科教育全面提高人才培养能力的意见》，我们组织编写了侦查学专业本科系列教材。

侦查学专业自2009年以来陆续出版了《侦查学总论》《司法鉴定学》《现场勘查学》《刑事案件侦查》《职务犯罪案件侦查》《讯问学》等具有政法特色的教材。为适应培养具有创新精神和实践能力的新型高级专门人才的新形势需要，特别是适应国际法庭科学互证的需要，我们决定再次规划和修订《侦查学总论》《司法鉴定学总论》《中外侦查制度》《网络犯罪案件侦查》《刑事案件侦查》《经济犯罪案件侦查》《职务犯罪案件调查》《讯问学》《电子证据调查学》《司法摄影》《文件物证检验学》《痕迹检验学》《法医学》《司法精神病学》等14部教材，以展示我校教学、科研的最新成果。

本套规划和修订的教材，借鉴了国内外侦查学理论研究的新成果，吸纳了相关学科的前沿研究成果，反映了侦查实践中的新经验，注重介绍侦查学各门学科的基础知识，阐释基本理论，突出理论与实践的有机结合，力求达到科学性、系统性、新颖性、适应性的统一。

本套教材的编写和出版，得到了中国政法大学出版社领导、编辑的大力支持和热情帮助，对此我们表示诚挚的谢意！本套教材在编写过程中的疏漏、缺憾在所难免，恳请专家、学者及广大读者不吝指教！

中国政法大学刑事司法学院
2019 年 3 月

前 言

司法精神病学是应用现代精神病学的理论和技术，研究并解决精神疾病与法律间有关问题的一门科学。它以精神病学为基础，以法学为准则，为我国司法实践及立法服务。在我国，司法精神病学是一门新兴的学科。随着我国社会主义法治的全面发展和完善，司法精神病学也获得了很大的发展，日益为人们所知晓和重视，在司法实践中起着应有的作用。

本书是作者在该领域三十多年研究的基础上，吸收了我国近年来法制建设和司法鉴定改革与实践的最新成果，吸收了精神病学、司法精神病学及相关学科的最新进展编写而成的。本书力求正确地阐述司法精神病学的理论和知识，力图体现新的研究成果和进展，努力使内容达到科学性、系统性及与实践的统一，在我国现在司法精神病学的理论研究和实践工作方面、学习本领域知识方面起到积极的作用。

在本书的编写过程中，参考和借鉴了一些专家、学者的成果与资料，在此对专家、学者们表示感谢。因水平有限，书中缺点、不足在所难免，恳请读者批评指正。本书第一章、第二章、第四章、第五章由张小宁撰写，第三章、第六章由石美森撰写。

作者

2019 年 3 月 30 日

目 录

第一章 绪论 ………………………………………………………………… 1
  第一节 精神疾病概述 ………………………………………………… 1
  第二节 精神疾病的神经学和生化学基础 …………………………… 25
  第三节 司法精神病学 ………………………………………………… 35
  第四节 司法精神病学发展简史 ……………………………………… 51

第二章 司法精神病学鉴定 ……………………………………………… 56
  第一节 概述 …………………………………………………………… 56
  第二节 民事行为能力及民事行为能力的鉴定 ……………………… 61
  第三节 刑事责任能力及刑事责任能力的鉴定 ……………………… 75
  第四节 其他法律能力的司法精神病学鉴定 ………………………… 88
  第五节 受害人与诬告者的司法精神病学鉴定 ……………………… 97
  第六节 司法精神病学鉴定的组织结构与方式 ……………………… 100
  第七节 司法精神病学鉴定人 ………………………………………… 106
  第八节 司法精神病学鉴定的程序及内容 …………………………… 110
  第九节 司法精神病学鉴定意见书 …………………………………… 127
  第十节 司法精神病学鉴定的注意事项 ……………………………… 134

第三章 精神疾病常见症状 ……………………………………………… 137
  第一节 认识活动障碍 ………………………………………………… 138
  第二节 情感活动障碍 ………………………………………………… 157
  第三节 意志行为活动障碍 …………………………………………… 160
  第四节 常见的精神症状综合征 ……………………………………… 164
  第五节 精神症状的有关问题 ………………………………………… 166

第四章 司法精神病学鉴定各论 ······ **168**

第一节　精神分裂症 ······ 168
第二节　心境障碍（情感性精神障碍）······ 179
第三节　偏执性精神病 ······ 191
第四节　应激相关障碍 ······ 196
第五节　精神发育迟滞 ······ 203
第六节　癫痫性精神障碍 ······ 209
第七节　癔症、神经症 ······ 216
第八节　人格障碍、习惯与冲动控制障碍 ······ 232
第九节　性心理障碍 ······ 244
第十节　酒精所致精神障碍及毒品所致精神障碍 ······ 249
第十一节　短暂性精神病 ······ 261
第十二节　颅脑损伤伴发精神障碍 ······ 266
第十三节　与文化相关的精神障碍 ······ 275

第五章 精神障碍性损害的鉴定 ······ **279**

第一节　概述 ······ 279
第二节　劳动能力鉴定　职工工伤与职业病致残等级 ······ 281
第三节　不法侵害致精神障碍性损伤程度的鉴定 ······ 293
第四节　人体损伤致精神残疾程度的鉴定 ······ 298
第五节　人身保险意外伤害精神残疾鉴定 ······ 306

第六章 精神病的伪装与鉴别 ······ **310**

第一节　概述 ······ 310
第二节　伪装精神疾病的目的 ······ 311
第三节　伪装精神疾病的类型 ······ 312
第四节　伪装精神疾病的常见表现形式 ······ 314
第五节　伪装精神疾病的鉴别 ······ 317
第六节　匿病 ······ 321

参考文献 ······ **322**

第一章 绪 论

第一节 精神疾病概述

一、精神疾病的概念

精神疾病是指各种物理性、化学性、生物性、心理性及社会环境有害因素导致的大脑功能紊乱性疾病，主要表现为感知、意识、思维、情感、意志、智能或行为等精神活动不同程度的障碍。在临床上，将精神活动方面的异常表现称为精神症状。

精神活动又称心理活动，是人脑在反映客观事物时所进行的一系列复杂的功能活动，包括多个方面，按照心理过程可分为认识、情感和意志三个方面。认识过程包括知觉、记忆和思维，是对客观事物的了解和掌握。情感过程是指在接触、认识客观事物的过程中采取一定的态度，有一定主观体验的过程。意志过程是在认识事物、进行活动的过程中，为达到预定的目的，想方设法，采取措施，克服困难的心理过程。认识、情感和意志三个方面是互相影响、互相制约的，是统一的心理过程的不同方面。人的心理活动的任何一个方面发生异常，便会出现精神障碍。不同的精神障碍可以是心理活动的某一方面或某几方面出现异常的结果。

对于精神障碍，《中华人民共和国精神卫生法》（以下简称《精神卫生法》）第83条第1款、第2款定义为："本法所称精神障碍，是指由各种原因引起的感知、情感和思维等精神活动的紊乱或者异常，导致患者明显的心理痛苦或者社会适应等功能损害。本法所称严重精神障碍，是指疾病症状严重，导致患者社会适应等功能严重损害、对自身健康状况或者客观现实不能完整认识，或者不能处理自身事务的精神障碍。"

精神病一词有两种含义：广义的精神病与狭义的精神病。其中广义的精神病泛指所有类别的精神障碍，其主要包括：①精神病，即过去所称的重性精神病，是指严重的精神障碍，常会影响到患者的各种法律能力，在司法鉴定中最常见。其类型有精神分裂症、情感性精神病、偏执性精神病、脑器质性精神病、癫痫性精神病、症状性精神病、中毒性精神病、反应性精神病以及某些短暂性的精神病性精神障碍等。②智能障碍，包括精神发育迟滞和痴呆等以智能缺陷为主的精神障碍。依据智商水平，可将其分为若干等级。③神经症，又称神经官能症，包括癔症、强迫症、焦虑症、神经衰弱等，属于非精神病性的轻性精神障碍。其中癔症在司法精神鉴定中较为常见。④人格障碍，又称变态人格或病态人格，主要表现为情感和意志方面的异常。如果是原发性人格障碍，属于非精神病性精神障碍，其包括悖德型（反社会型）、偏执型、暴发型、分裂样型等。如果是疾病所致的继发性人格障碍，则情况较为复杂。⑤性心理障碍，又称性变态，一般指性欲方式或性欲对象的异常。如果系原发性性心理障碍，属于非精神病性精神障碍，而疾病所致的继发性性变态则情况较复杂。根据国内外的有关统计资料表明，广义的精神病的患病率约在10%左右。现今，对广义的精神病通称为精神疾病或者精神障碍，其概括了人的各种病理性的精神异常情况。狭义的精神病仅指精神障碍较为严重的那些精神疾病，即属于重性精神病及严重的智能障碍这类精神障碍。现在通常将狭义的精神病就称作精神病。狭义精神病的发病率据国内外有关统计资料表明约为4‰~20‰。但是，在精神病学临床上，常将精神疾病和精神病两个名词混用，并不严格区分。

现实中，经常将精神病和神经病混为一谈。实质上，精神病与神经病是既有联系、又有区别的两组疾病。它们都是与神经系统有关的疾病。神经病学研究和诊治的范围是从大脑、脊髓到周围神经和肌肉的疾病，临床主要表现为感觉和运动的障碍。但是，如果是大脑的神经疾病，就可能影响到大脑的机能，造成精神障碍。精神病学研究和诊治的范围是大脑高级功能的紊乱，临床表现为精神活动的障碍。

严重的精神病常有如下的临床特点：①与周围现实不能保持恰当的接触。不能客观地评价周围事物，丧失了对现实的检验能力，无法与正常人进行正常的理解、沟通和交流。②不能恰当地适应和应付日常生活和工作，不能料理个人及家庭的日常生活，不能进行正常的学习和工作。③丧失对自己的精神病状态的认识和判断能力，常否认自己有精神病，不愿主动就诊和治疗。④病人常存在精神病性症状，如幻觉、妄想等。正由于上述特点，严重的精神病患者的反常精神活动常对患者本人、家庭以及社会造成麻烦或不良后果，引起一系列问题。

二、精神疾病分类

对于精神疾病的分类，迄今尚无一个各国统一的意见。一般疾病是按病因或病理解剖原则分类的。但是精神疾病中，除部分病因明确外，许多精神疾病的病因尚不清楚，而且缺乏明显的组织病理学改变。因此，如何对精神疾病进行适当的归纳和分类，始终是国际及各国有关组织不懈努力的目标。就目前而言，精神疾病分类的基轴主要还是依据症状表现。目前世界上较有影响的精神疾病的分类有世界卫生组织（World Health Organization，WHO）出版的《国际疾病分类》（International Classification of Diseases，ICD）和美国精神病学会（American Psychiatric Association，APA）制定的《精神疾病诊断与统计手册》（The Diagnostic and Statistical Manual of Mental Disorders，DSM）。随着时代的进步，ICD 和 DSM 这两个精神疾病的分类已进行了多次的修订，ICD 已更新到第 11 版（ICD-11）（2018 年 6 月 18 日发布，但要到 2022 年 1 月 1 号才正式生效），DSM 已更新到第 5 版（DSM-5）。ICD 是世界范围内最重要的诊断分类系统，是标准诊断分类依据，广泛用于临床、研究和卫生管理。ICD 用于临床实践，有利于规范化诊断，为指导治疗打下基础；也用于疾病预防控制，统一化登记及管理制度；还用于确定医疗保险范围（包括作为政府和保险公司的报销标准）。但是，目前无论是国际还是国内的精神疾病的分类都不是完善的最终方案，随着科学的发展和人们认识的深化，其将会不断得到充实和修正。

我国现代精神疾病分类，是借鉴 ICD 和 DSM 的分类方法原则，并结合我国传统分类加以修订的。中华人民共和国成立后，于 1958 年提出了我国第一个精神疾病分类方案，将精神疾病分为十四类；1978 年对之前的分类方案进行了修订，将精神疾病归并为十大类；1981 年又通过了我国第三次精神疾病分类；1984 年，我国对精神疾病分类方案作了新的修订，将精神疾病分为十四个大类，除儿童期精神疾病按年龄区分外，其他精神疾病按病因和症状分类。

1988 年，我国又参照最新的国际与美国的精神疾病分类方案（ICD-10 和 DSM-3-R），考虑近 20 年来诊断与分类学的显著进展，结合我国国情，在尽量保持我国原有的疾病诊断名称与分类系统不作大变动的原则下，拟定了我国精神疾病新的诊断标准与分类方案。该方案保持了我国传统习惯，基本上维持了 1984

年分类系统，增加了疾病编号，在每个病类、分型、亚型项目下都增加了简明定义、包括或不包括内容、诊断标准、严重程度标准、病理标准和排除诊断标准。对某些常见综合征如意识障碍、痴呆、人格改变、药物依赖等都给以简明的限定性描述。

在这些工作的基础上，经有关专家、学者们的艰苦工作和不懈努力，1989年4月中华神经精神科学会通过并公布了《中国精神障碍分类与诊断标准（第2版）》(The Chinese Classification of Mental Disorders，2nd revision，CCMD-2)，并把1981—1985年先后公布的精神分裂症、躁狂抑郁症和神经症三大类精神疾病作为中国精神疾病诊断标准的第一版。

《中国精神障碍分类与诊断标准（第2版）》（CCMD-2）对精神障碍的分类要点如下：

00　脑器质性与躯体疾病所致的精神障碍

10　精神活性物质所致的精神障碍

20　精神分裂症

30　情感性（心境）障碍

40　偏执性精神障碍

50　心理生理障碍、神经症与心因性精神障碍

60　人格障碍与性心理障碍

70　精神发育迟滞

80　儿童少年期精神障碍

90　其它精神障碍及与精神卫生相关的几种情况

1993年后，针对CCMD-2使用中存在的问题，经修订又推出了《中国精神障碍分类与诊断标准（第2版修订本）》（CCMD-2-R）。

根据应用CCMD-2和CCMD-2-R的情况，特别是使用过程中存在的一些争议，以及与国际接轨的需要，《中国精神障碍分类与诊断标准（第3版）》工作组经过数年的努力工作，完成了《中国精神障碍分类与诊断标准（第3版）》（CCMD-3）的制定。2001年经中华神经精神科学会通过并公布了《中国精神障碍分类与诊断标准（第3版）》（CCMD-3）。CCMD-3兼用症状分类和病因病理分类方法，按此分类标准，精神障碍分为十大类。通过对这一分类标准的了解，可以对精神障碍的种类及基本特点有一大致了解。

《中国精神障碍分类与诊断标准（第3版）》（CCMD-3）对精神障碍的分类

要点如下：

0　器质性精神障碍

00 阿尔茨海默病

01 脑血管病所致精神障碍

02 其他脑部疾病所致精神障碍

　02.1 脑变性病所致精神障碍

　02.2 颅内感染所致精神障碍

　02.3 脱髓鞘脑病所致精神障碍

　02.4 脑外伤所致精神障碍

　02.5 脑肿瘤所致精神障碍

　02.6 癫痫所致精神障碍

　02.9 以上未分类的其他脑部疾病所致精神障碍

03 躯体疾病所致精神障碍

　03.1 躯体感染所致精神障碍

　03.2 内脏器官疾病所致精神障碍

　03.3 内分泌疾病所致精神障碍

　03.4 营养代谢疾病所致精神障碍

　03.5 结缔组织疾病所致精神障碍

　03.6 染色体异常所致精神障碍

　03.7 物理因素所致精神障碍

　03.9 以上未分类的其他躯体疾病所致精神障碍

1　精神活性物质所致精神障碍或非成瘾物质所致精神障碍

10 精神活性物质所致精神障碍

　10.1 酒精所致精神障碍

　10.2 阿片类物质所致精神障碍

　10.3 大麻类物质所致精神障碍

　10.4 镇静催眠药或抗焦虑药所致精神障碍

　10.5 兴奋剂所致精神障碍

　10.6 致幻剂所致精神障碍

　10.7 烟草所致精神障碍

　10.8 挥发性溶剂所致精神障碍

10.9 其他或待分类的精神活性物质所致精神障碍

11 非成瘾物质所致精神障碍

11.1 非成瘾药物所致精神障碍

11.2 一氧化碳所致精神障碍

11.3 有机化合物所致精神障碍

11.4 重金属所致精神障碍

11.5 食物所致精神障碍

11.9 其他或待分类的非成瘾物质所致精神障碍

2 精神分裂症（分裂症）和其他精神病性障碍

20 精神分裂症

20.1 偏执型分裂症

20.2 青春型分裂症

20.3 紧张型分裂症

20.4 单纯型分裂症

20.5 未定型分裂症

20.9 其他型或待分类的分裂症

21 偏执性精神障碍

22 急性短暂性精神病

23 感应性精神病

24 分裂情感性精神病

3 情感性精神障碍（心境障碍）

30 躁狂发作

30.1 轻躁狂

30.2 无精神病性症状的躁狂

30.3 有精神病性症状的躁狂

30.4 复发性躁狂

31 双相障碍

31.1 双相障碍，目前为轻躁狂

31.2 双相障碍，目前为无精神病性症状的躁狂

31.3 双相障碍，目前为有精神病性症状的躁狂

31.4 双相障碍，目前为轻抑郁

31.5 双相障碍，目前为无精神病性症状的抑郁

31.6 双相障碍，目前为有精神病性症状的抑郁

31.7 双相障碍，目前为混合性发作

31.9 其他或待分类的双相障碍

32 抑郁发作

32.1 轻抑郁

32.2 无精神病性症状的抑郁

32.3 有精神病性症状的抑郁

32.4 复发性抑郁

33 持续性情感障碍

33.1 环性情感障碍

33.2 恶劣心境

33.9 其他或待分类的持续性情感性精神障碍

39 其他或待分类的情感性精神障碍

4 癔症、严重应激障碍和适应障碍、神经症

40 癔症

40.1 癔症性精神障碍

40.2 癔症性躯体障碍

41 严重应激障碍和适应障碍

41.1 急性应激障碍

41.2 急性应激性精神病（急性反应性精神病）

41.3 创伤后应激障碍

41.4 适应障碍

41.5 与文化相关的精神障碍

42 神经症

42.1 恐惧症（恐怖症）

42.2 焦虑症

42.3 强迫症

42.4 躯体形式障碍

42.5 神经衰弱

42.9 其他或待分类的神经症或躯体形式障碍

5 心理因素相关生理障碍

50 进食障碍

    50.1 神经性厌食

    50.2 神经性贪食

    50.3 神经性呕吐

    50.9 其他或待分类的非器质性进食障碍

51 非器质性睡眠障碍

    51.1 失眠症

    51.2 嗜睡症

    51.3 睡眠-觉醒节律障碍

    51.4 睡行症

    51.5 夜惊

    51.6 梦魇

    51.9 其他或待分类的非器质性睡眠障碍

52 非器质性性功能障碍

    52.1 性欲减退

    52.2 阳痿

    52.3 冷阴

    52.4 性乐高潮障碍

    52.5 早泄

    52.6 阴道痉挛

    52.7 性交疼痛

    52.9 其他或待分类的性功能障碍

6 人格障碍、习惯与冲动控制障碍和性心理障碍

60 人格障碍

    60.1 偏执性人格障碍

    60.2 分裂性人格障碍

    60.3 反社会性人格障碍

    60.4 冲动性人格障碍（攻击性人格障碍）

    60.5 表演性（癔症性）人格障碍

    60.6 强迫性人格障碍

60.7 焦虑性人格障碍

60.8 依赖性人格障碍

60.9 其他或待分类的人格障碍

61 习惯与冲动控制障碍

61.1 病理性赌博

61.2 病理性纵火

61.3 病理性偷窃

61.4 拔毛症（病理性拔毛发）

61.9 其他或未特定的习惯和冲动控制障碍

62 性心理障碍（性变态）

62.1 性身份障碍

62.2 性偏好障碍

62.3 性指向障碍

7 精神发育迟滞与童年和少年期心理发育障碍

70 精神发育迟滞

70.1 轻度精神发育迟滞

70.2 中度精神发育迟滞

70.3 重度精神发育迟滞

70.4 极重度精神发育迟滞

70.9 其他或待分类的精神发育迟滞

71 言语和语言发育障碍

71.1 特定言语构音障碍

71.2 表达性语言障碍

71.3 感受性语言障碍

71.4 伴发癫痫的获得性失语（Landau-Kleffner 综合征）

71.9 其他或待分类的言语和语言发育障碍

72 特定学校技能发育障碍

72.1 特定阅读障碍

72.2 特定拼写障碍

72.3 特定计算技能障碍

72.4 混合性学习技能障碍

72.9 其他或待分类的学习技能发育障碍

73 特定运动技能发育障碍

74 混合性特定发育障碍

75 广泛性发育障碍

75.1 儿童孤独症

75.2 不典型孤独症

75.3 Rett 综合征

75.4 童年瓦解性精神障碍

75.5 Asperger 综合征

75.9 其他或待分类的广泛性发育障碍

8 童年和少年期的多动障碍、品行障碍和情绪障碍

80 多动障碍

80.1 多动与注意缺陷障碍（儿童多动症）

80.2 多动症合并品行障碍

80.9 其他或待分类的多动障碍

81 品行障碍

81.1 反社会性品行障碍

81.2 对立违抗性障碍

81.9 其他或待分类的品行障碍

82 品行与情绪混合障碍

83 特发于童年的情绪障碍

83.1 儿童分离性焦虑症

83.2 儿童恐惧症

83.3 儿童社交恐惧症

83.9 其他或待分类的童年情绪障碍

84 儿童社会功能障碍

84.1 选择性缄默症

84.2 儿童反应性依恋障碍

84.9 其他或待分类的儿童社会功能障碍

85 抽动障碍

85.1 短暂性抽动障碍（抽动症）

85.2 慢性运动或发声抽动障碍

85.3 Tourette 综合症（发声与多种运动联合抽动障碍）

85.9 其他或待分类的抽动障碍

86 其他或待分类的童年和少年期的行为障碍

86.1 非器质性遗尿症

86.2 非器质性遗粪症

86.3 婴幼儿和童年喂食障碍

86.4 婴幼儿和童年异食癖

86.5 刻板性运动障碍

86.6 口吃

89 其他或待分类的童年和少年期精神障碍

9　其他精神障碍和心理卫生情况

90 待分类的精神病性障碍

91 待分类的非精神病性精神障碍

92 其他心理卫生情况

92.1 无精神病

92.2 诈病

92.3 自杀

92.4 自伤

92.5 病理性激情

92.6 病理性半醒状态

92.9 其他或待分类的心理卫生情况

99 待分类的其他精神障碍

《国际疾病分类》（ICD-10）"精神与行为障碍分类"临床版的分类：

F00-F09 器质性（包括症状性）精神障碍

F00 阿尔茨海默病性痴呆

F01 血管性痴呆

F02 在它处分类的疾病所致痴呆

F03 未指明的痴呆

F04 器质性遗忘综合征，不包括酒精及其他精神活性物质所致者

F05 谵妄，不包括酒精及其他精神活性物质所致者

F06 由脑损害及功能失调，以及躯体疾病所致的其他精神障碍

F07 由脑疾病、脑损害及脑功能失调所致的人格及行为障碍

F09 未标明的器质性或症状性精神障碍

F10-F19 使用精神活性物质所致的精神障碍及行为障碍

F10 使用酒精所致的精神及行为障碍

F11 使用鸦片所致的精神及行为障碍

F12 使用大麻所致的精神及行为障碍

F13 使用镇静剂或催眠剂所致的精神及行为障碍

F14 使用可卡因所致的精神及行为障碍

F15 使用其他兴奋剂（包括咖啡因）所致的精神及行为障碍

F16 使用致幻剂所致的精神及行为障碍

F17 使用烟草所致的精神及行为障碍

F18 使用挥发性溶剂所致的精神及行为障碍

F19 使用多种药物或其他精神活性物质所致的精神及行为障碍

F20-F29 精神分裂症、分裂型及妄想性障碍

F20 精神分裂症

F21 分裂型障碍

F22 持续性妄想性障碍

F23 急性及一过性精神病性障碍

F24 感应性妄想性障碍

F25 分裂情感性精神病

F26 其他非器质性精神病性障碍

F29 未标明的非器质性精神障碍

F30-F39 心境（情感性）障碍

F30 躁狂发作

F31 双相情感性障碍

F32 抑郁发作

F33 复发性抑郁障碍

F34 持续性心境（情感性）障碍

F38 其他心境（情感性）障碍

F39 未标明的心境（情感性）障碍

F40-F49 神经症性、应激性及躯体形式障碍

  F40 恐怖性焦虑障碍

  F41 其他焦虑障碍

  F42 强迫性障碍

  F43 对严重应激的反应及适应障碍

  F44 分离性（转换性）障碍

  F45 躯体形式障碍

  F48 其他神经症性障碍

F50-F59 伴有生理障碍及躯体因素的行为障碍

  F50 进食障碍

  F51 非器质性睡眠障碍

  F52 不是由器质性障碍或疾病引起的性功能障碍

  F53 伴发于产褥期而未在其他处归类的精神或行为障碍

  F54 伴发于其他处归类的障碍或疾病的心理或行为问题

  F55 不产生依赖性物质的滥用

  F59 未标明的伴有生理障碍及躯体因素的行为综合征

F60-F69 成人的人格与行为障碍

  F60 特殊型人格障碍

  F61 混合型人格障碍

  F62 不是由于脑损害或疾病引起的持续性人格改变

  F63 习惯和冲动障碍

  F64 性身份障碍

  F65 性偏好障碍

  F66 与性发育及性指向有关的心理及行为障碍

  F68 成人的人格及行为的其他障碍

  F69 未标明的成人的人格及行为障碍

F70-F79 精神发育迟滞

  F70 轻度精神发育迟滞

  F71 中度精神发育迟滞

  F72 重度精神发育迟滞

  F73 极重度精神发育迟滞

F74 其他精神发育迟滞

　　F79 未标明的精神发育迟滞

F80-F89 心理发育障碍

　　F80 言语及语言的特殊发育障碍

　　F81 学校技能的特殊发育障碍

　　F82 运动技能的特殊发育障碍

　　F83 混合性特殊发育障碍

　　F84 广泛发育障碍

　　F88 心理发育的其他障碍

　　F89 未标明的心理发育障碍

F90-F98 通常发生于儿童及少年期的精神及行为障碍

　　F90 多动障碍

　　F91 品行障碍

　　F92 品行及情绪混合障碍

　　F93 特别发生于儿童期的情绪障碍

　　F94 特别发生于儿童及少年期的社交障碍

　　F95 抽动障碍

　　F98 通常发生于儿童及少年期的其他行为及情绪障碍

　　F99 未标明的精神障碍

美国精神病学会制定的《精神疾病诊断与统计手册》（DSM-5）主要目录：

DSM-5 分类

前言 I

第一部分：DSM-5 基础

　　介绍

　　使用手册

　　DSM-5 司法谨慎使用的声明

第二部分：诊断标准与编码

　　神经发育障碍

　　精神分裂症谱系及其他精神病性障碍

　　双相及相关障碍

　　抑郁障碍

焦虑障碍

强迫及相关障碍

创伤及应激相关障碍

分离障碍

躯体症状及相关障碍

喂食及进食障碍

排泄障碍

睡眠-觉醒障碍

性功能失调

性别烦躁

破坏性、冲动控制及品行障碍

物质相关及成瘾障碍

神经认知障碍

人格障碍

性欲倒错障碍

其他精神障碍

药物所致的运动障碍及其他不良反应

可能成为临床关注焦点的其他状况

第三部分：新出现的量表及模式

评估量表

文化概念化

人格障碍的 DSM-5 替代模式

需要进一步研究的状况

附录

索引

要强调的是，早在 1985 年 4 月，卫生部发布了《为了国际间卫生统计信息交流和对比，要逐步实现疾病分类和死因分类国际标准化以及卫生机构、人员分类标准化》的文件，同时颁布了 ICD-9 中文版作为国家标准。目前我国使用的是 1989 年修订版（即 ICD-10），病案室根据病历首页的出院诊断进行编码，此指标是衡量医院质量水平的重要标准。随着 ICD 的推广和普及，一些国际会议文章交流、杂志在涉及疾病的诊断时，要求提供疾病的国际编码，甚至病人转诊时医院提供的病历摘要也被要求填写 ICD 的疾病编码。这些要求也是司法精神鉴定规范化、标准化的内容。

三、精神疾病的病因

精神疾病的发病原因是多样的、复杂的，有些迄今还尚未阐明。少数精神疾病的病因是单一的，多数精神疾病是多种因素综合作用的结果。这些作用有些是明显的，有些则不明显。有些因素是发病的原发性原因，有些因素是发病的诱发因素，还有些因素是疾病发展的促进因素或辅助因素。常见的精神疾病的病因如下：

（一）遗传因素

父母亲将自身特征传递给子女称为遗传。遗传的特征包括体格、外表及组织遗传性状如血型、酶型等，还包括神经结构及活动特点。现代研究认为人的气质、性格和行为特点也与遗传关系密切。有些以前称为内源性的精神病，像精神分裂症、情感性精神病、原发性癫痫和部分精神发育迟滞等都具有遗传性。对这些疾病的遗传学研究主要是从下述三个方面进行的：

1. 血缘关系调查。首先是家系调查，证明患者亲属之中发生同类精神病的，其发病率比正常人口普查所得的发病率明显要高，血缘关系越近，发病率越高。

然后进一步采取孪生子同病率的调查，证明如果环境条件相似时，遗传组成完全一致的同卵孪生子的同病率高于异卵孪生子的同病率。

最后为了更清楚地查明遗传因素在发病过程中的作用，排除后天相同环境中致病因素的作用，采取了寄养子同病率的调查。发现从小被寄养出去的精神病患者的子女同病发病率显著高于被寄养的正常人的子女。

2. 染色体异常。染色体位于生物细胞内，是生物体的遗传物质。人类正常染色体为 23 对，即 46 条。其中 22 对是常染色体，男女无差别，一对是性染色体，男性为 XY、女性为 XX。染色体异常也会导致精神异常。染色体异常有两种情况。

染色体数目异常：先天愚型者其第 21 对染色体多一条，成为三体型，患者精神发育迟滞。睾丸发育不全综合征者的染色体为 47，XXY，患者常发生类似精神分裂症的症状。当患者的染色体为 45，XO 时，除躯体症状外，还呈轻度精神发育障碍。

染色体结构异常：当染色体部分缺失、重复、倒位、易位或结环，则可出现躯体及精神异常。例如 5 号染色体短臂缺失，可致患者出现躯体症状和精神发育障碍，其哭声如猫叫，故名猫叫综合征。又如 X 染色体有缺陷，可致 X-连锁智力障碍，现已发现 58 种之多。

3. 致病基因研究。基因是细胞内遗传物质的功能单位，其控制着遗传性状的发生和发育。基因位于染色体上。现代分子生物学研究揭示遗传的物质基础是脱氧核糖核酸（DNA）。染色体是由 DNA 链组成的。基因就是 DNA 分子上的片段。有些精神病就是致病基因引起的。例如现已发现，部分阿尔采末氏病的病理基因位于第 21 对染色体上；用限制性酶片段长度多态性的分析方法研究纽约附近欧洲移民 Amish 家系，发现躁郁症的病理基因位于第 11 对染色体的短臂上；英国科学家对精神分裂症家族聚集性较明显的家系进行分子遗传学研究，提出该病的病理基因位于第 5 对染色体上。今后，这方面的研究是大有可为的。

（二）素质因素

一个人的素质是指内在的躯体素质与心理素质，它是在先天遗传的基础上，经后天条件的作用而逐步发育建立起来的。成年后，素质具有相对稳定性。素质因素决定了个人对某种精神疾病发病易感性（即易损伤性）的高低。

心理素质主要指人的气质和性格。遗传和发育条件决定了大脑结构和神经细胞的特点，使人脑和神经系统具有不同的兴奋性和稳定性，对外界刺激有不同的感受性和耐受性，情绪和动作反应的调节强度和速度不同，经常保持的意识觉醒度和心境也不相同，构成了不同的个人心理活动的动力特征，即气质。加之在后天环境中参加生活实践，经历学习、教育、训练、劳动、工作，以及经受挫折、磨炼、惩罚等，建立起了个人后天广泛的条件反射系统，在思维、情感、行为活动等方面具有了比较固定的反应方式，具备了可预测的倾向性，形成了个人的性格。不良素质和性格在外界致病因素作用下，易于出现精神障碍。

躯体素质包括体型、体力、营养状况、健康水平、对疾病的抵抗力、损伤后的恢复或代偿能力、对体力和精力消耗的耐受力等。其受先天遗传和发育的影响，更受后天生长发育条件的影响，个人之间都有差别。当外界有害因素作用时，可削弱某方面的躯体素质，形成对某些疾病的特殊易感性。

（三）理化和生物性因素

物理、化学和生物学因素从人的胚胎期直至后天，均可通过直接或间接作用损害人体尤其是人脑的正常结构与机能，从而引起精神障碍。这类因素是复杂而多样的，主要有下述种类：

1. 外伤。外伤主要是指物理因素所致的伤害，如机械性损伤、电伤、放射性损伤,高温引起的热性衰竭和中暑、烧伤,冻伤等。

2. 感染。感染是指致病微生物引起的感染。感染后可因疾病的发热作用、病原体产生的毒素作用、感染引起的炎症作用以及变态反应而损害中枢神经系统,致精神障碍。

3. 中毒。各种外来的毒物,如工业和生活中的各种化学物质、麻醉剂、兴奋剂、致幻剂、镇静安眠剂、拟神经介质类制剂或抗神经介质类制剂、内分泌制剂、生物毒素及其他药物;体内生成的各种内源性毒物,都可损害中枢神经,引起精神障碍。

4. 身体的各种疾病。例如肿瘤(尤其是脑部肿瘤)、内分泌性疾病、血管病变、变性病变、代谢障碍及其他躯体病变,引起中枢的功能变化致精神障碍。

5. 缺氧、缺乏营养物质。其可直接或间接损害中枢神经,引起精神障碍。

(四) 社会心理因素

社会心理因素可以直接引起人的心理生理反应,改变机体代谢水平、激素与内分泌系统功能、免疫系统机能、大脑皮层与内脏的生理机能,从而引起或诱发精神障碍。

心理因素通常包括巨大突然的或持续的精神刺激,如悲痛、愤怒、忧愁、哀思、恐惧、惊吓、紧张、抑郁、失望、挫折、蒙辱、冤屈等。社会环境因素包括种族地域、城乡、文明与发达程度、与世隔绝情况、文化教育、风俗习惯、宗教迷信、生活习惯、个人的社会地位、工作性质、婚姻家庭等。

(五) 机体机能状态

机体机能状态主要指疾病发生当时机体所处的生理与心理状态。其主要包括如下方面:

1. 年龄。有些精神疾病与年龄密切有关,如儿童期精神障碍、更年期精神障碍、老年性精神障碍等。

2. 性别。有些精神疾病有较明显的性别差异,尤其女性在月经期、妊娠期、分娩及哺乳期时,内分泌功能变化,心理与生理功能亦发生较大变化,此时可出现如经前期紧张、月经周期性精神病、产褥期精神病等。

3. 不良的身体机能状态。如饥饿、过度疲劳、持续紧张工作等可使体力和精力耗竭,削弱机体机能,易于诱发各种精神障碍。

大多数情况下,精神病的发病是多种因素综合作用的结果。有些因素是直接致病的因素,有些则是诱发和辅助因素。有些精神障碍是由遗传因素决定的,有些是由遗传和其他因素决定的，还有些是由非遗传因素决定的。有些精神疾病致病和起病因素明确，而有些则不很明确。总之，各种致病因素作用，最终导致脑神经结构的改变，或神经生化和代谢的改变，或心理结构的失衡，引起脑机能的障碍，从而出现精神障碍。

四、精神疾病的检查和诊断

（一）采集病史

精神疾病复杂多样，许多迄今未阐明其本质，有些精神疾病的界限和范围也不很明确，通过体格检查、神经系统检查、辅助检查和实验室检查，大多数精神病人无特殊异常和特异性改变，因此在目前水平上，完整可靠的客观病史是正确诊断精神疾病的重要依据。

病史首先要直接从病人处采集，对一些重要的异常表述要原样记录，不可经过"医学加工"。许多精神病人对自己的疾病缺乏自知力，否认有病，不主动求医或与医生配合，甚至还隐瞒病情，因此，还需从病人亲属、同事、朋友、邻居等处了解收集病人的病史。

在了解病史时还应注意收集病人的日记、信件、文章、图画等材料以了解病人病情。除了解当前病情外，还应注意了解病人过去的重要病史，尤其是精神病史和神经系统病史，了解病人出生、发育、学习、工作历史，了解病人性格特点、嗜好、生活习惯，了解家族病史，注意收集能证明这些的原病历及材料。

（二）对精神病人的检查

1. 精神状态检查。精神状态检查是指通过谈话与观察来检查病人精神活动。精神病的许多症状以病人的内心体验为重要内容，常需借助谈话才能详细了解。而通过仔细观察病人的表情、姿势、语调、态度、行为等，可以估计情感反应的性质和强度，有助于判断病人的智能、意识状态，发现病人的幻觉、妄想等症状。

交谈可通过自由交谈或询问式交谈方式进行。应随时做好检查记录。检查的内容应包括：①一般表现。如意识状态、定向力、与周围的接触情况、日常生活表现（衣着、卫生、饮食、大小便、睡眠等）。②认识活动。其包括有无知觉障碍、幻觉、思维障碍、记忆力障碍、智能障碍、自知力缺失等。③情感活动。可对主观体验和客观表现两方面进行检查。除检查直接的情感活动以外还看有无相应的植物神经反应，如出汗、呼吸、脉搏等。④意志行为活动。注意有无怪异的行为。⑤人格变化或障碍。

2. 体格检查与实验室检查。

（1）体格检查。要进行系统、全面的体格检查。

（2）实验室检查。要进行血和尿常规、肝功能、胸部 X 线透视、心电图等检查。还可根据病情进行脑脊液常规与生化检查、异常代谢物测定、肾功能检查、脑电图检查、头颅摄片、脑超声波检查、气脑造影或脑室造影、脑血管造影、脑 CT、脑同位素扫描等。

（3）心理测验。心理测验是用一些经过选择的、加以组织的、可以反映人的一定心理特点的问题或任务等作为测验材料，让受试者做出反应，然后将这些反应做可以数量化的分析、比较，得以测量人们各种心理特征的个体差异的一种技术。用作比较的标准称为常模，是经过大量取样、提炼、标准化后获得的。精神病学临床上，心理测验可协助诊断。通过心理测验，可解决智能高低的判别问题；缩短器质性精神病与功能性精神病、病态和正常变异等的鉴别观察时间；定位器质性病变；对病情程度、疗效、预后等数量化，以代替笼统的描述，建立统一标准，便于比较。心理测验的种类按测验材料的性质可分为文字和非文字的；按测验的方法可分为问卷法、作业法和投射法；但心理测验最主要的分类是按目的来分的，可分为能力测验（指智力测验和成绩测验）和行为测验（指人格测验）。

第一，智力测验。智力测验又称智能测验，是用以测量人智力或智能的心理测验。测定的智力用智力年龄和智商表示。该测验又可分为一般能力测验和个别能力测验（包括感知运动测验、注意力测验、思维能力测验、记忆能力测验、词汇测验、迷津测验、创造能力测验等）。

第二，人格测验。人格测验是指一类用以确定人们的人格特点或类型的心理测验。其可分为两大类：一类是问卷法，又称自我报告法，测验项目是一些问题或命题，要求受测者根据自己的实际情况选择回答，或在一种等级表上作标记；另一类是投射试验，其可引起受试者带有倾向性的回答。投射测验的材料，可能是一些云雾状的或是墨迹的图片，或是完成一句子，测验方法有异，但目的都是诱导出受测者的经验，使他的人格特点能投射在这个塑造的场地上（测验材料），从而可了解到受试者的生活经历，特别是感情。被测者之所以在测试中能投射内心世界，是因为他们在组织和解释这些材料时，会对它们有情感反应。

（三）临床资料分析

由于目前对精神疾病的诊断在很大程度上还依赖于临床精神症状，因此对临床资料的分析在精神病诊断中占有十分重要的地位。临床资料分析包括如下方面：

1. 发病的基础。这包括性别、年龄、职业、婚姻等一般资料，以及病前个性心理特征、既往史、家族遗传史等。

2. 起病形式与病程。要注意发病的起因及起病的经过。一般认为，急性起病从有可疑的精神异常到有明显精神障碍之间时间不超过2周；亚急性为2周以上到3个月；慢性为3个月以上。病程发展有发作性、周期性、间歇性、进行性几种形式。要根据发作的临床特点，间歇期是否完全正常，发作和终止的急缓情况，发作与月经周期、心理因素、躯体因素等的关系，结合必要的其他检查，作出诊断及鉴别诊断。

3. 病因。引起精神疾病的因素是多方面的，主要包括遗传因素、躯体因素、精神因素、外界环境因素等。这些因素在发病中起的作用不同。通过检查，有些因素有相应的阳性改变，但有些则不明显或不能发现相应的阳性改变。要结合具体情况具体分析，以确定这些因素是致病因素、诱发因素还是无关因素，以协助诊断。

4. 临床表现。精神症状是诊断精神疾病的重要依据。要通过精神检查确定有哪些精神症状。要研究和分析各症状的特点，互相之间的关系，症状的发展、变化过程的规律，以及整个精神状态与外界环境的联系。要将每一症状或综合征和与它相似的现象进行比较，弄清其性质特点，注意心理背景和客观环境之间的相互关系，仔细深入地予以推敲和估计。

5. 体格检查、神经系统检查及实验室检查。这些检查对脑器质性精神病、症状性精神病以及某些遗传性精神障碍的诊断极有意义。必要时，对某些精神病还需做心理测验、智能检查、人格测试等以帮助诊断。

（四）诊断原则

正确的诊断一般经过三个环节：①调查研究，收集临床材料；②整理材料，建立诊断；③进一步临床观察并根据治疗效果来验证诊断。因此，有了完整的病史资料及精神检查、体格检查、神经系统检查、实验室检查等之后，先确定症状学诊断，然后再结合发病因素、性格特点、发病形式、病程发展再作出疾病的分类学诊断。要注意某些常见的精神病至今病因未明，临床表现复杂，还无特殊的实验室诊断方法，因此临床诊断仍占主要地位。诊断要有具体疾病诊断标准的编码（CCMD、ICD、DSM）。

(五) 标准化精神检查和评定量表

临床上，常因诊断标准不同、收集资料的来源不同，检查者对疾病分类的看法、使用的术语、对术语含义的理解以及交谈检查方法的不同，导致医生之间在疾病诊断上出现差异，进而影响到精神疾病诊断的可靠性。因此，为提高精神疾病诊断的可靠性和不同检查者之间的可比性，对精神症状制定了标准化检查、标准化评定，统一记录和分析的程序，由此产生了各种评定量表。评定量表的特点是：①客观性强。每个评定量表均有一定客观标准，不论何人、何时、在何条件下评定病人，均应按评定量表标准来收集资料，作等级评定，使主观成分受到规则限制，减少各种因素干扰，使得所获结果较客观。②数量化。对病情描述及观察结果数量化，便于比较，便于进行统计处理。③全面。评定量表收集的项目全面而系统，等级清楚，根据它观察病情，不致产生重大的内容遗漏问题。现在，评定量表已广泛地用于精神卫生各方面的研究。在精神医学中，它是很好的诊断和疗效评定的工具。

五、精神疾病的治疗与预后

精神疾病的治疗，有对因和对症两大方面。对因治疗，可使部分疾病痊愈。但是，许多精神疾病的病因不明，或是病因造成的后果无法消除，则对因治疗的效果便受限制。对症治疗可使许多精神疾病得到缓解或改善，但不能彻底痊愈，有时需长期对症治疗。多数情况下，对因和对症治疗是互相配合使用的。临床上对精神疾病的治疗主要有以下方法：

(一) 心理治疗

心理治疗又称精神治疗，是一种应用心理学的理论和技术，治疗精神和躯体疾病的方法。社会心理因素是许多精神疾病的致病因素，对疾病的发生、发展起重要作用。而药物及物理手段对病因的去除不奏效，所以必须借助于心理治疗。心理治疗是通过医生的言行，以及文字和周围环境的合理安排，影响患者的精神活动，对患者进行科学的启发、教育或暗示，促使患者认识到发病原因、临床表现和疾病过程，唤起患者的积极情绪状态，促进机体的代偿功能，增强抗病能力，结合适当的医疗措施，改善或消除病理状态，使病情得到好转或恢复。此外，心理治疗还具有预防精神疾病的效应。心理治疗的种类如下：

1. 支持疗法。根据不同病种和病人的特点，采用指导、解释、保证、疏导、劝解、安慰、培养兴趣、调整环境等方法，帮助病人认识自己的疾病、改造性格缺陷和改进适应方法，消除情绪障碍，调动病人的主动性去战胜疾病。

2. 暗示疗法。暗示指处于特定的环境及情绪背景下，对外界的影响或观念无条件地接受。人接受暗示的能力不同。对易于接受暗示的人，暗示疗法才有积极的治疗效果。暗示疗法可分为普通的暗示疗法、言语催眠疗法和药物催眠疗法。

3. 行为疗法。行为疗法的理论认为行为、习惯、异常生理功能是个体在其生活环境中的经历或精神创伤下，通过条件反射即"学习"的过程固定下来的，因此也可通过条件反射的方式加以消除和纠正。行为疗法采用经典的或操作的条件反射形式，分别进行某些特殊治疗程序，以消除或纠正患者行为与生理功能的失调。行为疗法现已应用于神经症、慢性精神分裂症、精神发育迟滞、药物依赖、心身疾病等的临床治疗。行为治疗的具体方法主要有系统脱敏疗法、暴露疗法、厌恶疗法等。

4. 生物反馈疗法。借助电子仪器，把平时人不能感觉到的有关内脏功能的一些信息，用信号（如光、声等）反映出来，让被治疗者可以调节这种不随意的功能，以达到治疗的目的。

（二）躯体治疗

1. 药物治疗。治疗精神疾病的药物很多，临床上常用的有抗精神病药（又称强安定剂或神经阻滞剂）、抗抑郁药、抗躁狂药、抗焦虑药、精神振奋药等。不同的药物有不同的药理作用，并可产生一定的副作用，故应根据临床的具体情况适当地选用。

2. 性激素治疗。对一些有周期发作特点，不典型的内因性精神病，使用性激素治疗有一定疗效。

3. 电痉挛治疗。电痉挛治疗又称为电休克或电抽搐疗法。以定量电流通过患者大脑，引起全身抽搐，以治疗各种精神病。现又有改良方法，在配合使用麻醉剂或肌肉松弛剂后，电疗时不发生抽搐，更加安全和易于为病人所接受。

4. 胰岛素治疗法。胰岛素治疗法是指以一定量的胰岛素注入患者体内，产生低血糖或昏迷，以治疗精神疾患的一种方法。它可被分为胰岛素休克治疗和胰岛素低血糖治疗。

5. 精神外科学治疗。所谓精神外科学治疗，是指用外科手术切断脑的某些联系纤维，或切除部分脑皮质，或在脑的特定部位制造局限病变，以改变脑的功能，达到消除或减轻某些精神症状，如行为、人格、情绪和思维等的紊乱等。现发展了立体导向技术选择性进行局限区域手术的方法，使疗效提高、损伤减小。

但我国《精神卫生法》第 42 条规定："禁止对依照本法第 30 条第 2 款规定实施住院治疗的精神障碍患者实施以治疗精神障碍为目的的外科手术。"所以精神外科学治疗有严格的法律规定及手术适应症和禁忌症，应严格掌握，慎重施行。

此外，还应该严格执行我国《精神卫生法》第 43 条的规定："医疗机构对精神障碍患者实施下列治疗措施，应当向患者或者其监护人告知医疗风险、替代医疗方案等情况，并取得患者的书面同意；无法取得患者意见的，应当取得其监护人的书面同意，并经本医疗机构伦理委员会批准：①导致人体器官丧失功能的外科手术；②与精神障碍治疗有关的实验性临床医疗。实施前款第一项治疗措施，因情况紧急查找不到监护人的，应当取得本医疗机构负责人和伦理委员会批准。禁止对精神障碍患者实施与治疗其精神障碍无关的实验性临床医疗。"

6. 中医治疗。中医对精神疾病有独特的理论体系和临诊治则，治疗方法主要有中药治疗、针灸治疗、体育（如气功、太极拳等）治疗等。

（三）工娱治疗

工娱治疗包括工疗（即工作劳动治疗）和娱疗（即文娱体育治疗），是安排病人参加某些劳动、学习和文体活动，以促进病情恢复的一种治疗方法。通过劳动和文体活动可改善病人与环境的接触，使其保持乐观情绪和良好的心境，树立生活信心，防止精神衰退，并可增强体质，促进新陈代谢，提高机体代偿、适应和防御能力，重建患者工作和社会适应能力。我国《精神卫生法》第 41 条第 2 款规定："医疗机构不得强迫精神障碍患者从事生产劳动。"

除上述精神疾病治疗方法外，还有人工冬眠疗法、精神分析疗法等。

（四）精神疾病疗效判断

精神疾病的疗效判断，对于评价治疗的有效性、确定是否继续治疗及采取何种治疗措施，估计疾病的预后、病人的工作和生活安排、监护问题、某些法律能力的恢复等都有较重要的意义。

经治疗后，对精神疾病的治疗效果根据下述四点标准判断：①症状消失程度；②自知力恢复情况；③生活适应及自理能力；④工作能力恢复情况。

根据上述四条标准，对精神疾病的治疗效果划分为以下四级：

1. 痊愈。症状完全消失，自知力全部恢复，生活自理及环境适应良好，完全恢复病前工作能力。

2. 显著进步。症状基本消失，有一定自知力，生活能自理，有部分工作能力。

3. 进步。症状稍有好转，没有或有一点模糊的自知力，生活基本自理，工作能力未恢复或仅能做简单工作。

4. 无变化。病情经治疗后毫无改善或继续恶化。

第二节　精神疾病的神经学和生化学基础

一、神经系统概述

（一）神经系统的组成

神经系统由脑、脊髓及与脑和脊髓相连的脑神经、脊神经和神经节组成。

位于颅腔中的脑和位于椎管中的脊髓组成了中枢神经。脑，尤其是大脑，是人体的最高级神经中枢。脑又可分为大脑、小脑和脑干（包括间脑、中脑、脑桥和延髓）三部分，总重量约为1300~1400克。

由脑发出的12对脑神经和由脊髓发出的31对脊神经及神经节组成周围神经。按支配区域和功能，周围神经又可分为支配骨骼肌、皮肤和感觉器的感觉和运动的体躯神经及支配内脏、血管壁上的平滑肌、心肌和腺体的植物神经。

（二）神经组织

神经组织主要由神经元（即神经细胞）和神经胶质细胞组成。

神经元是高度分化的细胞，是构成神经系统的形态和功能单位，能感受体内外刺激和冲动传导。单独一个神经元不能独立完成神经系统的复杂功能。神经系统内各神经元之间，有着密切而广泛的突触联系，形成复杂的神经网络，共同完成神经系统的功能。人体有100亿个以上的神经元，每个神经元最多又可与5万个神经元相互联系。通过神经元之间的联系，把传入的神经冲动加以分析或"贮存"，并可发出调整之后的信息，以产生效应。有一些神经元还具有内分泌功能。神经元绝大多数集中于中枢神经系统，少部分位于外周神经节中。神经元的细胞体呈圆形、锥形、梭形或星形，大小有差别。从细胞体发出两种突起：一种是树突，较短，形如树状，从主干发出许多小枝。另一种是轴突，较长，每一神经元只有一个轴突。轴突与感觉神经元的长树突组成神经纤维的主要成分，构成外周神经和中枢神经的传导路。

神经胶质细胞数量更多，其不具有传导冲动的特性，起着对神经元支持、绝缘、输送营养、排出代谢废物和防御等重要功能。

(三) 神经系统功能

神经系统的进化从单细胞生物出现到人脑形成，大约经历了几十亿年。神经系统是人体接受并整合来自体内外环境的信息，调节、控制人体的各种功能，实现思维、记忆与学习等智力活动的重要功能系统。

人体的功能多样而复杂，各功能相互影响，且又彼此密切配合和协调，以维持机体正常的生命活动。当体内外环境发生变化时，各种功能便发生相应变化以适应环境。机体各种功能的适应性改变主要是在神经系统的控制调节（即神经性调节）下实现的。

神经系统通过外周神经中的传入纤维，与各感受器紧密联系，感受体内外环境的变化，将来自感受器的大量信息在中枢神经系统进行筛选和贮存等处理，确定机体的最适宜反应。从中枢通过传出神经纤维，支配骨骼肌、各脏器及分泌腺体，从而调节机体各种功能活动，使它们互相配合、协调，以适应环境。

中枢神经系统不同部位起不同的作用。低级部位主要负责接收感受器传来的信息，唤起原始的、无意识的、及时的机体反应。高级部位对情绪活动、思维活动及随意运动起重要作用。脊髓的重要功能是传导信息和整合反射，其调节作用比较简单，只能完成肌紧张反射、屈肌反射、排尿排便反射及维持血管的紧张性等。

延髓主要有初步调节消化、呼吸和循环系统的功能，以维持动物基本的生命活动。

小脑主要是协调意识运动，控制肌紧张度，维持躯体平衡。

脑桥、中脑、间脑是自主神经功能的高级调节中枢，调节体温，整合传入传出的神经冲动，对许多感觉功能和维持大脑机能状态都有重要作用。

大脑和中枢神经系统的其他部位共同活动，能完成随意运动，并对环境的变化具有高度的预见性和适应性。人类由于大脑的高度发展，产生了语言活动，能在人之间进行思想交流和互相学习。人脑拥有巨大的整理信息和贮存信息的能力，贮存信息就是记忆，人类在记忆基础上进行思想和学习。

(四) 神经反射

反射是神经系统完成调节机体各种功能的基本活动方式。它是指当感受器受到机体内外环境的刺激时，通过中枢神经系统的活动，机体会产生一种有适应意义的规律性反应。反射有赖于神经系统的各个组成部分及众多神经元的共同活动来完成。实现反射活动的神经结构称为反射弧，其包括感受器、传入神经纤维、中枢、传出神经纤维和效应器五个部分。反射活动要经过几个连续的过程：感受器受刺激而兴奋，兴奋以神经冲动的形式沿传入神经传至中枢，中枢对传入的信息进行整合处理，然后发出信号沿传出神经传至效应器。每个反射都有各自的反射弧。反射中枢是反射的关键环节，其位于中枢神经系统内。

二、脑干

脑干分为延髓、脑桥、中脑和间脑几部分，间脑又包括丘脑和下丘脑。

脑干中有许多重要的生命活动中枢，如呼吸中枢、血管运动中枢、心脏活动调节中枢、吞咽反射活动中枢、呕吐及消化腺分泌等反射活动中枢。

脑干中有上行和下行神经传导束，沟通大脑、小脑和脊髓间的联系，还有脑神经的感觉核和运动核。脑干的中央部分有许多纵横交叉的神经纤维和散在其中的大小不等的神经元细胞体群，它们被称为脑干网状结构。脑干网状结构的传出神经纤维组成上行和下行投射系统。

脑干网状系统的上行性纤维到达大脑皮质各区，起广泛激活的作用，维持皮质的张力，对大脑皮质的充分觉醒、意识清楚、注意力集中、高度警觉状态起主要作用。脑干网状结构上行系统还有抑制系统，它降低大脑皮质张力，使人进入睡眠状态。总之，脑干网状结构的上行系统主要与人的行为状况、觉醒和睡眠等功能活动有关。

脑干网状结构下行投射系统激活与抑制脊髓平面的随意运动和反射运动，并调节植物神经功能。它调节全身肌紧张力，调节姿势，调节呼吸和血管运动功能。它对外周感觉器官传入的神经冲动量有调节作用。有学者提出，网状结构参与感觉强度与注意集中程度的控制，参与学习与习惯化过程，而且通过海马区与颞叶的联系，参与记忆过程。

中脑部分有视运动反射中枢和听运动反射中枢，由此二中枢发出的神经纤维到达脊髓前角运动神经元，完成探究性视、听运动反射。

丘脑是绝大部分体内外信息进入大脑的门户，是最重要的感觉接替站。丘脑与大脑皮质之间有往返联系，构成丘脑皮质投射。丘脑皮质投射分为两个系统：一个是特异性投射系统，丘脑的感觉接替核和联络核接受躯体各种特异性感觉传导通路来的冲动，通过神经元接替后向大脑皮质的特定区投射，具有点对点的投射关系；另一个是非特异性投射系统，各种特异性感觉传导纤维上行通过脑干时，发出侧枝与脑干网状结构神经元产生突触联系，在网状结构内多次换元上行，经丘脑的网状核，弥散地投射到大脑皮质的广泛区域。脑干网状结构上行系统是通过丘脑非特异性投射系统而发挥作用的。丘脑病变可能产生感觉异常，例如感觉过敏或感觉减退等。

下丘脑是调节内脏活动的较高级中枢，又是调节内分泌活动的较高级中枢，对躯体活动也有调节作用。下丘脑能整合内脏活动和其他生理活动，调节体温、摄食、水平衡、内分泌、性行为、生殖及情绪反应等重要的生理过程，还参与一些躯体反射动作的整合。下丘脑病变可出现明显的记忆障碍。

丘脑和下丘脑病变，可引起情绪和性格的改变。

间脑、中脑病变，可出现意识障碍和幻觉。

三、大脑

（一）大脑的结构

大脑是脑的高级部位，是精神活动的主要器官。大脑由左右两个半球组成，中间以脑胼胝体连接在一起。大脑表面覆盖着脑灰质（又称脑皮质），皮质呈纵横折叠、起伏不平的形态，构成隆起的脑回和凹陷的脑沟。皮质下深部为脑白质、脑皮质下核及脑室。脑白质主要成分是神经纤维。胼胝体由脑白质组成。

脑皮质借助沟回，使脑表面面积增大。脑皮质面积约为0.25平方米，重量约为340克，体积约300立方厘米，平均厚度约为2.4毫米。脑皮质由神经元和神经纤维及神经胶质细胞组成。神经元数目大于100亿个，分为6层排列。大脑皮质是精神活动（即心理活动）的主要物质基础，是反射活动的最高调节机构。

大脑皮质的6层结构从表面到深层分别为：①分子层；②外颗粒层；③锥体细胞层；④内颗粒层；⑤节细胞层；⑥多形细胞层。大脑皮层的第1~4层主要是接受和联络神经冲动，特别是从丘脑来的特定感觉纤维进入皮质后主要终止于第4层。第2、3层主要执行各层之间的复杂联系功能，对意识的分析综合起重要作用。第5、6层发出大脑皮质的传出纤维，除分布到各层各区起联合作用外，主要下行到达脑干和脊髓，并通过脑神经和脊神经将冲动传到身体各有关部位，以调节身体各器官系统的活动。大脑皮层的每个部分既接受来自神经系统其他部位的传入冲动，又发出冲动到其他部分去。因此，皮层的每一部分既是一些传入神经的终点，又是一些传出通路的起点。同时，在传入和传出纤维之间还进行细胞间广泛、复杂的联系，使皮层结构不但具有反射通路的性质，而且是各种神经元之间复杂的连锁系统。这种联系的复杂性和广泛性，使皮层具有分析与综合的能力，从而构成了思维活动的基础。

（二）大脑的左、右半球

人类大脑两半球结构基本相同，但功能却有分化，呈明显的不对称性。这种不对称性与人手功能的发展密切相关。人类在劳动中两手有合作与分工，一只手因惯用而掌握了较多的技能，另一只手相对就差一些，前者便成为惯利手，多数人为右利手，后者便成为非惯利手。劳动促使了惯利手的形成和语言的出现，使得控制惯利手的一侧大脑半球成为语言功能定位的半球，对右利手而言便是左侧大脑半球，这一侧大脑半球就是优势半球。而另一侧大脑半球便为非优势半球。

定位于优势半球的与语言有关的功能有语言的感知（语言听觉）、语言运动、文字的视觉识认和书写、计算、语言对运动的调节（随意运动）等。优势半球发展了语言文字活动，发展了逻辑、文法、分析、综合抽象信息、抽象思维和间接认识的能力。优势半球的损害，会出现对侧肢体偏瘫、感觉障碍、视野偏盲，同时出现失语症，如感觉性失语症（只听到语声，不知其意义，听不懂别人说的话）、运动性失语症（能发声，但不会说出有音节的语言）、失读症（眼睛能看清外界事物，但不认识原已学会的文字）、失写症、计算不能症等。

非优势半球发展了分析具体信息，对具体刺激进行分析综合形成复杂知觉，如体象知觉、空间结构与定向知觉等的能力，发展了直接地形象地认识世界的能力。非优势半球损害，出现对侧肢体偏瘫、感觉障碍、视野偏盲，同时出现体象障碍、空间定向障碍、空间结构性失认症与失用症、穿着失用症、相貌失认症、疾病失认症等。但是，不出现语言的听、说、读、写功能的障碍，不出现对逻辑、语法的理解和计算等抽象思维能力的障碍。

大脑两半球的功能有分化，但又协同活动，是相互补充、代偿和制约的。协同活动是靠胼胝体与联合系的纤维联系。胼胝体还平衡两侧半球的功能，使两半球对称地发挥整体作用。幼年时两半球的功能分化不像成年人那样固定，约15岁以前，一侧半球受损害，另一侧半球有显著的代偿能力。

（三）大脑皮质的分叶及机能定位

大脑半球借助三条沟裂而划分为四叶。这三条沟裂是：①大脑外侧裂，大脑半球外侧面一条横行的由前下方走向后上方的深裂。②中央沟，大脑半球外侧面一条由顶中部纵行向下前方终抵外侧裂的沟。③顶枕裂，大脑半球内侧面后上方一个深裂，由胼胝体后端往后上方斜行到达半球内上缘。

四叶划分如下：① 额叶，在大脑外侧裂以上，中央沟以前。②颞叶，在大脑外侧裂以下。③顶叶，在中央沟以后，顶枕裂与枕前切迹虚设联线以前。④枕叶，在顶枕裂与枕前切迹虚设连线以后。外侧面枕叶与颞叶间无明确的界沟。

各叶又可再划分为：额叶外侧面有两条不甚清晰的横沟，将额叶分为额上回、额中回与额下回；颞叶外下方有两条横沟将颞叶分为颞上回、颞中回与颞下回；沿中央沟前壁和后壁有纵行的中央前回与中央后回；顶叶中央后回后面还有一横向的顶间沟，沟上为顶上小叶，沟下前方为环曲回，后方为角回。

大脑半球内侧面围绕胼胝体前及上方的为扣带回；扣带回后端向下并折向前方连于海马回；海马回前端向后上方卷曲部分为海马回钩或称钩回。扣带回、海马回、钩回三者合称穹隆回，是嗅脑的中枢部分。

大脑的机能定位如下：

1. 额叶。中央前回为运动中枢，局部定位如机体的倒置。额中回后 1/3 为书写中枢，此处受损出现失写症，此中枢稍前部为眼球协调运动中枢；额下回后 1/3 为运动性语言中枢，此处受损出现运动性失语；额前区负责智能和情感功能。额叶还与动机、抽象思维、抑制、信息分类、计划等心理活动有关。如果额叶受损，可出现额叶损害综合征，表现如下：①自制力缺乏，导致自夸、敌视与侵犯他人。②注意力分散而难以集中，易受无关刺激的吸引与干扰。③活动过度，不安。④观念飘忽、幼稚的幻想、戏谑诙谐、情绪不稳。⑤呆滞少动，缺乏主动性，行动缺乏计划性。⑥记忆障碍，限于近事遗忘而不累及远事记忆。⑦道德伦理观念丧失，对亲人缺乏感情。⑧对自己的疾病缺乏自知力。

2. 颞叶。颞上回和横回为听觉中枢，此处受损出现感觉性失语症。颞叶内面扣带回、海马回、海马回钩为内脏活动调节中枢；海马回与新近记忆和学习有关；海马回钩是嗅觉、味觉中枢。颞叶与记忆、言语和感知行为、适应性等心理活动有关。颞叶损害出现颞叶损害综合征，表现如下：①听觉损害与幻听。如听觉失认症（完全不能辨别音调高低和声音性质）；感觉性失音乐症（不能欣赏音乐，不理解乐调）；感觉性失语症（不理解有声语言的含义，有如正常人听到陌生的外语一样）；错语症（因不能清晰感知有音节的语言而保留对普通声响的听感觉，因而复述时只发出近似的声音，意义差别却很大，成为模拟近似声音而无法使人理解的言语混杂）；遗忘性失语症（不能说出所示物品的名称，由于遗忘了大量名词，在会话中使用其他代替词和描述语来表达）；幻听（音乐幻听，语言幻听）。②前庭症状。眩晕、站立和坐不稳，常缺乏代偿性平衡动作而跌倒。③视觉障碍与幻视。可出现偏盲、象限性盲。④嗅觉味觉障碍与嗅幻觉和味幻觉。⑤颞叶癫痫发作。发作时可出现丰富的精神症状，如各种幻嗅、幻味、幻视、幻听、前庭幻觉、躯体感觉异常、内脏不适感等；运动障碍，如躯体局部异常动作，奔走，冲动行为与抽搐发作；情绪障碍如恐惧、忧郁、狂喜、暴怒、烦躁等；旧事如新感或似曾相识症；神游症、梦游症或梦幻状态；个性改变如偏执、多疑、情绪不稳、易激惹；思维过程及表达障碍，如主次不分、转换困难、妄想等。

3. 枕叶。枕叶内面的楔叶和舌回为视觉中枢，枕叶与人的视感觉性记忆和洞察力有关。枕叶受损，对视觉影响很大，可出现如下症状：①视觉失认症（能看见物体，却不知其意）。具体表现有物体失认症（视力存在，对所见物体不能命名，不理解其意义与用途）；色彩失认症（不能按色彩排列分类）；综合失认症或同时失认症（不能同时感知整体景象中的各组成分及其相互关系）；相貌失认症（不能辨认别人或自己的面孔或相片是谁，不能理解面部表情的意义，但可据语音、步态、佩戴的饰物等辨认熟悉的人）；视觉空间失认症（不能描绘和识别各种物体的形状及其相互之间的空间关系）；文字的视觉失认（失读）症（无失语与失写，却不能阅读和理解文字及其意义，但如果把字写在患者手掌上，他根据触觉位置的分析，可以理解词义；有时患者能够写字，却不能阅读自己所写的东西，或虽能朗读，却不知道自己所读句子的意义）。②视物变形症（对物体的大小、形状出现了感知的变化，或视觉映象不能引起视觉回忆与相应的情绪）。③其他，如视觉颜色的变化、复视、视物显多症、静物移动症、动的物体静止症或运动速度变化症、视物距离错误、空间错误定位等。

4. 顶叶。中央后回为感觉中枢，局部定位如人体的倒置；缘上回为听感觉性语言中枢；角回为视觉性语言中枢，此区损害，出现失读症；顶叶还与学习、观念组织、抽象思维、信息协调等心理活动有关。顶叶受损，可出现如下症状：对侧身体各种感觉障碍；观念运动性失用症（患者对自己要做什么有清楚的观念，但不能组织一系列相关的动作来执行这个任务）；对侧体象知觉障碍（对侧身体运动与感觉的忽视），严重的可出现半侧身体失认症（半身消失了），及疾病感缺失（不能认识自己躯体功能的缺陷）；优势半球顶叶损害会出现格斯特曼（Gerstmann）综合征，表现为双侧手指失认症、左右空间识别障碍、失写症、计算障碍、构图失用症（不能描图、画图、不能将积木构成规定图样）。还可出现共济失调、前庭症状、味觉障碍与幻味、眼球运动障碍。

额叶与顶叶的损害，可造成失用症（虽无肢体瘫痪、感觉障碍、共济失调和痴呆，但却不能执行复杂的技巧动作）。

顶叶后部与枕叶相连，后下部分与颞叶相连，此处损害，可出现结构综合障碍（包括空间定向障碍、体象知觉障碍）；穿着失用症（不能执行需要定向的日常生活任务）；优势半球顶枕区损害出现语义性失语症（能理解单词或一般生活用语中较长的语句，但不能理解有较复杂的逻辑—文法结构的语句）；计算障碍（能读出每个数字，但不知道数字间的关系）。

当患者出现空间知觉与体象知觉障碍以后，便有一系列精神症状，如定向障碍，非现实感、人格解体、甚至自体变形及自知力缺失等。

（四）边缘系统

边缘系统指在脑半球内侧面环绕胼胝体周围的门区结构，其位于大脑与间脑交接处的边缘或脑干头端的边缘，与附近的皮层及有关的皮层下结构在结构和功能上都有密切的联系，从而共同构成一个完整的功能系统。边缘系统的皮层与边缘系统以外的皮层之间、边缘系统各部分之间都存在着复杂的纤维联系。边缘系统的功能受边缘系统以外的大脑皮层的调节和影响。

边缘系统构成包括额叶眶回后部、梨状区、扣带回、胼胝体下回、海马回和海马回钩、脑岛、颞极等大脑皮质区以及某些皮层下结构如杏仁核、隔核、丘脑、下丘脑、中脑边缘区等。

边缘系统的生理功能主要有：与嗅觉有关；调节内脏活动；影响躯体活动；调节情绪活动（如愤怒、惊恐、注意、警觉、欣快、淡漠、强迫、焦虑等）；调节直接与个体生存和种族延续有关的功能（如饥饿、口渴、食欲、咬嚼、吞咽、呕吐、性欲、母爱等）；与记忆、特别是近事记忆和学习有关；与中枢痛觉和镇痛系统也有关系。

四、神经生化学基础

（一）概述

中枢神经系统神经元之间的神经冲动是靠化学传递的。人类的行为、情绪和警觉等活动与某些化学物质的代谢有关。传递神经冲动的化学物质通称为神经递质。中枢神经系统中各种递质实际上是一种"信使"，在神经元间或神经元与效应细胞间进行信息的传递，以整合和调节机体的活动。传递兴奋信息的递质称为兴奋性递质，传递抑制信息的递质称为抑制性递质。现已知中枢神经系统内的一些递质，如去甲肾上腺素、多巴胺、5-羟色胺等还对下丘脑—垂体的内分泌系统起调节作用。因此，中枢神经系统的递质的作用是广泛而复杂的。在生理状态下，中枢神经系统通过神经元的电兴奋传导和突触间的化学递质传导，将机体内外各种刺激变为电的和化学的信息流,在神经系统中传递,以调节神经系统机能,使有机体内环境与外环境统一起来。当递质功能失调时,就会影响神经系统的机能活动,而发生某些疾病,包括精神活动的异常。

神经递质的生理活动过程如下:①递质的生物合成。②合成的递质被囊泡摄取,贮存于突触前膜下的贮池中或胞浆中。③当神经冲动到达突触前神经元末梢时,递质就由囊泡或胞浆中释放到突触间隙。④作用于受体,产生递质生理效应。释放到突触间隙的递质与突触后膜的特异受体结合,引起突触后神经元内化学及生物电的变化而发挥递质的兴奋性或抑制性生理效应。受体具有高度的选择性,只与某种递质结合。⑤递质生理效应的终止。神经末梢释放的递质除少部分与受体结合外,余下的大部分被突触前神经元或邻近胶质细胞摄取贮存,或被有关酶降解而灭活。⑥更新。递质不断被合成和被利用。

(二) 中枢神经递质主要种类及功能

1. 乙酰胆碱(Ach)。胆碱能神经系统在脑内主要有三条通路:①特异感觉传入系统。与感觉功能有关。②网状上行胆碱能系统。与维持大脑清醒状态有关,故有人认为就是"网状上行激活系统"。③胆碱能边缘系统。其功能可能与注意、记忆及学习机能有密切关系。

2. 单胺类。

(1) 儿茶酚胺类(CA)。

第一,多巴胺(DA)。多巴胺神经元位于中脑及基底节。其发出的神经纤维有三条通路:一是黑质—纹状体系统,主要对纹状神经元起抑制作用,对动物的活动起很大作用;二是中脑边缘系统,推测可能与某些情绪活动有关;三是结节—漏斗系统,与神经内分泌功能有关。

第二,去甲肾上腺素(NE)。去甲肾上腺素能神经元位于脑桥和延髓,其发出纤维分上行与下行两大组。上行分两束,一束到达全脑,尤其是大脑皮质,可能是网状上行激活系统的组成部分,与意识状态有关,参与维持觉醒状态,其兴奋对保持全脑的兴奋性和警觉状态起重要作用;另一束到达中脑、下丘脑及边缘系统,可能与饮食、生殖、情感及犒赏行为有关。下行组纤维到达脊髓,其功能可能与肌张力有关。

(2) 5-羟色胺(5-HT)。5-羟色胺(5-HT)神经元主要集中于脑干中缝核,其发出的纤维走行与去甲肾上腺素能纤维大致相似,功能与去甲肾上腺素能神经相拮抗。5-羟色胺(5-HT)系统主要调节痛觉、精神情绪、睡眠、体温、性行为、垂体内分泌等功能活动。

（3）组胺。组胺能神经元位于下丘脑，其纤维到达中枢的几乎所有部位。组胺系统可能与觉醒、性行为、腺垂体激素分泌、血压、饮水和痛觉等调节有关。

3. 氨基酸类。

（1）谷氨酸（GA）。谷氨酸是脑内最多的游离氨基酸，以大脑和小脑最多，脑干次之，对神经系统所有神经元均有兴奋作用。

（2）γ-氨基丁酸（GABA）。γ-氨基丁酸是脑内含量仅次于谷氨酸的游离氨基酸，是中枢内重要的抑制性递质。

4. 神经肽类。

（1）速激肽。速激肽在传入纤维及黑质—纹状体通路中含量丰富。在下丘脑可能起神经内分泌调节作用。

（2）阿片肽。阿片肽主要是可作用于脑内特殊的吗啡受体，产生类似吗啡的生物效应的一类脑内的具有生物活性的小分子多肽。其主要种类有脑啡肽、内啡肽和强啡肽。其中枢效应有三方面：①镇痛。②调制作用。β-内啡肽有抑制性调制作用，在缓解机体的应激反应中具有重要作用。③精神效应。能增进人的学习和记忆能力，提高人的注意力及集中思考能力，引起情绪和行为变化。某些精神病人脑脊液中内啡肽含量高，提示二者间有关系。阿片肽的生理功能极为广泛，在调节感觉（主要是痛觉）、运动、内脏活动、免疫、内分泌、体温、摄食行为等多方面都有重要作用。

（3）其他神经肽类。中枢神经肽类递质还有下丘脑调节肽和神经垂体肽、脑肠肽、血管紧张素Ⅱ、心房钠尿肽、降钙素基因相关肽、神经肽Y等，他们各起不同的作用。

5. 其他中枢神经递质。例如嘌呤类递质、前列腺素、神经活性类固醇、一氧化氮等。

（三）中枢神经递质异常与精神疾病

中枢神经系统内生化代谢的异常，可造成递质含量的异常增高或减少，从而影响中枢神经系统的正常功能，导致出现精神异常。例如，有研究认为精神分裂症系多巴胺释放过多所致；或是单胺类神经递质在代谢过程中产生甲基化衍生物或解毒不足，形成了发病的基础；或是脑内5-HT能系统功能减弱所致；或是去甲肾上腺素能神经系统的不可逆损害构成该病产生的基础；或是患者脑脊液中脑肽类含量过高；或是中枢神经系统内前列腺素缺乏所致；等等。

再如有人提出情感性精神病系多种胺代谢障碍所致。5-HT 缺乏是该病的共同生化基础，构成素质和发病倾向；而儿茶酚胺与该病症状的表现有关；去甲肾上腺素能系统活性过强出现躁狂，活性不足出现抑郁。

总之，对中枢神经递质与精神病关系的研究仍在继续，也许递质异常是发病的原因，是单一或几种递质共同作用致病；也许递质异常是发病的结果。但递质与疾病无疑是密切相关的。

（四）药物与精神异常

药物可影响中枢神经递质生化生理功能的某个环节。某些药物，如兴奋剂、致幻剂、麻醉剂等，可能使原本健康的人出现精神症状。某些抗精神病药物则可能有效地控制精神病的症状。这方面现在仍是研究的课题。

第三节 司法精神病学

一、司法精神病学的概念

司法精神病学是应用现代精神病学的理论和技术，研究并解决精神疾病与法律间有关问题的一门科学。其目的是为司法实践和有关立法提供科学的依据。司法精神病学是建立在精神病学和法学两大基础上的一门交叉学科，是自然科学和社会科学间的一门边缘学科。从司法鉴定角度来说，它是属于司法鉴定学的一个分支，归于法医学的范畴，因此，有人又称它为法医精神病学。从医学角度来说，它是精神医学的一个分支。

精神病人在精神疾病的影响下，一方面不能辨认自己的行为是正当或非法的，不能控制自己的行为，往往做出危害他人及社会的行为；另一方面使个人的正常活动能力遇有不同程度的障碍，不能行使民事权利和承担民事义务，不能处理各种日常事务和管理个人财产，不能有效地保护自己的利益。这样，一方面要判明精神异常者疾病与行为之间的关系，解决法律上的有关问题；另一方面要在法律上对精神病人予以必要的保护。这些，都须由司法精神病学予以研究和协助解决。

在我国，司法精神病学是一门新兴的学科。虽然自 1949 年中华人民共和国成立以后，我国就开展了司法精神病学鉴定工作，但直到 1979 年《中华人民共和国刑法》《中华人民共和国刑事诉讼法》颁布，才为司法精神病学奠定了法学基础。从此以后，随着我国社会主义法制建设的不断发展和完善，司法精神病学也取得了长足的进步，其重要地位和作用日益凸显，受到广大人民及法律工作者的重视，在我国社会主义法治中起着它应有的作用。

二、精神疾病与法律

精神疾病是不同于一般躯体疾病的一类特殊的疾病，精神病人亦是有别于普通身体疾病患者的特殊病人，其在法律上具有独特的地位。在我国现行的许多法律中，都直接或间接地规定了与精神疾病有关的条款。这些法律规定是我们解决精神疾病与法律问题的准绳。在司法精神病学中，经常涉及的我国法律、法规有《中华人民共和国宪法》《中华人民共和国民法总则》《中华人民共和国民事诉讼法》《中华人民共和国刑法》《中华人民共和国刑事诉讼法》《中华人民共和国精神卫生法》《中华人民共和国残疾人保障法》《中华人民共和国婚姻法》《中华人民共和国继承法》《中华人民共和国监狱法》《中华人民共和国治安管理处罚法》《精神疾病司法鉴定暂行规定》《人体损伤程度鉴定标准》《人体损伤致残程度分级》《劳动能力鉴定 职工工伤与职业病致残等级》等。

我国是社会主义国家，《中华人民共和国宪法》（以下简称《宪法》）和其他法律都规定了公民的权利和义务及其保障。精神病患者是属于精神不健全的公民，是属于《中华人民共和国残疾人保障法》（以下简称《残疾人保障法》）中规定的"智力残疾、精神残疾"的残疾人。他们的法律地位、权利和义务等，涉及了我国法律制度的多个方面，主要如下：

（一）精神病人的权益及其保障

1. 人身权利。我国《宪法》规定，中华人民共和国公民的人身自由、人格尊严不受侵犯；《中华人民共和国民法总则》（以下简称《民法总则》）规定：自然人享有生命权、身体权、健康权、姓名权、肖像权、名誉权、荣誉权、隐私权、婚姻自主权等权利；《残疾人保障法》规定：残疾人的公民权利和人格尊严受法律保护。禁止歧视、侮辱、伤害残疾人。禁止虐待和遗弃残疾人。《精神卫生法》也规定：精神障碍患者的人格尊严、人身和财产安全不受侵犯。精神障碍患者的教育、劳动、医疗以及从国家和社会获得物质帮助等方面的合法权益受法律保护。有关单位和个人应当对精神障碍患者的姓名、肖像、住址、工作单位、病历资料以及其他可能推断出其身份的信息予以保密；但是，依法履行职责需要公开的除外。全社会应当尊重、理解、关爱精神障碍患者。任何组织或者个人不得歧视、侮辱、虐待精神障碍患者，不得非法限制精神障碍患者的人身自由。新闻报道和文学艺术作品等不得含有歧视、侮辱精神障碍患者的内容。禁止对精神障碍患者实施家庭暴力，禁止遗弃精神障碍患者。

精神病人也是我国的公民，同样享受《宪法》规定的各项权利，其利益同样受有关法律的保护。人身自由权是公民最基本的权利之一，是其他公民权利的基础，没有人身自由权就无从享受其他权利。不可以因为精神病人的精神、行为异常就对其实施非法拘禁，或以其他方法非法剥夺或限制其人身自由权，以及对其身体实施非法搜查。精神病人的人格尊严同样不受侵犯，不能因其丧失理智而对其进行侮辱取乐、歧视或诽谤诋毁，破坏其名誉。不得侵害精神病人的身体健康权利，不得打骂、损伤精神病人，禁止虐待和遗弃精神病人。否则，便违犯了《宪法》及有关法律的规定，违背了社会主义道德，构成了侵犯公民人身权利和民主权利的违法行为。

2. 财产保障。我国《宪法》第 13 条第 1 款、第 2 款规定："公民的合法的私有财产不受侵犯。国家依照法律规定保护公民的私有财产权和继承权。"精神病人对其私有财产的所有权是受到我国法律保护的。但是，有时监护人或非监护人，利用精神病人或智能障碍者无辨认能力、无判断力或无自我保护能力，通过种种手段，获取其财产。有些以监护人的名义，名为监管，实则据为己有；有些以家人、亲友身份，以共有或租借名义，逐渐据为己有；有些在财产分割或继承上，剥夺病人的份额；有些利用病人精神异常诱骗其赠与、签署不合理的合同或修改合同，或偷拿；在一些合伙经济中因病而取消病人资格，又不清算病人应得的经济利益；还有的利用病人从事某些劳动，却不付或少付报酬。对侵犯精神病人财产的，应通过民法或刑法途径，予以退赔。对无行为能力精神病人的赠与、合同应认定无效。

3. 生活物质保障。我国《宪法》第 45 条规定："中华人民共和国公民在年老、疾病或者丧失劳动能力的情况下，有从国家和社会获得物质帮助的权利。国家发展为公民享受这些权利所需要的社会保险、社会救济和医疗卫生事业。……国家和社会帮助安排盲、聋、哑和其他有残疾的公民的劳动、生活和教育。"

我国《残疾人保障法》第 46 条第 2 款规定："政府和社会采取措施，完善对残疾人的社会保障，保障和改善残疾人的生活。"

我国《精神卫生法》第 69 条规定："对符合城乡最低生活保障条件的严重精神障碍患者，民政部门应当会同有关部门及时将其纳入最低生活保障。对属于农村五保供养对象的严重精神障碍患者,以及城市中无劳动能力、无生活来源且无法定赡养、抚养、扶养义务人,或者其法定赡养、抚养、扶养义务人无赡养、抚养、扶养能力的严重精神障碍患者,民政部门应当按照国家有关规定予以供养、救助。前两款规定以外的严重精神障碍患者确有困难的,民政部门可以采取临时救助等措施,帮助其解决生活困难。"

第70条规定:"县级以上地方人民政府及其有关部门应当采取有效措施,保证患有精神障碍的适龄儿童、少年接受义务教育,扶持有劳动能力的精神障碍患者从事力所能及的劳动,并为已经康复的人员提供就业服务。国家对安排精神障碍患者就业的用人单位依法给予税收优惠,并在生产、经营、技术、资金、物资、场地等方面给予扶持。"

国家和社会对生活确有困难的残疾人,通过多种渠道给予救济、补助。国家和社会对无劳动能力、无法定扶养人、无生活来源的残疾人,按照规定予以供养、救济。残疾人所在单位、城乡基层组织、残疾人家庭,应当鼓励、帮助残疾人参加社会保险。地方各级人民政府和社会举办福利院和其他安置收养机构,按照规定安置收养残疾人,并逐步改善其生活。县级和乡级人民政府应当根据具体情况减免农村残疾人的义务工、公益事业费和其他社会负担。各级人民政府应当逐步增加对残疾人的其他照顾和扶助。对没有独立生活能力的残疾人负有扶养义务而拒绝扶养或遗弃没有独立生活能力的残疾人的,依照刑法追究刑事责任。综上所述,精神病人,尤其是丧失劳动能力的精神病人,应当受到家属、监护人、单位和社会的生活照顾,国家和社会将关怀其生活并给予物质帮助。

4. 卫生医疗保障。我国《残疾人保障法》第15条第2款规定:"各级人民政府和有关部门应当采取措施,为残疾人康复创造条件,建立和完善残疾人康复服务体系,并分阶段实施重点康复项目,帮助残疾人恢复或者补偿功能,增强其参与社会生活的能力。"

我国《精神卫生法》第68条规定:"县级以上人民政府卫生行政部门应当组织医疗机构为严重精神障碍患者免费提供基本公共卫生服务。精神障碍患者的医疗费用按照国家有关社会保险的规定由基本医疗保险基金支付。医疗保险经办机构应当按照国家有关规定将精神障碍患者纳入城镇职工基本医疗保险、城镇居民基本医疗保险或者新型农村合作医疗的保障范围。县级人民政府应当按照国家有关规定对家庭经济困难的严重精神障碍患者参加基本医疗保险给予资助。医疗保障、财政等部门应当加强协调,简化程序,实现属于基本医疗保险基金支付的医疗费用由医疗机构与医疗保险经办机构直接结算。精神障碍患者通过基本医疗保险支付医疗费用后仍有困难，或者不能通过基本医疗保险支付医疗费用的，医疗保障部门应当优先给予医疗救助。"

精神病患者享有获得适当治疗的权利。各地方政府对缺乏经济来源，无力承担医疗费用的精神病人，应提供就医的帮助。病前在业的精神病人，享有同其他身体疾病患者同样的公费医疗、医疗保险和福利待遇。同时，社会精神卫生保障，要从精神、物质等各方面关怀精神病人，尽量解决各种纠纷，解除对病人的精神刺激因素，治理环境中的致病因素，使病人不致心理崩溃，并尽快从精神创伤中恢复，不使精神进一步受损害。要不断打击酗酒、吸毒、卖淫、赌博、迷信活动及各类有害出版物等直接危害公民精神健康的违法犯罪行为。在社会上加大科普教育，推广防治措施，设立心理咨询及精神医疗机构，降低精神病的发病率，保障人民精神卫生健康。

5. 就业。我国《宪法》第42条第1款规定："中华人民共和国公民有劳动的权利和义务。"

我国《残疾人保障法》第30条第1款规定："国家保障残疾人劳动的权利。"

我国《精神卫生法》第58条规定："用人单位应当根据精神障碍患者的实际情况，安排患者从事力所能及的工作，保障患者享有同等待遇，安排患者参加必要的职业技能培训，提高患者的就业能力，为患者创造适宜的工作环境，对患者在工作中取得的成绩予以鼓励。"病前在业的精神病患者，经医治康复后，可恢复原工作或另行安排适当的工作。精神病人在发病期间丧失了劳动能力，但经医治康复后，具有劳动能力或一定劳动能力者，国家和社会经当地政府和有关机构应通过各种途径，给予安置就业的机会，对有一定劳动能力者可给予简单、轻劳动工作的机会。

6. 监护。对此，我国《民法总则》规定：

第二十一条　不能辨认自己行为的成年人为无民事行为能力人，由其法定代理人代理实施民事法律行为。

……

第二十二条　不能完全辨认自己行为的成年人为限制民事行为能力人，实施民事法律行为由其法定代理人代理或者经其法定代理人同意、追认，但是可以独立实施纯获利益的民事法律行为或者与其智力、精神健康状况相适应的民事法律行为。

第二十三条　无民事行为能力人、限制民事行为能力人的监护人是其法定代理人。

第二十四条　不能辨认或者不能完全辨认自己行为的成年人，其利害关系人或者有关组织，可以向人民法院申请认定该成年人为无民事行为能力人或者限制民事行为能力人。

被人民法院认定为无民事行为能力人或者限制民事行为能力人的，经本人、利害关系人或者有关组织申请，人民法院可以根据其智力、精神健康恢复的状况，认定该成年人恢复为限制民事行为能力人或者完全民事行为能力人。

本条规定的有关组织包括：居民委员会、村民委员会、学校、医疗机构、妇女联合会、残疾人联合会、依法设立的老年人组织、民政部门等。

第三十四条　监护人的职责是代理被监护人实施民事法律行为，保护被监护人的人身权利、财产权利以及其他合法权益等。

监护人依法履行监护职责产生的权利，受法律保护。

监护人不履行监护职责或者侵害被监护人合法权益的，应当承担法律责任。

第三十五条　监护人应当按照最有利于被监护人的原则履行监护职责。监护人除为维护被监护人利益外，不得处分被监护人的财产。

……

成年人的监护人履行监护职责，应当最大程度地尊重被监护人的真实意愿，保障并协助被监护人实施与其智力、精神健康状况相适应的民事法律行为。对被监护人有能力独立处理的事务，监护人不得干涉。

我国《精神卫生法》第9条第1款规定："精神障碍患者的监护人应当履行监护职责，维护精神障碍患者的合法权益。"

(二) 精神病人权利和义务的限制或恢复

在精神疾病的影响下，精神病人可能丧失辨认自己行为的能力，丧失控制自己行为的能力，既不能作出真实的和主客观一致的意思表示，又使自己正常的活动能力受到不同障碍，不能行使权利，不能承担和履行义务。因此，在精神疾病发病期间，精神病人的某些权利和义务便要受到限制。当精神病人康复后，便可恢复这些权利和义务。

1. 政治权利的限制。精神病人无法行使选举权和被选举权的，不被列入选民名单。

2. 服兵役。精神病人是不适合服兵役的。

3. 诉讼能力。无诉讼行为能力的精神病人由他的监护人作为法定代理人代为诉讼，精神病人本人不能进行诉讼。

4. 作证。有精神疾病，不能正确表达意志的，或不能辨别是非、不能正确表达的人，不能作证人。

5. 从事某些工作或活动。精神病人不能从事或进行某些特殊工作及活动，例如机密工作、医疗工作、药物管理、危险品或贵重品管理、驾驶交通工具、有危险的工作、负有重大责任的工作、进行狩猎、持有枪支及爆炸品等。

6. 民事事务处理权利。对精神病人处理的某些民事事务，经司法鉴定认为是无民事行为能力人实施的或限制民事行为能力人依法不能独立实施的，法律上认为无效。这些行为可包括管理财产、订立遗嘱、签订合同或法律文件、进行买卖或馈赠、登记结婚或离婚、申请领养子女等。

（三）对精神病人的治疗问题

精神病人需要得到及时、有效的医治。但是精神疾病较严重的病人，却可能丧失对自己疾病的认识能力，即自知力丧失，这样就会否认自己有病，甚至拒绝就医用药。当前，精神病的治疗方法有了很大的进步，但要获得显著的疗效，仍需较长时间的维持治疗，甚至有的精神病还无法彻底治愈。在对精神病人的治疗上，为充分保障病人的人身权利，尊重病人的自尊心，要以自愿为原则。

对此，我国《精神卫生法》规定：

第二十六条　精神障碍的诊断、治疗，应当遵循维护患者合法权益、尊重患者人格尊严的原则，保障患者在现有条件下获得良好的精神卫生服务。

精神障碍分类、诊断标准和治疗规范，由国务院卫生行政部门组织制定。

第二十七条　精神障碍的诊断应当以精神健康状况为依据。

除法律另有规定外，不得违背本人意志进行确定其是否患有精神障碍的医学检查。

第二十八条　除个人自行到医疗机构进行精神障碍诊断外，疑似精神障碍患者的近亲属可以将其送往医疗机构进行精神障碍诊断。对查找不到近亲属的流浪乞讨疑似精神障碍患者，由当地民政等有关部门按照职责分工，帮助送往医疗机构进行精神障碍诊断。

疑似精神障碍患者发生伤害自身、危害他人安全的行为，或者有伤害自身、危害他人安全的危险的，其近亲属、所在单位、当地公安机关应当立即采取措施予以制止，并将其送往医疗机构进行精神障碍诊断。

医疗机构接到送诊的疑似精神障碍患者，不得拒绝为其作出诊断。

第二十九条　精神障碍的诊断应当由精神科执业医师作出。

医疗机构接到依照本法第二十八条第二款规定送诊的疑似精神障碍患者，应当将其留院，立即指派精神科执业医师进行诊断，并及时出具诊断结论。

第三十条　精神障碍的住院治疗实行自愿原则。

……

第三十八条　医疗机构应当配备适宜的设施、设备，保护就诊和住院治疗的精神障碍患者的人身安全，防止其受到伤害，并为住院患者创造尽可能接近正常生活的环境和条件。

第四十条　精神障碍患者在医疗机构内发生或者将要发生伤害自身、危害他人安全、扰乱医疗秩序的行为，医疗机构及其医务人员在没有其他可替代措施的情况下，可以实施约束、隔离等保护性医疗措施。实施保护性医疗措施应当遵循诊断标准和治疗规范，并在实施后告知患者的监护人。

禁止利用约束、隔离等保护性医疗措施惩罚精神障碍患者。

第七十五条　医疗机构及其工作人员有下列行为之一的，由县级以上人民政府卫生行政部门责令改正，对直接负责的主管人员和其他直接责任人员依法给予或者责令给予降低岗位等级或者撤职的处分；对有关医务人员，暂停六个月以上一年以下执业活动；情节严重的，给予或者责令给予开除的处分，并吊销有关医务人员的执业证书：

（一）违反本法规定实施约束、隔离等保护性医疗措施的；

（二）违反本法规定，强迫精神障碍患者劳动的；

（三）违反本法规定对精神障碍患者实施外科手术或者实验性临床医疗的；

（四）违反本法规定，侵害精神障碍患者的通讯和会见探访者等权利的；

（五）违反精神障碍诊断标准，将非精神障碍患者诊断为精神障碍患者的。

但实践中情况复杂，病人情况亦有别，故精神病人的治疗和住院通常有以下方式：

1. 自愿治疗和住院。只要有可能，尽量对病人实行自愿治疗和住院。这种病人通常是精神障碍较轻而具有行为能力的。对于没有冲动行为，病情未发展到对他人或自己具有危害性行为，生活能够自理的病人，不宜违背其意志，单纯以精神障碍为理由，强制他们住院治疗。自愿住院者可按规定自行或由家人办理住院手续，经门诊和常规等各项手续入院。我国《精神卫生法》第44条第1款规定:"自愿住院治疗的精神障碍患者可以随时要求出院,医疗机构应当同意。"不愿住院时,在通知院方办理相关手续后短期内自动出院。

2. 非自愿住院。对此,我国《精神卫生法》规定:

第三十条 精神障碍的住院治疗实行自愿原则。

诊断结论、病情评估表明,就诊者为严重精神障碍患者并有下列情形之一的,应当对其实施住院治疗:

(一)已经发生伤害自身的行为,或者有伤害自身的危险的;

(二)已经发生危害他人安全的行为,或者有危害他人安全的危险的。

第三十一条 精神障碍患者有本法第三十条第二款第一项情形的,经其监护人同意,医疗机构应当对患者实施住院治疗;监护人不同意的,医疗机构不得对患者实施住院治疗。监护人应当对在家居住的患者做好看护管理。

第三十二条 精神障碍患者有本法第三十条第二款第二项情形,患者或者其监护人对需要住院治疗的诊断结论有异议,不同意对患者实施住院治疗的,可以要求再次诊断和鉴定。

依照前款规定要求再次诊断的,应当自收到诊断结论之日起三日内向原医疗机构或者其他具有合法资质的医疗机构提出。承担再次诊断的医疗机构应当在接到再次诊断要求后指派二名初次诊断医师以外的精神科执业医师进行再次诊断,并及时出具再次诊断结论。承担再次诊断的执业医师应当到收治患者的医疗机构面见、询问患者,该医疗机构应当予以配合。

对再次诊断结论有异议的,可以自主委托依法取得执业资质的鉴定机构进行精神障碍医学鉴定;医疗机构应当公示经公告的鉴定机构名单和联系方式。接受委托的鉴定机构应当指定本机构具有该鉴定事项执业资格的二名以上鉴定人共同进行鉴定,并及时出具鉴定报告。

第三十三条 鉴定人应当到收治精神障碍患者的医疗机构面见、询问患者,该医疗机构应当予以配合。

鉴定人本人或者其近亲属与鉴定事项有利害关系,可能影响其独立、客观、公正进行鉴定的,应当回避。

第三十四条 鉴定机构、鉴定人应当遵守有关法律、法规、规章的规定,尊重科学,恪守职业道德,按照精神障碍鉴定的实施程序、技术方法和操作规范,依法独立进行鉴定,出具客观、公正的鉴定报告。

鉴定人应当对鉴定过程进行实时记录并签名。记录的内容应当真实、客观、准确、完整，记录的文本或者声像载体应当妥善保存。

第三十五条 再次诊断结论或者鉴定报告表明，不能确定就诊者为严重精神障碍患者，或者患者不需要住院治疗的，医疗机构不得对其实施住院治疗。

再次诊断结论或者鉴定报告表明，精神障碍患者有本法第三十条第二款第二项情形的，其监护人应当同意对患者实施住院治疗。监护人阻碍实施住院治疗或者患者擅自脱离住院治疗的，可以由公安机关协助医疗机构采取措施对患者实施住院治疗。

在相关机构出具再次诊断结论、鉴定报告前，收治精神障碍患者的医疗机构应当按照诊疗规范的要求对患者实施住院治疗。

第三十六条 诊断结论表明需要住院治疗的精神障碍患者，本人没有能力办理住院手续的，由其监护人办理住院手续；患者属于查找不到监护人的流浪乞讨人员的，由送诊的有关部门办理住院手续。

精神障碍患者有本法第三十条第二款第二项情形，其监护人不办理住院手续的，由患者所在单位、村民委员会或者居民委员会办理住院手续，并由医疗机构在患者病历中予以记录。

第三十七条 医疗机构及其医务人员应当将精神障碍患者在诊断、治疗过程中享有的权利，告知患者或者其监护人。

第四十二条 禁止对依照本法第三十条第二款规定实施住院治疗的精神障碍患者实施以治疗精神障碍为目的的外科手术。

第四十四条 ……

对有本法第三十条第二款第一项情形的精神障碍患者实施住院治疗的，监护人可以随时要求患者出院，医疗机构应当同意。

医疗机构认为前两款规定的精神障碍患者不宜出院的，应当告知不宜出院的理由；患者或者其监护人仍要求出院的，执业医师应当在病历资料中详细记录告知的过程，同时提出出院后的医学建议，患者或者其监护人应当签字确认。

对有本法第三十条第二款第二项情形的精神障碍患者实施住院治疗，医疗机构认为患者可以出院的，应当立即告知患者及其监护人。

医疗机构应当根据精神障碍患者病情，及时组织精神科执业医师对依照本法第三十条第二款规定实施住院治疗的患者进行检查评估。评估结果表明患者不需要继续住院治疗的，医疗机构应当立即通知患者及其监护人。

第四十五条 精神障碍患者出院，本人没有能力办理出院手续的，监护人应当为其办理出院手续。

第四十六条　医疗机构及其医务人员应当尊重住院精神障碍患者的通讯和会见探访者等权利。除在急性发病期或者为了避免妨碍治疗可以暂时性限制外，不得限制患者的通讯和会见探访者等权利。

第五十二条　监狱、强制隔离戒毒所等场所应当采取措施，保证患有精神障碍的服刑人员、强制隔离戒毒人员等获得治疗。

患者处于发病期，丧失了自知力，拒绝住院治疗，甚至其病情可能导致发生危害行为，就由其家属或监护人对其作出住院医疗的安排。但是，必须严格按法律规定办理，要避免"被精神病"情况的发生。

3. 强制住院。我国《精神卫生法》第 53 条规定："精神障碍患者违反治安管理处罚法或者触犯刑法的，依照有关法律的规定处理。"精神病人在发病期，自知力缺损，发生肇事行为，或已违反了《中华人民共和国治安管理处罚法》（以下简称《治安管理处罚法》）或《刑法》，造成后果，病情严重，有可能继续危害社会的由公安、司法机关经法律程序批准，强制送往医疗机构住院治疗。这种措施一定严格依法进行，避免发生"被精神病"的情况，充分保障人权。

4. 司法鉴定住院。精神病人因较重的违法行为及后果而被收容审查时，需要住院以进行司法精神鉴定。这种住院由委托的司法机关办理住院与出院手续。除委托机关及委托机关批准者外，不得探望病人。

住院病人有权得到必要的生活待遇、良好的治疗和护理。住院病人有权参加工疗和娱乐活动，有权了解自己的病情、诊断和治疗方案。主管医师需对入院病人制订切实可行的治疗方案，给予病人适当和有效的治疗。如需对病人施行休克治疗及新的疗法，须对病人解释其疗效和副作用，并征得其同意。病人不理解时，须对病人家属或监护人解释并取得同意。

精神病人有可能危害自己或他人时，医务人员要密切关注其动态并做好防范措施，必要时可对病人使用保护性约束，但要在病历中记录使用事由和经过，并争取适当治疗，尽早解除约束。不得借口正当防卫对病人施加伤害行为。

要注意防止将非自愿住院、强制性住院及医疗性司法监护变成变相的无限期的非法禁闭。一定要把好入院关，控制入院的条件。对住院的病人由医疗机构管理部门定期（最好是半年左右）组织进行详细的全面性检查，以确定病人的精神状态，作出是否需要继续住院治疗的结论及相应的安排。

（四）精神病人与违法危害行为

精神病人在精神症状的影响下，往往失去辨认和控制能力，做出危害人身及社会的违法行为，引起种种甚至是很严重的后果。

1. 精神病人违法危害行为的表现。

（1）杀人和伤害。这是精神病人危害行为中最多见、最严重的行为，可能出现杀、伤家人，杀、伤平素无矛盾的熟人或陌生人等。

（2）自杀和自伤。

（3）性犯罪。强奸不多见，可能发生奸淫幼女或女儿，女性精神病患者可能会出现卖淫或淫乱活动。

（4）破坏或纵火烧毁公共或私人财产。

（5）侵犯公共或私人财产，如偷窃、抢劫、骗取等。

（6）劫持、绑架。

（7）诬告。

（8）驾驶车辆或操作机械造成损害后果。

（9）扰乱社会治安。

2. 违法危害行为的精神病原因。

（1）思维障碍：多见于各种妄想，如被害妄想、嫉妒妄想、物理影响妄想，有时则是思维逻辑障碍。

（2）感知觉障碍：常见于错觉和各种幻觉，尤其是幻听、幻视。

（3）意识障碍：多见于意识模糊状态，尤其是朦胧状态下，病人发生认识和判断错误，导致行为异常。

（4）智能障碍：往往受本能欲望驱使，或受别人教唆，或受小的不良刺激，从而做出危害行为、违法行为。

（5）意志行为障碍：受病理性意志驱使或处于躁狂状态、紧张兴奋状态、冲动状态，不能控制自己的行为。

3. 精神病人违法危害行为的特征。

（1）动机和目的。没有或无明显的现实性的动机或目的，或是动机与目的与严重的后果明显地不相称，或是动机和目的奇特荒谬，不可理解。

（2）计划和预谋。常没有或无较好的计划或预谋，行为往往带有突发性、莽撞性。有些虽有计划和预谋，甚至表面或局部看起来合乎情理，有条理，但整体考察却不合逻辑，荒谬，有时会发现计划和预谋建立在荒谬的、无中生有的基础之上。

（3）受害人。受害人多为亲近的人，如家人、好友、较密切接触的熟人，但平素互无矛盾纠纷，也可是毫无关系的陌生人。有时候受害人是病人病理性精神症状影响下所针对的特定人，如被害妄想中迫害病人的人。

（4）作案手段。有时可带有极端的残酷性，不合常情，不符合病人一贯的品行和身份，与病人的动机和目的不相称。

（5）自我保护行为。可无正常犯罪后逃跑、灭迹、伪装、拒绝承认等保护行为，或有很肤浅可笑的保护行为。对所做之事或者不避讳，或者因意识障碍不知晓，而且有时会带着作案工具、沾着血迹招摇过市，或停留于现场。

（6）现场选择。对作案的时间、地点、环境、作案工具不加选择或不加严格选择，有时甚至就在大庭广众面前、光天化日之下作案。

但是，一定要严格与严重犯罪活动或伪装精神病作案的特征相区别。

（五）对精神病人发生危害行为时的特殊处理

1. 对精神病人行使正当防卫。我国《刑法》第20条规定："为了使国家、公共利益、本人或者他人的人身、财产和其他权利免受正在进行的不法侵害，而采取的制止不法侵害的行为，对不法侵害人造成损害的，属于正当防卫，不负刑事责任。正当防卫明显超过必要限度造成重大损害的，应当负刑事责任，但是应当减轻或者免除处罚。对正在进行行凶、杀人、抢劫、强奸、绑架以及其他严重危及人身安全的暴力犯罪，采取防卫行为，造成不法侵害人伤亡的，不属于防卫过当，不负刑事责任。"

在受到精神病人违法侵害时，依法是可以进行正当防卫的。但是精神病人的这种行为往往是其精神病态所造成的，不是他健康的理智意愿，因此，要根据实际情况区别对待。

被侵害人不知道对方是精神病人的，应允许其正当防卫。

如果知道侵害人是精神病人，正当防卫应该有特殊的限制。对一些不合情理的普通打骂而未造成伤害后果的，应当原谅，不可对等反击。如果精神病人的违法行为有较强攻击性，并可能造成危害后果的，尽量采用防御、躲避及对病人伤害尽量少的措施对病人进行保护性约束。只有在病人行为危险性很大，没有其他方法可以避免的紧迫情况下，被侵害人才能采取正当防卫，但防卫不能过当。

精神病院工作人员对病人的暴力攻击行为，只能采取防御、诱捕或暂时躲避的方法，要尽量避免伤害病人。我国《精神卫生法》第40条规定："精神障碍患者在医疗机构内发生或者将要发生伤害自身、危害他人安全、扰乱医疗秩序的行为，医疗机构及其医务人员在没有其他可替代措施的情况下，可以实施约束、隔离等保护性医疗措施。实施保护性医疗措施应当遵循诊断标准和治疗规范，并在实施后告知患者的监护人。禁止利用约束、隔离等保护性医疗措施惩罚精神障碍患者。"

2. 对精神病人违法肇事时的拘捕。《中华人民共和国刑事诉讼法》（以下简称《刑事诉讼法》）第80条规定："公安机关对于现行犯或者重大嫌疑分子，如果有下列情形之一的，可以先行拘留：①正在预备犯罪、实行犯罪或者在犯罪后即时被发觉的；②被害人或者在场亲眼看见的人指认他犯罪的；③在身边或者住处发现有犯罪证据的；④犯罪后企图自杀、逃跑或者在逃的；⑤有毁灭、伪造证据或者串供可能的；⑥不讲真实姓名、住址，身份不明的；⑦有流窜作案、多次作案、结伙作案重大嫌疑的。"

《中华人民共和国警察法》第14条规定："公安机关的人民警察对严重危害公共安全或者他人人身安全的精神病人，可以采取保护性约束措施。需要送往指定的单位、场所加以监护的，应当报请县级以上人民政府公安机关批准，并及时通知其监护人。"

精神病人可在病态的精神活动支配之下，做出对公共事业，他人的人身、财产造成危害的违法行为。此时，精神病人无责任能力，不追究其刑事责任。但发生这种情况时，不拘捕不足以制止其危害行为，不能保障公共财产和人民安全的，公安人员应该按照法律规定，执行紧急强制措施，对违法危害的精神病人予以立即拘留，解除其危害。决不能坐视不管，任其酿成严重后果。

（六）精神病人的刑事责任问题

我国《刑法》第18条规定："精神病人在不能辨认或者不能控制自己行为的时候造成危害结果，经法定程序鉴定确认的，不负刑事责任，但是应当责令他的家属或者监护人严加看管和医疗；在必要的时候，由政府强制医疗。……尚未完全丧失辨认或者控制自己行为能力的精神病人犯罪的，应当负刑事责任，但是可以从轻或者减轻处罚。……"

精神病人在精神病态影响下，可做出造成危害结果的违法行为。我国刑法将精神病人的刑事责任能力分为无责任能力和限制责任能力。按责任能力不同其不负或应负较轻的刑事责任。这是对精神病人的一种保护，体现了社会主义的立法精神。

与刑事责任能力有关联的还有精神病人的受审能力和服刑能力。如果精神病人因病态影响导致受审能力和服刑能力丧失，便不能受审和继续服刑。

（七）与引发精神疾病有关的问题

有些特定事件（如损伤、中毒、精神刺激等）发生后，受害人患上了精神疾病，造成受害人许多行为和能力（如生活能力、工作能力、法律能力）损害，对此，要在行政或法律上予以解决。这类事件常遇到的问题有：

1. 造成精神疾病也是一种人身伤害。致病因素和精神疾病是什么关系，对精神疾病是直接还是间接起病因素；是根本还是次要起病因素；是主因还是诱因或辅助因素。

2. 致害方应对该精神疾病的发病负全部或部分责任，或不负责任。

3. 精神疾病的病情程度，从损伤角度应属于重伤、轻伤还是轻微伤。

4. 精神疾病导致的残疾程度如何；病人劳动能力的损失情况。

5. 致害人应受何种处罚及对病人的赔偿标准。

三、司法精神病学的任务

司法精神病学是为法律服务的，为解决法律上的有关问题，为司法实践和有关立法提供科学依据。

司法精神病学以临床精神病学的理论和技术为基础，致力于研究《刑法》《刑事诉讼法》《民法总则》《残疾人保障法》《精神卫生法》等法律中有关精神病的规定，同时说明对精神病如何应用一些法律中的规定，研究精神卫生工作中蕴涵的法律问题。研究适用现行法律的精神病司法鉴定问题，研究精神病的各种法律地位及评定其各种法律能力，研究如何使精神病人得以充分享受宪法所赋予的各项基本人权，如何保护精神病人在法律行为中的合法权益，如何防止精神病人发生危害社会的行为，以及如何识别真假精神病人；研究如何做好司法鉴定工作，以利于公安、司法及卫生等部门正确、及时地处理涉及精神病的案件；研究进一步修改、完善乃至制定有关法律制度的问题，就这类问题向国家立法部门提出自己的科学见解。因此，司法精神病学的任务是多方面的。而在司法实践中最多见的任务如下：

在刑法和刑事诉讼法方面，在侦查和审理刑事案件时，对有违法行为但可能有精神障碍的被告人要鉴定其作案时的精神状态，判明其责任能力，从而保护精神病人的人身权利，打击假借精神病进行犯罪活动或假借精神病以逃避惩罚的行为。并判明被告人有无受审能力和服刑能力，以确定是否需延期受审、中止服刑、监护治疗、保外就医及减免刑罚。

在民法和民事诉讼法方面，要鉴定当事人的精神状态，以确定其行为能力，避免一方利用另一方的精神障碍而不当得利或假借精神病而逃避应该承担的民事义务等，从而保护精神病人的合法权益，保障人民的安定团结。同时对无行为能力及限制行为能力人确定是否需要设置监护及解除监护。

对怀疑有精神病的证人要作司法精神鉴定，以判明其有无作证能力。

对受害的精神病人作司法精神鉴定，确定其有无作证能力，有无自我保护能力，以确定证词的法律效力及案件情节和性质。同时对受到精神障碍性伤害的受害人作出有关的司法鉴定。

对伪装精神病者进行司法精神鉴定，以揭露其伪装。

在其他方面如精神病人治疗权利问题、劳动能力问题、危险性评价，以及对确定为精神病者采取何种医疗措施等提出结论或参考性意见。另外对精神科发生的医疗过失或事故，司法精神病学也应负责进行鉴定。在公证、保险方面司法精神病学也应发挥必要的作用。

总之，司法精神病学在为我国社会主义法治服务的过程中，不断充实和完善着自己的理论体系，同时，不断吸收法治实践中的新成果和当代科学成果，不断发展自己，在司法和立法中发挥自己应有的作用。

四、司法精神病学与相关学科的关系

（一）与法学的关系

我国的司法精神病学是在社会主义制度下形成和发展起来的。司法精神病学的研究和鉴定应以国家法律为准绳，以法学理论为指导。否则，仅仅以临床精神病学去进行司法鉴定是行不通的。但是，法学理论不能直接代替司法精神病学的研究和鉴定，必须通过精神医学和法学的结合，才能形成与一般法学理论及精神病学不同的司法精神病学理论体系，并通过司法实践解决法律的有关问题。法学的发展，会推动和促进司法精神病学的发展，而司法精神病学的发展，又会丰富法学理论，促进国家法治发展。

（二）与精神病学的关系

精神病学是临床医学的一个分支，是以研究各种精神疾病的病因、发病机理、临床特点、疾病的发展规律，以诊断、治疗和预防为目的的一门科学，是司法精神病学的基础。并且，只有随着精神病学理论和技术的进步，司法精神病学对精神病的认识才能更准确、更科学。但是，司法精神病学的任务是解决法律中有关精神病的问题，其对象是与法律有关的精神病人，其主要目的是解决精神病人的各项法律地位和法律能力的问题。因此，司法精神病学与精神病学有明确界限，有自己独立的研究方法，不仅包含精神病学知识，还包含法医学知识、法学知识等独特的专业知识和实践的一门独立学科。二者密切联系，但又相对独立。司法精神病学的实践和研究，也会丰富和发展精神病学。

（三）与心理学的关系

1. 与普通心理学的关系。心理学是关于人心理的发生、发展及其规律的科学。普通心理学研究一般心理过程产生和活动的规律以及各过程之间的联系和关系，还研究个性及其心理特征是怎样形成的及其发展规律。普通心理学是研究一般精神活动的基础，是判定有无精神异常的一个参照系。因此，司法精神病学涉及普通心理学的许多理论和技术。普通心理学的知识和实践经验是一个司法精神病学工作者所不可缺少的。

2. 与病理心理学的关系。病理心理学又称变态心理学，主要是研究心理异常发生、发展、变化的规律，研究各种心理过程异常的表现及其产生的机制，研究人格异常的表现和产生机理，揭示各种心理异常之间的相互关系，制定判别变态心理的标准和有效方法。病理心理学是精神病学的组成部分，是判定精神疾病的重要参考。病理心理构成了精神异常，又是导致精神病人行为异常的根源。因此，病理心理学也是司法精神病学的基础之一。

3. 与犯罪心理学的关系。犯罪心理学是研究与犯罪有关的心理活动及其客观规律的科学。它主要研究犯罪人犯罪心理结构形成的原因和过程，犯罪过程中的心理活动，以及怎样对犯罪心理结构施加影响和加以教育改造等。具有犯罪心理学知识，可很好地理解法律中的有关规定和有关的法学理论，还可以对犯罪心理和病理心理加以区分，正确地解决有关违法犯罪的问题。因此，犯罪心理学也是司法精神病学工作中不可缺少的知识。

第四节　司法精神病学发展简史

人类自有疾病以来就有患精神疾病的病人。古代人认为有不依赖于躯体的灵魂存在。灵魂也可以生病。受当时宗教迷信影响，人们认为精神疾病是神鬼附体的结果，是违反神的旨意而受到的惩罚，或是一种罪恶的报应。但也有一些朴素唯物主义的观点。例如古希腊哲学家、医学家，被称为科学医学奠基人和精神病学之父的希波克拉底（Hippocrates）认为脑是思维的器官，提出精神病体液病理学说。中国古代医学巨著《黄帝内经》对精神疾病描述是以阴阳五行相生相克学说解释躯体和精神的生理和病理生理的。中国传统医学认为：精神是物质实体的产物，与躯体密切有关。这反映了精神活动是以物质为基础的功能活动的观点。

人类社会自从有了国家以来就有各种形式的法律，就会涉及有关精神疾病的问题。

大约公元前18世纪时，巴比伦王国第六代国王颁布的《汉穆拉比法典（The Code of Hammurabi）》中规定："倘若某人购买一个男奴或女奴，一月未满，就患癫痫发疯，则买主可以退还给卖主，并收回他所付的银子。"这说明当时的法律对精神疾病已有所认识，并将病人认定为心神不健全和工作能力有缺陷的人。

在古希腊早期，对疯狂病人，人们认为是超自然的原因——由于神魔附体导致的；但也有人认为疯狂病人是神圣的，病人危害社会的行为是神的惩罚，此时精神病人犯罪一般可以不负法律责任。在古希腊全盛时期，哲学家柏拉图（Plato）提出精神病人犯罪时，除了赔偿由他所造成的物质损失以外，不应受到其他惩罚。可这一主张未被当时的法律采纳，然而，后人视这一观点为现代司法精神病学基本概念的萌芽。

最早的犹太法律中也简单提到痴愚之人、幼儿在造成伤害时不该受罚，因为他们只有造成后果的行为但无这方面的意图。

公元前500年左右，罗马共和国颁布的《十二铜表法（Law of the Twelve Tables）》引用希腊法律的原则，规定一个人如果被判为患有疯狂或痴愚，就会丧失处理财产、买卖、婚姻、订立遗嘱等能力，并要被监护起来。

公元前528年罗马拜占庭帝国皇帝诏令编纂的《查士丁尼法典（Corpus Juris Civilis）》继续将精神病人认定为一种特殊的法定主体，并判决其属于丧失理智的人，不能与人签订合同，不能担任公职，不能订立遗嘱或作为遗嘱的见证人。精神病人的生活被置于父系亲属或国家指定的监护人看管之下。

到中世纪，在教会和神权黑暗统治下，精神病人被视为魔鬼的化身，是妖巫作祟，或者是被上帝惩罚的罪人，受到各种非人的残酷折磨和迫害。对精神病人的犯罪行为更是采取复仇法则，不仅严刑拷打，还常用火焚、活埋等方法置精神病人于死地。

总之，早期的外国法律规定主要与民事有关，较少涉及刑事，大都认为只有严刑峻法才能遏止犯罪和杜绝犯罪，从而采用报复和惩罚主义。对精神病人的违法肇祸，除了帝王的特赦以外，与一般犯人的处分无异殊，同样要受到法律的制裁，甚至更严厉。

直至 12 世纪，一些法学家才发展出一系列进步和合理的法律概念，犯人们的精神状态才逐渐被重视起来。

1265 年英国首席法官布雷克顿（Bracton）提出一项条例称："因为精神错乱的行为类同一头野兽，故应免予治罪"。他还提出"除非行为人具有伤害的意图，否则不应判处有罪"。

1505 年在英国开始出现了由于精神错乱辩护而判决无罪释放的案例。

16 世纪欧洲文艺复兴时期前后，社会上人道主义思潮得以明显发展，这使人们对精神病的情况有了更多了解，主张对精神病人以人道主义态度。

1556 年英国法官菲茨·赫伯特（Fitz Herbert）提出一项条例称："当一个人不能数清 29 个便士，或者不能讲出他的父母是谁，或者不知道自己几岁时，则应当免除罪责。"

16 世纪著名的法官柯克（E. Coke）试图归纳不同类型的精神病，总称为"精神不健全"，认为这些病人都是缺乏理解力的人而需要法律予以保护。他主张一个精神病人在重大刑事案件中犯了罪错，不要归罪于他，因为"没有犯罪意图的行为不构成犯罪"，而这种人正是没有犯罪意图或是缺乏理解能力的。

1621—1650 年罗马国王的法律顾问泽克察（Paulus Zacchias）著有《法医学诸问题（Quaestiones Medicin Legales）》一书，其内容及采用的 100 例判决案的分析讨论中涉及有关司法精神病学的问题。他被尊为西方司法精神病学奠基人之一。

18 世纪末叶，精神病学逐渐被确认为医学的一门独立学科。

1838 年，法国著名精神病学家埃斯基罗尔（Jean Esquirrol）负责制定了精神错乱法案，其中记述了对有可能成为精神病人之人的交付托管程序，提出了保护精神病人的基本权利和他们对犯罪行为不负法律责任的医学根据。该法案影响了很多国家制定类似的立法。

1800 年詹姆斯·哈德菲尔德（James Hadfield）向英皇乔治三世开枪行刺被控为"叛逆罪"。据调查，他患有精神病，并非有意伤害英皇。当时首席大法官凯尼恩（Kenyon）因此向陪审团提出："如果一个人处于精神错乱状态，他对他的行为就不能负刑事责任。"最后，根据精神错乱辩护，哈德菲尔德被宣判无罪。

1843年英国伦敦发生了著名的丹尼尔·麦克纳顿（Doniel M'Naughton）开枪刺杀当时英国首相，却误中首相秘书并致其死亡案。在审讯中，几名医生出庭作证，确定凶手属于精神错乱状态。以廷德尔（C. J. Tindall）为首的大法官们除了提出被告人不能理解"是和非"作为由于精神错乱辩护而裁决无责任能力的法律标准外，第一次正式采纳精神医学方面提出的把妄想作为患有精神病的确证。自此，司法界根据医学方面所配合的证明，能够有力地确定精神病人为无责任能力。根据这种精神医学上的证明和解释，精神病人开始不但在民法上，同时也在刑法上形成一种特殊地位。该案最后，陪审团宣判凶手无罪，将他移送到精神病院托管，度过了余生。后据该案制定出著名的麦克纳顿条例（M'Naughton Rule）。这一条例的基本精神为以后世界上多数国家所接受，并在各国刑法上加以引用，产生了很大影响。

其实，早于这个案例8年，在1835年的美国就发生了劳伦斯（R. Lawrence）行刺美国总统杰克逊（Jackson）案。审理中华盛顿特区法院的法官指示陪审团要援引精神科医师提出的医学上的妄想测验，作为被告人有无精神病的证据。凶手最终被证实有妄想症状而被判无罪，并作为精神病人而被终身监护于精神病院中。但此案却不像前述案子那样闻名于西方司法界。

最早应用法律心理学这一术语的是美国哈佛大学的雨果·芒斯特伯格（Hugo Munsterberg）（1863—1916）。20世纪60年代，在英国发展了监狱精神病学。20世纪以来，世界许多国家加强了精神卫生立法，有名的如英国1930年制定的《精神病处置条例》（The Mental Treatment ACT），1959年制定的《精神卫生法》（The Mental Health Act）；美国法律研究所（American Law Institute，ALI）20世纪50年代制定的《标准刑法典》（The Model Penal Code）。

在中国古代封建社会中，对精神病人及其犯罪基本无清楚的法律规定。史籍中只有个别记载。《汉书·刑法志》中有"三宥"（宽减）、"三赦"（免）。三赦中有"三曰蠢愚（痴呆）"之说，说明西汉时期痴呆病人犯罪可获宽赦。《汉书·东方朔传》记述"昭平君日骄，醉杀主傅，狱系内宫"，说明当时醉酒杀人亦要问罪。魏晋时期的名医王叔和（210—285）在《脉经》中首先提出了"诈病"的概念……总之，清代以前有关精神病人在法律方面如何处理，不论民事案件或刑事案件都缺乏明文规定，而且案例罕见，判定也不一致。大部分古代统治者对精神病人的违法危害行为，采取"狂则不能免人间法令之祸"（《韩非子·

解老》）的态度，使精神病人同样受到惩罚，但也有少数统治者采取不理睬或宽恕的态度。

辛亥革命以后，受到现代法学思潮影响，有关精神病处理的条文才陆续散见于当时的民事、刑事及其他法律法规中。民国时期在《中华民国刑法》中规定："心神丧失人之行为，不罚。精神耗弱人之行为，得减轻其刑。"司法精神病鉴定工作一直到1949年中华人民共和国成立以后才开展起来。但我国司法精神病学的真正起步与发展，还是从"文化大革命"结束以后，《刑法》《刑事诉讼法》自1979年7月正式颁布起开始的。此后我国于1986年4月12日颁布《中华人民共和国民法通则》（以下简称《民法通则》）；1991年4月9日颁布《中华人民共和国民事诉讼法》（以下简称《民事诉讼法》）；1989年7月11日发布了《精神疾病司法鉴定暂行规定》；1990年12月28日颁布《残疾人保障法》；1986年9月5日发布《中华人民共和国治安管理处罚条例》；2012年10月26日，第十一届全国人民代表大会常务委员会第二十九次会议通过了《精神卫生法》等一系列法律法规；此后至今，又有一系列法律、法规得到修订、完善、发布，这为我国司法精神病学工作奠定、夯实了基础，使我国司法精神病学有了前所未有的飞速发展，取得了很大的成绩。

20世纪初期，国际上对犯罪行为的理论探讨以医学生物学理论为主，例如切萨雷·龙勃罗梭（Cesare Lombroso）的"天生罪犯论"及后来的体型论、体质论等。20世纪20年代以后生物遗传论观点又为社会环境论观点所取代，后者占了优势地位。精神病的社会学观点产生较大影响。例如人类学家马林诺夫斯基（Malinowski）提出人类行为的异常或变态是各种不同文化的产物，大多数偏离社会文化或偏离道德规范的行为不是犯罪问题，就是精神病问题。但这又使一些人不适当地把精神病扩大化了。这种势头近年来得到了遏制。根据有关资料，国际上美国、西欧与日本在具体司法精神鉴定工作与理论研究方面，对精神疾病患者无责任能力方面的标准与判定，都有日益严峻化的趋势。

第二章 司法精神病学鉴定

第一节 概述

一、司法精神病学鉴定的概念

《刑事诉讼法》第146条规定:"为了查明案情,需要解决案件中某些专门性问题的时候,应当指派、聘请有专门知识的人进行鉴定。"

《民事诉讼法》第76条规定:"当事人可以就查明事实的专门性问题向人民法院申请鉴定。当事人申请鉴定的,由双方当事人协商确定具备资格的鉴定人;协商不成的,由人民法院指定。当事人未申请鉴定,人民法院对专门性问题认为需要鉴定的,应当委托具备资格的鉴定人进行鉴定。"

司法精神病学鉴定是司法精神病学的核心与主要任务。按照《全国人民代表大会常务委员会关于司法鉴定管理问题的决定》中的规定,"司法鉴定是指在诉讼活动中鉴定人运用科学技术或者专门知识对诉讼涉及的专门性问题进行鉴别和判断并提供鉴定意见的活动"。依此定义,司法精神病鉴定是指在诉讼活动中司法精神病鉴定人运用司法精神病学的技术或者专门知识对诉讼涉及的精神病问题进行鉴别和判断并提供鉴定意见的活动。司法部门在审理民事与刑事及其他案件中,会委托司法精神病学鉴定机构对于涉及法律问题的患有或怀疑患有精神疾病的被鉴定人进行精神状态的检查、分析、诊断,以判定其精神状态与法律的关系。司法精神病鉴定也叫法医精神鉴定,是司法鉴定中的一种,是诉讼证据之一。被鉴定人一般包括刑事被告人、被害人、在押罪犯、民事案件当事人以及证人等。鉴定必须依靠司法精神病学工作者应用其专门技术知识和科学方法来完成。鉴定人应根据案件事实，充分应用现代精神病学及有关的各种技术，对被鉴定人进行必要的检查（如躯体检查、神经系统检查、特别是精神状态，以及其他实验室检查等），确定被鉴定人是否患有精神疾病。如果患有精神疾病，则判定其疾病的性质和程度，尤其事件发生时的疾病情况，从而确定被鉴定人是否具有行为能力和责任能力及其他能力。有时还需对特定的精神病患者提出是否需要设置监护及应采取怎样适当的医疗措施的意见。有时还要判定是否属于精神病的伪装的问题。司法精神鉴定是一项专业性很强、技术要求很高的复杂而严肃的工作。

我国有重性精神病人约 1600 多万，其中发生肇事肇祸的占 10% 以上。目前全国每年刑事、治安方面司法精神鉴定案件数以万计。据统计，刑事案件的司法精神鉴定数量占全部司法精神鉴定案例的 83%，司法机关对于鉴定意见的采信率极高。

随着我国法治建设的逐步完善，司法精神病学鉴定也必须要严格遵守相关的法律法规，要标准化、规范化进行。这是因为：其一，司法精神病学鉴定意见必须以事实为依据。所谓以事实为依据，就是必须依据国家规定的诊断标准确认精神障碍之存在。因此，鉴定人必须严格按照公认的现行国际与国内精神与行为障碍分类诊断标准，即《国际疾病分类（第 10 次修订本）》（ICD-10）和《中国精神障碍分类与诊断标准（第 3 版）》（CCMD-3）对被鉴定人的精神状况进行专业检查和诊断（包括精神症状），以确认精神病理状态之类型、性质和程度（医学标准或者医学要件）。其二，司法精神病学鉴定意见必须以法律为准绳。所谓以法律为准绳，就是必须依据我国法律规范行事，不能违背法律的实质。因此，鉴定人必须严格遵循我国法律规定，当有确凿证据证明某种精神病理状态导致行为人对自己行为（作案行为）的辨认能力或者控制能力造成丧失或者削弱时（法学标准或者法学要件，亦称心理学要件），才能考虑法律能力及其等级的评定。

二、司法精神病学鉴定与一般精神医学诊断的异同

司法精神病学是建立在临床精神病学与法学两大基础上的交叉科学，但它又属于法医学的范畴。在进行司法精神病学鉴定时，既要运用有关的精神病学知识，但又不能单纯从临床精神病学角度出发，而必须同时严格以我国现行法律为准绳办事。在司法精神鉴定过程中，结合被鉴定人有关的病史、精神状态、躯体发现与临床化验结果进行分析与诊断，这与临床精神病学的医学诊断基本相同，

但两者有以下几点不同之处：

1. 鉴定人除具备精神病学知识外，必须具备犯罪心理学与法学的基础知识。这样可以避免把属于犯罪心理学上的问题误用精神病症状学的观点去解释，如把"犯罪激情"误认为"病理性激情"；把巫婆由于自我暗示甚至伪装的"鬼神附体"误认为"癔症"；把普通醉酒误认为病理性醉酒；或把轻度精神障碍误认为重度精神障碍（如把癔症性情感发作误为癔症性精神病，把癫痫性人格障碍误认为癫痫性精神病），无意中犯了"泛精神病学论"的错误。并且，鉴定人还要能正确地理解有关法律条文的精神，较为恰当地提出被鉴定人的责任能力、行为能力等方面的建议。

2. 司法精神病学鉴定接受公安、司法机关等的委托。司法精神鉴定按《刑事诉讼法》《民事诉讼法》及相关法规进行，直接向委托方负责。承担司法精神鉴定的单位或鉴定人可对当事人的律师进行必要的解释，但没有一定要接待其他当事人与诉讼参与人的责任。而一般医学诊断则不受上述限制。

3. 根据目前我国的现实情况，由于广大公安、司法工作人员不熟悉或缺乏司法精神病学的基础知识与原则，因此，司法精神鉴定人在鉴定书中可以而且应该提出被鉴定人的刑事责任能力、民事行为能力、性自我防卫能力及其他有关法律能力等方面的建议，以供委托单位参考。而一般医学诊断证明则不需要也不可以提出这方面的结论。这是司法精神鉴定与一般医学诊断证明的根本区别之一。一般精神科医学诊断证明，除诊断外只能提出相应的医疗、休养、残废程度、工作安排等方面的意见而不宜或无权提出有关法律关系方面的意见。一般精神医学诊断证明不具有司法精神鉴定书的法律作用。

4. 司法精神鉴定人必须具备一定的资格，但对精神科的一般医学诊断证明人，则不需要这样高的条件。

5. 司法精神鉴定委托单位应对受委托者履行规定的必要手续，并交纳规定的司法精神鉴定费用；一般医学诊断证明则不需要这样的程序。

6. 在司法精神鉴定中，可遇到一些在精神科临床工作中少见或见不到的情况，同时在病种比率分布方面也与临床所见者不同。例如各类性变态、反社会人格变态等，在门诊与病房内所见的比例都很小，但在司法精神鉴定对象中，却占有相当的比例。又如病理性醉酒，病理性半醒状态在临床方面几乎看不到，病理性激情也极少诊断，但这些可在司法精神鉴定中遇到。还有，有些精神病人在作案当时，虽然处于精神病发病或精神错乱状态，但在收审后，由于受到强烈震动或环境的影响，而"清醒过来"或者有所"收敛"，加上时间因素的影响（多在收审之后一段相当长的时间后才进行鉴定），从而在精神检查时发现不了明显的精神病症状。反之，也有一些作案当时精神正常的人在收审后因各种原因或刺激而发生不同程度的精神异常。在这时，应特别慎重，不可轻率作出"无精神病"或"行为时有精神病"的诊断，以避免出现错误。

7. 司法精神鉴定人必须遵照法律规定，出庭作证，回答与鉴定有关的询问。

三、司法精神病学鉴定的对象及任务

司法精神病学的基本任务是研究精神病与法律的关系，为司法实践提供科学依据，为健全社会主义法治服务。司法精神鉴定旨在解决与刑法、民法以及民事诉讼法、刑事诉讼法有关的问题。而且，还将在公证、保险等案件中显示其功能。目前，司法精神鉴定的具体任务主要有以下几个方面：

1. 公安司法机关在侦查和审理刑事案件中，刑事被告人在患有或怀疑患有精神疾病时，需要鉴定作案时的精神状态，如果有精神疾病，应尽可能提出疾病的性质、程度、精神状态与违法行为之间的关系以及对违法行为影响的程度，并提出有无刑事责任能力或限制刑事责任能力的结论性意见。

2. 犯罪后被告在受审或被施行刑罚的过程中，出现精神异常，需进行鉴定，以便根据精神疾病的性质和程度来确定被告人的受审能力或服刑能力以及保外就医等问题。

3. 在民事案件中，当事人患有或怀疑患有精神病，需要进行鉴定，以确定有无民事行为能力或限制民事行为能力，是否需要设置监护以及监护的撤销。

4. 受害人的精神鉴定。这主要包括两种情况：

（1）对患有精神疾病或精神发育迟滞的女病人，在被奸污或与他人发生性行为后鉴定其精神状态，有无辨认能力或对性侵犯的自我防卫能力，从而提供意见，帮助司法部门搞清男方性行为的性质是否属于强奸。

（2）在某种特定事件（如受打击、迫害、严重虐待或颅脑损伤等）之后精神失常的，对其进行鉴定，以确定这种精神障碍与该事件的关系，以帮助司法部门正确地调解与审理这方面的法律问题，故也可称为"精神障碍性损害的鉴定"。

5. 其他：包括在民事、刑事及其他案件中对当事人或被告人诉讼能力的鉴定；对证人作证能力的鉴定；对较离奇而无实据的自首者与控告者的司法鉴定；在特殊情况下的缺席或死后鉴定；以及司法部门认为前次鉴定有问题（如不够清楚、证据不足或可能错误等），而要求的补充鉴定或重新鉴定；等等。

6. 如果确定为精神疾病，应提出需要采取何种医疗措施的意见供司法部门参考。

在上述这些司法鉴定中，最常见、最重要的是：刑事责任能力鉴定、对性侵犯的自我防卫能力鉴定、民事行为能力鉴定及精神障碍性损害的鉴定这几种，并以刑事责任能力鉴定占主要部分。普通精神疾病患者的劳动能力与残疾程度鉴定，多属于一般医学鉴定范围，但如果涉及有关法律问题时，就属于司法精神鉴定的范围了。

四、司法精神病学鉴定的特点及要求

司法精神鉴定工作有其特点，可表现在如下几个方面：

1. 这种鉴定往往要求的时间比较紧，而被鉴定者有的症状却不明显，况且许多鉴定不可能在被鉴定人实施行为时进行，往往在事后甚至相当时间后才进行，鉴定工作多具回顾性，这些都无形中增大了鉴定的难度。

2. 司法精神鉴定中所见的各种精神病，往往产生于法律纠纷、拘捕、审讯、监禁、执行刑罚等特殊情况或环境中，其临床表现常与通常精神病临床所见不同，而具有某些特殊之处。例如：公安和检察机关发现被告人"犯罪"动机不明或不可理解，或被告人陈述案情内容带有荒谬性，或是行为与当事人平时的个性特点、思想作风等表现存在矛盾，或是所犯罪行带有特殊的凶残性，或有自我诬告等不寻常情节等，而引起司法人员怀疑被告人的精神状态有异常，才提出申请进行司法鉴定。另外在司法精神鉴定中反应性精神病比较多见，时间过后随环境改变而病情又有改变。鉴定中还可见到通常罕见的短暂性精神活动障碍，还有时会碰到精神病的伪装。

3. 鉴定手段具有复杂性，不但要用医学手段，还要了解案情，依据全面的调查材料进行。

4. 司法精神鉴定不但要针对疾病作出的诊断，还要回答法律问题，提出法律上的意见，具有自然科学、社会科学的双重属性，要将医学标准与法学标准相结合，要在医学、心理学、法学的跨学科结合上求得统一的科学标准。这些都说明司法精神鉴定有其特殊性和复杂性，更要被认真负责对待。

司法精神鉴定是一项极其严肃、认真而又细致的技术工作，它不只是对国家、对政府机关负责，同时又是关系到维护社会主义法制，切实保护精神病人的正当权利，打击真正的罪犯的大事，因此决不允许丝毫粗心大意，更不允许掺入个人的动机和目的，还必须排除各种外来干扰和影响。作为司法精神鉴定的鉴定

人，必须以高度负责的精神，客观的科学态度，细致扎实的工作作风来进行工作。鉴定人要对司法鉴定负法律责任。鉴定人进行鉴定后应当写出鉴定结论并签名。一般鉴定结论要作出疾病诊断，若不能作出疾病诊断则要作出症状学方面的诊断，并尽量诊断精神病状态与行为之间的关系，所引用的标准、依据最好具有法律效力。

第二节　民事行为能力及民事行为能力的鉴定

一、民事行为能力与无民事行为能力的概念

我国《民法总则》第 133 条规定："民事法律行为是民事主体通过意思表示设立、变更、终止民事法律关系的行为。"即自然人或法人属于民法范畴的设定、变更、终止民事权利和民事义务的行为，称民事法律行为，简称法律行为。法律行为包括订立、修改或撤销遗嘱，继承遗产，订立、变更或终止合同、买卖、租赁及馈赠等行为。法律行为是一种最重要、最常见、最为广泛应用的法律事实。《民法总则》第 143 条规定："具备下列条件的民事法律行为有效：①行为人具有相应的民事行为能力；②意思表示真实；③不违反法律、行政法规的强制性规定，不违背公序良俗。"民事法律行为以行为人的意思表示为基本要素。意思表示是指行为人把要求进行法律行为的意思（意愿）以一定方式表现于外部，使他人知晓和取得法律认可的行为。行为人只有进行意思表示，才能在民事交往中实现预期的民法上的效果。行为人的意思表示必须真实，即意思和表示是一致的，表示行为完全反映了内心的意思，既无谎言和言不由衷，也无受欺和被人强迫。否则，即为意思表示不真实，其法律行为所产生的法律后果无效。

民事行为能力简称行为能力，是指通过自己的行为，取得民事权利和承担民事义务，从而使法律关系发生、变更和消灭的资格，亦即一个人的行为能否发生法律上效力的资格。它除了包括有实施合法行为的能力外，还包括依法承担民事责任的能力。有民事行为能力的人，如果侵害他人的利益，应对其侵权行为承担法律责任。

有民事行为能力的自然人，是指达到一定年龄的、精神正常的、在民事法律问题中能够正确表达意思并能理智地处理自己事务的人。根据我国《民法通则》的有关规定，民事行为能力划分为：

1. 完全民事行为能力。这是指公民完全能以自己的行为，独立地进行民事法律行为，取得民事权利和承担民事义务的资格。按法律规定18周岁以上的成年公民为完全民事行为能力人；16周岁以上不满18周岁的公民，以自己的劳动收入为主要生活来源者，视为完全民事行为能力人。

2. 限制民事行为能力（又称不完全民事行为能力）。限制民事行为能力人，按法律规定包括8周岁以上的未成年人和不能完全辨认自己行为的成年人（包括精神病人）。他们不得独立实施与本人智力和精神健康状况不相适应的民事活动，已实施的亦无效，实施民事法律行为由其法定代理人代理或者经其法定代理人同意、追认，但是可以独立实施纯获利益的民事法律行为或者与其年龄、智力、精神健康状况相适应的民事法律行为。

3. 无民事行为能力。这是指公民不具有以自己的行为独立进行民事活动的能力。按法律规定无民事行为能力人包括不满8周岁的未成年人和不能辨认自己行为的成年人（包括精神病人）。这些精神病人由于不能辨认自己行为的法律后果（即丧失了辨认能力），缺乏正确的判断力和保护自己及自身利益的能力，因此不能作出正确的、主客观一致的意思表示，从而无法具有行使民事事务的权利，也不能承担相应的民事义务，故在法律上被认为无民事行为能力。由于精神疾病而导致的无民事行为能力，应经过司法精神病学鉴定，法律上予以认定和宣告，并依法为之指定监护人（即法定代理人）。无民事行为能力人没有独立进行民事活动的资格，其所完成的民事行为，如处理自己的财产、清偿债务、订立遗嘱、进行买卖、订立合同（或契约）或签订法定文件等法律行为均无法律效力。其本人的某种权利将无权获得或被免除，例如不能参加投票选举和被选举、提出结婚或离婚、担任公职、参与诉讼、驾驶车辆、持有狩猎执照、从事某些特殊工作等。他们需要进行的民事活动，必须由他们的法定代理人代为进行。但此时，并不排除他们在不侵犯他人利益的情况下，进行获取正常受益的民事活动，如接受赠与和继承遗产等。

成年精神病人无民事行为能力是由于罹患了精神疾病，并且病情达到一定严重程度而产生的结果，是表示一种特定的精神状态的法律概念。这一法律概念的性质是依照民法，调整自然人的经济关系和人身非经济关系。成年人有无精神病且有无民事行为能力，须经过司法精神病学鉴定。鉴定的目的侧重于保护个人利益，同时揭穿为达到逃避法律责任和不承担法律义务而伪装精神病的情况。由于精神病导致的无民事行为能力常是对于较长一段时间内的精神失常而言，例如表现为较持久的认识、情感、思维、意志和行为等方面的障碍，因此，司法精神病学鉴定不但要指出疾病的种类、性质，并应说明疾病的严重程度和能否在短期内恢复。

二、民事行为能力的鉴定要件

民事行为能力的鉴定主要依据两方面的标准：一是医学标准，即从精神病医学科学出发，对精神病作出诊断，确定被鉴定人是否为精神病人；二是法学标准，即评定精神状态和智力水平对法律行为的影响，明确精神症状对理智的破坏程度和丧失辨认自己行为能力的程度，法学要件判定被鉴定人是否理解其民事行为的实质及能否正确表达其真实意思，即结合认识要件和意志要件，还需依据被鉴定人在鉴定时的精神疾病的性质、疾病所处阶段、疾病的严重程度、疾病对其认知、意志行为可能产生的影响，及该精神障碍在今后相当一段时间可能发展的状况进行综合评定。以上两个标准是相互联系和统一的，鉴定时缺一不可。民事行为能力的鉴定要件如下：

1. 无民事行为能力。无民事行为能力是指被鉴定人不能以自己的行为取得民事权利和承担民事义务。

（1）医学要件：处于严重的精神病状态；或者有严重的智能缺陷；或是中度及更严重的精神发育迟滞；或有其他严重的精神障碍。

（2）法学要件：能够建立精神障碍诊断，且受精神症状的影响，丧失了对相应民事事务的民事行为能力，符合以下条目之一的：

第一，不能理解民事行为代表的意义和性质及对自己带来的后果和影响。

第二，不能理解民事行为的法律程序。

第三，不能自主行使民事事务的权利及承担相应的民事义务。

第四，丧失了保护个人利益的能力。

第五，不能自主做出主客观相一致的意思表达。

2. 限制民事行为能力。限制民事行为能力是指被鉴定人的民事行为能力不完全，受到一定限制，但是可以进行与其精神健康状况相适应的民事活动。

（1）医学要件：精神病部分缓解或较轻；或轻至中度智能缺陷；或轻至中度精神发育迟滞；或其他精神障碍。

（2）法学要件：能够建立精神障碍诊断，但受精神症状的影响，不能完全辨认民事事务中自己的权利和义务，符合以下条目之一的：

第一，不能全面理解民事行为代表的意义和性质及对自己带来的后果和影响。

第二，不能全面理解民事行为的法律程序。

第三，不能全面自主行使民事事务的权利及承担相应的民事义务。

第四，不能全面保护个人利益。

第五，不能全面自主做出主客观相一致的意思表达。

3. 完全民事行为能力。完全民事行为能力是指被鉴定人有能力以自己的行为取得和行使法律所允许的任何权利，并能承担和履行法律义务。

（1）医学要件：精神健全，伪装精神病；或精神病已完全缓解或痊愈；或在精神病的间歇期或不发病阶段；或某些轻度精神异常、智能障碍及人格障碍。

（2）法学要件：符合下列条件之一的：①不能建立精神障碍诊断；②虽然能够建立精神障碍的诊断，但精神症状对相应民事行为能力无影响，符合以下各条目：

第一，完全理解该民事行为代表的意义和性质及对自己带来的后果和影响。

第二，理解相应民事行为的法律程序。

第三，能够自主行使该民事事务的权利及承担相应的民事义务。

第四，具有保护个人利益的能力。

第五，能够自主做出主客观相一致的意思表达。

由此可见，对精神疾病患者民事行为能力的评定不如刑事责任能力评定那样严格，医学要件之间有重叠，这是客观如此。评定民事行为能力时，应重视法学要件。精神疾病和无民事行为能力不能画等号，也不是完全平行的。因此，在民事行为能力的鉴定中，应对患者的民事行为能力进行实事求是的评定。

我国《民法总则》规定：

第二十二条　不能完全辨认自己行为的成年人为限制民事行为能力人，实施民事法律行为由其法定代理人代理或者经其法定代理人同意、追认，但是可以独立实施纯获利益的民事法律行为或者与其智力、精神健康状况相适应的民事法律行为。

第一百四十四条　无民事行为能力人实施的民事法律行为无效。

第一百四十五条　限制民事行为能力人实施的纯获利益的民事法律行为或者与其年龄、智力、精神健康状况相适应的民事法律行为有效；实施的其他民事法律行为经法定代理人同意或者追认后有效。

第一百五十六条　民事法律行为部分无效，不影响其他部分效力的，其他部分仍然有效。

查明患者丧失了对某种事物处理的能力，就评定他对该事物无行为能力。评定应当"具体化"而不宜泛化，不要根据臆断而扩大到其他方面去，以避免过分剥夺病人应有的正当权利。

有时，精神病人被评定为无刑事责任能力，那么他可能同时也丧失了民事行为能力。但是，刑事责任能力与民事行为能力是本质不同的两个概念，它们之间既不能画等号，评定的标准也不同。如果有些精神病人虽然在刑事司法鉴定时被评定为无刑事责任能力（如被害妄想导致报复杀人），但其仍能良好管理个人财产与其他事物，那么就应该认为他仍具有这方面的民事行为能力。反之，无民事行为能力者也并不一定对其违法行为没有刑事责任能力。比如一名中度精神发育迟滞者经鉴定被评定为无治理财产的能力（"禁治产"），但他却实施了诱奸幼女的违法行为，事后还会掩饰与诡辩（虽可能较笨拙），最终还交代了罪行。这说明他能认识到这行为是坏事，是犯法的。那么，当然不能免除他的刑事责任能力。

三、无民事行为能力的认定与监护的设置、撤销及终止

我国的相关法律中对无民事行为能力的认定与监护的设置、撤销及终止作了明确的规定，这些是依法办事的准绳。

我国《民法总则》规定：

第二十四条　不能辨认或者不能完全辨认自己行为的成年人，其利害关系人或者有关组织，可以向人民法院申请认定该成年人为无民事行为能力人或者限制民事行为能力人。

被人民法院认定为无民事行为能力人或者限制民事行为能力人的，经本人、利害关系人或者有关组织申请，人民法院可以根据其智力、精神健康恢复的状况，认定该成年人恢复为限制民事行为能力人或者完全民事行为能力人。

本条规定的有关组织包括：居民委员会、村民委员会、学校、医疗机构、妇女联合会、残疾人联合会、依法设立的老年人组织、民政部门等。

第二十八条　无民事行为能力或者限制民事行为能力的成年人，由下列有监护能力的人按顺序担任监护人：

（一）配偶；

（二）父母、子女；

（三）其他近亲属；

（四）其他愿意担任监护人的个人或者组织，但是须经被监护人住所地的居民委员会、村民委员会或者民政部门同意。

第二十九条　被监护人的父母担任监护人的，可以通过遗嘱指定监护人。

第三十条　依法具有监护资格的人之间可以协议确定监护人。协议确定监护人应当尊重被监护人的真实意愿。

第三十一条　对监护人的确定有争议的，由被监护人住所地的居民委员会、村民委员会或者民政部门指定监护人，有关当事人对指定不服的，可以向人民法院申请指定监护人；有关当事人也可以直接向人民法院申请指定监护人。

居民委员会、村民委员会、民政部门或者人民法院应当尊重被监护人的真实意愿，按照最有利于被监护人的原则在依法具有监护资格的人中指定监护人。

依照本条第一款规定指定监护人前，被监护人的人身权利、财产权利以及其他合法权益处于无人保护状态的，由被监护人住所地的居民委员会、村民委员会、法律规定的有关组织或者民政部门担任临时监护人。

监护人被指定后，不得擅自变更；擅自变更的，不免除被指定的监护人的责任。

第三十二条　没有依法具有监护资格的人的，监护人由民政部门担任，也可以由具备履行监护职责条件的被监护人住所地的居民委员会、村民委员会担任。

第三十三条　具有完全民事行为能力的成年人，可以与其近亲属、其他愿意担任监护人的个人或者组织事先协商，以书面形式确定自己的监护人。协商确定的监护人在该成年人丧失或者部分丧失民事行为能力时，履行监护职责。

第三十四条　监护人的职责是代理被监护人实施民事法律行为，保护被监护人的人身权利、财产权利以及其他合法权益等。

监护人依法履行监护职责产生的权利，受法律保护。

监护人不履行监护职责或者侵害被监护人合法权益的，应当承担法律责任。

第三十五条　监护人应当按照最有利于被监护人的原则履行监护职责。监护人除为维护被监护人利益外，不得处分被监护人的财产。

……

成年人的监护人履行监护职责，应当最大程度地尊重被监护人的真实意愿，保障并协助被监护人实施与其智力、精神健康状况相适应的民事法律行为。对被监护人有能力独立处理的事务，监护人不得干涉。

第三十六条　监护人有下列情形之一的，人民法院根据有关个人或者组织的申请，撤销其监护人资格，安排必要的临时监护措施，并按照最有利于被监护人的原则依法指定监护人：

（一）实施严重损害被监护人身心健康行为的；

（二）怠于履行监护职责，或者无法履行监护职责并且拒绝将监护职责部分或者全部委托给他人，导致被监护人处于危困状态的；

（三）实施严重侵害被监护人合法权益的其他行为的。

本条规定的有关个人和组织包括：其他依法具有监护资格的人，居民委员会、村民委员会、学校、医疗机构、妇女联合会、残疾人联合会、未成年人保护组织、依法设立的老年人组织、民政部门等。

前款规定的个人和民政部门以外的组织未及时向人民法院申请撤销监护人资格的，民政部门应当向人民法院申请。

第三十七条 依法负担被监护人抚养费、赡养费、扶养费的父母、子女、配偶等，被人民法院撤销监护人资格后，应当继续履行负担的义务。

第三十八条 被监护人的父母或者子女被人民法院撤销监护人资格后，除对被监护人实施故意犯罪的外，确有悔改表现的，经其申请，人民法院可以在尊重被监护人真实意愿的前提下，视情况恢复其监护人资格，人民法院指定的监护人与被监护人的监护关系同时终止。

第三十九条 有下列情形之一的，监护关系终止：

（一）被监护人取得或者恢复完全民事行为能力；

（二）监护人丧失监护能力；

（三）被监护人或者监护人死亡；

（四）人民法院认定监护关系终止的其他情形。

监护关系终止后，被监护人仍然需要监护的，应当依法另行确定监护人。

我国《民事诉讼法》规定：

第一百八十七条 申请认定公民无民事行为能力或者限制民事行为能力，由其近亲属或者其他利害关系人向该公民住所地基层人民法院提出。

申请书应当写明该公民无民事行为能力或者限制民事行为能力的事实和根据。

第一百八十八条 人民法院受理申请后，必要时应当对被请求认定为无民事行为能力或者限制民事行为能力的公民进行鉴定。申请人已提供鉴定意见的，应当对鉴定意见进行审查。

第一百八十九条　人民法院审理认定公民无民事行为能力或者限制民事行为能力的案件,应当由该公民的近亲属为代理人,但申请人除外。近亲属互相推诿的,由人民法院指定其中一人为代理人。该公民健康情况许可的,还应当询问本人的意见。

人民法院经审理认定申请有事实根据的,判决该公民为无民事行为能力或者限制民事行为能力人;认定申请没有事实根据的,应当判决予以驳回。

第一百九十条　人民法院根据被认定为无民事行为能力人、限制民事行为能力人或者他的监护人的申请,证实该公民无民事行为能力或者限制民事行为能力的原因已经消除的,应当作出新判决,撤销原判决。

四、常见民事行为能力的鉴定

(一) 遗产继承

我国《宪法》规定,国家依照法律规定保护公民的私有财产的继承权。我国《民法总则》第124条规定:"自然人依法享有继承权。自然人合法的私有财产,可以依法继承。"

精神疾病人的继承权受国家法律保护,不得非法剥夺。实际生活中,精神病人由于罹患精神残疾,不但应保证其继承权利,且应比其他同位继承人获得更多的遗产才较合理。

继承人是终身丧失了民事行为能力的严重的精神疾病患者,其法定继承权、受遗赠权由监护人代理,要切实保证并照顾病人的利益。一般精神病人也应在继承顺序和份额上得到照顾和优待,在其丧失行为能力期间,继承权、受遗赠权由其监护人代理。限制行为能力人的继承权、受遗赠权由监护人代为行使,或者征得法定代理人同意后行使。如果其他继承人对有继承权的精神病人排挤、欺诈和剥夺其继承权,或减少继承份额,既不人道,亦不合法,司法部门应予干涉。

丧失民事行为能力的精神疾病患者,在继承问题上的一些法律行为是无效的。最常见的情况是精神病人在非血统妄想等症状支配下拒绝继承;在夸大妄想支配下放弃继承。他们会不负责地办理各种法律手续,为了维护病人的权益,法院一概不能认定这些病态中的法律行为。

(二) 遗嘱能力

《中华人民共和国继承法》(以下简称《继承法》)第22条第1款规定:"无行为能力人或者限制行为能力人所立的遗嘱无效。"遗嘱是被继承人按照法定方式,在生前支配自己的合法财产和与财产有关的其他权益,并在死后或被宣告死亡后发生效力的单方法律行为。被继承人在立遗嘱时必须具有民事行为能力，否则其遗嘱无效。遗嘱确是本人的意愿，同时遗嘱的内容不得违背国家的法律和政策（如不得有意识地剥夺未成年子女或无劳动能力继承人的继承权，不得与国家政府法令相抵触），法律才承认该遗嘱有效。如果遗嘱内容有与国家法律政策相抵触之处，可认定其中抵触部分无效或全部遗嘱无效。在订立遗嘱时不需要征得他人的同意，其他人对于这一法律行为也无权干涉。

患有或怀疑患有精神病的人所订立的遗嘱是否有效，必须看遗嘱的内容是否符合我国的法律规定，在订立遗嘱时是否受到他人的不适当影响，以及精神病态是否使立遗嘱人在订立遗嘱时判断力受到障碍，在进行了解分析后予以评定。立遗嘱者必须具有订立遗嘱的基本能力，即必须具有正确的记忆能力与判断能力，并能够作出正确的意思表示。实践中精神病人不一定丧失立遗嘱的能力，因此也不一定认为其遗嘱无效。在鉴定遗嘱时，鉴定人应根据各方面提供的有关材料，分析被继承人在立遗嘱时的情况，看是否符合下列条件：①被继承人必须知晓自己是在订立遗嘱，并了解遗嘱内容的意义和影响；②被继承人知道继承人是谁，或所遗赠的对象是谁；③被继承人虽不一定要制作所有财产的清单，但要知道自己所有财产的性质和数额；④被继承人不受他人不正当的影响，包括过分的关心或殷勤，或谄媚、欺诈、恫吓、胁迫等；⑤被继承人不受麻醉性药物、致幻剂或酒类的影响，以致所立遗嘱失真或易被曲解。

精神病人在发病期、中度以上智能障碍或具有意识障碍等情况下立的遗嘱无效。精神病的缓解期或间歇期，订立遗嘱时精神正常、意识清楚、具有行为能力，此时的遗嘱有效。而之后立嘱人发生精神病被宣告为无民事行为能力时，其以前所立的遗嘱有效。遗赠可以容许，但一概不得侵害国家或他人的合法权利。

老年期的人常因许多病理因素而出现一些精神障碍，多表现为智能和性格改变，此时对事物判断不准，甚至出现病态思维内容，故所立遗嘱有时很难反映立遗嘱人生前的意志。如果遗嘱内容不合情理，与病者生前一贯思想感情有明显的矛盾，则应考虑病态因素的存在，需在家庭成员中作进一步调查，此遗嘱也仅供参考。有一些精神衰退的慢性精神病人和老年精神障碍者，除了记忆力减退与精神活动能力下降外，同时接受暗示性增高，易于受他人的不适当影响，成为阿谀的俘虏。这种通过欺骗、诱惑或者擅权亲友的持续性暗示、威胁而获得的遗嘱，是不能承认其有效的。

对于剥夺继承权的遗嘱要慎重对待。因精神病态的影响而出现的各种不合情理的、突然的、无故取消合法继承权的遗嘱，不能作为法律的依据。

（三）精神病人的婚姻能力

《中华人民共和国婚姻法》第7条规定，患有医学上认为不应当结婚的疾病的禁止结婚。我国《婚姻登记条例》第6条规定，办理结婚登记的当事人患有医学上认为不应当结婚的疾病的，婚姻登记管理机关不予登记。

通常精神疾病患者如果具有下面的医学与法学要件，就不能结婚：

医学要件：①精神病未愈，或者部分缓解，或者刚刚缓解不到一定时期，或者近期缓解后，有较大复发的危险性；②中度或更重的精神发育迟滞。

法学要件：①不能作出自觉的意思表示，也不能理解婚姻的性质及其所包含的责任和义务；②不能建立并维持正常的夫妻家庭生活。

精神病已缓解或痊愈了，但有些精神病（尤其是精神分裂症、躁狂抑郁症等）还不能结婚，这是因为这些病的复发率很高，必须巩固观察一段时间。否则婚后骤然的生活变化与适应问题，易使精神病复发，而造成严重后果。用"冲喜"结婚的陋习来"治疗"精神病的行为，不但违反了婚姻法的规定，而且给疾病的康复和配偶带来极大不利和痛苦，应坚决禁止。

对于遗传因素高的精神疾病（如家系高发的精神分裂症、精神发育迟滞等）患者，不论其病情好转与否，都不宜于结婚。有些在病情缓解后虽然可以结婚，但应禁止生育或实行禁育手术，以保证贯彻我国优生优育的政策。

如果精神病已治愈，恢复正常，或患有轻度精神疾病性的神经症及部分智能缺陷（接近或属于中度）的精神发育迟滞者，只要能基本理解婚姻的意义、尚能承担简单的家务劳动、男女双方同意、符合结婚年龄规定、亲自到所在地婚姻登记管理机关申请结婚登记的，可批准发给结婚证，成立有效的婚姻关系。

如果结婚已过了一段时间，配偶一方认为自己或对方在结婚时患有精神病，向人民法院提出变更之诉，要求确认婚姻关系无效时，就精神病司法鉴定角度来说，对当时无婚姻能力的评定，须结合下列三种情况作出判断，并由提出要求的一方承担举证责任：①婚前精神病开始发病的经过及其病情；②结婚当时精神病的病情；③目前的精神状态。

（四）精神病人的离婚问题

精神病人的离婚案件是一种特殊的离婚案件，比较复杂，多数由病人的配偶一方提出，少数由病人一方提出。

在提出离婚申请时，如果精神病患者处于缓解期、间歇期，无明显精神异常时，或轻性精神障碍者、轻性精神发育迟滞者，通常都有诉讼能力，可以按一般民事离婚案件处理。

癔症病人（绝大多数为女性）的离婚问题较复杂。癔症性精神错乱阶段，持续时间不会太长，可待其恢复后按一般离婚案处理。但有些癔症病人其发病往往存在潜意识的欲望要求，从发病中可获得利益，因此既可以通过发病解决其现实困难，又可以获取他人的同情与支持。所以其可通过心理暗示而发病，干扰离婚案件的处理。例如有一对夫妻感情确已破裂，妻有癔病史，又坚持不同意离婚。经法院调查，男方有较充足的理由，妻便总在法庭开庭时发作癔症，使调解与审理工作无法进行。对这种情况，如果法院认为她坚持不离的理由不充分，就可通过其诉讼代理人或指定的诉讼代理人而判决，否则将会无休止地纠缠下去。

我国《婚姻登记条例》第12条规定：办理离婚登记的当事人属于无民事行为能力人或者限制民事行为能力人的，婚姻登记机关不予受理。

如果夫妻一方患有精神病，不能作出正确的意思表示，丧失民事行为能力的，调解工作无从进行。有人根据这种情况提出精神病人对婚姻生活不协调和感情破裂是无责任的，何况婚姻法中规定夫妻双方有互相扶养的义务，精神病人生活不能自理时，配偶一方更有尽力监护的义务，所以不能离婚。虽然有如此理由，但是，如果患精神病一方严重丧失正常的精神活动，又难以估计其有治愈的可能性，或已多年未能实行共同的婚姻生活，或多次住进精神病院治疗，或动辄无故殴打和凌辱另一方，为了解除另一方精神和肉体上无休止的折磨和痛苦，应该允许离婚。但在处理时要注意分析病人得病的原因，医院诊断和治疗结果，结合群众意见慎重处理，在判决离婚的前后都必须对病人的监护与生活做好妥善的安排。精神病人的离婚问题具体如下：

1. 由精神病人的配偶方提出离婚的。

（1）精神病人初次发病，或者过去有精神病史但结婚时精神正常，婚后又发病，此时提出离婚暂不准许，并应对病人进行积极治疗。治疗观察期至少2~3年。该期间精神病如果缓解，可按一般离婚案处理。如果病情持续不愈，确定不能共同生活的，可准许离婚，但应对病人做好应有的妥善安置。

（2）精神病人在病情未愈时违反婚姻法结婚的，其配偶当时受到欺骗或威胁，不了解对方患有精神病或虽知道对方患病却不了解疾病的性质而结婚的，应认定这种婚姻关系无法律效力。

（3）精神病人经精神科检查或鉴定，发现对配偶有嫉妒妄想或被害妄想，或经常发生暴力攻击的,因对配偶生命有较大的危险性,在排除下述第(5)项的情况下,可准许离婚而无需等待治疗观察2~3年,但应对病人做好妥善安置。

(4)精神病人已患病3年以上,并经精神科检查或鉴定认为难以治愈的,或患精神病已持续5年以上,或确诊为不能治愈的脑器质性精神病,可准许离婚而不必再等2~3年的观察治疗,但应对病人做好妥善安置。此处所说"持续"是精神病性症状始终存在,并且无明显缓解期,并且不能胜任全天工作连续6个月的情况。

(5)癔症性精神病、反应性精神病、症状性精神病及其他病程短暂,而非频繁发作的精神病患者,应等待其病情痊愈或缓解后,按一般离婚案件处理或者按第(1)项条件处理。

要说明的是,精神病人在结婚时精神正常,但婚前曾有精神病史却未向配偶说明的,一般不能作为离婚的主要理由。这与前述第(2)项情况不同。现实中确实存在歧视精神病人现象,因此未向配偶说明精神病史这种心理是应该理解与同情的,而不应该视为"欺骗"。但如果病人不遵守巩固等待期限而急于结婚,同时又对配偶完全隐瞒的,可酌情考虑此为离婚的辅助理由之一,但主要仍应按上述第(1)、(3)、(5)项的原则处理。

本处所说的"精神病"不包括各种轻性精神障碍与轻度精神发育迟滞。

离婚案的被告人是丧失民事行为能力的精神病人,没有诉讼代理人,又不能自行委托诉讼代理人时,为保护病人的合法权利和利益,不宜缺席判决,可由法院为被告指定代理人进行诉讼,依法审判。

2. 精神病人提出离婚的。

(1)精神病人因严重精神障碍而提出离婚的,因其丧失了辨认能力或理智的判断能力,经精神科检查或鉴定,排除下面第(2)项情况,作出诊断的,可认定为"无诉讼能力",不予受理,或由其法定代理人代为诉讼;无法定代理人的由人民法院指定代理人代为诉讼,法院宜作出不准离婚的判决。如果病人的配偶也提出离婚的,可根据具体情况,按配偶方提出离婚的原则处理。

(2)配偶的一方因受另一方严重虐待而发生反应性或其他精神病的,可由其法定代理人(不包括其配偶)代为诉讼。如果经法院调查属实,并且不离婚可使其病情恶化或发生意外危险的,或经过6个月治疗未痊愈的,可准许离婚。如果病人经过治疗,病情好转并恢复了诉讼能力的,按一般离婚案件处理。

精神病人的离婚被准许时,配偶健康的一方应对病人做好妥善安置。对无劳动能力且无生活来源的病人，应视经济能力给予一定的必需抚养费直至病情恢复时为止，以免病无所养。同时在财产分割方面要优待病人。对未成年子女的抚养，一般划归健康一方承担，病人有探望的权利。但如果健康一方品行不良或有人格障碍，或对子女冷酷，或教育不良，而病人却较疼爱子女，或子女对其感情更密切时，也可考虑判决子女归属病人一方。

(五) 精神病人的赔偿责任

《中华人民共和国侵权责任法》第 32 条规定："无民事行为能力人、限制民事行为能力人造成他人损害的，由监护人承担侵权责任。监护人尽到监护责任的，可以减轻其侵权责任。有财产的无民事行为能力人、限制民事行为能力人造成他人损害的，从本人财产中支付赔偿费用。不足部分，由监护人赔偿。"

精神病人可因精神病理作用而出现违法行为，造成对社会和他人的财产权和人身权的损害，从而引起赔偿问题。但是要排除因合法行为而造成的社会或他人的财产和人身的损害，例如依法执行职务的行为，正当防卫的行为，紧急避险的行为以及不可对抗所造成的损害等，都可不负损害赔偿的责任。

民法上损害赔偿的目的除了保护社会公共财产和公民的合法权益及人身权外，还带有一种对加害人制裁的性质，使加害人和其他群众受到教育。

在精神病的案例中，因病人暴力冲动或攻击性行为而使他人遭受财产损失或人身损害时，由于不是出于故意或过失，而是病人不能认识自己行为的是和非或者失去自制力的结果，应属于"不可抗力"，可以不负赔偿责任。但是其法定代理人或监护人根据责任原则或者公平原则，应当代为承担赔偿责任。赔偿所采用的原则是：①对财产损坏的全部赔偿；②对人身损害的只赔偿所造成的财物损失。

损害赔偿的范围：因侵权行为致使财产损失的，应恢复原状。不能恢复原状的准用等同的物质赔偿或折价赔偿。致使人身伤残的，应赔偿必要的医疗费用、误工所减少的收入、残废后的生活补助等。致使受害人死亡的，应支付丧葬费、死者生前所扶养的人所必要的生活费以及其他必要费用。致使他人名誉损失的，应消除影响，恢复名誉，赔礼道歉以及赔偿损失等。

精神病人在发病阶段造成损害结果，固然不负赔偿责任。如果在精神病的间歇期，或通过精神疾病司法鉴定，其精神状态已经恢复正常的，则应该和其他有民事行为能力的人一样，由本人承担赔偿责任。此外，由于醉酒、服麻醉品等而致自己处于一时神志似清非清状态，造成社会或他人损害的，不属于精神病态，不能免除损害赔偿的责任。

如果精神病人已经处于病情稳定状态,但是由于受受害人的戏弄、揶揄、挑逗或侮辱等促使猝发暴力行为或攻击性行为,从而导致受害人遭到财产损失或人身损害,因为这是受害人的过错所引起,不属于精神病人自己发病或精神病人的自身过错,法定代理人或监护人不能负担损害赔偿的责任。

要注意的是:精神病人违反行政、经济管理、交通等各项法令被处罚款的,需由法定代理人或监护人代负缴纳罚款的责任。

(六)精神病人的其他问题

要严厉禁止虐待和弃养精神病人,若虐待和弃养精神病人,则属于违法行为,要受到法律制裁。这在《民法总则》监护人条文中有明确规定。

我国《精神卫生法》第5条规定:"全社会应当尊重、理解、关爱精神障碍患者。任何组织或者个人不得歧视、侮辱、虐待精神障碍患者,不得非法限制精神障碍患者的人身自由。新闻报道和文学艺术作品等不得含有歧视、侮辱精神障碍患者的内容。"第9条规定:"精神障碍患者的监护人应当履行监护职责,维护精神障碍患者的合法权益。禁止对精神障碍患者实施家庭暴力,禁止遗弃精神障碍患者。"

法定扶养人必须履行对精神病人的扶养义务。监护人必须履行维护精神病人的合法权益的职责。

有些精神病人痊愈并已巩固后,工作与家庭生活一直正常,因无后代而想领养孩子的,便要由司法精神鉴定人实事求是地鉴定其有无领养孩子的民事行为能力。

精神病人发病时,因种种原因,其子女由别人抚养或被人收养的,将依照有关政策规定办理。有些精神病人在患病期间,由于猜疑妄想,非血统妄想等病理性思维导致发生折磨、虐待子女等情况,而已由法定代理人或监护人与收养人通过协议成立收养关系,一切按照法定程序的应无可非议。但收养关系成立后,可能精神病人随病情好转,对送养子女非常反悔决意要求领回子女。此时为了保护收养人的合法收养关系和慎重对待子女的利益,必须委托精神疾病司法鉴定机关进行鉴定,证明其精神病究竟痊愈与否,然后依法依规确定是否应同意其解除收养关系的要求。如果精神病确已痊愈,养父母也同意终止收养关系的,可同意解除收养关系,并由生父母根据经济情况补偿收养人在收养期间对养子女所用去的生活费和教育费。但是鉴于精神病常有反复发病的倾向性,事实上仍以养父母继续收养为妥。当然，养父母如果不履行抚养和教育的义务，而有虐待、歧视养子女的情况，使养子女的身心健康长期受到摧残的，生父母因此要求解除收养关系的则应予以解决。

第三节 刑事责任能力及刑事责任能力的鉴定

一、犯罪与刑事责任能力的概念

犯罪，是指危害统治阶级的阶级利益和统治秩序，依法律规定应处以刑罚的行为。我国《刑法》第13条规定："一切危害国家主权、领土完整和安全，分裂国家、颠覆人民民主专政的政权和推翻社会主义制度，破坏社会秩序和经济秩序，侵犯国有财产或者劳动群众集体所有的财产，侵犯公民私人所有的财产，侵犯公民的人身权利、民主权利和其他权利，以及其他危害社会的行为，依照法律应当受刑罚处罚的，都是犯罪，但是情节显著轻微危害不大的，不认为是犯罪。"依此定义，犯罪具有以下几个基本特征：①社会危害性，即对国家和人民利益的危害性，并应具有一定的危害程度；②违法性，即违犯了刑事法律的有关规定；③应受惩罚性。

刑事责任能力，简称责任能力，是指行为人认识自己行为的性质、意义、作用和后果，并能控制自己的行为方向和对自己行为承担刑事责任的能力。由于刑事责任能力以人的辨认、控制能力为基础，所以，其概念又可以简要地表述为：它是行为人辨认和控制自己行为的能力。也有学者认为刑事责任能力是指行为人构成犯罪和承担刑事责任所必需的，行为人具备的刑法意义上辨认和控制自己行为的能力。刑事责任能力的本质，是行为人行为时具备相对的自由意志能力，即行为人实施刑法所禁止的严重危害社会的行为，具备有条件的亦即相对自由的认识和抉择行为的能力。因此，刑事责任能力是行为人行为时犯罪能力与承担刑事责任能力的统一，是其辨认行为能力与控制行为能力的统一。还有学者认为刑事责任能力是指一个人对行为的是非对错和是否危害社会、触犯刑法有辨认能力，并且有依其辨认决定是否实施危害行为的控制能力。简言之，刑事责任能力就是对刑法所禁止的危害社会行为有辨认和控制能力。刑事责任能力概念既包括犯罪能力，也包括刑罚适应能力（注：此刑罚适应能力应为狭义的，即仅限于对自己的犯罪行为应当接受刑罚处罚有理解能力，而不包括服刑能力）。

当人达到一定年龄，精神发育正常，对社会的道义准则和法律对公民的要求具有基本的知识，并对自己的行为具有理解、决定、控制的能力，就有对自己的行为负责任的能力。这种能力不仅在故意犯罪时是负刑事责任的前提，也是在过失犯罪时负刑事责任的前提。有刑事责任能力的人，对自己所实施的犯罪行为，应当负刑事责任。无刑事责任能力的人，即使实施了对社会有危害的行为，也不能要求其负刑事责任。

刑事责任能力的认定可以从自然人的年龄、精神状况、健康状况几方面分析判定。能作为犯罪主体负刑事责任的人，是限于达到一定的年龄，精神正常，具有刑事责任能力的自然人。

我国《刑法》第17条规定："已满16周岁的人犯罪，应当负刑事责任。已满14周岁不满16周岁的人，犯故意杀人、故意伤害致人重伤或者死亡、强奸、抢劫、贩卖毒品、放火、爆炸、投毒罪的，应当负刑事责任。已满14周岁不满18周岁的人犯罪，应当从轻或者减轻处罚。……"第17条之一规定："已满75周岁的人故意犯罪的，可以从轻或者减轻处罚；过失犯罪的，应当从轻或者减轻处罚。"第18条规定："精神病人在不能辨认或者不能控制自己行为的时候造成危害结果，经法定程序鉴定确认的，不负刑事责任，但是应当责令他的家属或者监护人严加看管和医疗；在必要的时候，由政府强制医疗。间歇性的精神病人在精神正常的时候犯罪，应当负刑事责任。尚未完全丧失辨认或者控制自己行为能力的精神病人犯罪的，应当负刑事责任，但是可以从轻或者减轻处罚。醉酒的人犯罪，应当负刑事责任。"第19条规定："又聋又哑的人或者盲人犯罪，可以从轻、减轻或者免除处罚。"

从这些规定可看出，我国法律对精神病人作出了特殊的保护规定，这体现了我国对精神病人实施的人道主义政策。同时，在法学上也有其根据。

纵观中外各国立法，对精神病人、智能缺陷人、未成年儿童和生理缺陷（盲、聋、哑）的人出现的违法行为，都有减轻或免除刑罚的规定。这是因为这些人：①缺乏理智、缺乏自由意志，无明确的犯罪动机，不能辨认自己行为的性质，即不知行为的是非或不知行为是否违法；②不懂得如何依法行事，不能根据法律要求约束自己的行为，或是行为受到无法克制的冲动所驱使；③在法庭上不理解审判程序，不知指控罪行的性质，不可能估计可能作出的判决与刑罚的后果，不了解有为自己辩护的合法权利，不知提供与鉴别各种证言、证据，因而无受审能力；或者不懂刑罚的意义，不知遵守监狱的各项规定，刑罚达不到矫正行为的目的，因而无接受刑罚的能力。

患精神病是不以个人意志为转移的，病人患病后可能会丧失对疾病的自知力，这也非个人意志能决定，在严重的精神症状作用下出现的各种异常（甚至是违法）的行为也不是病人所能认识和控制的，因此，精神病人的违法行为本质上符合我国《刑法》第16条的规定，行为在客观上虽然造成了损害结果，但是不是出于故意或者过失，而是由于不能抗拒或者不能预见的原因所引起的，因此不是犯罪。

根据我国刑法中犯罪构成的理论，任何犯罪的成立，都必须具备四个方面的要件：

1. 犯罪客体。这是指我国刑法所保护的而为犯罪行为所侵犯的社会制度、社会秩序和各种权利。它是确定犯罪行为的基础。

2. 犯罪客观方面。这是指行为人实施的行为所造成的危害社会的结果及某些犯罪行为的方法、时间、地点等。它是犯罪的社会危害性的客观标志。

3. 犯罪主体。这是指实施犯罪，依法应负刑事责任的人。

4. 犯罪的主观方面。这是指行为人的行为是出于故意或过失，有的尚具备特定的犯罪目的。

犯罪构成是行为人负刑事责任的基础。但是，精神病人却缺乏犯罪构成中的两个要件：一是作为犯罪主体的只能是达到法定年龄的有刑事责任能力的自然人。有刑事责任能力的人具有能够辨认或控制自己行为的能力，即行为人具有能够理解自己行为的性质、后果和社会意义，并且能够自觉控制自己行为的能力。精神病患者因精神病性症状影响，其辨认能力或控制能力往往会丧失或被削弱，而当其不能辨认或不能控制自己行为时，就不具有刑事责任能力，就不能成为犯罪的主体。二是在犯罪的主观方面，精神病人处于发病期时，由于精神病性症状致使他不能正确认识客观事物，不能辨认或不能控制自己的行为，而做出违法之事。这既非故意又非过失。即使在病理性"被害""嫉妒"妄想支配下的危害行为是"故意的"，也是因丧失了实质性的辨认能力与理智判断能力所致，与普通犯罪危害行为的"故意"有本质的不同。因此，精神病人不具备犯罪的主观要件。综上所述，精神病人的违法行为因缺乏要件而构不成犯罪，亦不应负刑事责任。

二、对我国《刑法》第18条如何理解

我国《刑法》第18条是关于精神病人刑事责任能力的法律条文，它概括了精神病人应否负刑事责任的标准,是我国刑事责任能力司法精神鉴定的法律依据。但对条文中某些问题的理解如果不正确,就可能使司法精神鉴定出现偏差。

(一)刑法上的"精神病"

经过我国司法精神病学界长期争论,现对此已统一认识:应作为"精神疾病"来理解。这主要是从立法的整体精神上,将由于精神疾病使行为中的辨认或控制能力"丧失"及"明显削弱"等情形都考虑进去。而司法实践中常见的精神疾病包括:

1. 精神病。精神病即严重的精神障碍,过去曾称为重性精神病或精神错乱。常见的精神病有精神分裂症、躁狂抑郁性精神病(情感性精神病)、偏执性精神病、脑器质性精神病、癫痫性精神障碍、症状性精神病、中毒性精神病、应激相关障碍(反应性精神病)以及精神病等位状态等。精神病等位状态包括有严重意识障碍的癔症(又称癔症性精神病或癔症性精神错乱)、例外状态(又称短暂性精神病性精神障碍,具体指病理性醉酒、病理性激情、病理性半醒状态和一过性精神模糊等)。

2. 精神发育迟滞(精神发育不全)及其他智能障碍。

3. 神经症。神经症又称神经官能症,属于非精神病性的精神障碍。

4. 人格障碍。人格障碍又称变态人格、病态人格等,这里指的是原发性人格障碍,与疾病所致的人格改变(继发性人格障碍)不是一码事,属于非精神病性的精神障碍。

5. 性心理障碍。其又称性变态,属于非精神病性的精神障碍。

(二)《刑法》第18条中的"行为""不能辨认""不能控制"

《刑法》第18条中所说的"行为",专指危害社会的行为,不是泛指各种行为。"行为"在刑法上的性质,意义就是行为的社会危害性和违法性,在法律上的后果就是指行为应受刑法制裁。

辨认能力是指行为人能够正确认识和分辨自己行为在刑法上的意义、性质、作用和后果的能力。具体地说,它是指针对作案行为,行为人能否意识到其行为的动机、目的、为实施目的而准备或采取的手段、在法律上的意义,能否理解犯罪性质,能否预见行为的后果等。

"不能辨认"在精神病学方面指感觉与知觉障碍、思维障碍、意识障碍、智能障碍、注意与记忆障碍;从法律属性上指不能辨认行为的是非对错和是否危害社会、触犯刑法。具体地说,精神疾病患者因病而不能辨别行为的物理属性,当然也就丧失了对行为的道德、法律属性的辨认能力，为"不能辨认"；有时精神疾病患者虽能辨认行为的物理属性，但却由于病理性的原因不能辨认自己的行为在道义上是错误的，而且这种错误行为达到了足以危害社会的程度，为刑法所禁止，亦即他所不能辨认的自己的错误行为具有社会危害性和刑法违法性，此时他也就丧失了辨认能力，为"不能辨认"。

控制能力指行为人具备选择自己实施或不实施为《刑法》所禁止、所制裁的行为的能力，即具备决定自己是否以行为触犯刑法的能力，主要受到意志和情感活动的影响，并能够根据这种认识而有意识地选择和控制自己的行为，从而对自己所实施的刑法所禁止的危害行为承担刑事责任的能力。

"不能控制"指控制障碍，在精神病学中指意志行为障碍和情感障碍。辨认能力是控制能力的前提。精神疾病患者的辨认能力受损，控制能力必然受损，如果辨认能力丧失，控制能力便不复存在。但有极少数精神病人意志能力受损，虽然尚有一定程度的辨认能力，但完全丧失了控制能力，如躁狂症或躁狂状态、精神分裂症的强制性行为等。

根据我国刑法的规定，精神疾病患者因病而不能辨认或者不能控制自己的危害行为，二者只具其一，即可属于无刑事责任能力。

要注意在司法实践中有些无病或诈病者、精神病已愈或在缓解期（或间歇期）者、人格障碍及性变态者，出于自我保护动机，往往称行为当时"头脑糊涂"或"控制不住"，对此不可轻信，一定要进行认真鉴定，辨别真伪。

（三）刑法中的"间歇性精神病人"

"间歇性精神病人"是法律上的术语，并无医学上的确切含义，一般指患有的精神病具有间歇性发作的特征，而在发作间歇期精神病可以完全缓解，此时无精神异常的人。

三、精神疾病患者责任能力的分级

精神病人刑事责任能力的鉴定是司法精神病学鉴定中最主要、最核心的问题之一。对精神病人刑事责任能力等级的划分，世界各国的法律规定不尽相同。在刑事立法上将精神病人的刑事责任能力划分为完全刑事责任能力与完全无刑事责任能力这样二分制的国家主要有大陆法系的西班牙、法国、奥地利、丹麦、阿根廷、挪威、瑞典等，英美法系的加拿大、印度、巴基斯坦、马来西亚等，以及解体前的苏联等国；在刑事立法上将精神病人的刑事责任能力划分为完全刑事责任能力、完全无刑事责任能力和限制刑事责任能力（也称部分刑事责任能力、减轻刑事责任能力或限定刑事责任能力）这样三分制的国家主要有大陆法系的意大利、瑞士、德国、泰国、韩国、日本、芬兰、巴西等，英美法系的英国、美国（部分州）等国。

被判定为限制刑事责任能力者，只对自己所实施的犯罪行为承担减轻或部分的刑事责任。然而在二分制国家中也有些国家对尽管判定为完全刑事责任能力的精神病人的犯罪行为，在处罚时也还是采用了相应的从轻或宽容的措施。

我国1979年颁布的《刑法》在第15条中对精神病人的刑事责任规定为："精神病人在不能辨认或者不能控制自己行为的时候造成危害结果的，不负刑事责任；……间歇性的精神病人在精神正常的时候犯罪，应当负刑事责任。……"从这个规定可以看出，当时的刑事立法是将精神病人的刑事责任能力划分为完全刑事责任能力和完全无刑事责任能力这样二分制的。与此配套的1989年发布的《精神疾病司法鉴定暂行规定》第19条规定："刑事案件被鉴定人责任能力的评定：被鉴定人实施危害行为时，经鉴定患有精神疾病，由于严重的精神活动障碍，致使不能辨认或者不能控制自己行为的，为无刑事责任能力。被鉴定人实施危害行为时，经鉴定属于下列情况之一的，为具有责任能力：①具有精神疾病的既往史，但实施危害行为时并无精神异常；②精神疾病的间歇期，精神症状已经完全消失。"这里也是将精神病人的刑事责任能力划分为完全刑事责任能力和完全无刑事责任能力这样的二分制。

然而，长期的司法实践证明二分制确有不合理之处，现实中确实存在着严重的精神障碍与较轻的精神障碍的差别，存在着精神正常与心神丧失的严重精神病态之间的中间状态，存在着精神障碍导致患者对自己行为的辨认能力与控制能力受损害程度不等的差别，存在着对自己的行为具有完全辨认能力或控制能力与完全无辨认能力或控制能力之间的中间状态。对有一定程度的精神障碍，其对自己行为的辨认能力或控制能力未完全丧失，但已被削弱而达不到正常水平者，如果评定为完全刑事责任能力，以完全刑罚科处则太苛刻；如果评定为无刑事责任能力不科处以刑罚则过于宽容，使得应负一定罪责的人得以逃避。故尽管当时刑法中未对限制刑事责任能力作明确规定，但实践中我国的司法精神病学鉴定机构对精神疾病患者的刑事责任能力评定都采用三分制，对其中的限制刑事责任能力案件，法院一般酌情从轻或者减轻处罚。虽然办案时这样处理缺少明确的法律依据，只是法律允许审判人员根据具体案情裁量的酌定情节，并非法定的从轻或者减轻情节，但已在实践中广泛采用。有资料统计当时评为限制刑事责任能力的占被鉴定人的 1/5~1/3。有资料总结 1980—1990 年要求司法精神鉴定明确刑事责任的案件 424 例，其中被评定为限制刑事责任能力的 68 例，占 16%，无刑事责任能力的 254 例，占 60%。这说明被评定为限制刑事责任能力的在司法精神鉴定中已占有相当的比例。

1997 年，我国颁布并施行了修订后的《刑法》，其中第 18 条规定："精神病人在不能辨认或者不能控制自己行为的时候造成危害结果，经法定程序鉴定确认的，不负刑事责任，……间歇性的精神病人在精神正常的时候犯罪，应当负刑事责任。尚未完全丧失辨认或者控制自己行为能力的精神病人犯罪的，应当负刑事责任，但是可以从轻或者减轻处罚。……"从这条规定可以看出：

1. 精神病人刑事责任能力的认定要从两方面标准进行确定：一是医学（精神病学）标准，造成危害结果的行为人必须是精神病人，也就是该人患有精神病；二是法学（心理学）标准，即不能辨认或不能控制自己的行为。两个标准必须同时具备，而不是采用仅以患有精神障碍作为唯一标准的生物学标准，或是仅以刑法所规定的心理状态或心理状态导致的结果作为唯一标准的心理学（法学）标准。我国刑法规定的内容既包括了行为人不仅必须患有刑法所规定的精神障碍，又包括了其所患精神病必须引起法定的心理状态或心理结果。这一标准也为当代大多数国家的刑法所采用。

2. 明确了精神病人的刑事责任能力为三分制，即完全刑事责任能力、完全无刑事责任能力及限制刑事责任能力，而不是完全有或无刑事责任能力的二分制。

3. 对精神病人责任能力的判定在法学（心理学）标准上采取择一制，即以对自己行为的辨认能力和控制能力二者之一的有无或缺损与否作为判定标准。而不是采用仅以辨认能力或控制能力有无或缺损与否作为判定标准的单一制，也不是采用以辨认能力和控制能力两者同时有无或缺损与否作为判定标准的齐备制。同时，精神病人完全无刑事责任能力与限制刑事责任能力都采用同一制度的判定标准，而不针对无刑事责任能力采用一种制度，针对限制刑事责任能力采用另一种制度的这种采用不同制度的异制规定方式。

4. 限制刑事责任能力的精神病人的违法危害行为造成结果的，仍为犯罪，仍要负刑事责任，还是属于有责任能力，只是可以从轻或者减轻处罚。

5. 对限制刑事责任能力的精神病人的犯罪，处罚上采用得减制，也就是说可以从轻或者减轻处罚，即法律的规定只是对其可以从轻或者减轻处罚的根据，而具体的减轻刑事责任和从宽处罚则由法官依据具体案情酌定。这就不同于被判定为限制刑事责任能力者依法必然（应当）对其减轻刑事责任的必减制。

6. 间歇性精神病人在精神正常的时候应该为完全刑事责任能力人，我国刑法中对此作了专门规定，较之世界各国刑法对完全刑事责任能力都不另作规定而言，这属于特别的规定。

按照我国《刑法》的规定，精神疾病患者的责任能力分为三级，即完全刑事责任能力、限制刑事责任能力和无刑事责任能力。这种分级是合理的、实事求是的，也是符合世界上主要趋向的。刑法规定精神病人在严重精神疾病时不能辨认或者不能控制自己行为的为无刑事责任能力人。间歇性精神病人在精神正常时及醉酒人为完全刑事责任能力人。尚未完全丧失辨认或者控制自己行为能力的精神病人犯罪的，应当负刑事责任，但是可以从轻或者减轻处罚，这是很重要和必要的。

对于刑事责任能力三分制有的认为应该是无刑事责任能力和有刑事责任能力，后者又分为限制刑事责任能力和完全刑事责任能力。

关于限制刑事责任能力现在有不同的叫法，例如限定刑事责任能力、部分刑事责任能力、减轻刑事责任能力等。但是从我国《民法总则》规定的民事行为能力分为完全民事行为能力、限制民事行为能力和无民事行为能力三级来对应比较，还是称限制刑事责任能力为好。此外，在最高人民法院林准主持的全国法学"七五"期间重点课题项目《精神疾病患者刑事责任能力和医疗监护措施》一书中也说："按照我国刑法学界的通常用法，我们也使用'限制刑事责任能力'一词。"

要注意的是实际鉴定中限制刑事责任能力评定易被滥用。这是因为：首先，没有一个统一的、规范的、可操作性的评定标准，实践中不易把握，怎样能恰如其分地进行评定比较困难；其次，易被滥评，易被扩大化，有时把关不严便将本应是完全刑事责任能力或完全无刑事责任能力的评定为限制刑事责任能力，或是鉴定人之间出现意见分歧，最终折中的结果便是评定为限制刑事责任能力；再次，评定后审判办案人员面临一个完全刑事责任能力和完全无刑事责任能力之间的宽泛的中间地带，因专业知识所限使之不好把握与处理，不好量刑，给司法实践中具体操作带来困难；最后，就是一旦法庭采纳了限制刑事责任能力的评定结论，对被评定人判后的处罚如何执行不好办理，带来执法困难。因此，这是一个易出问题的地方。具体评定中被评定为限制刑事责任能力的情况通常有：①将本应是无刑事责任能力的因标准把握过严而评定为限制刑事责任能力；②将本应是完全刑事责任能力的因各种原因评定为限制刑事责任能力；③精神障碍整体严重，但症状与行为之间无直接联系或无直接因果关系；④病情不太严重的，如重性精神病的初期，程度较轻期，恢复期，残留状态时以及一些不属于重性精神病的精神障碍状态的；⑤案前无精神异常，作案时精神状态却处于正常与异常之间的。对这些案子经不同机构及不同专家鉴定得出的结论差别可能很大，这也给司法机关执法造成很大困难和疑惑。尤其是个别案件本应被评定为完全刑事责任能力的，却因种种原因被评定为限制刑事责任能力，使得被鉴定人得以逃避或受到较轻的刑事处罚；有的案件多次、反复鉴定，结论不一，使审判久拖不决，这些不但损害了法律的公平、公正，同时也给司法鉴定工作也带来了负面影响，不能不引起司法鉴定工作机构和鉴定人员的警惕、重视与反思。

鉴于已存在的问题，在司法精神鉴定中对限制刑事责任能力的评定应该谨慎从事，从严掌握，一定要防止扩大化。

综上，刑事责任能力按"三分法"分为完全、限制和无刑事责任能力。辨认能力和控制能力均分为"完整""受损""丧失"三级。辨认能力丧失的情况下，无须再评定控制能力。

四、精神疾病患者刑事责任能力鉴定要件

评定精神疾病患者有无刑事责任能力，必须在我国《刑法》第18条规定的指导下，既看被评定人的整体精神状态，又落实到特定时间的特定行为。必须以医学诊断（精神疾病的性质及其严重程度）为基础，以法律规定（因病不能辨认或不能控制自己的行为）为准则，把医学、法学两个标准结合起来，互不偏废，全面研究整体病情与特定时间特定行为的关系，对具体案件具体分析，才能准确地判明精神疾病患者在实施特定危害行为时是否丧失了辨认或控制能力。

精神疾病患者刑事责任能力的鉴定要件如下：

（一）无刑事责任能力

1. 医学要件。

（1）精神病发病期。

（2）极重度或重度或中度精神发育迟滞，或轻度精神发育迟滞伴精神病性发作。

2. 法学要件。上述病人，在发生危害行为当时，由于严重的精神障碍而使其丧失了实质性辨认能力或者控制行为能力。

具体到辨认能力评定，符合下列条件的，为辨认能力完全丧失：

（1）能够建立精神障碍诊断。

（2）辨认能力完全丧失，即受精神症状的影响，符合以下条目之一的：

（3）违法行为的动机为病理性，为精神症状的直接后果。

（4）受精神症状的影响，违法行为的目的荒谬离奇，脱离现实。

（5）病态的理解违法行为的性质和在法律上的意义。

（6）完全不能预见或理解违法行为的后果。

具体到控制能力评定，辨认能力丧失的情况下，无须再评定控制能力。符合以下条件的，为控制能力丧失：

（1）能够建立精神障碍诊断。

（2）受精神症状的影响，无法控制自己行为的启动和终止。

（二）限制刑事责任能力

1. 医学要件。

（1）精神病未愈，或部分缓解或残余状态。

（2）中度或轻度精神发育迟滞。

（3）其他明显精神障碍。

2. 法学要件。上述病人，在发生犯罪行为当时，由于明显精神障碍，使其实质性辨认能力或控制行为能力有明显削弱，但尚未达到丧失或不能的程度。具体而言应具备下列条件之一：①辨认能力受损；②辨认能力完整，控制能力受损。

具体到辨认能力评定，符合以下条件的，为辨认能力受损：

（1）能够建立精神障碍诊断。

（2）辨认能力受到损害，但未完全丧失，即精神症状对下列条目之一构成影响：

第一，违法行为的动机（如：既有一定的现实性，又受精神病态的影响）。

第二，对违法行为目的的理解。

第三，对违法行为的性质和法律意义的理解。

第四，对违法行为后果的预见。

第五，对自身在违法行为中作用的理解。

具体到控制能力评定，符合以下条件的，为控制能力受损：

（1）能够建立精神障碍诊断。

（2）行为的控制能力受到损害，但未完全丧失，受精神症状影响符合下列条目之一的：

第一，行为过程中缺乏对作案对象、时间、地点、作案工具的明确选择性。

第二，行为过程中难以依据周围环境采取相应的应对行为。

第三，行为过程中缺乏有效的自我保护。

（三）完全刑事责任能力

辨认、控制能力完整。

1. 医学要件。

（1）精神病已愈，或者缓解处于间歇期。

（2）轻度精神发育迟滞。

（3）其他轻性精神障碍以及普通醉酒、药物依赖、人格障碍、性心理障碍、迷信行为等。

（4）无病与诈病（伪装精神病）。

2. 法学要件。上述人在犯罪行为当时，无客观依据可证明其辨认能力或者控制行为能力有削弱。

具体到辨认能力评定，符合下列条件之一的，为辨认能力完整：

（1）不能建立精神障碍诊断。

（2）虽然能够建立精神障碍的诊断，但辨认能力未受损害，即精神症状对下列各条目均未构成影响：

第一，有明确的现实动机。

第二，明确违法行为的目的。

第三，理解违法行为的性质和法律意义。

第四，能够预期违法行为的后果。

第五，理解自身在违法行为中的作用。

具体到控制能力评定，符合下列条件之一的，为控制能力完整：

（1）不能建立精神障碍诊断。

（2）虽然能够建立精神障碍的诊断，但行为的控制能力未受损害，即精神症状对下列各条目均未构成影响：

第一，行为过程中对作案对象、时间、地点、作案工具有明确的选择性。

第二，行为过程中可依据周围环境采取相应的应对行为。

第三，行为过程中能采取有效的自我保护。

（3）在行为中表现出自控能力较常人差，但此系其一贯行为模式，自身不加以控制。

（四）对精神活性物质所致精神障碍的责任能力（辨认和控制能力）的鉴定

我国法律明文禁止非法使用阿片、海洛因、大麻、摇头丸、致幻剂等物质，被鉴定人明知使用此类物质行为的违法性和社会危害性（即"原因自由行为"：行为人在吸食毒品前可以自由决定自己是否陷入丧失或尚未完全丧失辨认、控制能力状态，但其仍放纵自己的吸毒行为），不计后果违法使用此类物质而产生精神病性障碍，不能直接适用以上评定条款，应对"原因自由行为"加以注明。但下述两种情况除外：

1. 有证据证明被鉴定人使用此类物质是在不知情或者被诱骗、被强迫下使用。

2. 有证据证明被鉴定人使用此类物质是出于医疗目的，而且有医生处方。

镇静—催眠类药物与抗焦虑药物系我国法律规定限制使用的药品。如被鉴定人出于医疗目的使用此类物质而出现精神障碍，导致危害社会行为，可参照以上相应各等级评定条款。如被鉴定人出于非医疗目的使用此类物质，应以"原因自由行为"对待。

上述刑事责任能力三级划分的医学要件，有的虽有相互重叠，但这是客观情况如此，有时更需从法学要件角度考察。比如精神分裂症未愈时，如果病人由于幻觉、妄想、思维逻辑障碍而产生危害行为时，可认为其丧失了辨认能力或控制行为能力，而无刑事责任能力。但如果精神分裂症虽未愈，而其危害行为与其精神病无因果关系，有一定的现实动机，同时其对行为也没有完全丧失辨认的控制能力，这种情况下就不能认为其完全无刑事责任能力。总之，在刑事责任能力鉴定中，不但应查清精神疾病的种类、程度及阶段，还应查清危害违法行为有无现实性动机，以及精神症状与行为之间的关系，更应找出疾病影响患者实质性辨认能力或控制能力的客观依据。

五、精神病人的民事行为能力与刑事责任能力的区别

无民事行为能力如同刑法上无刑事责任能力一样，都是由于罹患精神疾病到达一定程度而产生的结果，也同样是为了表示一种特定的精神状态的法律概念，但是两者之间确实存在不同之处，两者的具体区别可见下表：

表 1 民事行为能力与刑事责任能力的区别

区别项目	民事行为能力	刑事责任能力
法律性质	民事性质，用于依照民法调整财产关系和人身关系	刑事性质，用于依照刑法对犯罪行为承担刑事责任
法律作用	在民事活动中行使权利和承担义务	确定有罪和量刑
开始年龄	8 岁开始，18 岁及以自己劳动收入维持生活的从 16 岁开始为完全行为能力	16 岁确定，严重罪行从 14 岁开始，18 岁为完全责任能力
无能力的法律标准	不能辨认自己的行为；不能独立进行民事活动	不能辨认自己的行为或不能控制自己的行为
无能力的司法精神病学标准	有精神疾病或智能障碍	存在意识、感知、情感或智能障碍等精神障碍
无能力时限	一般较长	指危害行为当时是否处于精神病发病状态
能力的相关事项	病情及其与进行民事活动之间的因果关系	病情及其与造成危害结果之间的因果关系
无能力的确定	经过司法鉴定，以及法院宣告	经过司法鉴定，以及法院采纳
能力的恢复	经过司法鉴定，以及法院宣告	精神症状消失
评定的目的	侧重保护个人利益	作为是否犯罪的依据

六、违法精神病人的处理

1. 精神病人因攻击性行为，无故对他人人身或财产造成的损害，应由家属或监护人代为承担损害赔偿的责任（详见本章第二节中行为能力鉴定各论部分关于精神病人的赔偿责任）。

2. 精神病人违反行政、经济管理等各项法令，应由家属或监护人代为承担缴纳罚款的责任。

3. 精神病人对于社会或他人犯有轻微危害行为或造成轻微危害结果的，责令其家属或监护人严加看管和负责到精神病院进行正规的治疗。如果其家属或监护人无力看管和医治，将由地区的精神病防治机构加以协助解决，进行社会管理。

4. 精神病人对于社会或他人犯有严重危害行为或造成严重危害结果，并有继续出现类似情况的倾向性，而依法又不追究其刑事责任的，如果家属和监护人无力看管和医治，将其送到指定的精神病专业机构（如公安系统所属的特殊的"精神病管治院"）进行医疗性司法监护。

5. 间歇性发作的精神病人，其犯罪行为的发生是在精神正常阶段中的，应当负刑事责任。如果在审理中病情复发，将送到指定的精神病专业机构进行医疗性司法监护，等待精神状态恢复正常后进行继续审理。

6. 过去无精神病的人构成犯罪行为，而在审讯中陷入精神失常状态，并在鉴定中评定为无受审能力的，也需移送到指定的精神病专业机构进行医疗性司法监护，等待其精神状态恢复正常后继续审理。

7. 精神发育迟滞、癫痫性格、人格障碍、性心理障碍等有继续构成违法行为的倾向性，且无特效治疗方法而一般精神病院又不接受的，则责令家属或监护人严加看管监护。无力进行看管监护的，需送指定的管理机构（如精神病管治院或民政系统所属的"精神病疗养院"）内进行心理教育、行为矫正、医疗监护以及适当工疗和娱疗。

第四节　其他法律能力的司法精神病学鉴定

一、受审能力的鉴定

（一）概述

受审能力是指刑事案件中的犯罪嫌疑人、被告人理解自己在刑事诉讼活动中的地位、权利，理解诉讼过程的含义，行使自己的诉讼权利的能力。其应包括以下两个基本点：①被告人能理解被控诉罪行的性质和意义，知道自己在法庭审判中处于被告地位。②被告人在接受审判中能陈述案件事实，回答问题，能行使辩护权和各种诉讼权利，能与辩护人合作，能遵守法庭秩序。实践中对患有或怀疑患有精神疾病的刑事被告人进行司法精神鉴定时，往往会同时鉴定其受审能力。

受审能力评定分为"有""无"两级。

要注意将受审能力和诉讼能力加以区别，二者的区别具体见下表：

表2 诉讼能力与受审能力的区别

区别项目	诉讼能力	受审能力
法律性质	适用于民事、刑事诉讼案件	适用于刑事案件
适用对象	民事诉讼中的原告人、被告人；刑事诉讼中的自诉人	刑事诉讼中的被告人
适用依据	以有无行为能力为准	以精神正常与否为准
委任代理权	有，可委任	无
诉讼平等权	有，可反诉	无
实体权利处分权	有，可进行和解	无
诉讼权利支配权	有，可撤诉	无

在刑事案件中，受审能力需和刑事责任能力作出区别。刑事责任能力的确定，侧重于构成犯罪行为当时的精神状态，即确定被告人是否具有被追究刑事责任的能力。受审能力的确定则根据被告人接受审讯的能力。无受审能力不能作为为犯罪行为辩解的理由，而只可申请延期受审。

提出进行无受审能力司法鉴定的申请者，除被告方的辩护人或监护人外，刑侦人员、检察人员和监守人员等均可。在司法实践中，偶然可以见到被告人并无精神异常，而辩护人出于种种目的故意提出被告人无受审能力，企图造成审判的延期举行，甚至设法使被告人长期住院，钻超过追诉期的空子。对这些，公安、司法及鉴定人员都要注意并引起警惕。

(二) 受审能力的鉴定

受审能力的评定也要遵循医学和法学两方面的标准，这两方面的标准必须同时具备，不可偏废。

1. 有受审能力。

(1) 不能建立精神障碍的诊断。

(2) 虽然能够建立精神障碍的诊断，但其精神症状对以下条目无明显影响：

第一，理解对其起诉的目的和性质。

第二，理解自己在诉讼中的法律地位及其与诉讼的关系。

第三，能清楚阐述自己实施危害行为的过程及情节，并能对其他诉讼参与人的提问做出相应的回答。

第四，理解可能的判决结果和惩罚的意义，并对此保持相应的反应和态度。

2. 无受审能力。

（1）能够建立精神障碍诊断。

（2）受精神症状的影响，符合下列条目之一的：

第一，不能清楚阐述实施危害行为的过程及情节，不能理解或回答诉讼参与人的提问。

第二，不能理解对其起诉的目的和性质。

第三，不能理解自己在诉讼中的法律地位及与诉讼的关系。

第四，不能认识自己在诉讼中的权利和义务。

要注意鉴别个别伪装者，其可以在鉴定中对测验的提问佯作不知，或故意答非所问。

被告人如果被评定为无责任能力的"心神丧失"，司法部门在采纳后，即撤销公诉与原案，当然被告人也就没有受审能力。

被告人如果被评定为具有部分或完全刑事责任能力者，往往其中大部分人有受审能力，但也有一部分人无受审能力。但困难的是有些严重的抑郁型情感性精神病人，认为自己罪有应得，毫无自我防卫的要求，这部分人属于无受审能力人，应与有受审能力者相区别。

另外两种无受审能力者：①被告人在实施犯罪行为时精神健全未见异常，但在收审或逮捕后突然发生精神病，如反应性（拘禁性）精神病、癔症发作、诱发了精神分裂症或情感性精神病等原有的精神病的；②其本来即患有的精神病未愈，但其作案与其精神病无关且其对危害行为并未丧失辨认或者控制能力的。在无受审能力的情况下，被告人不能理解受审的目的，也不能行使答辩和最后陈述等权利，依法就不得进行审讯。此时鉴定工作所要解决的不是被告人有无刑事责任能力的问题，而是有无受审能力和应否接受定罪量刑的问题。

如果被告人在诉讼过程中因患精神病或原有的精神病发作而暂时无受审能力，应通过临时性的强制医疗监护措施使其恢复受审能力，再进行法庭审判。所谓恢复受审能力，应以被告人经过治疗病情好转后能接受法庭审判为准，不以病情痊愈为准，被告人可能还有一些精神症状，但并不影响受审能力所必须具备的两个基本点的，仍应认为有受审能力。

（三）受审时的记忆缺失

对构成犯罪行为时的记忆缺失，可能对被告人的审讯形成阻碍，但是除能证明其记忆缺失是脑器质性精神障碍所引起这种情形外，法庭上大多并不因被告人的记忆缺失而作出无受审能力的延期审理的裁定，其理由为：

1. 被告人的记忆缺失可能是一种逃避审讯的伪装，而有时鉴别伪装的记忆缺失较为困难。

2. 法庭根据侦查记录，以及双方辩护人的陈述和人证、物证等，足以确定是否需要追究被告人刑事责任，被告人的记忆缺失并不妨碍审判的继续进行。

（四）药物与受审能力

有时被告人意识的清晰和理解力的完整，仅靠使用规定的抗精神病药物来维持。如果药物中断，就会引起疾病的发作。法庭认为只要被告人在使用药物期间具备受审能力，就可继续进行审理。

二、服刑能力鉴定与服教能力鉴定

（一）服刑能力鉴定

服刑能力是指罪犯或服刑人员能够承受刑罚，理解刑罚的性质、目的和意义的生理和心理条件，亦称承受刑罚能力。

服刑能力评定分为"有""无"两级。

1. 有服刑能力。

（1）不能建立精神障碍诊断。

（2）虽然能够建立精神障碍的诊断，但精神症状对下列条目无明显影响：

第一，能够认识自己所承受处罚的性质、意义和目的。

第二，能够认识自己的身份和应接受的处罚。

第三，在服刑环境中生活能够自理，具有适应能力。

2. 无服刑能力。

（1）能够建立精神障碍诊断。

（2）受精神症状的影响，符合以下条目之一的：

第一，丧失了对自己所承受处罚的性质、意义和目的的认识。

第二，不能认识自己目前的身份和未来的出路。

第三，在服刑环境中生活不能自理，或缺乏适应能力。

无服刑能力的鉴定常发生于这几种情况：有些被告人虽然无受审能力，但犯罪客观证据确凿，而且罪行较严重，经过司法精神鉴定，认为其精神病与犯罪行为无关,并在实施犯罪行为时有辨认与控制能力;或在犯罪行为后精神失常的;或在服刑中间发生精神异常的。他们都有一定的责任能力。对评定为无服刑能力的被鉴定人,得建议移送特设的精神病专业机构或管治机构进行强制性医疗或行为矫正(我国常为监狱医院内的精神科病房,或者公安系统的精神病管治院),待精神恢复正常后继续服刑改造,其治疗期可以按一日抵服刑一日。

(二)服教能力鉴定

服教能力是指劳教人员能够理解处罚的性质、目的和意义,并能够承受处罚的生理和心理条件,亦称承受处罚能力。

服教能力的鉴定参照服刑能力的评定原则。

三、自我保护能力的鉴定

自我保护能力指各类案件的被害人等,在其人身、财产等合法权益遭受侵害时,对侵犯行为有无辨认能力或者自我防卫、保护能力。

经鉴定受到侵害时,患有精神疾病,对侵犯行为无辨认能力或者无自我防卫、保护行为的,为无自我保护能力。被鉴定人是女性,经鉴定患有精神疾病,在她的性不可侵犯权遭到侵害时,对自身所受的侵害或严重后果缺乏实质性理解力的,为无性自我防卫能力。精神病人的自我保护能力须经司法精神病学鉴定后确定。

四、诉讼能力的鉴定

诉讼能力又称为诉讼行为能力,是指行为人具有参与诉讼活动的能力,即理解自己在诉讼过程中的地位、权利和诉讼过程的意义,具有行使自己诉讼权利和履行诉讼义务的能力,也就是有诉讼权利的能力的人亲自进行诉讼活动的能力。诉讼的主体除犯罪嫌疑人或被告人外,还包括其他诉讼参与人。一般来说,有无诉讼能力以有无民事行为能力为准,但两者并不完全一致。诉讼能力只存在有诉讼能力和无诉讼能力的区别,而民事行为能力存在完全民事行为能力、限制民事行为能力和无民事行为能力的区别。

诉讼能力评定分为"有""无"两级。

对精神疾病患者在有关民事或刑事(自诉)案件中诉讼能力的鉴定,除了参考医学诊断外,更主要的是根据对该诉讼的实质性辨认能力而定。具有诉讼能力者,首先要符合法定的年龄条件。不足14周岁者,可认为无诉讼能力,如果其受到严重侵害(包括人身与民事权益),可委托诉讼代理人或指定诉讼代理人代为诉讼。已满14周岁不满18周岁的精神正常者,一般也需要由其监护人或代理人代为诉讼，不能单独进行诉讼。年满 18 周岁的精神正常者，有完全诉讼能力。其次是符合健康条件，即该诉讼人未患精神疾病或患有的精神疾病不影响其诉讼能力。

诉讼能力评定具体如下：

1. 有诉讼行为能力。

符合下列条件之一的：

（1）不能建立精神障碍诊断。

（2）虽然能够建立精神障碍诊断，但其诉讼期间的精神症状对下列条目无明显影响：

第一，能在诉讼过程中清楚阐述或表达本人的意愿。

第二，能清楚地认识自己目前面临的诉讼的性质和意义。

第三，能够理解自己在诉讼中的权利和义务。

第四，能合理地控制自己在诉讼中的行为。

2. 无诉讼行为能力。

（1）能够建立精神障碍诊断。

（2）受精神症状的影响，符合以下条目之一的：

第一，不能在诉讼过程中清楚阐述或表达本人的意愿。

第二，不能认识自己目前面临的诉讼的性质和意义。

第三，不能理解自己在诉讼中的权利和义务。

第四，不能合理地控制自己在诉讼中的行为。

通常，绝大多数轻性精神障碍与大部分轻度精神发育迟滞者都具有完全诉讼能力。精神病大部分缓解或残余型状态、中度及一部分轻度精神发育迟滞和少数轻性精神障碍者可能无诉讼能力。精神病发病期或未愈，一部分中度与所有重度精神发育迟滞者则无诉讼能力。但是在这方面不能绝对化，不能完全根据精神病学的临床诊断，更重要的还应对照前述标准来判定。因此，个别未愈的精神病人只要能够完全符合上述有诉讼行为能力的标准，就不能认为其无诉讼能力。然而，更多见的是有些精神病人由于被病理性幻觉、妄想（以嫉妒、被害、物理控制等妄想居多）支配（多见于类偏执狂或偏执型精神分裂症），无根据地进行控告或提出诉讼。这种人可能除丧失实质性辨认能力之外，几乎完全符合其他要求，对此，当然不能认为他有诉讼能力。即使他可以委托代理人代为诉讼，人民法院也可以通过司法精神鉴定所提供的专家证词予以驳回。

如果当事人缺乏诉讼能力，可由其法定代理人代为出庭进行诉讼；法定代理人也可再委托他人代为诉讼，但必须向人民法院提交授权委托书，写明委托事项和权限，并由委托人签名盖章。在承认、撤销、变更诉讼要求，进行和解、反诉或上诉时，还须作出特别授权。当法定代理人有数人，互相推诿不愿代为诉讼时，由人民法院指定其中一人代为诉讼，当事人的近亲属、辩护人、所在单位代表，以及人民法院许可的其他公民，都可被指定为诉讼代理人。

如果当事人缺乏诉讼能力，又无近亲属等作为诉讼代理人时，为了保护精神病人的合法权益，人民法院将依职权为其指定诉讼代理人进行诉讼并依法审判，不能进行缺席审判。

五、作证能力的鉴定

作证能力是指任何公民根据自己看到或听到的真实情况，提供对案件有关系的证言的能力。

作证时，根据我国《民事诉讼法》第63条、第70条的规定，《刑事诉讼法》第50~62条的规定，证人应当如实地提供证据（包括证言）。如果伪造证据、隐匿证据或者毁灭证据的，则应负相应的法律责任。如果作证者不满14周岁或患有精神病或严重的智能障碍，除非有客观依据（其他证人或物证）可以证明其证言是符合客观实际情况的，否则其证言在法律上是无效的。

我国《民事诉讼法》第72条第2款规定："不能正确表达意思的人，不能作证。"《刑事诉讼法》第62条第2款规定："生理上、精神上有缺陷或者年幼，不能辨别是非、不能正确表达的人，不能作证人。"《继承法》第18条也规定无行为能力人、限制行为能力人不能作为遗嘱见证人。精神病人或智能有缺损的人，由于辨别是非的能力缺乏，不能提供足以采信的证据；或者缺乏正确表达真实情况的能力，不能反映符合客观的事实。因此，在诉讼程序中丧失作为证人的资格。

但是，也不能绝对地说所有精神病人甚至精神疾病患者都无作证能力。只是其证言究竟有无证据价值或是否足以采信，还须经过法庭的调查核实。

作证能力的评定分为"有""无"两级。

作证能力的评定具体如下：

1. 有作证能力。

符合下列条件之一的：

（1）不能建立精神障碍诊断。

（2）虽然能够建立精神障碍的诊断，但精神症状对以下条目未构成影响：

第一，对客观事物是非的辨别能力：被鉴定人能辨别客观事物的是非，具有对自己在诉讼活动中作为证人对法律所赋予的权利和义务的理解和运作能力，并能提供实在的证据。

第二，具有正确的、真实意思的表达能力。

2. 无作证能力。

（1）能够建立精神障碍诊断。

（2）受精神症状的影响，符合以下条目之一：

第一，丧失了对客观事物是非的实质性辨别能力：精神症状明显影响其对客观事物是非的主观态度；不能理解或曲解对自己在诉讼活动中，作为证人对法律所赋予证人的权利和义务，因此不能提供实在的证据；

第二，缺乏正确的、真实意思的表达能力。

一般来说，轻性精神障碍患者都具有作证能力，假如作伪证或隐匿罪证也应负相应的法律责任，但有两种例外：①癔症病人在发病时一般无作证能力；②精神变态性谎言者说话不可靠，证词也颇不可信，而对由这种变态心理而造成的伪证，不能免除其责任能力。

精神发育迟滞者的作证能力应视其智能缺陷程度而定。重度精神发育迟滞者无作证能力，中度精神发育迟滞者有的可能有作证能力（此"作证能力"指其他客观人证、物证能证明其证言符合实际情况的，即可认为有效；否则只能作为参考）。

已缓解或已基本缓解的精神分裂症患者可具有作证能力。部分缓解的精神分裂症、躁狂抑郁症、偏执性精神病患者对与其病情无关的若干事物可具有作证能力。

就是病情未愈的精神病患者也不是无例外地都丧失了作证能力，少数人可能有作证能力。

六、劳动能力的鉴定

劳动能力是人们从事体力和脑力劳动，创造物质财富或精神财富的能力。《宪法》中规定中华人民共和国公民有劳动的权利和义务。《中华人民共和国劳动法》规定劳动者享有取得劳动报酬的权利。《精神卫生法》第 4 条规定："精神障碍患者的人格尊严、人身和财产安全不受侵犯。精神障碍患者的教育、劳动、医疗以及从国家和社会获得物质帮助等方面的合法权益受法律保护。……"第

58条规定:"用人单位应当根据精神障碍患者的实际情况,安排患者从事力所能及的工作,保障患者享有同等待遇,安排患者参加必要的职业技能培训,提高患者的就业能力,为患者创造适宜的工作环境,对患者在工作中取得的成绩予以鼓励。"第70条规定:"县级以上地方人民政府及其有关部门应当采取有效措施,保证患有精神障碍的适龄儿童、少年接受义务教育,扶持有劳动能力的精神障碍患者从事力所能及的劳动,并为已经康复的人员提供就业服务。国家对安排精神障碍患者就业的用人单位依法给予税收优惠,并在生产、经营、技术、资金、物资、场地等方面给予扶持。"

但是,疾病可使人降低或完全丧失劳动能力。而劳动能力丧失是和残疾程度密切相关的。一般按丧失劳动能力的程度,可分为:①劳动能力完全丧失,即不能从事各种行业的劳动,但仍可以料理自己的部分日常生活。②劳动能力部分丧失,对各自行业的劳动能力明显减退,或已完全不能胜任某种职业或某项专业工作,有些只能在监护下从事简单劳动。另外,按劳动能力丧失的时间期限可分为:①暂时性劳动能力减退或丧失。这种情况经过一段时间后又可重新恢复劳动能力。②永久性劳动能力丧失。这种劳动能力的丧失不可再恢复,劳动能力的评定通常是对这种情况下劳动能力丧失程度的评定。

精神病人劳动能力丧失情况一般有以下几种:

1. 完全丧失劳动能力,包括严重脑器质性精神病预后不良者、晚期衰退型精神分裂症、重度智能障碍、各种重精神病一直无明显缓解者。此种劳动能力丧失多属永久性丧失。

2. 部分丧失劳动能力,丧失大部分劳动能力的和丧失部分劳动能力的。丧失大部分劳动能力的包括在间歇期缓解不全且反复发作的精神分裂症、遗留有比较严重的神经精神缺损的比较明显的脑器质性精神病和严重的症状性精神病、癫痫频繁发作并伴有智能和人格障碍者。丧失部分劳动能力的包括预后良好的精神分裂症、情感性精神病、轻度智能障碍、神经症中严重的强迫症等。

3. 暂时性丧失劳动能力,包括预后良好的症状性精神病、反应性精神病、癔症性精神病、一般性癫痫等在发作期及某些症状明显的神经症。

不能轻易剥夺精神病人的劳动权利,因为这一方面可保障病人的生活来源,另一方面合理的工娱对精神病的治疗和预后也很重要。因此,应该针对具体情况,给精神病人安排合理的工作。但对特殊工作岗位和职业应严格控制甚至拒绝精神病患者从事。

劳动能力的鉴定要依相关规定和标准进行，具体见本书第五章内容。

七、精神病人的选举权和被选举权

我国《宪法》规定，凡年满 18 岁的公民，除了依照法律被剥夺政治权利的人以外，都有选举权和被选举权。精神病人由于丧失了正常的思考能力和判断能力，不能表达自己的正确意志，又不能接受他人的意思表示。因此，我国《全国人民代表大会常务委员会关于县级以下人民代表大会代表直接选举的若干规定》第 3 条规定："精神病患者不能行使选举权利的，经选举委员会确认，不行使选举权利"。《中华人民共和国全国人民代表大会和地方各级人民代表大会选举法》第 26 条第 2 款也规定："精神病患者不能行使选举权利的，经选举委员会确认，不列入选民名单。"事实上，精神病人不可能主动地行使选举权，也不可能被选为人民的代表。要注意的是：所有轻性精神障碍、轻至中度精神发育迟滞以及在精神病人中并未丧失这方面的行为能力的人，都应有行使选举权的能力。即使是精神病院住院病人和在门诊继续接受治疗的病人，只要经过检查，证明他们能基本理解选举人民代表的意义，了解如何根据自己的意志去选举够条件的人，而且也无这方面的行为障碍时，就不应剥夺他们行使选举权的能力。至于精神病人的监护人，是以对精神病人的本身、财产以及其他合法权益行使监督和保护为目的存在的，不能代为行使这项基于政治权利的选举权。

当精神病人已经完全康复，重新具有民事行为能力的时候，必须恢复其选举权和被选举权。

此外如果在心神健全的时候当选为人民代表，而以后发生了精神障碍，则由于其不能继续工作，又不能传达选民的意见和定期向选民汇报工作，应按病假处理，除给予加紧医治外，暂时停止其所担任的公职。

第五节　受害人与诬告者的司法精神病学鉴定

一、女性精神疾病患者性自我防卫能力的鉴定

性自我防卫能力是指被害人对两性行为的社会意义、性质及其后果的理解并控制其行为的能力。

近年来，随着我国法治的完善和对患精神疾病妇女的关心与保护加强，司法精神病学鉴定中女性受害者的比例不断增加。这种鉴定要解决的中心问题是对女性性自我防卫能力的鉴定。尤其是当案件中的女性被害人患有或怀疑患有精神病时，需进行司法精神病学鉴定，以确定其精神状态和性自我防卫能力，从而对犯罪分子定罪量刑。当被鉴定人经鉴定患有精神疾病，在她的性不可侵犯权遭到侵害时，对自身所受的侵害或严重后果缺乏实质性理解力的，为无性自我防卫能力。此时，如果侵害方知道她有精神疾病而与她发生性行为的，就应以强奸罪论处。

评定性自我防卫能力，要从医学标准和法学标准两方面进行，并把二者结合起来。性自我防卫能力评定分为"完全""部分（减低）""无"三级。

性自我防卫能力评定具体如下：

1. 完全性自我防卫能力。

（1）不能建立精神障碍诊断。

（2）虽然能够建立精神障碍的诊断，但精神症状不影响其对性行为的实质性辨认能力，符合以下各条目：

第一，能够理解个体的人格与贞操具有不可侵犯性，在法律上受到保护。

第二，能够理解两性行为的合法与违法性。

第三，能够理解两性行为的后果将会对自己在生理、心理、人格、名誉等方面带来的影响。

第四，能够完整表达自己的意愿和要求。

2. 部分性自我防卫能力。

（1）能够建立精神障碍诊断

（2）受精神症状的影响，对性行为的实质性辨认能力或控制能力削弱，符合下列条目之一的：

第一，不能完全理解个体的人格与贞操具有不可侵犯性及在法律上受到保护。

第二，不能完全理解两性行为的合法与违法性。

第三，不能完全理解两性行为的后果将会对自己在生理、心理、人格、名誉等方面带来的影响。

第四，不能完整表达自己的意愿和要求。

3. 无性自我防卫能力。

（1）能够建立精神障碍诊断。

（2）受精神症状的影响，丧失对性侵犯的实质性辨认能力或控制能力，并符合下列条目之一的：

第一，不能理解个体的人格与贞操具有不可侵犯性及在法律上受到保护。

第二，不能理解两性行为的合法与违法性。

第三，不能理解两性行为的后果将会对自己在生理、心理、人格、名誉等方面带来的影响。

第四，不能表达自己的意愿和要求。

要注意轻度及有些中度精神发育迟滞患者，有完全的或相当的性自我防卫能力，切不可不经过司法精神鉴定便臆断为无性自我防卫能力。

如果被告不是"明知"女方患有精神病或精神发育迟滞，而与之发生性关系的，尤其是在女方主动的情况下，则定罪时应考虑具体情况，与强奸罪有所区别为宜。

对患有精神病而性欲亢进，主动追求或勾引男性的女病人，发生淫乱行为的，应鉴定她的刑事责任能力，作出适当的处理。

如果患有精神病或精神发育迟滞的女性，第一次被动遭人奸污，但以后性欲被激起，反而主动与对方再发生性关系的，鉴定时应以发生第一次性行为时女方的精神状态和性辨认能力为准，评定其性自我防卫能力，作为处理的依据。

唆使或者引诱智能缺损或患有精神病的妇女与他人淫乱而图利的，由于患有精神病的妇女丧失了性自我防卫能力，故不论她们有无反抗或是否自愿，都应对唆使或引诱者按《刑法》中强迫妇女卖淫罪论处。

二、精神障碍性损害的鉴定

当各种原因引发精神障碍后，有时会涉及法律问题，需对受到精神障碍性损害的受害人作出鉴定。有关问题见本书第五章内容。

三、精神病人的诬告与自我诬告

我国刑法中，对于诬告及诬告者的处罚有明确的规定。但是，有些精神病人由于病理妄想、幻觉、智能缺陷或其他思维障碍等影响，也可能发生对别人或对自己的诬告行为。从而给对方造成很大的麻烦或名誉损失；或有时使自己陷入不利的境地。故有时会出现对诬告者的司法精神鉴定问题。精神病人的诬告，一般有下面几种情况：

1. 对他人的诬告。精神病人可因受幻觉、被害妄想（听幻觉、被控制感）等支配，而诬告他人迫害自己。有的甚至可长期为此上访上告。还有些精神病人可由于嫉妒妄想或幻觉而导致诬告他人与其配偶有"奸情"，并为此而闹得不可开交。还有些女精神病人因"性幻觉"而诬告他人"强奸"自己。再有些早老或老年性痴呆或器质性精神病患者,由于智能障碍而非常健忘,往往在丢失或遗忘东西后即怀疑邻人"有意窃取"。这些所谓"被窃"的东西,不少事后可能又找到(放在某处后随即遗忘)。也有少数器质性精神病与精神分裂症患者,可产生记忆错乱或虚构,硬把别人的东西说成是自己的,反而诬告对方"盗窃",这也应当注意。

一般说,由于精神病人的妄想、幻觉、思维障碍及智能严重缺陷所引起的诬告,通常诬告者是无责任能力的。但应由其家属或监护人向被诬告者赔礼道歉,恢复其名誉与赔偿损失。癔症、偏执性人格障碍者等的诬告,往往要负一定的责任(部分或全部)。变态人格者的恶作剧报复性质的诬告,则应负完全责任。

2. 自我诬告。有些抑郁症、精神分裂症与癔症病人,出于罪恶妄想,思维逻辑障碍或者潜意识的"自我惩罚"心理,可能有自我诬告现象,有的甚至会造成极为严重的后果。这些情况中,有的是夸大过去的细琐错误,给自己无限"上纲上线";有的则是虚构自己的"犯罪"情节,甚至包括"反社会"思想与言行,以达到司法部门给予惩罚的目的。有些精神病患者由于自杀观念强烈,但自杀未遂,故自我诬告以求通过司法审判达成杀死自己的目的。作为司法工作人员必须坚持实事求是的原则,决不能轻信"自首者"的口供。当供述与事实不符,明显荒谬,或者有其他离奇情节时,司法工作人员就要提高警惕,想到是否属于精神病患者,并委托进行司法精神鉴定,以免造成失误或不可挽回的后果。

3. 精神病人的其他诬告现象。有的比较严重的精神发育迟滞的女病人,在被坏人奸污甚至怀孕后,可能受到小恩小惠的收买,被教唆去诬告是另一个人奸污她。也有的癔症病人在堕入幻想的朦胧状态中时,误把幻想当作现实而去进行诬告。这类案件中,如果严格核对事实,则不难发现破绽,尤其经过司法精神鉴定,更不难查明其精神异常。

第六节　司法精神病学鉴定的组织结构与方式

一、司法精神病学鉴定的组织结构

受司法机关或公安机关(委托鉴定机关)的委托,对案件被告或案件当事人、证人等进行司法精神病学鉴定,以提供有关法定能力的科学证据的专门机构，称为司法精神病学鉴定机构。

我国最高人民法院、最高人民检察院、公安部、司法部、卫生部（已撤销）于 1989 年 7 月 11 日发布的《精神疾病司法鉴定暂行规定》中，对司法精神病学鉴定机构作了如下规定：

第三条　为开展精神疾病的司法鉴定工作，各省、自治区、直辖市、地区、地级市，应当成立精神疾病司法鉴定委员会，负责审查、批准鉴定人，组织技术鉴定组，协调、开展鉴定工作。

第四条　鉴定委员会由人民法院、人民检察院和公安、司法、卫生机关的有关负责干部和专家若干人组成，人选由上述机关协商确定。

第五条　鉴定委员会根据需要，可以设置若干个技术鉴定组，承担具体鉴定工作，其成员由鉴定委员会聘请、指派。技术鉴定组不得少于两名成员参加鉴定。

第六条　对疑难案件，在省、自治区、直辖市内难以鉴定的，可以由委托鉴定机关重新委托其他省、自治区、直辖市鉴定委员会进行鉴定。

按此规定，司法精神鉴定机构的设立有两种形式，即①各省、自治区、直辖市、地区、地级市成立的精神疾病司法鉴定委员会；②省级人民政府指定的医院。司法精神鉴定由鉴定人组成小组进行，参加鉴定的人员不得少于两名，而对重大案件多由三名以上鉴定人参加。之所以采用这种方式，是为了避免偏差，保证鉴定的全面、公正、客观、正确。小组成员是经审查符合司法精神病学鉴定人条件的精神科医师和法医师。

通常鉴定小组鉴定后，意见一致时，小组成员都一律签名并承担同等的法律责任；但当意见不一致时，则应该各自提出自己的意见并签名，不能强求统一或妥协折中。无论是哪一级的鉴定委员会，都不能强求意见不一致的鉴定成员勉强统一或折中妥协。因为有时数名精神科医师所作的司法精神病学鉴定结论，并不见得比一名富有经验的司法精神病学专家所作的结论更可靠与正确。因此，组成鉴定小组时，不但要考虑鉴定人的数目，也要考虑鉴定人的水平。要求鉴定时做到严肃、慎重、客观、公正、负责。

为适应我国司法改革的现实，2005 年 2 月 28 日第十届全国人民代表大会常务委员会第十四次会议通过了《全国人民代表大会常务委员会关于司法鉴定管理问题的决定》，并于 2005 年 10 月 1 日起施行；后于 2015 年 4 月 24 日修正。这个决定中对有关问题规定如下：

二、国家对从事下列司法鉴定业务的鉴定人和鉴定机构实行登记管理制度：

（一）法医类鉴定；

（二）物证类鉴定；

（三）声像资料鉴定；

（四）根据诉讼需要由国务院司法行政部门商最高人民法院、最高人民检察院确定的其他应当对鉴定人和鉴定机构实行登记管理的鉴定事项。

法律对前款规定事项的鉴定人和鉴定机构的管理另有规定的，从其规定。

三、国务院司法行政部门主管全国鉴定人和鉴定机构的登记管理工作。省级人民政府司法行政部门依照本决定的规定，负责对鉴定人和鉴定机构的登记、名册编制和公告。

五、法人或者其他组织申请从事司法鉴定业务的，应当具备下列条件：

（一）有明确的业务范围；

（二）有在业务范围内进行司法鉴定所必需的仪器、设备；

（三）有在业务范围内进行司法鉴定所必需的依法通过计量认证或者实验室认可的检测实验室；

（四）每项司法鉴定业务有三名以上鉴定人。

六、申请从事司法鉴定业务的个人、法人或者其他组织，由省级人民政府司法行政部门审核，对符合条件的予以登记，编入鉴定人和鉴定机构名册并公告。

……

七、侦查机关根据侦查工作的需要设立的鉴定机构，不得面向社会接受委托从事司法鉴定业务。

人民法院和司法行政部门不得设立鉴定机构。

八、各鉴定机构之间没有隶属关系；鉴定机构接受委托从事司法鉴定业务，不受地域范围的限制。

……

九、在诉讼中，对本决定第二条所规定的鉴定事项发生争议，需要鉴定的，应当委托列入鉴定人名册的鉴定人进行鉴定。鉴定人从事司法鉴定业务，由所在的鉴定机构统一接受委托。

鉴定人和鉴定机构应当在鉴定人和鉴定机构名册注明的业务范围内从事司法鉴定业务。

……

十、司法鉴定实行鉴定人负责制度。鉴定人应当独立进行鉴定，对鉴定意见负责并在鉴定书上签名或者盖章。多人参加的鉴定，对鉴定意见有不同意见的，应当注明。

十二、鉴定人和鉴定机构从事司法鉴定业务，应当遵守法律、法规，遵守职业道德和职业纪律，尊重科学，遵守技术操作规范。

十三、鉴定人或者鉴定机构有违反本决定规定行为的，由省级人民政府司法行政部门予以警告，责令改正。

鉴定人或者鉴定机构有下列情形之一的，由省级人民政府司法行政部门给予停止从事司法鉴定业务三个月以上一年以下的处罚；情节严重的，撤销登记：

（一）因严重不负责任给当事人合法权益造成重大损失的；

（二）提供虚假证明文件或者采取其他欺诈手段，骗取登记的；

（三）经人民法院依法通知，拒绝出庭作证的；

（四）法律、行政法规规定的其他情形。

……

十七、本决定下列用语的含义是：

（一）法医类鉴定，包括法医病理鉴定、法医临床鉴定、法医精神病鉴定……

按此规定，司法精神鉴定机构的设立有两种形式：①省级人民政府司法行政部门审核并予以登记后编入鉴定机构名册并公告的鉴定机构；②侦查机关根据侦查工作的需要设立的鉴定机构。

从《全国人民代表大会常务委员会关于司法鉴定管理问题的决定》第7条的规定来看，侦查机关根据侦查工作的需要设立的鉴定机构应该是由其所在行业管理的，并不受司法行政部门的管理。因此，这类司法鉴定机构的设立和管理从保持司法鉴定的中立性来说，还不完善。但就目前而言，绝大部分司法精神鉴定机构还是属于面向社会服务的，所以还是应该以《全国人民代表大会常务委员会关于司法鉴定管理问题的决定》的规定为准，由司法行政部门管理，严格按相关的法律法规从事司法精神鉴定工作。

《全国人民代表大会常务委员会关于司法鉴定管理问题的决定》于2005年发布后，司法部2007年发布的《司法鉴定程序通则》（后于2016年修订）第19条规定："司法鉴定机构对同一鉴定事项，应当指定或者选择二名司法鉴定人共同进行鉴定；对疑难、复杂或者特殊的鉴定事项，可以指定或者选择多名司法鉴定人进行鉴定。"在司法精神鉴定中，这项规定尤其具有重要意义。

二、司法精神病学鉴定方式

司法精神鉴定的方式可分为两大类：一类为"直接鉴定"，这类鉴定中，鉴定人与被鉴定人发生直接联系，如必要的询问、检查等；另一类为"间接鉴定"，即缺席鉴定。这只是个别特殊情况下才采用的鉴定方式。下面具体介绍国内目前所采用的司法鉴定方式。

1. 门诊鉴定。这是较常见的鉴定方式，适用于情况较简单或案情不严重，精神症状较明显的民事、刑事案件。将刑事案件的被告人或民事、刑事案件中需要进行鉴定的当事人送往精神病院的门诊部（或法医机构的检查室），由司法精神病学专家小组进行鉴定。

2. "出诊鉴定"。通常将被鉴定人带到精神病院进行鉴定，但当其看到精神病院的招牌、环境与穿白大褂的医务人员时，在心理上可能会产生一些特殊变化，这些变化又可能为鉴定工作增加一些复杂性与困难。此外，如将那些有严重危害行为而戴刑具的被鉴定人由警察押送到医院，对来医院就医的其他一般精神疾病患者也会造成不良心理影响（如恐惧、紧张、怀疑等）。当然，还有一些来医院不便的特殊情况（如健康原因、行动不便等）。因此，实践中也将司法精神鉴定工作隔离在其他地方进行。最多见的是鉴定人员采用"出诊"的方式，到各种场所去进行鉴定，有些地区这种"出诊"的鉴定方式已达80%以上。鉴定时，往往请案件承办人员一道参加，先由承办人员按一般提审或讯问方式进行讯问，然后鉴定人员以参加讯问有关问题的方式进行精神检查。而必要的体格和神经系统检查（如智能测定，脑电图等检查）可在讯问完毕后进行或再送到医院进行。这样可以更容易掌握被鉴定人精神状态的真相，可能与一般门诊鉴定相比，对被鉴定人更少产生暗示性影响或者诱发其产生夸张、做作等心理。这种"出诊"鉴定的具体场所如下：

（1）住所或居所。在被鉴定人的住所或居所进行鉴定可采取访问形式，此时被鉴定人不受拘束，态度自然，容易进行接触交谈而能取得较好的检查效果。如果一次不能结束，可分作数次检查。

（2）拘留所。在收审站或拘留所进行鉴定。

（3）看守所。依照《刑事诉讼法》第149条规定，对犯罪嫌疑人作精神病鉴定的期间不计入办案期限。

（4）监狱。在监狱内的小间进行鉴定，时间不受限制，更由于罪行和刑期已经确定，被鉴定人无所顾虑，给鉴定工作的顺利进行带来不少方便，但须注意其有无伪装、企图逃避刑罚的不良动机。

（5）工读学校和少教所。在这里面的青少年犯，大多已没有在外面那样的任性胡为和活跃，有的比较胆怯和拘束，在检查时不敢作答或暴露不畅，此时不妨穿插些有趣的故事来缓解他们紧张的心理状态，使之易于接触以利于鉴定的进行。

（6）其他。有些精神病人智能并不衰退，照常在工作单位上班，此时可由委托机关与其工作单位联系，安排好适当的时间，到其工作场所或其他适当的场所进行检查。

3. 住院观察鉴定。对于案情特别重大与复杂的刑事案件，鉴定机关有时为了较长一段时间的观察需要，经委托机关同意，可以将被鉴定人送往精神病院或指定及特设的精神病专业机构进行住院观察鉴定。此时被鉴定人对环境的接触、饮食起居的习惯以及特异动作和反常行为，都可借助于精神科医务人员的协作进行观察，并记录下来以便综合分析。如果是在普通的精神病院里，往往需要将被鉴定人隔离监护于特定的观察房间中（目的是防止发生意外，并预防被鉴定人在精神医疗机构中受到暗示和引起模仿，增加对伪装者鉴别上的困难），指定专职医护人员进行观察记录，并且不允许其他人与被鉴定人接触（除非委托机关允许），病史记录要另外保管，严格执行保密制度，除非不得已，不使用药物。如果送入公安系统所属的"精神病管治院"则更好，那里监护条件较好，还可装备"闭路电视"或音响记录设备，进行长时间的连续观察。这样更利于早日取得比较正确的鉴定结论和比较完整的资料。

4. 缺席鉴定和死后鉴定。只要被鉴定人活着并在国内，一般不作缺席鉴定。有时对国外公安和司法机关委托的文证审查可作缺席鉴定。而死后鉴定是指，当鉴定人已死，有时为了厘清有关整个案件和其他牵连人的法律问题，或死者生前立遗嘱时有无民事行为能力，或鉴别被鉴定人的自杀行为有无精神反常等情形或实为他杀，针对死者生前精神状态作出的明确诊断。此时只能根据案情材料、有关病史和现场证人的陈述等加以分析研究来作出鉴定意见。

第七节　司法精神病学鉴定人

司法鉴定人是指在诉讼活动中运用科学技术或者专门知识对诉讼涉及的专门性问题进行鉴别和判断并提供鉴定意见的人。司法精神病学鉴定人则是指在诉讼活动中运用精神病学专门知识和技术对诉讼涉及的精神病问题进行鉴别和判断并提供鉴定意见的人。

一、司法精神病学鉴定人的资格

司法精神病学鉴定工作严肃、复杂，鉴定人所负的责任重大，必须要具有解决这方面问题的专门知识和技能，所以必须具备鉴定的资格。在欧美、日本等许多国家，都对司法精神病学鉴定人的资格有严格的规定。我国也不例外，1989年发布的《精神疾病司法鉴定暂行规定》明确规定，具有下列资格之一的，可以担任司法精神病学鉴定人：

1. 具有5年以上精神科临床经验并具有司法精神病学知识的主治医师以上人员。

2. 具有司法精神病学知识、经验和工作能力的主检法医师以上人员。

当然，要充当鉴定人，还必须在受到鉴定机关的选派或受到委托机关的委托后，经鉴定机关批准、认可，才能进行鉴定工作。

在我国的司法鉴定领域，司法精神病学鉴定是最早由国家作出规范的领域。《全国人民代表大会常务委员会关于司法鉴定管理问题的决定》中对司法鉴定人的有关规定如下：

四、具备下列条件之一的人员，可以申请登记从事司法鉴定业务：

（一）具有与所申请从事的司法鉴定业务相关的高级专业技术职称；

（二）具有与所申请从事的司法鉴定业务相关的专业执业资格或者高等院校相关专业本科以上学历，从事相关工作五年以上；

（三）具有与所申请从事的司法鉴定业务相关工作十年以上经历，具有较强的专业技能。

因故意犯罪或者职务过失犯罪受过刑事处罚的，受过开除公职处分的，以及被撤销鉴定人登记的人员，不得从事司法鉴定业务。

八、……

鉴定人应当在一个鉴定机构中从事司法鉴定业务。

九、……

鉴定人应当依照诉讼法律规定实行回避。

十一、在诉讼中，当事人对鉴定意见有异议的，经人民法院依法通知，鉴定人应当出庭作证。

十三、……

鉴定人故意作虚假鉴定，构成犯罪的，依法追究刑事责任；尚不构成犯罪的，依照前款规定处罚。

鉴定人资格的限制，可以使一些不具备上述条件的普通精神科医生、法医、其他专科医师或司法人员及行政领导等其他非专业人员不致卷入鉴定之中，避免由此造成某些不必要的人为的法律纠纷，并提高鉴定质量。

对鉴定人资格的特别严格限制不仅出于形式要求，更是鉴定的难度、责任和法律对证据的要求等一系列实质性问题的要求所致，对司法精神病学鉴定人来说，尤其如此。对司法精神病学鉴定人的资格限制之所以如此郑重，就是因为在有关精神病的诉讼中，精神疾病的司法鉴定意见是重要证据之一，可以鉴别精神病的真相，提高办案效率和质量。鉴定结论一旦被法庭审核采纳，可以决定诉讼的结果，特别是在刑事案件中，甚至可能关系到生命。因此，鉴定对于保护无辜、惩罚罪犯以及援引法律条文、定罪量刑等具有关键性作用。司法精神病学鉴定人担负着保护精神病人、协助公安和司法部门严格执法的双重责任。由此可见，对鉴定人资格进行认定具有重要意义。

精神疾病的司法鉴定结论如果发生差错，同时又为司法机关所采纳，必然产生两种后果：一是将精神病人误认为伪装精神病或无精神病，从而导致司法机关造成冤案；二是将伪装者误认为精神病人，使犯罪分子逍遥法外，使被害人及家属遭受无法弥补的损害，同时导致放纵罪犯。因此，鉴定人在鉴定中必须公正无私、刚正不阿，严格遵照科学、公正原则，实事求是，不受任何干扰，作出正确的鉴定意见。同时，鉴定人必须不断钻研专业知识，提高鉴定技术水平，坚持认真细致的工作态度和作风，成为一名学识渊博、技术精湛、判理严明、推断深邃的鉴定人，担负起既保护精神病人，又协助公安和司法部门严格执法的双重责任。

二、司法精神病学鉴定人的权利

司法精神病学鉴定人为了正确与顺利地完成所受理的任务，必须享有一定的权利。按我国司法部发布的《司法鉴定人登记管理办法》之规定，司法鉴定人，包括司法精神病学鉴定人有以下权利：

1. 了解、查阅与鉴定事项有关的情况和资料，询问与鉴定事项有关的当事人、证人等。
2. 要求鉴定委托人无偿提供鉴定所需要的鉴材、样本。
3. 进行鉴定所必需的检验、检查和模拟实验。
4. 拒绝接受不合法、不具备鉴定条件或者超出登记的执业类别的鉴定委托。
5. 拒绝解决、回答与鉴定无关的问题。
6. 鉴定意见不一致时，保留不同意见。
7. 接受岗前培训和继续教育。
8. 获得合法报酬。
9. 法律、法规规定的其他权利。

三、司法精神病学鉴定人的义务

在我国，司法精神病学是在社会主义制度下形成和发展起来的，其目的完全符合社会主义制度及其司法实践。鉴定机关和公安、司法机关之间，以及对方辩护人之间，都按照"以事实为根据，以法律为准绳"的原则，互相配合，做到既顾及精神病人的合法权益，又要保障社会的秩序和安全。由于我国司法精神鉴定是受委托鉴定机关的委托而进行的，因此鉴定机关在对被鉴定人进行鉴定后，除向委托机关提供鉴定报告外，一般只根据法庭的要求才出庭作证，在法庭外没有和对方当事人及其辩护律师争辩的必要。如果委托机关认为鉴定不够全面、结论有误差或与案情不相符合，而因此提出异议的，可以要求复鉴，或另行委托其他鉴定机关重新鉴定。

根据我国司法部发布的《司法鉴定人登记管理办法》之规定，司法鉴定人，包括司法精神病学鉴定人有以下义务：

1. 受所在司法鉴定机构指派按照规定时限独立完成鉴定工作，并出具鉴定意见。
2. 对鉴定意见负责。
3. 依法回避。
4. 妥善保管送鉴的鉴材、样本和资料。
5. 保守在执业活动中知悉的国家秘密、商业秘密和个人隐私。
6. 依法出庭作证，回答与鉴定有关的询问。

7. 自觉接受司法行政机关的管理和监督、检查。

8. 参加司法鉴定岗前培训和继续教育。

9. 法律、法规规定的其他义务。

四、司法精神病学鉴定人的法律责任

《司法鉴定人登记管理办法》规定，司法鉴定人的法律责任如下：

第二十八条　未经登记的人员，从事已纳入本办法调整范围司法鉴定业务的，省级司法行政机关应当责令其停止司法鉴定活动，并处以违法所得一至三倍的罚款，罚款总额最高不得超过三万元。

第二十九条　司法鉴定人有下列情形之一的，由省级司法行政机关依法给予警告，并责令其改正：

（一）同时在两个以上司法鉴定机构执业的；

（二）超出登记的执业类别执业的；

（三）私自接受司法鉴定委托的；

（四）违反保密和回避规定的；

（五）拒绝接受司法行政机关监督、检查或者向其提供虚假材料的；

（六）法律、法规和规章规定的其他情形。

第三十条　司法鉴定人有下列情形之一的，由省级司法行政机关给予停止执业三个月以上一年以下的处罚；情节严重的，撤销登记；构成犯罪的，依法追究刑事责任：

（一）因严重不负责任给当事人合法权益造成重大损失的；

（二）具有本办法第二十九条规定的情形之一并造成严重后果的；

（三）提供虚假证明文件或者采取其他欺诈手段，骗取登记的；

（四）经人民法院依法通知，非法定事由拒绝出庭作证的；

（五）故意做虚假鉴定的；

（六）法律、法规规定的其他情形。

第三十一条　司法鉴定人在执业活动中，因故意或者重大过失行为给当事人造成损失的，其所在的司法鉴定机构依法承担赔偿责任后，可以向有过错行为的司法鉴定人追偿。

第三十二条　司法行政机关工作人员在管理工作中滥用职权、玩忽职守造成严重后果的，依法追究相应的法律责任。

第三十三条　司法鉴定人对司法行政机关的行政许可和行政处罚有异议的，

可以依法申请行政复议。

五、对司法精神病学鉴定人的保护

为了使司法精神鉴定工作顺利、健康进行并不受干扰，也为了避免鉴定人受到无理纠缠或报复伤害，要对鉴定人施行如下保护措施：

1. 鉴定人在依法执行职务时，其他任何人都不得干预或施加影响。
2. 鉴定人在依法执行职务时受法律保护，具有与司法工作人员同样的保障。
3. 鉴定人只对委托鉴定的机关负责，其作出的鉴定结论经过审核被采纳后，当事人等如果有异议，由委托鉴定机关负责解释，或者在法庭上进行质证。
4. 鉴定结论对委托鉴定机关并无约束力，如有不同意见，可委托其他鉴定机关重新鉴定。鉴定人之间应互相尊重，恪守职业道德。如果鉴定意见不被采信，应该给出理由。
5. 鉴定人如果不是有意作虚假鉴定或徇情受贿、弄虚作假的，而是由于委托机关提供的材料不完整、不可靠或者鉴定人技术能力不足致使鉴定结论出现偏差时，不应追究鉴定人的责任。

第八节　司法精神病学鉴定的程序及内容

司法精神病学鉴定必须依照有关的程序和规则进行。

一、鉴定前的准备与委托

司法精神鉴定的委托换个角度说就是司法精神鉴定的启动，即谁有资格委托（即启动）司法精神鉴定。现状比较混乱，各种委托方都有，例如司法机关、当事人、当事人的家人、当事人的代理人或律师事务所，甚至其他机构单位。委托的情况有诉讼活动中的鉴定、诉讼前的鉴定，甚至是非诉讼的鉴定。对于这些不同的鉴定许多时候受理方并没有严格加以区别，而是统统作为司法鉴定来受理和进行。加之有的鉴定机构以经济利益为重，来者不拒，甚至主动招揽鉴定，因此引起混乱，而且也成为多头鉴定、重复鉴定，鉴定意见互相打架的重要原因。

但是，对于司法鉴定，法规是有明确定义的。《全国人民代表大会常务委员会关于司法鉴定管理问题的决定》第1条规定："司法鉴定是指在诉讼活动中鉴定人运用科学技术或者专门知识对诉讼涉及的专门性问题进行鉴别和判断并提供鉴定意见的活动。"这明确了司法鉴定的定义及其界限。对于刑事司法鉴定，我国《刑事诉讼法》第 146 条规定："为了查明案情，需要解决案件中某些专门性问题的时候，应当指派、聘请有专门知识的人进行鉴定。"显然，能够指派、聘请有专门知识的人进行鉴定的应该是办案机关，也就是说应该由办案的公安、司法机关委托进行司法鉴定，亦即只有公安、司法办案机关有权启动刑事司法鉴定。

2001 年司法部发布的《司法鉴定程序通则（试行）》第 14 条曾规定："司法鉴定机构接受司法机关、仲裁案件当事人的司法鉴定委托。在诉讼案件中，在当事人负有举证责任的情况下，司法鉴定机构也可以接受当事人的司法鉴定委托。当事人委托司法鉴定时一般通过律师事务所进行。"

但是，在《全国人民代表大会常务委员会关于司法鉴定管理问题的决定》于 2005 年发布后，司法部于 2007 年重新发布的《司法鉴定程序通则》中却取消了前述规定。这显然是为了与法律规定，尤其是刑事法律规定相适应。所以，在接受刑事司法精神鉴定委托时一定要依法办事，把好受理关，杜绝不合法的委托，减少后遗症。

1989 年发布的《精神疾病司法鉴定暂行规定》第 6 条规定："对疑难案件，在省、自治区、直辖市内难以鉴定的，可以由委托鉴定机关重新委托其他省、自治区、直辖市鉴定委员会进行鉴定。"但是，2005 年发布的《全国人民代表大会常务委员会关于司法鉴定管理问题的决定》第 8 条却规定，"鉴定机构接受委托从事司法鉴定业务，不受地域范围的限制"。也就是说，不是本省、自治区、直辖市内难以鉴定的案件，依然可以跨省、自治区、直辖市委托鉴定。这一点变动也是需要注意的。

司法精神病学的鉴定由委托方委托鉴定机关进行，委托方和鉴定方之间要互相信任、合作。按照《司法鉴定程序通则》的有关规定，委托鉴定时，要遵守如下规定：

第十一条 司法鉴定机构应当统一受理办案机关的司法鉴定委托。

第十二条 委托人委托鉴定的，应当向司法鉴定机构提供真实、完整、充分的鉴定材料，并对鉴定材料的真实性、合法性负责。司法鉴定机构应当核对并记录鉴定材料的名称、种类、数量、性状、保存状况、收到时间等。

诉讼当事人对鉴定材料有异议的，应当向委托人提出。

本通则所称鉴定材料包括生物检材和非生物检材、比对样本材料以及其他与鉴定事项有关的鉴定资料。

第十三条 司法鉴定机构应当自收到委托之日起七个工作日内作出是否受理的决定。对于复杂、疑难或者特殊鉴定事项的委托,司法鉴定机构可以与委托人协商决定受理的时间。

第十四条 司法鉴定机构应当对委托鉴定事项、鉴定材料等进行审查。对属于本机构司法鉴定业务范围,鉴定用途合法,提供的鉴定材料能够满足鉴定需要的,应当受理。

对于鉴定材料不完整、不充分,不能满足鉴定需要的,司法鉴定机构可以要求委托人补充;经补充后能够满足鉴定需要的,应当受理。

第十五条 具有下列情形之一的鉴定委托,司法鉴定机构不得受理:

(一) 委托鉴定事项超出本机构司法鉴定业务范围的;
(二) 发现鉴定材料不真实、不完整、不充分或者取得方式不合法的;
(三) 鉴定用途不合法或者违背社会公德的;
(四) 鉴定要求不符合司法鉴定执业规则或者相关鉴定技术规范的;
(五) 鉴定要求超出本机构技术条件或者鉴定能力的;
(六) 委托人就同一鉴定事项同时委托其他司法鉴定机构进行鉴定的;
(七) 其他不符合法律、法规、规章规定的情形。

第四十八条 本通则所称办案机关,是指办理诉讼案件的侦查机关、审查起诉机关和审判机关。

鉴定必须有《司法鉴定委托书》说明鉴定的要求和目的,作为委托鉴定的根据,交与鉴定机关,并预约鉴定的时间、地点,预交定额鉴定费。没有鉴定委托书的,鉴定机关不受理鉴定。

司法部印发的《司法鉴定委托书》的格式样本如下:

司法鉴定委托书

编号:_____

委 托 人		联系人(电话)	
联系地址		承 办 人	
司法鉴定机构	名 称:		
	地 址:	邮 编:	
	联系人:	联系电话:	

续表

委　托鉴定事项	
是否属于重新鉴定	
鉴定用途	
与鉴定有关的基本案情	
鉴定材料	
预计费用及收取方式	预计收费总金额：¥：_____，大写：_____ _____。
司法鉴定意见书发送方式	□自取 □邮寄　地址：_____。 □其他方式（说明）

约定事项：
1. （1）关于鉴定材料：
　　　□ 所有鉴定材料无需退还。
　　　□ 鉴定材料须完整、无损坏地退还委托人。
　　　□ 因鉴定需要，鉴定材料可能会损坏、耗尽，导致无法完整退还。
　　　□ 对保管和使用鉴定材料的特殊要求：_____。
　（2）关于剩余鉴定材料：
　　　□ 委托人于_____周内自行取回。委托人未按时取回的，鉴定机构有权自行处理。
　　　□ 鉴定机构自行处理。如需要发生处理费的，按有关收费标准或协商收取_____元处理费。
　　　□ 其他方式：
2. 鉴定时限：
　　　□ _____年_____月_____日之前完成鉴定，提交司法鉴定意见书。
　　　□ 从该委托书生效之日起_____个工作日内完成鉴定，提交司法鉴定意见书。
　　　注：鉴定过程中补充或者重新提取鉴定材料所需的时间，不计入鉴定时限。
3. 需要回避的鉴定人：_____，回避事由：_____。
4. 经双方协商一致，鉴定过程中可变更委托书内容。
5. 其他约定事项：_____。

续表

鉴定风险提示	1. 鉴定意见属于专家的专业意见，是否被采信取决于办案机关的审查和判断，鉴定人和鉴定机构无权干涉； 2. 由于受鉴定材料或者其他因素限制，并非所有的鉴定都能得出明确的鉴定意见； 3. 鉴定活动遵循依法独立、客观、公正的原则，只对鉴定材料和案件事实负责，不会考虑是否有利于任何一方当事人。
其他需要说明的事项	

委托人 （承办人签名或者盖章） _____年_____月_____日	司法鉴定机构 （签名、盖章） _____年_____月_____日

注：

1. "编号"由司法鉴定机构缩略名、年份、专业缩略语及序号组成。

2. "委托鉴定事项"用于描述需要解决的专门性问题。

3. 在"鉴定材料"一项，应当记录鉴定材料的名称、种类、数量、性状、保存状况、收到时间等，如果鉴定材料较多，可另附《鉴定材料清单》。

4. 关于"预计费用及收取方式"，应当列出费用计算方式；概算的鉴定费和其他费用，其中其他费用应尽量列明所有可能的费用，如现场提取鉴定材料时发生的差旅费等；费用收取方式、结算方式，如预收、后付或按照约定方式和时间支付费用；退还鉴定费的情形等。

5. 在"鉴定风险提示"一项，鉴定机构可增加其他的风险告知内容，有必要的，可另行签订风险告知书。

如果民事、刑事案件的有关当事人（原告、被告、被害人）及他们的律师或代理人主动要求进行司法精神鉴定、补充鉴定或重新鉴定的，鉴定机关或鉴定人应当向他们说明需先向有关的司法机关提出要求或申请，然后由司法部门进行委托。鉴定人未经公安或司法机关的正式委托和鉴定机关的同意，则不论是否通过与本案有关的公安或司法人员的推荐，或是并不作刑事责任能力的评定而只证明有无受审能力，鉴定人都不得为当事人进行检查，作出鉴定和评定。否则，法庭将会不予采信。

在申请鉴定的同时，委托机关应将准备好的被鉴定人的全部卷宗材料提交鉴定人审阅与准备。不能只提供一部分而隐瞒另一部分。如果调查材料中有不统一或者相矛盾的地方，也应把两方面的材料全部都提交给鉴定人审阅，切不可只提供委托者所倾向的这部分材料。

委托鉴定机关应当提供的材料如下：

(一) 被鉴定人及其家庭情况

1. 被鉴定人情况。

(1) 被鉴定人姓名、性别、年龄、生日、婚姻状况、籍贯、民族、政治面貌、文化程度、受教育年限、宗教信仰、个人出身、家庭成分、住址、工作单位及工种或职别等。

(2) 被鉴定人简要经历。这包括出生、幼年生长发育情况（尤其注意有无发育不全、智能欠缺、儿童行为问题、性发育早熟迹象等）及以往主要经历。

(3) 被鉴定人以往学习情况。这包括学习态度、学习成绩，有无学习困难、逃学、交往不良人士、留级、休学及退学的情况，在校的品德表现，与同学及老师的关系如何等。

(4) 被鉴定人工作情况。参加工作或农业劳动后曾担任过何种职务、工作和劳动态度如何、有何专长、工作效率如何、何时因何事受奖惩（包括有无违纪违法行为及具体内容、背景）、工作调动次数及原因。

(5) 以往性格。内向或外向、脾气、胆量、兴趣、嗜好、生活习惯，有无奇怪癖性（如多动、说谎、爱打架、残虐动物、不服管教等）；信奉何种宗教或迷信、虔诚程度、处世态度、伦理道德观；与家庭成员、同事、领导及邻居关系是否融洽；有无重大精神创伤及不幸遭遇；何时出现性格改变及如何改变（包括思想、言行、工作表现、人际关系、性格特征、特殊嗜好等），以及具体表现。

(6) 婚姻情况。恋爱、婚姻状况及夫妻关系如何、对配偶及子女态度如何、何时何故离婚或分居、有无婚外性行为和奇特性行为。

(7) 既往健康状况。是否有过重大疾病，尤其有无高烧、中毒、脑炎、脑外伤、抽风、昏迷、癫痫症、尿床（至几岁）及精神病史（如果曾在精神病院门诊就诊及住院过，应调来所有病历资料，包括检查、诊断与治疗等）；有无吸毒、药瘾、酗酒史，精神失常时表现（何时何故得病，有无多疑、出走、懒散、自言自语、独自发呆或发笑等表现）；其他重要的躯体病史，如肝病、肾病、心血管病、呼吸系统病、内分泌代谢疾病及感染等。

（8）有无自杀及违法受惩史（包括判刑、劳改劳教、拘留、行政处分等及其原因）。

2. 家庭情况。

（1）家庭成员（主要指父系或母系三代）的称谓、姓名、职业，主要社会关系、家庭的社会地位和经济状况。

（2）家庭成员的个性特点，家庭气氛是否和谐，成员中有无性格异常、酗酒、吸毒、自杀、出走、犯罪史（何种类型犯罪）；家庭成员中的近亲婚姻史；家庭成员中有无痴呆、精神病、神经病史，及对被鉴定人的影响如何。

（二）案件的有关材料

1. 案件性质。

2. 案情具体经过及处理情况。这包括作案的动机、作案前的准备与计划、作案的行为、作案后的经过等。应同时附送立案材料一份。

3. 被鉴定人在案件发生前后及最近的精神状况。这包括言语、思想、举止行为、生活习惯、与他人接触等具体表现，与以往有何不同，侦查及询问时的情绪、态度如何，如果已被关押，应有同室被押者及监所写出的详细表现材料。

（三）工作单位提供的有关材料

工作单位提供的有关材料包括工作态度和工作能力的情况，工作态度的变化情况，尤其可能与精神障碍有关的情况。

（四）知情人对被鉴定人精神状态的有关证言

知情人对被鉴定人精神状态的有关证言包括家属、邻居、周围群众对案件处理、被鉴定人有无精神异常的意见与理由。值得注意的是有时家属与单位组织、周围群众反映的情况和意见很不一致。通常，被鉴定人的家属与亲友有夸大被鉴定人的精神异常的倾向；而被害人家属则往往认为被鉴定人的精神一贯正常或无精神病；而组织、单位与群众对那些危害严重并引起民愤的被鉴定人也往往会倾向于认为其正常或无精神病。因此，对此需采取客观、慎重的态度。

（五）辩护人或律师对案件的处理意见（附起诉状或辩护词）

辩护人或律师对案件的处理意见包括有精神异常的意见及精神状态与安检关系人的意见，应该如何处理的意见。

（六）委托鉴定机关的意见

委托鉴定机关的意见包括何时、何故、何人或何机关提出鉴定，案件承办人对被鉴定人是否患有精神病的意见和依据，委托鉴定的目的及要求，案件的主办人，以及提出再鉴定的原因和委托的日期等。

（七）医疗记录和其他有关检查结果

医疗记录和其他有关检查结果包括在何处诊治或鉴定、结论如何。

（八）其他

如被鉴定人是否上诉及理由，其对案件处理和被送来鉴定的态度和看法；可供进一步调查的关系人情况（姓名、通讯处、与被鉴定人的关系）；委托单位所提供的资料、图片名称及件数等。

（九）附件（略）

二、鉴定的受理

对于鉴定的受理，应遵守《司法鉴定程序通则》第16条、第17条的规定："司法鉴定机构决定受理鉴定委托的，应当与委托人签订司法鉴定委托书。司法鉴定委托书应当载明委托人名称、司法鉴定机构名称、委托鉴定事项、是否属于重新鉴定、鉴定用途、与鉴定有关的基本案情、鉴定材料的提供和退还、鉴定风险，以及双方商定的鉴定时限、鉴定费用及收取方式、双方权利义务等其他需要载明的事项。""司法鉴定机构决定不予受理鉴定委托的，应当向委托人说明理由，退还鉴定材料。"

委托单位将委托书及准备好的材料提供给鉴定机关（或鉴定人），鉴定机关指定或选派具体鉴定人（委托机关聘请者也需通过鉴定机关同意认可）组成鉴定小组，推举一人为主检，全面负责这一鉴定工作。

鉴定人初步审查所提供的材料，看是否完备，还需哪些补充材料，单位条件与个人水平能否胜任，有无回避等。为了把材料准备得更全面，鉴定机关或鉴定人往往还提出一个调查提纲，要求委托机关按提纲中所列各项尽可能详细调查并填写清楚。调查提纲可参考前述的调查资料中的各项内容。对民事案件当事人或受害人鉴定，可适当修改提纲内容。

司法精神鉴定结束后，委托机关将原卷宗收回，付足鉴定费用后将鉴定书带回，但按调查提纲填写的材料应留鉴定单位存档备查。为了提高司法精神鉴定的质量，在该案终审结束后，鉴定机关可向委托机关了解经过鉴定后司法部门判决或裁决的结果（包括另请其他机关进行再鉴定），以便进行研究并改进司法精神鉴定工作。

三、鉴定的实施

按照《司法鉴定程序通则》，鉴定要遵守如下规定：

第十八条 司法鉴定机构受理鉴定委托后，应当指定本机构具有该鉴定事项执业资格的司法鉴定人进行鉴定。

委托人有特殊要求的，经双方协商一致，也可以从本机构中选择符合条件的司法鉴定人进行鉴定。

委托人不得要求或者暗示司法鉴定机构、司法鉴定人按其意图或者特定目的提供鉴定意见。

第十九条 司法鉴定机构对同一鉴定事项，应当指定或者选择二名司法鉴定人进行鉴定；对复杂、疑难或者特殊鉴定事项，可以指定或者选择多名司法鉴定人进行鉴定。

第二十条 司法鉴定人本人或者其近亲属与诉讼当事人、鉴定事项涉及的案件有利害关系，可能影响其独立、客观、公正进行鉴定的，应当回避。

司法鉴定人曾经参加过同一鉴定事项鉴定的，或者曾经作为专家提供过咨询意见的，或者曾被聘请为有专门知识的人参与过同一鉴定事项法庭质证的，应当回避。

第二十一条 司法鉴定人自行提出回避的，由其所属的司法鉴定机构决定；委托人要求司法鉴定人回避的，应当向该司法鉴定人所属的司法鉴定机构提出，由司法鉴定机构决定。

委托人对司法鉴定机构作出的司法鉴定人是否回避的决定有异议的，可以撤销鉴定委托。

第二十二条 司法鉴定机构应当建立鉴定材料管理制度，严格监控鉴定材料的接收、保管、使用和退还。

司法鉴定机构和司法鉴定人在鉴定过程中应当严格依照技术规范保管和使用鉴定材料，因严重不负责任造成鉴定材料损毁、遗失的，应当依法承担责任。

第二十三条 司法鉴定人进行鉴定，应当依下列顺序遵守和采用该专业领域的技术标准、技术规范和技术方法：

（一）国家标准；

（二）行业标准和技术规范；

（三）该专业领域多数专家认可的技术方法。

第二十四条 司法鉴定人有权了解进行鉴定所需要的案件材料,可以查阅、复制相关资料,必要时可以询问诉讼当事人、证人。

经委托人同意,司法鉴定机构可以派员到现场提取鉴定材料。现场提取鉴定材料应当由不少于二名司法鉴定机构的工作人员进行,其中至少一名应为该鉴定事项的司法鉴定人。现场提取鉴定材料时,应当有委托人指派或者委托的人员在场见证并在提取记录上签名。

第二十五条 鉴定过程中,需要对无民事行为能力人或者限制民事行为能力人进行身体检查的,应当通知其监护人或者近亲属到场见证;必要时,可以通知委托人到场见证。

对被鉴定人进行法医精神病鉴定的,应当通知委托人或者被鉴定人的近亲属或者监护人到场见证。

对需要进行尸体解剖的,应当通知委托人或者死者的近亲属或者监护人到场见证。

到场见证人员应当在鉴定记录上签名。见证人员未到场的,司法鉴定人不得开展相关鉴定活动,延误时间不计入鉴定时限。

第二十六条 鉴定过程中,需要对被鉴定人身体进行法医临床检查的,应当采取必要措施保护其隐私。

第二十七条 司法鉴定人应当对鉴定过程进行实时记录并签名。记录可以采取笔记、录音、录像、拍照等方式。记录应当载明主要的鉴定方法和过程,检查、检验、检测结果,以及仪器设备使用情况等。记录的内容应当真实、客观、准确、完整、清晰,记录的文本资料、音像资料等应当存入鉴定档案。

第二十八条 司法鉴定机构应当自司法鉴定委托书生效之日起三十个工作日内完成鉴定。

鉴定事项涉及复杂、疑难、特殊技术问题或者鉴定过程需要较长时间的,经本机构负责人批准,完成鉴定的时限可以延长,延长时限一般不得超过三十个工作日。鉴定时限延长的,应当及时告知委托人。

司法鉴定机构与委托人对鉴定时限另有约定的,从其约定。

在鉴定过程中补充或者重新提取鉴定材料所需的时间,不计入鉴定时限。

第二十九条 司法鉴定机构在鉴定过程中,有下列情形之一的,可以终止鉴定:

(一)发现有本通则第十五条第二项至第七项规定情形的;

（二）鉴定材料发生耗损，委托人不能补充提供的；

（三）委托人拒不履行司法鉴定委托书规定的义务、被鉴定人拒不配合或者鉴定活动受到严重干扰，致使鉴定无法继续进行的；

（四）委托人主动撤销鉴定委托，或者委托人、诉讼当事人拒绝支付鉴定费用的；

（五）因不可抗力致使鉴定无法继续进行的；

（六）其他需要终止鉴定的情形。

终止鉴定的，司法鉴定机构应当书面通知委托人，说明理由并退还鉴定材料。

第三十条 有下列情形之一的，司法鉴定机构可以根据委托人的要求进行补充鉴定：

（一）原委托鉴定事项有遗漏的；

（二）委托人就原委托鉴定事项提供新的鉴定材料的；

（三）其他需要补充鉴定的情形。

补充鉴定是原委托鉴定的组成部分，应当由原司法鉴定人进行。

第三十一条 有下列情形之一的，司法鉴定机构可以接受办案机关委托进行重新鉴定：

（一）原司法鉴定人不具有从事委托鉴定事项执业资格的；

（二）原司法鉴定机构超出登记的业务范围组织鉴定的；

（三）原司法鉴定人应当回避没有回避的；

（四）办案机关认为需要重新鉴定的；

（五）法律规定的其他情形。

第三十二条 重新鉴定应当委托原司法鉴定机构以外的其他司法鉴定机构进行；因特殊原因，委托人也可以委托原司法鉴定机构进行，但原司法鉴定机构应当指定原司法鉴定人以外的其他符合条件的司法鉴定人进行。

接受重新鉴定委托的司法鉴定机构的资质条件应当不低于原司法鉴定机构，进行重新鉴定的司法鉴定人中应当至少有一名具有相关专业高级专业技术职称。

第三十三条 鉴定过程中，涉及复杂、疑难、特殊技术问题的，可以向本机构以外的相关专业领域的专家进行咨询，但最终的鉴定意见应当由本机构的司法鉴定人出具。

专家提供咨询意见应当签名，并存入鉴定档案。

第三十四条 对于涉及重大案件或者特别复杂、疑难、特殊技术问题或者多个鉴定类别的鉴定事项，办案机关可以委托司法鉴定行业协会组织协调多个司法鉴定机构进行鉴定。

第三十五条 司法鉴定人完成鉴定后，司法鉴定机构应当指定具有相应资质的人员对鉴定程序和鉴定意见进行复核；对于涉及复杂、疑难、特殊技术问题或者重新鉴定的鉴定事项，可以组织三名以上的专家进行复核。

复核人员完成复核后，应当提出复核意见并签名，存入鉴定档案。

具体司法精神病学鉴定一般按照以下步骤进行：

（一）审阅材料，拟定方案

鉴定人明确鉴定的目的与要求，听取具体办案人员（或司法机关公诉人）详细介绍案情和调查情况，仔细阅读所提供的材料，再根据情况，征询其他有关人员，特别是被鉴定人亲属及其他最接近的人员的意见，了解其日常生活中的言行及其他有关问题。然后鉴定人对已获得的资料进行初步估价，熟悉重点内容，拟定鉴定方案。我国一般采用较为周详和细致的综合鉴定方案，对被鉴定人进行以精神检查为主的多种检查。

（二）对被鉴定人的检查

主要包括体格检查、精神检查、心理测验、辅助检查及其他特殊检查。检查由鉴定人员共同进行，有时进行一次，有时需反复进行多次。有时还可能需要对被鉴定者采取住院或隔离等措施，以进行较长时间的观察和反复检查。无论作何种检查，都要做好详细的记录。

1. 精神检查。精神检查包括询问、测试、观察等方式。在进行精神检查或住院观察时，除注意其精神异常（精神病症状）表现外，也要注意其精神活动的正常部分，尤其要注意被鉴定者的自我保护性表现与其他表现间的相互矛盾之处，在进行精神检查时可进一步深入研究以获得突破，或经过检查对这些相互矛盾之处获得合理的解释。精神检查者必须经过专业培训与较长期的临床实践才能胜任精神检查工作。

对被鉴定者进行精神检查时，先要注意观察被鉴定人的面容表情、意识清晰程度、仪态、衣着、个人卫生状况、动作、语言以及对周围事物的接触情况，包括对鉴定人和其他人员的合作态度。同时，开始与其交谈，注意其应答是否切题。

进行交谈时，一般以姓名、年龄、籍贯、出生地、工作单位等问题谈起，注意被鉴定人有无对人物、时间、地点的定向障碍。然后根据委托机关提供的卷宗材料和收集的资料，诱导被鉴定人主动供述。在交谈中要了解被鉴定人的思想、情感及情感反应、记忆力、注意力、计算力、智能等情况，特别注意有无错觉、幻觉、妄想、逻辑障碍以及有无判断力、自我防卫能力、自知力等。要了解和观察被鉴定者生活能否自理、饮食和睡眠是否正常、动作行为有无异常以及与人交往的合作程度等。

此外，需要了解被鉴定人的精神活动在不同时间、不同场合下的变化，必须将每次观察和接触到的情况做成记录。不能满足于一次的检查，必须持续对被鉴定人进行观察直至得出一定结论。

交谈和检查中应力求避免与被鉴定人出现对立的状态，尽量使其感到自然和无拘束。对其感到敏感和不安的问题放在最后。不要使其被激怒或与之争辩，对隐瞒较深、不愿暴露的问题不要急于追问，要善于启发，逐步深入。要警惕"诈病"者的多种伪装表现。要了解被鉴定人在违法当时的精神状态，必须询问其造成危害结果的前、中、后各阶段的思想、感情和言行活动情况。如果发现鉴定人供述中有前后不一致或可疑的情况，需和其当初在受审中作的供词进行核对。要注意被鉴定人在实施违法行为以前是否恰巧有过癫痫的发作，或是癔症的发作，或是发作性的意识障碍，以及这些发病对作案的影响等情况；要进一步根据其病史，现场证人的证明以及被鉴定人在检查前后的诉述等进行分析和研究。有些被鉴定人违拗不肯合作，鉴定人应保持耐心、平和的态度来取得其信任和消除其顾虑。被鉴定人供述其过去病史时常有虚构、诡辩、隐瞒或暴露不畅、遗漏等情况，除反复询问外，必要时需从其家属、亲友、所在单位和证人等处搜集补充材料，按照年、月、日的顺序，分类排列，使之完整可靠。

司法部司法鉴定管理局发布的司法鉴定技术规范中，《精神障碍者司法鉴定精神检查规范》（SF/Z JD0104001-2011）对精神检查作了规范，具体操作要依此进行：

3　总则

3.1　制定本技术规范目的是为规范精神障碍者司法鉴定精神检查的方法和内容。

3.2　由精神疾病司法鉴定人完成精神检查工作。精神检查应在比较安静的环境中进行，尽量避免外界的干扰。

3.3　鉴定人在精神检查前要熟悉案卷材料，检查时应以材料中的异常现象和可能的病因为线索,有重点地进行检查,并根据被鉴定人表现及交谈中发现的新情况进行针对性检查,避免刻板、公式化。

3.4 鉴定人作精神检查时,应以平和、耐心的态度对待被鉴定人,以消除交流的障碍,建立较为合作的关系;应根据被鉴定人的年龄、性别、个性、职业和检查当时的心理状态,采用灵活的检查方式以取得最佳的效果。

3.5 精神检查可以采用自由交谈法与询问法相结合的方式进行,一方面使被鉴定人在较为自然的气氛中不受拘束地交谈,另一方面又可在鉴定人有目的的提问下使其谈话不致偏离主题太远,做到重点突出。

3.6 精神检查时,既要倾听,又要注意观察被鉴定人的表情、姿势、态度及行为,要善于观察被鉴定人的细微变化,并适时描述记录。

3.7 精神检查时,要注意覆盖下述检查内容,做到全面、细致,并适时作好记录,确保记录内容真实和完整,必要时可进行录像、录音。

3.8 鉴定人认为必要时,可进行相关心理测验或实验室检查。

4 精神检查内容

4.1 合作被鉴定人的精神检查

4.1.1 一般情况

a) 意识状态:意识是否清晰,有何种意识障碍,包括意识障碍的水平和内容。

b) 定向力:时间、地点及人物的定向力;自我定向如姓名、年龄、职业等。

c) 接触情况:主动或被动,合作情况及程度,对周围环境的态度。

d) 日常生活:包括仪表、饮食、大小便;女性病人的经期情况;与其他人的接触及参加社会活动情况等。

4.1.2 认知过程

a) 知觉障碍:

1) 错觉:种类、出现时间及频度,与其他精神症状的关系及影响。

2) 幻觉:种类、出现时间及频度,与其他精神症状的关系及影响,特别要检查有否诊断价值大的症状。

3) 感知综合障碍:种类、出现时间及频度,与其他精神症状的关系及影响。

b) 注意障碍:是否集中、涣散。

c) 思维障碍:

1) 思维过程和思维逻辑:语量和语速有无异常,有无思维迟缓、思维奔逸、思维中断、破裂性思维、思维贫乏及逻辑推理障碍等。

2）思维内容和结构：

有无妄想：种类、出现时间，内容及性质，发展动态，涉及范围，是否固定或成系统，荒谬程度或现实程度，与其他精神症状的关系。

有无强迫观念：种类、内容，发展动态及与情感意向活动的关系。

有无超价观念：种类、内容，发展动态及与情感意向活动的关系。

d）记忆障碍：有无记忆力减退（包括即刻记忆、近记忆及远记忆），记忆增强，有无遗忘、错构及虚构等，可辅助进行记忆测验。

e）智能障碍：包括一般常识、专业知识、计算力、理解力、分析综合及抽象概括能力等方面。可辅助进行智力测验。

f）自知力障碍：被鉴定人对所患的精神疾病是否存在自知力。

4.1.3 情感表现

包括是否存在情感高涨、情感低落、情感淡漠、情感倒错、情感迟钝、焦虑、紧张等。并注意被鉴定人的表情、姿势、声调、内心体验及情感强度、稳定性，情感与其他精神活动是否配合，对周围事物是否有相应的情感反应。

4.1.4 意志与行为活动

有无意志减退或增强，本能活动的减退或增强，有无木僵及怪异的动作行为。注意其稳定性及冲动性，与其他精神活动的关系及协调性等。

4.2 不合作被鉴定人的精神检查

处于极度兴奋躁动、木僵、缄默、违拗及意识模糊等状态的被鉴定人属于不合作被鉴定人。

4.2.1 一般情况

a）意识：通过观察被鉴定人的面部表情、自发言语、生活自理情况及行为等方面进行判断。

b）定向力：通过观察被鉴定人的自发言语、生活起居及接触他人时的反应等方面进行判断。

c）姿态：姿势是否自然，有无不舒服的姿势，姿势是否长时间不变或多动不定，肌力、肌张力如何。

d）日常生活：饮食及大小便能否自理，女性被鉴定人能否主动料理经期卫生。

4.2.2 言语

被鉴定人兴奋时应注意言语的连贯性及内容，有无模仿言语，吐字是否清晰，音调高低，是否用手势或表情示意。缄默不语时是否能够用文字表达其内心体验与要求，有无失语症。

4.2.3 面部表情与情感反应

面部表情如呆板、欣快、愉快、焦虑等，有无变化。周围无人时被鉴定人是否闭眼、凝视，是否警惕周围事物的变化。询问有关问题时，有无情感流露。

4.2.4 动作与行为

有无本能活动亢进、蜡样屈曲、刻板动作、模仿动作、重复动作。有无冲动、自伤、自杀行为。有无抗拒、违拗、躲避、攻击及被动服从。动作增多或减少，对指令是否服从。

2. 心理学测验。对被鉴定人采用一定的心理测验，确定其心理状态，以用作精神检查的辅助检查。常用的智能或智商测定、记忆测定，对精神发育迟滞、器质性痴呆或智能缺损者的诊断往往能提供重要依据。此外，测验种类还有对嫌疑犯的心理测验，对人格偏离的人格测验，以及神经心理学的脑器质性障碍的测验等。

3. 身体检查。详细检查被鉴定者身体各部分的状况，目的是发现有无足以引起精神与行为异常的器质性病变，如像癫痫、脑瘤、脑寄生虫病、肝病、肾病及其他病变。但身体检查对非器质性精神障碍者往往无阳性发现。身体检查主要包括：

（1）体格检查。除体格检查的一般常规项目外，还包括指纹、掌纹及皮肤纹理，各种文身、疤痕，连同麻醉剂注射针疤痕、手术疤痕及伤痕（尤其是头部的各种疤痕）等，详细记录之。

（2）神经系统检查，包括植物神经的检查。

（3）脑电图和脑诱发电位检查。

（4）放射线检查，尤其是头部的气脑造影、脑血管造影、放射性同位素扫描等检查。

（5）脑超声波、电子计算机断层扫描（CT）、正电子发射扫描、核磁共振扫描、区域性脑血流测定等检查。

（6）实验室检查。脑脊液常规、肝肾功能检查、染色体分析、尿内异常代谢产物测定等。对公安机关提供的检查结果也要抄录下来，包括逮捕后立即进行的呼吸或血液中酒精浓度测定等。

4. 其他特殊检查。在有些特殊情况下或特殊需要时做的检查。

（1）麻醉或催眠分析。应用麻醉剂或催眠法可使被鉴定人意识的控制能力减弱，毫无顾虑地说出自己所干过的事情。但各学者对使用此方法的意见不一致，我国多数专家反对在鉴定中使用，有的人认为在有条件的情况下使用，所取得的材料只能作为侦审案件的参考，不能用作法律的依据。因为这些材料中有些并不可靠，必须有其他方面的证据，否则难辨其真伪。

（2）诱发试验或治疗试验。有时对于一些难以辨别的被鉴定人，亦有试用心理或药物手段，以诱发他的精神状态的做法，进而有可能鉴别诈病与某些疑似精神病者在相应治疗下的表现。

要说明的是，在司法精神鉴定实践中，有的专家曾估计过，完整的资料调查最重要，所起作用的比重至少要占50%；其次是对被鉴定人的精神检查，比重约占35%~40%；最后才是体格、化验室与各项特殊辅助检查（包括各类心理测验等），其比重约为10%~15%。有些缺乏精神病学基础知识的司法工作人员，由于不了解精神病学的特殊性质，因而往往将司法精神鉴定结论过分寄托于体格与各类辅助检查方面，这是应当提醒与注意的。

（三）作出鉴定意见

鉴定人根据委托机关提供的案情材料以及各方面的调查资料，通过各项检查和测验，针对要鉴定的事物进行讨论和综合分析，根据法律和精神医学科学，作出实事求是的分析意见，说明病情和案情之间是否存在着必然性的、决定性的直接因果关系。最后作出鉴定意见，并写出鉴定书，鉴定人在鉴定书最后签名盖章。

司法精神鉴定，主要为解决以下问题：

1. 被鉴定人精神是否正常。

2. 如果不正常，其患什么病，有什么根据。

3. 刑事案中，被鉴定人虽有精神病，但在作案时他的行为是否由病态所支配；他的精神病是只发生在作案之前，还是只发生在案后或被拘留期间，而在作案时精神无异常。

4. 被鉴定人对于他的违法行为，当时有无辨认或控制能力。

5. 民事案件中被鉴定人有精神病，但其实质性的辨认能力、判断能力与自我保护能力如何。

6. 被鉴定人法定能力评定。

7. 建议事项。

8. 其他问题。

如果鉴定人之间对结论的意见有分歧，则每个鉴定人应独立地作出自己的意见，分别写在书面结论上，个人签名。不允许采取决议办法强行统一或妥协折中得出意见。

一般说来，法庭不致轻易推翻鉴定的意见，但如果鉴定不完善或与案情不相符合，或对于案情未加全面分析和充分研究，法庭可作出不同意的裁定，同时应说明不同意的理由。

精神疾病的司法鉴定，对法庭并无约束力。鉴定结论中对精神疾病患者法律能力的评定意见，仅供司法机关认定法律能力时参考，并非法律性结论。法庭应当审查鉴定的意见，决定采纳与否及是否需要补充鉴定或重新鉴定。如果鉴定意见出现分歧或另有个别意见，法院可以经过调查研究作出抉择。鉴定意见一经法庭采纳和认定，即产生法律效果。当然，它作为一种证据，必须经过法庭查证核实，才能作为定案的依据。鉴定意见应在法庭上宣读并听取当事人和辩护人的意见。鉴定意见被采纳后，应由委托机关向民事、刑事案件当事人说明与解释。鉴定机关和鉴定人不直接接待当事人，但对少数重大案件的有关律师可以接待并作必要的说明。如果被告人或辩护人以充分理由提出申请，可由司法机关决定进行补充鉴定或重新鉴定。

第九节　司法精神病学鉴定意见书

鉴定结束后，应当制作鉴定意见书。司法精神病学鉴定意见书，是对被鉴定人的精神状态作出的结论性意见所写成的书面文件，是司法实践中的证据之一，具有严密的科学性。鉴定意见书一方面必须具备法律规定的条件，符合公安或司法机关的要求和目的，另一方面要根据司法精神病学的理论和实践，结合对被鉴定人检查的结果作成报告。鉴定意见书包括有无精神病、精神病的种类和程度、作案时或审理时是否处于发病状态，有无智能缺损以及在法律上有无民事行为能力、刑事责任能力、诉讼能力或受审能力、作证能力等的评定。

公安和司法机关委托司法精神病学鉴定机关对被鉴定人进行鉴定，其目的和要求在于确定被鉴定人的精神状态和有无智能缺损，从而作为认定被鉴定人法律能力的依据，而并不是为了要求鉴定单位直接参与办理案件或进行审判。因此，鉴定意见书的内容除有关精神方面和牵连到案情的问题外，应避免写入显然不属于司法精神病学方面的评论和解释。

《司法鉴定意见书》要遵照《司法鉴定程序通则》出具，要遵守如下规定：

第三十六条 司法鉴定机构和司法鉴定人应当按照统一规定的文本格式制作司法鉴定意见书。

第三十七条 司法鉴定意见书应当由司法鉴定人签名。多人参加的鉴定，对鉴定意见有不同意见的，应当注明。

第三十八条 司法鉴定意见书应当加盖司法鉴定机构的司法鉴定专用章。

第三十九条 司法鉴定意见书应当一式四份，三份交委托人收执，一份由司法鉴定机构存档。司法鉴定机构应当按照有关规定或者与委托人约定的方式，向委托人发送司法鉴定意见书。

第四十条 委托人对鉴定过程、鉴定意见提出询问的，司法鉴定机构和司法鉴定人应当给予解释或者说明。

第四十一条 司法鉴定意见书出具后，发现有下列情形之一的，司法鉴定机构可以进行补正：

（一）图像、谱图、表格不清晰的；

（二）签名、盖章或者编号不符合制作要求的；

（三）文字表达有瑕疵或者错别字，但不影响司法鉴定意见的。

补正应当在原司法鉴定意见书上进行，由至少一名司法鉴定人在补正处签名。必要时，可以出具补正书。

对司法鉴定意见书进行补正，不得改变司法鉴定意见的原意。

第四十二条 司法鉴定机构应当按照规定将司法鉴定意见书以及有关资料整理立卷、归档保管。

司法部发布的《司法鉴定意见书》格式样本如下：

×××司法鉴定中心（所）
司法鉴定意见书

司法鉴定机构许可证号：_____

声　明

　　1. 司法鉴定机构和司法鉴定人根据法律、法规和规章的规定，按照鉴定的科学规律和技术操作规范，依法独立、客观、公正进行鉴定并出具鉴定意见，不受任何个人或者组织的非法干预。

　　2. 司法鉴定意见书是否作为定案或者认定事实的根据，取决于办案机关的审查判断，司法鉴定机构和司法鉴定人无权干涉。

　　3. 使用司法鉴定意见书，应当保持其完整性和严肃性。

　　4. 鉴定意见属于鉴定人的专业意见。当事人对鉴定意见有异议，应当通过庭审质证或者申请重新鉴定、补充鉴定等方式解决。

　　地　　　址：××省××市××路××号（邮政编码：000000）
　　联系电话：000-00000000

×××司法鉴定中心（所）
司法鉴定意见书

编号：_____（司法鉴定专用章）

一、基本情况

二、基本案情

三、资料摘要

四、鉴定过程

五、分析说明

六、鉴定意见

七、附件

司法鉴定人签名（打印文本和亲笔签名）
及《司法鉴定人执业证》证号（司法鉴定专用章）
×年×月×日

共____页第____页

注：

1. 本司法鉴定意见书文书格式包含了司法鉴定意见书的基本内容，各省级司法行政机关或司法鉴定协会可以根据不同专业的特点制定具体的格式，司法鉴定机构也可以根据实际情况作合理增减。

2. 关于"基本情况"，应当简要说明委托人、委托事项、受理日期、鉴定材料等情况。

3. 关于"资料摘要"，应当摘录与鉴定事项有关的鉴定资料，如法医鉴定的病史摘要等。

4. 关于"鉴定过程"，应当客观、详实、有条理地描述鉴定活动发生的过程，包括人员、时间、地点、内容、方法，鉴定材料的选取、使用，采用的技术标准、技术规范或者技术方法，检查、检验、检测所使用的仪器设备、方法和主要结果等。

5. 关于"分析说明"，应当详细阐明鉴定人根据有关科学理论知识，通过对鉴定材料，检查、检验、检测结果，鉴定标准，专家意见等进行鉴别、判断、综合分析、逻辑推理，得出鉴定意见的过程。要求有良好的科学性、逻辑性。

6. 司法鉴定意见书各页之间应当加盖司法鉴定专用章红印，作为骑缝章。司法鉴定专用章制作规格为：直径4厘米，中央刊五角星，五角星上方刊司法鉴定机构名称，自左向右呈环行；五角星下方刊司法鉴定专用章字样，自左向右横排。印文中的汉字应当使用国务院公布的简化字，字体为宋体。民族自治地区司法鉴定机构的司法鉴定专用章印文应当并列刊汉字和当地通用的少数民族文字。司法鉴定机构的司法鉴定专用章应当经登记管理机关备案后启用。

7. 司法鉴定意见书应使用A4纸，文内字体为4号仿宋，两端对齐，段首空两格，行间距一般为1.5倍。

目前，国内的司法精神病学鉴定意见书通常包括以下具体内容：

1. 委托机关的名称、委托事由、受理日期。

2. 案由、案件编号、鉴定书编号、送检材料情况。其中案由是用来说明被鉴定人与案件关系（是否被告人、被害人、证人、在押或判刑的罪犯等）的。送检材料情况指委托方提交的多种材料的情况。

3. 鉴定的目的和要求。

4. 鉴定的日期、场所、检查人及在场人。

5. 案情摘要。案情摘要包括作案的时间、地点、原因、行为过程及特点，有无事前准备、事后表现如何、在危害行为的各阶段有无特殊异常表现、作案的后果等。

6. 被鉴定人的一般情况。被鉴定人的一般情况包括被鉴定人的姓名、性别、年龄、职业（工作单位）、文化程度、民族、籍贯、婚姻状况等；被鉴定人家庭情况，如经济情况、家族精神病史、家族其他人犯罪史、家族中有无人格障碍者等；被鉴定人前科情况，如判刑、劳改、拘留及行政处分等；鉴定人躯体与智能发育情况、一般学习与生活表现、性格特点、特殊嗜好、人际关系特点、过去精神病史及重大躯体疾病史及诊治经过等。

7. 被鉴定人发案时和发案前后各阶段的精神状态。

8. 被鉴定人精神状态检查和其他检查所见。这部分内容应当客观地记述对被鉴定人进行精神状态检查、神经系统检查、躯体检查、心理学测验及其他特殊检查的过程及结果，包括检查中重要的阳性发现及重要的阴性症状体征。要尽量客观地、形象化地记述被鉴定者行为的具体现象，不要以鉴定人的主观估计或单纯的专业术语来描述症状。应该使人看了记录材料后能够据此引导出相应的结论，要注意文字的简洁明了。

9. 分析说明。这部分内容很重要，是获得鉴定结论的推理过程，鉴定人要依据上述材料，围绕案情、鉴定的要求和目的，运用精神医学的知识，加以科学的分析和判断，作出说明和解释。

要说明被鉴定人的精神状态有无异常，与其有关的鉴定诊断是否明确；怎样合理地解释其危害行为，这种行为是否与精神病有关，是何种关系；被鉴定人在行为当时的实质性辨认能力和控制能力如何，是否达到了丧失或不能程度；如果发现被鉴定人有自我保护性表现，应如何理解与解释。对该鉴定即将作出的结论，在分析讨论中要进行正面与反面的论证，要经过反复推敲与质疑。分析讨论文字应当简练、逻辑严密、环环相扣。鉴定书的检查和分析讨论部分可以反映出鉴定质量的高低。

10. 鉴定意见。鉴定意见应简明扼要，并确定下述问题：

（1）医学诊断：有无精神病；如有，应当写出明确的精神疾病诊断，不可使用模糊不清的非规范化名词来代替医学诊断，要标明所诊断疾病的权威分类标准（CCMD、ICD、DSM）的疾病编码，还要说明精神病是处于发病期，还是部分缓解期或缓解期。如果是精神发育迟滞，应说明是极重度、重度、中度还是轻度。经过智商检验的应注明智商分数。

（2）法定能力评定：写明刑事责任能力或民事行为能力的具体评定意见，是完全能力、限制能力或无能力。有时还需评定有无受审能力、服刑能力、性自我防卫能力及其他法律能力等。还要根据要求，在必要时作出伤情（重伤或轻伤）或残情等方面的鉴定意见。

11. 有关医疗监护的建议。

12. 鉴定人签名盖章，鉴定机关盖鉴定专用章。

13. 附件。附件指鉴定意见书所附的材料，如照片、检验报告等。

鉴定意见书向委托机关提出，并对委托机关负责。作为审理案件的法律证据之一，鉴定意见应当向当事人、家属及有关人员公布，但鉴定意见书文本一般不公开。鉴定意见书的解释权属于鉴定人，鉴定人对于委托机关提出的问题，应作必要的解答。

第十节　司法精神病学鉴定的注意事项

一、可能是精神病的初步征象

有些司法单位或办案人员，对提请进行司法精神鉴定的尺度掌握过严，因此为避免发生错误，提高办案质量，如果具有下列情况的，都可能是精神病而应提请作司法精神鉴定：

1. 被鉴定人的作案动机奇特和不可理解或不明、出乎常人，特别是被害人的意料。

2. 被鉴定人的违法行为，显然并非一般犯罪的故意或过失。

3. 被鉴定人对作案的环境和时间是否合适不加考虑或选择。

4. 被鉴定人施于被害人的暴行具有不可想象的极度残酷性。

5. 被鉴定人丧失自我控制能力，做出与刺激因素极不相称的应激行为。

6. 被鉴定人意识模糊，或时好时差。

7. 被鉴定人对于作案理由的辩解不合理，但自以为合情合理。

8. 被鉴定人对案情的供述显然与事实不符，或脱离现实。

9. 被鉴定人对于作案后果持无所谓态度。

10. 被鉴定人的情感淡漠，或易波动，或与其思想、行为不协调。

11. 被鉴定人目前的性格和过去有明显的不同。

12. 被鉴定人在作案前有行为乖张、异常的表现。

13. 被鉴定人在受审服刑过程中，言语、行为紊乱且持续时间较长（一周以上，经教育不改），或者表现痴呆、低能的。

14. 过去有精神病、癫痫症、脑外伤、脑炎等病史，而在审讯中精神状态表现不够正常的。

15. 在调查过程中，有其亲友、邻居、同事、单位领导反映被鉴定人精神不正常；或曾一度精神失常；或者低能的。

16. 家属有一定理由和根据反映被告人或当事人精神不够正常或低能，要求进行鉴定的。

二、审讯记录中应注意的事项

在被告人实施了危害行为之后，拘留审查期间，公安和司法机关的具体办案人员，应特别注意要做到忠实原样地记录下被告人的口供。对进行司法精神鉴定来说，被告人最初一两次的供述记录，最接近其作案时的真正精神状态，后来掺杂的受影响的心理成分较少，因此对司法精神鉴定最重要、参考价值最大。办案人员一定不可带有主观偏见，认为其供述和行为是"装疯卖傻，胡说八道"，或是不记，或是按自己的主观取舍或加工而记之，使口供偏离原样而失真。被告人被拘留一段时间后，往往由于环境变化、周围同监犯的影响、管教人员对他的谈话及案件承办人员对他的多次提审，以及时间推移，其精神或心理状态可能会发生某些变化，与原来作案时的精神状态有所差异。其可能自我保护心理增强，或者精神病症状缓解，或者附带发生了拘禁性情绪反应，这样就会使讯问结果前后发生很大不同，增加了司法精神鉴定的难度与复杂性。所以，不论办案人员觉得被告的供词多么荒谬，多么不可理解，也不能不记录或人为改写，而应按原样真实、准确地记录下来。

三、关于司法精神鉴定人出庭的问题

对此，《司法鉴定程序通则》第五章"司法鉴定人出庭作证"作了如下规定：

第四十三条　经人民法院依法通知，司法鉴定人应当出庭作证，回答与鉴定事项有关的问题。

第四十四条　司法鉴定机构接到出庭通知后，应当及时与人民法院确认司法鉴定人出庭的时间、地点、人数、费用、要求等。

第四十五条　司法鉴定机构应当支持司法鉴定人出庭作证，为司法鉴定人依法出庭提供必要条件。

第四十六条　司法鉴定人出庭作证，应当举止文明，遵守法庭纪律。

《司法鉴定人登记管理办法》也规定；鉴定人有依法出庭作证，回答与鉴定有关的询问的义务。

四、关于对刑事司法精神鉴定意见（结论）的复核

1989 年发布的《精神疾病司法鉴定暂行规定》第 3 条规定："……各省、自治区、直辖市、地区、地级市，应当成立精神疾病司法鉴定委员会，负责审查、批准鉴定人，组织技术鉴定组，协调、开展鉴定工作。"1990 年司法部、最高人民法院、最高人民检察院、公安部发布的《人体重伤鉴定标准》（已失效）第 92 条第 2 款规定："前款规定的鉴定应由地（市）级以上法医学鉴定机构作出或者予以复核。"这些规定显然是指鉴定机构有等级区别，甚至有上下级隶属关系。而高一级的鉴定机构具有更高的鉴定资质，可以对下级或较低资质的鉴定机构所作的鉴定进行复核。

但是，2005 年发布的《全国人民代表大会常务委员会关于司法鉴定管理问题的决定》第 8 条规定："各鉴定机构之间没有隶属关系"，即各鉴定机构间是平等的，由此，也就谈不上对鉴定进行不同机构间的复核。然而，这可能会使某些有争议的、较大的复杂疑难案件鉴定出现多次鉴定、多家鉴定、反复鉴定、重复鉴定、久拖不决的情况。究竟谁的鉴定更为可信、可以采信就成了问题。

现在比较可行的途径是司法鉴定机构认证，如司法部已批准了一批国家级的司法鉴定机构，还有些司法鉴定机构通过了国家的各种认证，甚至有的司法鉴定机构还通过了国际上某些权威认证机构的认证，这无疑在鉴定资质方面会使这些司法鉴定机构在法庭审理中处于更有利的地位。另外，鉴定人本人的学历、技术职称、鉴定的资历等亦可对鉴定的权威性产生影响。

有的专家针对司法精神鉴定的现状，提出在区域或国家组织由高级别的专家组成的鉴定班子，对重大的复杂疑难案件进行鉴定的指导、协调、复核或重新鉴定，这也不失为一个有意义的建议，只是这种机构怎么定位，谁来组建和管理等问题还需明确。

第三章 精神疾病常见症状

精神疾病主要表现为精神活动，即认识活动、情感活动及意志行为三个基本心理过程的异常，临床上称之为精神症状。人的精神活动是一个复杂的、相互联系又相互制约的过程。多数精神疾病至今病因未明，尚缺乏特殊的体征或化验等其他阳性发现，因而精神疾病的诊断目前仍以精神症状结合病史为主要依据，再结合其一贯的性格特征、行为表现、文化水平、民族、宗教信仰以及所处客观环境等进行全面综合分析。因此，精神疾病的症状学是精神医学的重要基础，也是精神病工作者和司法精神病工作者必须掌握的基本知识和技术。对于公安、司法和律师工作者来说，当然也有必要对精神病学症状有一定的认识。

检查和判定某一异常精神活动现象是否属于精神症状，应涉及以下三方面的内容：

一、精神症状的共性特点

1. 症状的出现不受患者意识的控制，而且一旦出现，难以通过主观控制令其改变或消失。
2. 症状的内容与周围客观环境多不相称。
3. 症状会给患者带来不同程度的社会功能损害。
4. 多数情况下患者因症状感到痛苦。

二、对比分析

1. 纵向对比，即言语、思维或行为与其过去一贯表现相比较，精神症状的改变是否明显。
2. 横向对比，即言语、思维或行为与大多数正常人的精神症状相比较，差别是否明显，持续时间是否超出一般限度。

3. 应注意结合当事人的心理背景和当时的处境进行分析和判断。

三、精神症状的三个基本要素

1. 性质。性质即精神症状的内容性质和归类。如这一异常精神活动具体表现如何，属于幻觉还是妄想？如果是妄想，是什么类别的妄想？

2. 频度、强度。每天出现的次数，每次持续的时间，增多或减少的影响因素，对患者其他精神活动和日常生活、工作的影响程度等。

3. 时间。症状开始的时间，总共持续多长时间；如果是间断性的，间隔时间和发作时间如何？一般来说，妄想症状至少要持续一周才能确认；幻觉持续2~3天可确认。

如果某种现象不能满足以上全部三要素，即使是"异常的"，也不能构成临床症状，更没有临床诊断意义。例如正常人也可能出现幻觉（入睡前幻觉），但频度（很少每天出现，每次仅几秒或几十秒）、强度（影响甚微）、持续时间（非持续出现）等都不具备病理意义。

在司法精神鉴定中要注意的是精神症状可分为较严重的精神病性症状和较轻的精神症状。精神病性症状是指那些极端不正常，据此可诊断为精神病的症状，比如命令性幻听、被害妄想、朦胧状态等。而较轻的精神症状可以存在于精神病人，也可存在于轻性的精神障碍者及正常人的某些状态时（如过分疲劳），一般表现为心境恶劣、食欲减退、思想迟钝等。精神病性症状只见于精神病人，而不会见于神经症等轻性精神障碍者与正常人，常是导致精神病人丧失辨认能力或控制能力的原因，在司法精神病学方面具有特殊重要意义。但是，一般较轻的精神症状，则不能在司法精神病学鉴定中作为"无罪辩护"或认定无行为能力的理由与根据。因此，在进行司法精神病学鉴定时，一定要将精神病性症状与一般轻度的精神症状严格区别开来。

作为一个统一的有机整体，人体各精神活动之间紧密联系、不可分隔、相互影响。为了阐述方便，下面对精神疾病的常见症状按各心理过程障碍分别进行介绍。

第一节　认识活动障碍

认识活动包括感知、思维、注意、记忆、智能、定向力、意识、自知力等心理活动。

一、感知障碍

感知障碍包括感觉障碍和知觉障碍。感觉是客观事物的个别属性通过相应的感觉器官在人脑中的直接反映。例如，外部信息通过眼、耳、口、鼻等身体各种感官进入脑部初级感觉区引起感觉，产生对事物个别属性的反应，如物体的颜色、大小、重量和躯体的麻木感、针刺感。它是最简单的反映形式，也是最简单的心理活动。其他一切较高级较复杂的心理活动，归根到底是在通过感觉所获得的材料的基础上所产生和发展的。所以，人们对客观世界的认识活动，首先就是从感觉开始的。

知觉是事物的各种感觉属性如颜色、质地、形状等，反映到大脑后经过综合形成的整体印象。知觉的形式反映事物的外部表现及其相互之间的表面联系，所以，它们只能说是认识的初级（第一）阶段。在现实生活中人们感受事物多数以知觉形象为主导，故将感觉和知觉合称为感知。

（一）感觉障碍

1. 感觉过敏。无神经系统器质性损害的情况下，患者对外界一般强度的刺激以及躯体上的某些轻微不适感的感受性增高。例如，对光线的感受过强，从而畏光；对普通的气味感到异常浓郁而刺鼻；对脚步声、开关门的响声感到如雷贯耳。感觉过敏多见于神经衰弱、癔症、更年期综合征、感染后的虚弱状态等。

2. 感觉减退。无神经系统器质性损害的情况下，患者对外界强烈刺激的感受性减低，如对针刺皮肤感觉降低或不产生任何感觉，或者对难以忍受的气味，都只有轻微的感觉。严重时，对外界刺激不产生任何感觉，即感觉消失（anesthesia）。感觉减退较多见于抑郁状态、木僵状态，或在某些意识障碍时。感觉消失如发生在癔症，称为转换症状，如失聪、失眠等，这种表现没有相应的神经系统损害和生理功能障碍的支持。

3. 感觉倒错。对外界刺激产生与正常人不同性质的或完全相反的异常感觉。例如，对凉水的刺激感到烫手；用棉球轻触皮肤时，患者产生麻木感或疼痛感。感觉倒错多见于癔症。

4. 内感性不适（体感异常）。躯体内部产生各种不舒适的或难以忍受的异样感觉，部位游走不定或描述不清晰是其主要特点，可继发疑病观念。例如，感到某种牵拉、挤压、撕扯、游走、溢出、虫爬等特殊感觉。内感性不适多见于精神分裂症、抑郁状态、脑外伤性精神障碍、神经症、癔症等。

（二）知觉障碍

知觉障碍是精神科临床上最常见的，而且是许多精神疾病的主要症状，其临床诊断意义普遍要大于感觉障碍。主要的知觉障碍有三种：错觉、幻觉、感知综合障碍。

1. 错觉。错觉是对客观事物歪曲的知觉体验，即把实际存在的事物歪曲地感知为与实际完全不相符合的事物，临床上以错听和错视多见。例如，将草绳看成蛇，把挂在衣架上的大衣看成躲在门后的人。错觉的产生与感知条件（如光线暗淡）和心理状态（如恐惧、紧张及期待等）有关，正常人也经常出现错觉，如杯弓蛇影、风声鹤唳、草木皆兵等。但这类错觉经验证以后很快被纠正和消除，属于生理性错觉，因此临床诊断意义不大。反之，病理性错觉则不易纠正，多见于意识障碍的患者。在此背景下出现的错觉，其内容往往有恐怖性质，以错视最为常见。

2. 幻觉。幻觉是一种虚幻的知觉，特征是没有相应的客观刺激存在，却出现了相关的知觉体验，如凭空听见骂自己的声音。幻觉的鲜明清晰性如同真实知觉，因此患者多信以为真，从而受其影响而出现相应的情感反应和行为。幻觉是精神科最常见的病理现象，具有较高的诊断意义。

幻觉按照来源分为真性幻觉和假性幻觉：

（1）真性幻觉。患者体验到的幻觉形象鲜明，如同外界客观事物形象一样，存在于外部客观空间，是通过感觉器官而获得的。患者常叙述这是他亲眼看到的，亲耳听到的。因而患者常常坚信不疑，并对幻觉做出相对的情感和行为反应。

（2）假性幻觉。幻觉形象不够清晰、不够鲜明和生动，产生于患者的主观空间如脑内、体内。幻觉不是通过感觉器官获得的，患者可以不用自己的眼睛就看到头脑里有一个人像，可以不通过耳朵而听到脑子里有人说话的声音。虽然幻觉的形象与其他一般知觉不同，但是患者往往非常肯定他的确是看到或听到了，因而对此坚信不疑。假性幻觉以假性幻听、幻视较多见，多见于意识清晰状态的患者，临床上较真性幻觉少见。

幻觉可按照不同的感觉器官，分为以下几种：

（1）听幻觉。听幻觉简称幻听，即听见了客观上并不存在的声音，是临床上最常见的一种幻觉。幻听的内容是多种多样的，患者可听到各种不同种类和不同性质的声音。非言语性幻听如机器轰鸣声、流水声、鸟叫声，多见于脑局灶性病变。最多见的且具有诊断意义的是言语性幻听。依据具体内容有"命令性幻听",听到有人用命令的口气让他去跳楼、去杀人等,这些命令往往无法违抗而必须遵照执行,可引发危险的攻击行为或自伤自杀行为;"评论性幻听",听到某人或几个人在议论他,内容多是讽刺、辱骂或斥责的,因此患者常极端苦恼、愤怒和不安,并产生拒食、自伤或伤人行为。这些症状都对精神分裂症具有重要诊断价值,其中"第三人追踪评论性幻听"最具有特征性,即几个幻听的声音对患者的言行随时随地发表议论,有如实况转播,如"他在做饭,他现在出门了,他拐弯了……"。

除特殊情况(慢性酒精中毒的"幻觉症")外,幻听多伴有或继发出现妄想,如凭空听到有人说要杀他,不久就会产生被迫害的妄想观念。因此在检查时要注意询问幻听的动态发展,以及对幻听的态度与认识。

此外,还有两种特殊形式的幻听在精神分裂症鉴定中比较常见:

第一,思维鸣响。思维鸣响表现为凭空听到清晰声音将自己的思想或内心活动讲述出来。例如,患者想喝水,即出现"喝水!喝水!"的声音;凭空听到声音逐字逐句地复述他正在看的书的内容。

第二,功能性幻听。功能性幻听是指感受一个真实听觉的同时出现一个幻听,两者互不重叠且同时消失,患者能够明确区分两者。例如患者对医生说"我听到脚步声在说话",每当听到周围人的脚步声时,就听到一个陌生男子的声音在骂他"笨蛋,笨蛋……",幻听的节奏和脚步声是一致的,脚步声消失,幻听也消失。功能性幻听的内容多是机械而重复的。

(2)视幻觉。视幻觉简称幻视,即看见了客观上并不存在的景物。幻视的内容十分多样,形象可清晰、鲜明和具体,但有时比较模糊。幻视中所出现的形象可以是个别的人物或整套的景物。一般说来,在意识清晰时出现的幻视多见于精神分裂症。在意识障碍时,幻视多为一些凶恶恐怖的鬼怪、猛兽等,多见于躯体疾病伴发精神障碍的谵妄状态,如一犯罪嫌疑人因服用大量阿托品后兴奋不已、躁动不安,见到警察惊恐万状,称"好多青龙过来了"。受这种恐怖性幻视的影响,患者可出现伤人、毁物、自伤等冲动行为。幻视常与其他感官的幻觉一起出现,但幻视持续时间多较短,对患者行为的影响也较幻听为小。

(3)嗅幻觉。嗅幻觉简称幻嗅,即闻到了客观上并不存在的特殊的气味,多是一些令人不愉快的难闻气味,如腐烂食品、尸体、烧焦物品、粪便或化学药品的气味,患者常以手捂鼻或出现厌恶等表情。幻嗅往往与其他幻觉和妄想结合在一起。如果患者坚信他所闻到的气味是坏人故意施放的,从而加强了被害妄想,则可表现为捏鼻动作和拒食,可见于精神分裂症。在颞叶损害的病例中,幻嗅常是首发的症状。

(4) 味幻觉。味幻觉简称幻味,即在食物或饮料中尝到了客观上并不存在的特殊或奇怪的味道,患者因而拒绝进食或继发、强化被害妄想,受其影响和支配,常出现严重危害社会的行为。幻味主要见于精神分裂症。

(5) 触幻觉。触幻觉简称幻触,即皮肤或黏膜上有某种异常的感觉。如患者诉皮肤或黏膜有虫爬、针刺、电灼、刀割、抚摸、潮湿、液体流出等感觉。有的患者也可有性接触感,又称性幻觉。触幻觉可见于精神分裂症、癔症或器质性精神病。

(6) 内脏性幻觉。内脏性幻觉即患者对躯体内部的某一部位或某一脏器的一种异常知觉体验。患者能清楚地描述自己的某一内脏在扭转、断裂、穿孔,或有昆虫在胃内游走。这类幻觉往往在内感性不适的基础上产生,并常与疑病妄想、虚无妄想或被害妄想结合在一起,多见于精神分裂症、更年期精神病及抑郁症。

(7) 本体幻觉。本体幻觉又称体感幻觉,是指对自己身体产生的幻觉,包括运动性幻觉和前庭幻觉。患者处于静止状态时自感肢体在进行各种活动,或唇舌在动、在讲话,称为运动性幻觉。也有的患者在平衡状态下自感失去平衡,处于斜面陡坡或旋转地面上,唯恐跌倒,此称前庭幻觉。本体幻觉常见于精神分裂症和脑器质性精神病。

(8) 特殊幻觉。

第一,功能性幻觉。功能性幻觉是一种伴随刺激而出现的幻觉,即当某种感觉器官处于功能活动状态的同时出现涉及该器官的幻觉,造成正常知觉与幻觉并存。功能性幻觉常见于功能性幻听。例如,患者听到脚步声的同时听到议论患者的声音。前者是真实存在的声音,后者是幻觉,两者同时为患者感知,互不融合。多见于精神分裂症或心因性精神病。

第二,反射性幻觉。反射性幻觉是指当某一感官接受现实刺激时,即产生另一感官的幻觉。如听到广播声音的同时就看到播音员的人像站在面前等。反射性幻觉多见于精神分裂症。

第三,思维化声。思维化声又称思维鸣响,患者感觉到思维活动的同时,其脑内有与思维一样的言语伴随着思维活动而出现。因此,患者觉得自己的思维是听得到的，这类症状的特征是，存在的是幻听，而其内容都是患者所想而又尚未说出来的思想。思维化声多见于精神分裂症，常与思维被广播感或思维被洞悉感同时存在。

第四，域外幻觉。这种幻觉往往不通过感官便可获得，或幻觉超过了一定的阈值，或体验到的幻觉印象来源于自己的主观空间。如闭眼便可看见一个人的形象；睁眼便能看见自己的身后有人；能听见千里之外亲人的声音；听见脑内有说话声。域外幻觉常见于精神分裂症。

第五，心因性幻觉。心因性幻觉是在强烈心理因素影响下出现的幻觉，其幻觉内容与心理因素有密切联系，多见于心因性精神障碍、拘禁性精神障碍和癔症。

3. 感知综合障碍。感知综合障碍是指患者对客观事物整体的感知是正确的，但对事物的部分属性（如大小、形状、颜色、位置、空间位置等）产生了歪曲的知觉。感知综合障碍与错觉不同，错觉是将客观事物的整体及其基本性质的歪曲。常见的感知综合障碍的类型如下：

（1）视物变形症。视物变形症患者感到外界事物的形态、大小、颜色等发生了变化。例如，一位患者看到他父亲的脸变得很长，眼睛很小，鼻子很大，脸色灰白色，像死人的颜色那样难看，整个形象变得非常可怕。患者看到物体的形象比实际增大称作视物显大症，比实际缩小称作视物显小症。如患者看到家里养的小猫像动物园里的老虎一样大，而他的父亲在他看来却比他七八岁的弟弟身材还要矮小。这类症状多见于精神分裂症和癫痫。

（2）空间感知障碍。患者感到周围事物的距离发生了改变，如事物变得接近了或离远了，因此不能准确地确定周围事物与自己的距离。在候车时汽车已经驶进站台，而患者仍觉距离自己很远，而把汽车错过。患者想把杯子放置在桌子上，但由于桌子实际上距离尚远，因而杯子掉落在地上。这类症状多见于精神分裂症和癫痫。

（3）时间感知综合障碍。患者对时间的快慢出现不正确的知觉体验。如感到时间在飞逝，似乎处于"时空隧道"之中，外界事物的变化异乎寻常得快；或者感到时间凝固了，岁月不再流逝，外界事物停滞不前。

（4）运动感知综合障碍。运动感知综合障碍患者同时具有空间或时间两种感觉障碍，觉得运动的物体静止不动或静止的物体在运动。如患者感到树木在向自己靠近，与别人交谈时不能感知对方表情的变化。这类症状多见于精神分裂症和癫痫。

（5）非真实感。患者感到周围事物和环境发生了变化，变得不真实，视物如隔一层帷幔，像是一个舞台布景，周围的房屋、树木等都像是纸板糊的，毫无生气；周围的人似乎是没有生命的木偶；等等。非真实感可见于精神分裂症、抑郁症、中毒性或颅脑损伤伴发精神病等。

（6）窥镜症状。患者在镜子里看见自己脸的各个部位都发生了变形，颜色也发生了变化，但整体上却还能认出是自己的脸，因此经常照镜子，临床上称为窥镜症。窥镜症状常见于精神分裂症的早期。

二、思维障碍

由感知所获得的感性材料，经过大脑的分析、比较、综合、抽象和概括而形成概念，在概念的基础上进行判断和推理，这整个过程称为思维。思维是人脑对客观事物间接概括的反映，并借助于语言来实现，是人类认识活动的最高形式。正常表达思维有以下几个特点：①目的性，思维指向一定的目的，解决某一问题；②连贯性，思维过程中的概念之间是前后衔接、相互联系的；③逻辑性，指思维过程符合思维逻辑规律；④实践性，正确的思维是通过客观实践检验的。以精神分裂症患者为例，他们的言论之所以内容空洞、含义不明、怪诞不经、不切实际、令人不解，其原因就在于它们不具备上述各点或与其不相符合，因而这些特征在与病态思维进行比较和鉴别时，就具有重要的参考意义。

思维障碍临床表现多种多样，主要包括思维联想障碍和思维内容障碍两类：

（一）思维联想障碍

1. 思维散漫。思维散漫是指思维的连贯性障碍。患者思维活动表现为联想松弛，内容散漫，对问题的叙述不够中肯，也不很切题，缺乏一定的逻辑关系，以致使人感到交谈困难，对其言语的主题及用意也不易理解。其临床特征：言语交流过程中显现出明显的离题，即谈话似乎与当前话题有关，每个句子的语法和表达都正确，有时连续句子的表达也能让人理解，但整段话说下来经常偏离刚开始交谈的话题，让人不知所云。思维散漫多见于精神分裂症，严重时可发展为思维破裂。

2. 思维破裂。思维破裂是指思维联想过程破裂，缺乏内在意义上的连贯和应有的逻辑性。患者的语言或书写中，虽然单独语句在结构和文法上正确，但主题与主题之间，甚至语句之间，缺乏内在意义上的联系，整段内容令人不能理解。严重时，言语支离破碎，个别词句之间也缺乏联系，成了"语词杂拌"。如问患者姓什么，答："姓什么？来了当兵了，爷爷早死了，河里没了鱼，你说怎么办？"此类症状多见于精神分裂症，为该病所具有的特征性思维障碍，对诊断很有意义。

3. 思维中断。思维中断又称思维阻滞。患者无意识障碍，又无外界干扰等原因，思维过程在短暂时间内突然中断，片刻后当患者再开口讲话时又由新的话题所取代。这种思维中断不受患者意愿的支配，可伴有明显的不自主感。若患者有当时的思维被某种外力抽走的感觉，则称作思维被夺。两病态均为诊断精神分裂症的重要病态。

4. 强制性思维。强制性思维患者感到脑内涌现出大量的不属于自己的思维，并认为是外力强加给自己的。其中有两种表现形式：一是感到某种观念或思想被强行插入脑内，称思维插入。如外星人的思想进入自己的大脑，或别人用高科技扰乱自己的思想。二是感到大量毫无意义的联想不由自主地涌现在脑海里，突然出现，迅速消失，称思维云集。两者均见于精神分裂症，有重要诊断意义。

5. 病理性赘述。病理性赘述是指思维活动停滞不前，迂回曲折，联想枝节过多，作不必要的过分累赘的描述，联想速度缓慢，但不离题，最后总能达到预定的目标。病理性赘述多见于脑器质性精神障碍，如癫痫所致精神障碍、老年性痴呆等。

6. 病理性象征性思维。这是形象概念与抽象思维之间的联想障碍，指患者以一些无关的概念、词句或动作来表示某些特殊的，除患者自己外旁人无法理解的意义，此种表现称象征性思维。例如，患者将暖水袋抱在胸口，表示"党和人民心连心"；又如某患者不断用头撞击汽车轮胎以求自杀，表示"投胎"（重新做人）。

正常人亦有象征性思维，如以鸽子代表和平，火炬象征光明，这是以传统和习惯为基础，彼此能够理解的，不能称其为病态。病理性象征性思维多见于精神分裂症。

7. 语词新作。语词新作是指概念的融合、浓缩以及无关概念的拼凑。患者自创一些新的符号、图形、文字或语言并赋以特殊的概念。在性质上和病理象征性思维一样。病理性和荒谬之处同样在于所创和所表达概念的逻辑推理过程令人无法理解。如"犭市"代表狼心狗肺；"%"代表离婚，两者都是不符合正常思维的逻辑和推理过程，对精神分裂症有很高的诊断价值。

8. 逻辑倒错性思维。逻辑倒错性思维以思维联想过程中逻辑的明显障碍为主要特征。其特点是推理过程十分荒谬，既无前提，又缺乏逻辑根据；更突出的是推理奇怪，不可理解，甚至因果倒置。如一患者说："因为电脑感染了病毒，所以我要死了。"逻辑倒错性思维多见于精神分裂症、偏执狂及某些病态人格。

9. 强迫观念或强迫性思维。强迫观念或强迫性思维是指某一观念或概念多次重复地出现于患者的思想中，患者想摆脱，但无法摆脱，伴有主观的被迫感觉和痛苦感，可有强迫性回忆、强迫性计数、强迫性穷思竭虑等，继之出现强迫性言语、动作等。强迫性思维与强制性思维不同，前者明确是自己的思想，反复出现，内容重复，大多感到苦恼、焦虑、无法摆脱，有自知力，多见于强迫症；后者体验到思想是异己的，无强烈情感反应，多无自知力，见于精神分裂症。

（二）思维内容障碍

思维内容障碍中，妄想是最常见、最重要的症状。妄想是一种病态的歪曲信念，有以下特征：①信念的内容与事实不符，没有客观现实基础，但患者坚信不疑；②妄想内容涉及患者本人，总是与个人利益有关；③妄想具有个人独特性；④妄想内容因文化背景和个人经历有所差异，但常有浓厚的时代色彩。

按照妄想的起源，妄想又可分为原发性妄想和继发性妄想。

原发性妄想具有重要的临床诊断意义，是精神分裂症的特征性症状。典型的原发性妄想有如下特点：发生前精神正常；突然出现，很快确信，迅速发展；与当时处境、心情等没有可理解的联系。原发性妄想有如下几种：

1. 妄想知觉：正常知觉体验后立即产生与该知觉毫无关系的妄想，并确认妄想信念是由知觉引起的。如接受肝穿刺的患者在穿刺针接触皮肤的一刹那，产生自己被上帝选中当接班人的想法。

2. 妄想心境或气氛：感到他所熟悉的环境突然变得具有某种特殊意义和不祥征兆，并很快发展为妄想。

3. 突发性妄想：突然发生，思维内容荒谬离奇，难以理解。

继发性妄想最常继发于幻觉，也可继发于心境障碍、意识障碍、记忆障碍（丢失东西后产生被窃妄想）、智能缺陷（如痴呆伴发的妄想）。

按照妄想的结构可将其分为系统性妄想和非系统性妄想。系统性妄想是指妄想内容前后相互联系、结构严密、逻辑性较强的妄想，反之称为非系统性妄想。按妄想内容的不同，继发性妄想可分为以下几种：

1. 关系妄想。关系妄想的患者将周围环境中与他毫不相干的事物或现象都认为是与他有关的或是针对他的。如认为周围人的谈话是在议论他，别人咳嗽、吐痰是在蔑视他，人们的一举一动都与他有一定的关系。关系妄想常与被害妄想交织在一起，互相强化，由此可导致危害行为的发生。关系妄想多见于精神分裂症、偏执性精神病。

2. 被害妄想：最常见的一种妄想，患者无中生有地坚信周围某些人或某些集团对他进行不利的活动，对他进行打击、陷害、谋害、破坏，如饭菜里下毒、跟踪监视或策划某种阴谋等。患者受妄想的支配可拒食、控告、逃跑或采取自卫、自伤、伤人等行为。被害妄想主要见于精神分裂症和偏执性精神病。

3. 物理影响妄想：又称被控制感。患者觉得自己的思想、情感和意志都受外界某种力量的控制，如受到电波、超声波、激光、放射线或特殊的先进仪器控制而不能自主。如患者觉得自己的大脑已被电脑控制，自己是机器人。甚至认为自己的内脏活动，诸如消化、血压、睡眠等也都是受外力的操纵或控制。此症状多见于精神分裂症、拘禁性精神病。

4. 夸大妄想：多发生在情绪高涨时。此时患者毫无根据地夸大自己的才能、财富、地位或认为自己出身于名门。如患者认为自己有非凡的才智、至高无上的权力和地位，大量的财富和发明创造，或是名人后裔。夸大妄想可见于精神分裂症、麻痹性痴呆、躁狂症、拘禁性精神病，其中精神分裂症、麻痹性痴呆夸大妄想的内容往往荒谬离奇。

5. 罪恶妄想：又称自罪妄想。患者毫无根据地认为自己犯了严重错误和罪行，以致国家和人民遭受了不可弥补的损失，认为自己罪大恶极，死有余辜，应受人民惩罚，以致坐以待毙或拒食自杀。患者多将微小的过错视为罪恶，如某患者认为自己幼年时抢过小朋友的玩具，因此犯有抢劫罪，要家人送他自首，劳动改造以赎罪。罪恶妄想主要见于各种抑郁症和精神分裂症。犯罪嫌疑人或被告人、罪犯出现这类症状时，应当严防意外事故的发生。

6. 疑病妄想。疑病妄想的患者毫无根据地坚信自己患了某种严重躯体疾病或不治之症，因而到处求医，即使通过一系列详细检查和多次反复的医学验证证明其无病，但患者仍坚信不疑，无法纠正。如一罪犯认为"自己的内脏腐烂了""血液已经凝固了""心脏停止跳动了"，虽然他能照常吃饭、劳动，但对自己的病仍坚信不动摇。疑病妄想多见于精神分裂症、更年期精神病、抑郁症。

7. 钟情妄想。钟情妄想的患者毫无根据地坚信自己被异性钟情，认为对方的一言一行都是对他爱慕的表示，因此，患者采取相应的行为去追求对方，即使遭到严词拒绝，仍坚信不疑，反而认为对方在考验自己对爱情的忠诚，仍反复纠缠不休。一旦对方的爱人出现，便对"第三者"极度仇视，甚至加以伤害或"殉情"自杀。钟情妄想多见于精神分裂症。

8. 嫉妒妄想。嫉妒妄想的患者无中生有地坚信自己的配偶对自己不忠诚，另有外遇。为此患者跟踪监视配偶的日常活动或截留、拆阅别人写给配偶的信件，检查配偶的衣物等日常生活用品，以寻觅私通情人的证据。嫉妒妄想可见于精神分裂症、偏执性精神病、更年期精神病、器质性精神病等。

嫉妒妄想是凶杀行为的重要危险因素。鉴定时确定嫉妒妄想一定要十分慎重：一是不要轻易肯定。嫉妒是人类最普遍的情感之一，一般人对嫉妒观念的认识差别较大。二是不要轻易否定。有时证明材料表明某人可能存在此症状，但他坚决否认，并似乎有否认的证据（如事实证明其配偶的确有外遇），此时也不要轻易否定症状的存在。三是确定嫉妒妄想最重要的是澄清其推理过程是否荒谬，涉及范围是否不可理解。

9. 赦免妄想。赦免妄想主要见于犯罪嫌疑人、被告人或罪犯，他们会毫无根据地坚信自己的罪行已经被赦免。患者常纠缠管教干警，闹着要出狱，甚至出现冲监、越狱逃跑等行为。赦免妄想见于拘禁性精神病。

10. 被洞悉感妄想：又称内心被揭露感，是指患者自觉思想还没有说出来便被人知道，"本能地""直觉地""莫名其妙地"感到自己的思想人尽皆知，有些患者甚至感到全世界乃至整个宇宙都知道自己的想法。该症状可与被控制感、关系妄想、读心症等交织在一起，多见于精神分裂症，被认为是精神分裂症特征性症状之一。

11. 非血统妄想。非血统妄想的患者毫无根据地坚信自己的父母或子女不是亲生的，不相信任何证明目前亲生关系的证据，有的患者坚信自己是历史著名人物的后裔。受这种妄想的支配，患者可能出现伤害、凶杀等严重危害社会的行为。如某患者认为自己的母亲不是生母，称自己的生母在日本，因此常毒打其母。某日该患者趁其母不备，将其母抱起从三楼窗口扔下摔死。非血统妄想多见于精神分裂症。

12. 被窃妄想。被窃妄想的患者坚信自己的财物已被别人盗走，然而实际是由于患者记忆障碍而忘记财物放在了何处。受该症状影响患者常与妄想对象发生纠纷或到公安机关报案。被窃妄想多见于老年性痴呆。

13. 其他妄想。如特殊意义妄想，是关系妄想的发展形式，患者认为周围平常的事情不仅与自己有关系，而且还有特殊关系，多见于精神分裂症；变兽妄想，患者坚信自己变成了某种动物，并有相应的行为异常，如吃草、在地上爬等，多见于精神分裂症；妊娠妄想，患者坚信自己已经怀孕，多见于精神分裂症；虚无妄想，患者坚信本人或世界已不复存在，一切都是虚假的，多见于更年期精神病、精神分裂症、抑郁症。

三、注意障碍

注意是指个体的精神活动集中地指向特定对象的过程。注意的指向性表现出人的心理活动具有选择性和保持性。注意的集中性使注意的对象鲜明而清晰。注意过程与感知觉、记忆、思维和意识活动密切相关。大脑皮质特别是额叶、丘脑及网状激活系统的兴奋性在注意的过程中起着重要作用，如果这些部分受损就会发生注意障碍。

注意可分为主动注意和被动注意。主动注意又称随意注意，是个体有目的地对既定目标的意识指向，与兴趣、情趣、思维和意志活动以及既往体验均有联系。被动注意又称不随意注意，是由外界刺激引起的、自然发生的、不需要任何努力的注意，如大家正在开会讨论，忽然一个人推门进来，大家会不由自主地转过头去看他，这就是被动注意。常见的注意障碍包括以下几种：

（一）注意增强

注意增强是指主动注意增强。在某些精神病状态下，患者特别易于注意某事物。注意增强有两种：一种是有被害妄想观念的患者，常围绕一个有系统的妄想过分地注意看他所怀疑的人的一举一动，甚至对某些微小细节都保持高度注意和警惕。另一种是指向患者本身的某些生理活动，有疑病观念的患者常过分地注意自身的健康状态或那些使他忧愁的病态思维内容，其他任何事件都不易转移他们的注意力。注意增强可见于偏执型精神分裂症、神经症、更年期精神病等。

（二）注意减退

注意减退是指主动注意及被动注意均减弱。患者的注意难于在较长时间内集中于某一事物，同一时间内所能掌握的客体的范围显著地缩小，注意的稳定性也显著下降。注意减退多见于疲劳状态、神经衰弱、大脑器质性精神病以及伴有意识障碍的疾病。

（三）注意狭窄

患者的注意范围显著缩小，主动注意减弱。当患者集中注意于某一事物时，其他一般易于唤起注意的事物并不引起患者的注意，多见于意识朦胧状态和痴呆患者。

（四）随境转移

被动注意的兴奋性增强，但注意不持久，注意稳定性降低，很容易受外界环境的影响而不断转移注意的对象。患者往往看见什么说什么，但话虽多，内容却很肤浅。随境转移多见于躁狂症，常与思维奔逸同时存在。

（五）注意涣散

注意涣散为主动注意明显减弱，即注意力不集中。患者不能把注意集中于某一事物并保持相当长的时间，以致注意很容易分散，即使看了很长时间的书，结果仍不知所云，就像没读过一样。注意涣散可见于神经衰弱、精神分裂症和儿童多动障碍。

四、记忆障碍

既往感知过的事物，在一定条件下可以在大脑中重新反映出来，这种既往经验的认知（再认）和回忆（再现），就是记忆。记忆是一种在感知觉和思维基础上建立起来的精神活动，包括识记、保持、认知（再认）和回忆（再现）四个过程。识记是事物或经验在脑子里留下痕迹的过程；保存则是使这些痕迹免于消失的过程；认知则是现实刺激与以往痕迹的联系过程；回忆则是痕迹的重新活跃或复现。识记是记忆保存的条件或前提，而认知和回忆则是某种客体在记忆中保存下来的结果或显现。记忆的这四个过程相互紧密联系，不管哪个环节发生障碍，都将会影响记忆。

记忆又可分为瞬时记忆、近事记忆和远事记忆。但在划分上并无严格界限。一般而言，瞬时记忆是指数秒钟至数分钟内经历的记忆；近事记忆是指 24 小时或 48 小时以内经历的记忆；远事记忆是指 48 小时以前经历的记忆。在精神疾病司法鉴定中常见的记忆障碍包括以下几种：

（一）病理性记忆增强

患者对病前不能回忆且不重要的事情，病后都能清晰地回忆起来，甚至有些在他正常时已经完全丧失了的回忆，此时也能够重新恢复。这种症状多见于躁狂症和偏执性精神病。

（二）记忆减退

记忆减退是指识记、保持、再认和回忆四个基本过程普遍减退，临床上比较多见。开始是近事记忆减退，以后可涉及远事记忆。轻者表现为回忆的减弱，如记不住刚才见过面的人、刚吃过的饭。严重时远事记忆也减退，如回忆不起个人经历等。记忆减退见于神经衰弱、脑器质性精神障碍及正常老年人。

（三）遗忘症

遗忘症也称"回忆的空白"，是指那些局限于某一事件或某一时期内经历的遗忘。它不是记忆普遍性的减弱，故不是记忆减退，而是一种回忆的丧失。

1. 顺行性遗忘。顺行性遗忘指回忆不起在疾病发生以后一段时间内所经历的事件。遗忘的时间和疾病同时开始。这种症状多见于脑外伤、急性器质性精神患者，神志清醒后对他当时受伤后的一段时间内所经历的事，如他如何受伤、如何入院、如何抢救等经过都无法回忆。

2. 逆行性遗忘。逆行性遗忘指回忆不起疾病发生之前某一阶段的事件。患者回忆不起在受伤前他在什么地方，正在做什么事情。遗忘可能是完全的或部分的，但大多只涉及较短的一段时间。这种症状多见于脑卒中发作以后、颅脑损伤并伴有意识障碍时。

3. 进行性遗忘。进行性遗忘的患者表现由近事到远事逐渐加重的遗忘，同时伴有进行性智能减退。这种症状多见于老年性痴呆。

4. 界限性遗忘。界限性遗忘的患者对生活中某一特定阶段内的经历或事件不能回忆，而对其他事物辨认是清晰的。这种症状往往发生在重大精神创伤之后，遗忘的内容通常是患者感到非常痛苦、不愉快或恐惧的事件、经历，又称心因性遗忘。界限性遗忘多见于癔症，又称为癔症性遗忘。

（四）错构症

错构症是一种记忆的错误。如患者对过去经历的事件，在其发生的地点、情节，特别是在时间上出现错误回忆，并坚信不疑。这种症状多见于精神发育迟滞、酒精中毒性精神障碍、脑外伤性痴呆及其他脑器质性精神障碍。错构症可导致患者出现诬告行为，故而其证人证言不可信。

（五）虚构症

虚构症也是一种记忆的错误，患者对某段亲身经历发生遗忘，以想象的、未曾亲身经历的事件或完全虚构的故事来填补自身经历的缺损。其内容生动，带有荒诞色彩，常瞬间即忘。这种症状多见于酒精中毒性精神病（柯萨可夫精神病）、外伤性、中毒性精神病、麻痹性痴呆。

（六）潜隐记忆

潜隐记忆或称歪曲记忆，是指患者对不同来源的记忆混淆不清，相互颠倒。患者把自己过去看过的或听到的，或是在自己梦中体验过的事物的回忆，认为是自己实际体验过的事物。如患者把早已为别人创造发明的科学技术认为系自己的创作发明。潜隐记忆分为两种：一种是把别人经历过的事回忆成是他本人实际发生的事；另一种是把实际上患者本人经历的事物回忆为是听到的或看到过的。

（七）似曾相识与旧事如新

患者在感受新事物时有一种早已认识的熟悉感，称为似曾相识；相反，患者对多次感受过的事物感到陌生，称为旧事如新。以上两种症状一般被认为和记忆障碍，特别是识记障碍有关，多见于癫痫和其他脑器质性精神病。

五、智能障碍

智能是一个复杂的综合的精神活动的功能，反映的是个体在认识活动方面的差异，是对既往获得的知识、经验的运用，用以解决新问题、形成新概念的能力。智能可表现为观察力、理解力、计算力、分析能力和创造能力等。智能活动与感知、记忆、注意、思维有密切关系。记忆和注意是智能活动进行的前提，但记忆本身不属于智能；智能与思维密切联系，但属于不同的概念。智能水平必须考虑年龄、文化程度、职业、职位等因素。

智能必须在解决某种问题的过程中才能表现出来，临床上常常通过一些简单的提问与操作，了解患者的解决能力、分析概括能力、判断力、一般常识的保持和计算能力、记忆力等，可对智能是否有损害进行定向判断，对损害程度作出粗略判断。另外，可通过智力测验法得出智商（Intelligence Quotient，IQ），对智能进行定量评价。

智能障碍主要有两种类型：精神发育迟滞及痴呆。

（一）精神发育迟滞

这是指患者先天或围产期或生长期发育成熟以前（18岁以前），大脑的发育由于各种致病因素，如遗传、感染、中毒、头部外伤、内分泌异常或缺氧等，导致发育不良或受到阻滞，智能的发育停留在一定的阶段。患者随着年龄的增长智能明显低于正常的同龄人。

（二）痴呆

这是一种比较严重的智能障碍，是指患者的大脑发育已基本成熟，智能也发育正常，但之后由于感染、中毒、外伤、神经退行性病变等有害因素引起大脑器质性损害，造成智能严重障碍的症状。其发生具有脑器质性病变基础。临床重要表现为创造性思维受损，抽象、理解、判断推理能力下降，记忆力、计算力下降，后天获得的知识丧失，工作和学习能力下降或丧失，甚至生活不能自理，逐渐发展至丧失高级社会性情感，原始的情感和本能意向占优势，如情感淡漠、行为幼稚及本能意向亢进等。一般来说，病变多为进行性的，常不易恢复或不能完全恢复。根据大脑损害的病理变化的严重程度以及病变所涉及的范围大小的不同，可分为全面性痴呆和部分性痴呆。

1. 全面性痴呆：大脑的病变主要表现为弥散性器质性损害，智能活动的各个方面均受到损害，影响到患者全部的精神活动，常出现人格的改变。患者缺乏对其疾病的分析和判断能力，而无自知力，定向力也可发生障碍。此症状多见于阿尔茨海默病、麻痹性痴呆等。

2. 部分性痴呆：病变只侵犯大脑的某些部位，如大脑血管的周围组织，患者只产生记忆力减退、理解力减弱、分析综合困难等症状。但其人格的基本特征一般仍保持良好，并且具有一定的批判和自知的能力，定向力也比较完整。这类痴呆常见于脑血管性痴呆、脑外伤性痴呆等，但当痴呆严重时，临床上很难区分全面性和部分性痴呆。

（三）假性痴呆

临床上在强烈的精神创伤后患者可产生一种类似痴呆的表现，但大脑的组织结构方面并无任何器质性的损害，病变的性质基本上是功能性的，所以预后良好，其智能障碍通过适当的治疗和处理，在短时间内可以完全恢复正常，称为假性痴呆。假性痴呆可见于癔症和反应性精神痴呆。

1. 心因性假性痴呆（Ganser综合征）：患者对一些非常简单的问题给予近似而错误的回答，相反对一些复杂问题处理得非常好，给人以故意做作的印象。如一位20岁的患者，当被问及一只手有几个手指时，答"4个"；对简单的计算题，如"二加三等于几"则回答为四。患者能理解问题的意义，但回答内容不正确；行为方面也有错误，如将钥匙倒过来开门；但对某些复杂问题反而能正确回答，如能下象棋、打牌，生活自理良好。

2. 童样痴呆：具有行为幼稚、模拟儿童的语言行为的特征。成年患者表现为类似一般儿童稚气的样子，学着儿童讲话的声调，自称自己才3岁，逢人就称"阿姨""叔叔"。此种症状多见于癔症。

3. 抑郁性假性痴呆：抑郁症患者在严重抑郁的情况下，表现出痴呆早期的症状，如计算能力、记忆能力、理解判断能力下降、缺乏主动性；心理测查时，提示智能减退，但患者有抑郁的体验可以鉴别，抑郁消失后智能完全恢复。

六、定向力障碍

（一）定向力

定向力是指一个人对时间、地点、人物，以及对自己本身的状态的认识能力。定向力一般有下列两方面的内容：

1. 对周围环境的认识。

（1）时间：了解当时的时间，如几点几分、上午或下午、白昼或夜晚、星期几、日期、月份、季节、年份等。

（2）地点：了解当时所处的地点，如学校、医院、工厂、所处楼层、街道名称等。

（3）人物：了解在其周围环境中其他人物的身份及其与患者的关系等。

2. 对其自身状况的认识（如本人姓名、性别、年龄及职业等）。

（二）定向力障碍

定向力障碍一般指对环境和自身状况的认识能力丧失或认识错误，多见于症状性精神病及脑器质性精神病伴有意识障碍时。定向力障碍是意识障碍的一个重要标志，但有定向力障碍不一定有意识障碍，例如酒精中毒性脑病患者可出现定向力障碍，而没有意识障碍。

双重定向是精神分裂症带有特征性的表现之一，即患者周围环境的时间、地点、人物出现双重体验，其中一种体验是正确的，而另一种体验与妄想有关，是妄想性的判断或解释。如一患者认为医院同时也是监狱，或认为表面上是医院而实际上是监狱等。

七、意识障碍

意识是指患者对周围环境及自身的认识和反应能力，可通过言语及行动来表达。意识之所以能很好地反映客观现实，与大脑皮质细胞能获得最适宜的兴奋有很密切的关系，在适宜的兴奋状态下，它所反映的就很清晰，也不致歪曲；当各种原因使大脑皮质兴奋性极度降低或消失，就可产生意识障碍。意识障碍经常可由全身性疾病，如各种躯体疾病、感染、中毒、颅脑损伤、颅脑肿瘤、癫痫发作等多种疾患所引起，一般表现为短暂性的精神障碍；在急性发病的精神疾病中，如反应性精神病、癔症，以及某些精神分裂症、躁郁症等，也往往可伴有意识障碍。意识障碍可分为环境意识和自我意识两种障碍。环境意识受到损害时，意识障碍程度一般较浅，而当自我意识受到损害时，意识障碍程度则较深。

（一）对周围环境的意识障碍

对周围环境的意识障碍包括对周围环境的清晰度、意识范围、意识内容的变化等三种类型。

1. 以意识清晰度降低为主的意识障碍。

（1）瞌睡状态：意识的清晰度水平降低较轻微，在安静环境下，患者经常处于嗜睡的状态，但接受刺激后可立即醒转，并且也能进行一些简短而正确的交谈或做一些简单的动作，当刺激消失，即刻复睡。此时，吞咽、瞳孔、角膜等反射均存在。瞌睡状态见于功能性及脑器质性疾病。

（2）意识混浊状态：患者对外界刺激的阈限明显增高。因此，除强烈刺激外，很难引起其反应。患者多处于半睡状态，表情呆板、反应迟钝，思维缓慢，内容贫乏，注意、记忆、理解都有困难。此时吞咽、角膜、对光反射尚存在，但可出现原始动作如舔唇、伸舌、强握、吸吮等。这种状态多见于躯体疾病所致精神障碍，可过渡到昏睡或昏迷状态。

（3）昏睡状态：意识清晰度水平较前两者更低，呼之不应，推动患者肢体也不能引起反应。在强烈疼痛刺激下，可引起防御反射（如用手指压迫患者眶上缘内侧时，或针刺患者手足）。此时，深反射亢进及不自主运动，角膜、睫毛等反射减弱，但对光反射仍存在。

（4）昏迷状态：意识完全丧失，无自发运动，对任何刺激都不产生反应；各种反射消失（吞咽、角膜、防御、对光、腱反射）；多见于严重的脑部疾病和躯体疾病的垂危期。

2. 以意识范围改变为主的意识障碍。

（1）朦胧状态：患者的意识范围缩窄，同时又伴有意识清晰度水平的降低。仅能对一定范围内的刺激做出正常感知和反应，对此范围外的事物则出现定向力障碍、片段的幻觉、错觉和妄想，并可在幻觉、妄想的支配下产生攻击或危害周围人的行为。朦胧状态呈发作性，常突然产生，突然终止。持续时间可由数分钟至数天。发作后一般陷入深睡眠，意识恢复后多不能回忆。朦胧状态多见于癫痫性精神障碍、颅脑损伤、感染中毒以及躯体疾病、癔症、反应性精神病。

（2）漫游性（或走动性）自动症：意识朦胧状态的一种特殊形式。以不具有幻觉、妄想和情绪改变为临床特点。患者在意识障碍中可执行某种无目的性且与当时处境不相适应的、甚至毫无意义的动作。例如，在室内或室外毫无目的地徘徊、刻板地执行某些简单的日常活动，如开门、关门。此种现象都是突然开始，持续短暂而又突然消失，清醒后丧失回忆。

临床上较多见的类型有以下两种：

第一，梦游症（或睡行症）：患者多在入睡 1～2 小时后突然起床，并未觉醒，但刻板地执行某些简单的、无目的性的动作，发作时间可持续数分钟至十几分钟左右，发作后又上床安静入睡。次晨醒来对上述行为完全遗忘。此种症状多见于癫痫，也可见于癔症。儿童在夜间产生的朦胧状态较多为夜惊和梦游症。

第二，神游症：多在白天或在晨起后突然发作，患者无目的地外出漫游或到外地旅行，有的把衣物、金钱赠送他人，或进入陌生人的住所或闯入禁区，往往持续数日甚至更长时间，期间可能有一些复杂的动作和行为，常突然清醒，对发作中经历事件只有极为片段的记忆。神游症多见于癫痫、癔症、反应性精神病、颅脑损伤伴发的精神障碍。

3. 以意识内容改变为主的意识障碍。

（1）谵妄状态：在意识清晰度降低的同时，出现大量错觉、幻觉，以幻视多见，幻觉内容多为生动鲜明的形象性的情景，如见到昆虫、猛兽、神鬼、战争场面等。患者常伴有紧张、恐惧的情绪反应和相应的兴奋不安，行为冲动、杂乱无章，思维不连贯，理解困难，有时出现片断妄想。患者的定向力全部或部分丧失。谵妄多在夜间加重。意识恢复后，患者对病中经过可能部分回忆，也可能完全遗忘。谵妄状态多见于感染和中毒性精神障碍。

（2）梦样状态：患者意识清晰度降低，有梦境及幻想体验，常成为梦境遭遇的直接参加者，其内容形象模糊不清，以假性幻觉为主，对外界刺激反应迟钝或不起反应，与周围环境缺乏联系。患者可有梦呓一样的自语，偶尔可表现为兴奋不安。意识恢复后对幻觉内容能部分回忆。梦样状态多见于癫痫、感染和中毒性精神障碍。

（二）自我意识障碍

1. 人格解体：患者丧失了对自身行为的现实体验，觉得自己正在发生改变，已不是原来的自己。患者觉得自己是空虚的，不属于自己的，是不真实的或自己已不复存在。如感到世界变得不真实和不存在，则为现实解体。人格解体多和虚无妄想有联系，可见于神经症、抑郁症或精神分裂症。

2. 交替人格：同一患者在不同时间内可以表现为两种完全不同的个性特征和内心体验，即两种不同人格，在不同的时间内可交替出现。交替人格多见于癔症，有时可见于精神分裂症。

3. 双重人格：同一个人在不同的时间内产生两种完全不同的内心体验，表现出两种不同的性格，即两种不同的人格在同一个人身上先后交替出现。当一种人格占优势时，另一种人格特点就完全被排除在他的意识之外。当同一个人出现两种以上的人格特点时则称为多重人格。双重人格多见于精神分裂症和癔症。

4. 人格转换：患者否认原来的自身，而自称是另一个人或某种动物，但未有相应的行为和言语的转变。如称自己是父亲，或变为熊猫、狐狸，特别是有附体妄想者。人格转换常见于癔症、精神分裂症。

八、自知力障碍

自知力又称领悟力或内省力，是指患者对其本身精神病状态的认识能力，即能否察觉或识辨自己有病和精神状态是否正常，能否正确分析和判断，并指出自己既往和现在的表现与体验中哪些属于病态的能力。在临床上一般表现为精神症状消失，并认识自己的精神症状是病态的，即为自知力恢复。

神经症患者有自知力，主动就医诉说病情。但精神病患者一般均有不同程度的自知力缺失，他们不认为自己有病，更不承认自己有精神病，因而拒绝治疗。在精神疾病的早期，有的患者自知力尚存。随着病情的发展，患者常对自己的精神症状丧失判断力，称之为自知力丧失。当病情好转时，自知力逐渐恢复，称自知力部分或全部恢复。

临床上将自知力的程度以及自知力恢复的程度作为判断病情轻重和病情好转程度的重要指标。一般以症状消失，患者认识到所患精神病症状是病态，即为自知力恢复。

自知力完整是精神病病情痊愈的重要指标之一。

第二节 情感活动障碍

当人们在感知事物时，不论是对来自躯体内部的感觉，还是对外部世界的感知，都必然会伴随着相应态度和外部表现，如面部表情、身体表情和声音表情等。这种喜、怒、哀、乐、爱、憎等体验和表情，总称之为情感活动。情感（affection）和情绪（emotion）是指个体对客观事物的态度和因之而产生的相应的内心体验。前者主要指与人的社会性需要相联系的体验，具有稳定性、持久性，不一定有明显的外部表现；后者主要指与人的自然性需要相联系的体验，具有情景性、暂时性和明显的外部表现。在精神病学中，两者往往作为同义词使用。心境（mood）是指一种较弱而持续的情绪状态。情感障碍必定涉及情绪和心境。在精神疾病中，常见的情感障碍包括以下几种：

一、情绪高涨

患者的情感活动明显增多、增强，表现为不同程度的病态喜悦，自我感觉良好，有与环境不相称的过分的愉快、欢乐、眉飞色舞、喜笑颜开、谈笑风生、表情丰富，同时话多、语速快，好管闲事，注意力常随境转移，做事往往虎头蛇尾。患者的高涨情绪、意志行为基本协调一致，所以具有一定的感染力，容易引起周围人的情感共鸣。但这种高涨情绪不稳定，易激惹，稍不如意患者便勃然大怒，甚至出现伤人、毁物行为，然而患者又会瞬间息怒，悠然自得。情绪高涨主要见于躁狂症。

二、欣快症

欣快症一般是指在智能障碍基础上出现的与周围环境不协调的愉快体验。虽然患者经常笑哈哈的，也有似乎十分满意和幸福愉快的体验，但其面部给人以呆傻、愚蠢的感觉。同时患者自己也说不清高兴的原因，而且表现的内容也比较单调刻板，因而难以引起正常人的共鸣。欣快症多见于脑器质性精神障碍。

三、情绪低落

情绪低落是与情绪高涨完全相反的一种忧郁情绪。患者表情忧愁、唉声叹气、心境苦闷，觉得自己前途灰暗；兴趣减退、思维迟缓、精神活动迟滞，严重时悲观绝望，甚至出现自杀观念和自杀企图。这种情绪低落经常伴有思维缓慢，言语及动作减少，意志要求的减退，反应迟钝。情绪低落多见于情感性精神障碍的抑郁症。

四、焦虑

焦虑是指在缺乏明显客观因素或充分根据的情况下，患者对其本身健康或其他问题感到忧虑不安，紧张恐惧，顾虑重重，以至搓手顿足似有大祸临头，惶惶不可终日，伴有心悸、出汗、手抖、尿频等自主神经功能紊乱症状。严重的急性焦虑发作，称惊恐发作，常体验到濒死感、失控感，伴有呼吸困难、心跳加快等自主神经功能紊乱症状，一般发作持续数分钟至十数分钟。焦虑多见于焦虑症、神经衰弱症状及更年期忧郁状态。

五、恐惧

这是一类不以患者的意志愿望为转移的恐惧情绪，是面临不利或危险处境时出现的情绪反应。患者表现为紧张、害怕、提心吊胆，伴有明显的自主神经功能紊乱症状，如心慌、气急、出汗、四肢发抖，甚至大小便失禁等。恐惧常导致逃避。对特定食物的恐惧是恐惧症的主要表现。恐惧亦可见于儿童情绪障碍及其他精神疾病。

六、情感不稳

情感不稳表现为情感反应（喜、怒、哀、愁等）极易变化，从一个极端波动、变化至另一极端，显得喜怒无常、变幻莫测。与外界环境有关的轻度情感不稳定可以是一种性格的表现，与外界环境无相应关系的情感不稳定则是精神疾病的表现。情感不稳常见于脑器质性精神障碍。

七、情感淡漠

情感淡漠的患者对外界的任何刺激均缺乏相应的情感反应，即使对与自身有利害关系的事情也如此。患者对周围发生的事物漠不关心，面部表情冷淡呆板，内心体验极为贫乏，与周围环境失去情感上的联系。情感淡漠是精神分裂症晚期经常出现的症状，也可见于严重的器质性痴呆的患者。

八、易激惹性

这是一种剧烈但持续较短的情感障碍。患者情感反应性过分强烈，表现为微小刺激引起短暂而强烈的情绪反应，多为愤怒和不满的情绪，常见于某些人格障碍如反社会人格、偏执性人格和情绪不稳性人格，以及神经衰弱、躁狂症等。在甲状腺功能亢进所致精神障碍中也常见该症状。

九、情感倒错

情感倒错是指患者的内心体验与外在表现不一致或情感反应与所处处境不一致。如患者接到父亲突然意外死亡的电报时却哈哈大笑，或在谈论别人施用各种残酷手段对他进行迫害而使身体感到非常痛苦时，却显得好像没有什么事似的，甚至面带笑容地诉说自己的不幸遭遇。情感倒错多见于精神分裂症。

十、情感幼稚

情感幼稚是指患者的情感反应如同小孩的水平，表情幼稚，情感反应易受外界环境和本能活动的影响而缺乏理性控制，反应迅速而强烈，没有节制和遮掩。情感幼稚多见于精神发育迟滞、癔症、老年性痴呆及精神分裂症青春型。

十一、病理性激情

病理性激情是一种无诱因的、骤然发生的强烈而短暂的情感爆发状态。一般来说，患者既不能意识到由此产生的冲动行为的后果，也不能对其发作加以控制。这种行为往往表现为残酷的暴行，以致严重地伤害别人。病理性激情发作时常伴有一定程度的意识障碍，因此事后可能出现遗忘、不能完全回忆的现象。病理性激情多见于癫痫、较严重的颅脑外伤或中毒性精神病，也可见于精神分裂症。

在精神病司法鉴定时，病理性激情应与在生理性激情状态下的犯罪行为严加鉴别。生理学激情有诱因，无意识障碍，无相应的精神病史和症状，多见于正常人和人格障碍。

第三节　意志行为活动障碍

意志是指人们自觉地确定目标，克服困难用自己的行动去实现目标的心理过程，为人类独有的心理现象。意志对行为有发动、坚持、制止和改变的调节控制作用。在意志过程中，受意志支配和控制的行为称为意志行为。意志与认识活动、情感活动及行为紧密相连而又相互影响。意志也可受精神疾病的影响而出现病理性的意志行为。意志的特点如下：

1. 指向性及目的性：人的意志行为必须有一定的动机目的。

2. 自觉性及坚强性：对目的有自觉的认识，并能百折不挠地克服困难，去完成既定的目的。

3. 果断性及自制性：能迅速而正确地做出行动的决定，并善于掌握和支配自己的行动。

常见的意志行为障碍包括以下几种：

一、病理性意志增强

病理性意志增强是指意志活动具有病态的顽固性，在妄想或情感高涨的基础上出现这种症状。例如有被害妄想的患者可以日以继夜地写控告材料，甚至几天几夜不睡觉也不感到疲倦；有嫉妒妄想的患者坚信配偶有外遇，而长期对配偶进行跟踪、监视、检查；有疑病妄想的患者到处求医；在夸大妄想的支配下，患者日以继夜地从事无数的发明创造等。躁狂症患者由于情感高涨，对周围的一切事物都感兴趣，好管闲事，百事有份，一件事未完又做另一件事。此症状常见于精神分裂症、偏执性精神病和躁狂症。

二、意志减退

意志减退是指意志活动的减少。患者缺乏主动性和进取心,缺乏克服困难的决心和力量,对周围一切事物无兴趣以致意志消沉,不愿活动,严重时日常生活都懒得料理。对工作学习感到非常吃力,即使开始做某事也不能坚持到底,甚至不能工作,整日呆坐或卧床不起,患者一般能意识到,但总感到做不了。此症状常见于单纯型精神分裂症、情感性精神障碍的抑郁症、某些药瘾及人格障碍。

三、意志缺乏

意志缺乏是指患者对任何活动都缺乏明显的动机和主动性,对现在和未来缺乏打算和要求。患者不关心学业、工作,缺乏应有的主动性和积极性,在个人生活方面也十分懒散,甚至个人卫生也全不顾及;孤僻独处,行为退缩;对自己的状况和处境缺乏自知力,毫不在乎。此症状多见于精神分裂症慢性期、衰退期和严重痴呆患者。

四、意向倒错

意向倒错是指患者的意向要求与一般常理相违背或为常人所不允许,以致患者的某些活动或行为使人感到难以理解。例如,患者伤害自己的身体,吃正常人不能吃、不敢吃或厌恶的东西,如肥皂、脏土、大便、草木、虫粪等(又称异食症)。有时这种行为可以在某些环境和妄想的支配下产生,患者往往对此作出一些荒谬的解释。此症状多见于青春型或妄想型精神分裂症。

五、矛盾意志

矛盾意志的患者对同一事物同时产生对立的相互矛盾的意志活动,并对此毫无自觉,不能意识到它们之间的矛盾性,因而从不自动地加以纠正。例如,碰到朋友时,一面想去握手,一面却又把手缩回来。矛盾意志多见于精神分裂症。

六、精神运动性兴奋

(一)协调性精神运动性兴奋

患者的动作行为增多、情绪高涨、思维敏捷,三者协调一致时,称作协调性精神运动性兴奋状态,并和环境密切配合。患者的行为是有目的的、可理解的,整个精神活动是可以理解的、协调的,可引起周围人的共鸣,具有感染力。协调性精神运动性兴奋多见于躁狂症。

(二)不协调性精神运动性兴奋

这主要是指患者的言语动作增多与思维及情感不相协调,患者动作单调杂乱,无动机及目的性,使人难于理解,所以精神活动是不协调的,与外界环境也是不配合的。不协调性精神运动性兴奋如紧张型精神分裂症的兴奋、青春型精神分裂症的愚蠢淘气的行为和装相、鬼脸等；谵妄型精神分裂症也可出现明显的不协调性行为。

七、精神运动性抑制

精神运动性抑制患者的行为动作和言语活动减少，常伴有思维和情感的抑制现象，常见的有以下几种：

（一）木僵

木僵是指动作行为和言语活动的完全抑制和减少，并经常保持一种固定的姿势。严重的木僵称为僵住，患者不言、不动、不食、面部表情固定，大小便潴留，对刺激缺乏反应，如不予治疗，可维持很长时间。轻度木僵称作亚木僵状态，表现为问之不答、唤之不动、表情呆滞，但在无人时能自动进食，能解大小便。严重的木僵见于精神分裂症，被称为紧张性木僵。较轻的木僵可见于严重的抑郁症、反应性精神障碍及脑实质性精神障碍。

（二）蜡样屈曲

蜡样屈曲是在木僵的基础上出现的，患者的肢体任人摆布，即使是不舒服的姿势，也能像蜡塑一样较长时间维持不动。如将患者头部抬高似枕着枕头的姿势，患者不动，可维持很长时间，称之为"空气枕头"，此时患者意识清楚，病愈后能回忆。蜡样屈曲见于紧张型精神分裂症。

（三）缄默症

缄默症的患者表现为缄默不语，也不回答问题，有时以手示意；见于癔症及紧张型精神分裂症。

（四）违拗症

违拗症患者对于要求他做的动作，不但不执行，而且还表现抗拒或相反的行为。若患者的行为反应与医生的要求完全相反时称作主动违拗，例如要求患者张口时他反而紧闭口；若患者对医生的要求都加以拒绝而不做出行为反应，称为被动违拗。违拗症多见于紧张型精神分裂症。

八、刻板动作

刻板动作是指患者机械刻板地反复重复某一单调动作，常与刻板语言同时出现；多见于紧张型精神分裂症。

九、模仿动作

模仿动作是指患者无目的地模仿别人的动作，常与模仿语言同时存在；多见于紧张型精神分裂症。

十、强迫动作

强迫动作的患者表现为明知没有必要，却难以克制地去重复某种动作行为，如强迫洗手、强迫计数等。如果不重复，患者往往痛苦和焦虑不安。强迫动作多与强迫思维同时存在，多见于强迫症；也可见于精神分裂症早期，但后者多为怪异思维所引起，没有痛苦和焦虑体验，也没有摆脱症状的强烈愿望。

十一、作态

作态是指患者做些愚蠢而幼稚的动作和姿态，并不离奇，但使人感到好像是故意装出来似的。例如，患者尖声怪气地与人交谈，或用脚尖走路，或梳上七八条小辫等。作态多见于精神分裂症。

十二、冲动行为

如果某种行为未受抑制、不能抑制或者完全不加抑制，那么这种行为就是冲动行为。冲动行为的特征：出现突然；行为与处境或心理社会诱因很不相称；患者在行为前毫无准备、未加思考，也没有任何有意识的抵抗或选择。在精神障碍分类标准中，病理性偷窃、纵火、赌博、拔毛通常被视为带有冲动性的行为。

（一）病理性偷窃

它表现为患者反复出现不可遏制的偷窃冲动去窃取他不需要或没有价值的物品，行动前会感到相当大的压力，行动中和后则感到快乐、满足与轻松。

（二）病理性纵火

它表现为一种重复且蓄意或有目的的放火，并不是因为金钱或表达其社会政治之意识形态、隐瞒其犯罪行为、表达其愤怒与报复、改善其个人生活或妄想及幻觉所造成，也不是因为判断力失常所造成。

（三）病理性赌博

它表现为一种无法拒绝赌博的冲动，持续与反复的赌博行为，不管是否会造成家庭、个人、职业严重的败坏。

（四）病理性拔毛

它表现为一种慢性疾病，特征是无法抵挡拔除毛发的冲动。在拔除毛发前，患者会感到极大的压力；抵抗这种行为，也会产生很大的压力；当拔除毛发时会感到愉快、满足与放松。

第四节 常见的精神症状综合征

一、幻觉妄想综合征

幻觉妄想综合征的患者，多数情况下先出现幻觉，以幻听最为多见，然后在幻觉基础上产生继发性妄想，如被害妄想、物理影响妄想等，其特点是幻觉和妄想密切结合，互相补充又互相影响；多见于精神分裂症及器质性精神障碍。

二、情感综合征

情感综合征是以情感症状为主的一组综合障碍。核心症候群包括心境低落、兴趣丧失、精力下降；其他症状包括注意力下降，睡眠障碍，性欲和食欲下降，自责、自杀观念和行为；严重者可有幻觉妄想等精神病性症状；抑郁状态特异性不高。

三、精神自动症综合征

精神自动症综合征是对于精神分裂症具有高度诊断价值的综合征，由假性幻觉、物理影响妄想和被控制体验、内心被揭露感及系统的被害妄想组成；突出特点是患者具有强烈的精神上的不能自主感。

四、紧张综合征

紧张综合征以全身肌肉张力增高而得名，包括紧张性木僵和紧张性兴奋两种状态。

五、遗忘综合征

遗忘综合征又称科萨可夫综合征，三大主要症状是近事遗忘、虚构和定向障碍，尤其是时间定向障碍。遗忘综合征多见于酒精中毒性障碍、颅脑损伤所致的精神障碍、脑肿瘤以及其他器质性精神障碍。

六、急性脑综合征

急性脑综合征以意识障碍为主要临床表现，起病急，症状明显，持续时间短，可伴有急性精神病表现，如不协调性精神运动性兴奋，紧张综合征，类躁狂、抑郁表现；多继发于急性器质性疾病或急性应激障碍。

七、慢性脑综合征

慢性脑综合征以痴呆为主要临床表现，伴有慢性精神病状态如抑郁状态，类躁狂状态，类精神分裂症状态，以及明显的人格改变和遗忘；通常不伴有意识障碍；常常由慢性器质性疾病引起，也可以是由急性脑综合征迁延而来。

八、神经衰弱综合征

神经衰弱综合征主要表现为易感疲劳、虚弱、思维迟缓、注意力不集中、情绪不稳定、情感脆弱，常伴有头疼、头晕、感觉过敏、出虚汗、心悸、睡眠障碍等；常见于神经衰弱、器质性精神障碍的早期及恢复期。

九、易人综合征

易人综合征又名卡普格拉（Capgras）综合征，由法国精神学家卡普格拉（Capgras）于1923年提出。患者认为他（她）周围某个非常熟悉的人是其他人的化身，多为自己的亲人如父母、配偶等。这种情况并非感知障碍，患者认为周围的人外形并未改变，或稍有改变。本综合征实质是偏执性妄想，见于精神分裂症，偶见于癫痫和癔症。

十、虚无妄想综合征

虚无妄想综合征又名科塔尔（Cotard）综合征，指患者感到自己已不复存在，或是一个没有五脏六腑的躯壳，多见于高龄抑郁症，尤其伴有激越症状的抑郁症；也可见于精神分裂症、老年痴呆和顶叶病变时。

十一、刚塞（Ganser）综合征

刚塞综合征的患者回答问题时表现出能理解问题，但作近似而不正确的回答，常伴有时间、地点和人物定向障碍。本病的实质就是癔症性的分离症状。临床上有两种表现，一类为假性痴呆，患者能理解语题，但回答错误，即使极简单的问题亦是如此，给人以故意答错的印象，多见于癔症；另一类为童样痴呆，患者的言语与表情均似儿童，也常见于癔症。以上情况也可见于精神分裂症、器质性精神障碍、诈病等。

十二、谵妄状态

谵妄状态属于意识障碍，鉴定中慢性酒中毒最为常见，因为伴有明显的手、上肢和面部肌肉震颤而称为震颤谵妄。典型的谵妄状态表现为：意识障碍——意识清晰度下降、定向力障碍；感知思维障碍——睡眠周期和节律紊乱；发作后部分、全部遗忘。

综上所述，人的精神活动是一个相互联系又相互制约的复杂过程，并受到多种因素的影响。注意掌握如何判定一个人的精神活动是否属于病态以及精神症状的共同特点。精神症状的表现复杂多样，注意掌握各种常见精神症状的特点及类似精神症状的鉴别。许多精神症状往往具有一定内在联系且同时出现，注意了解

常见精神疾病综合征的表现。

第五节 精神症状的有关问题

一、精神症状是鉴定中的重点

精神症状在精神科临床中作为诊断患有何种精神病的依据,对了解疾病的原因、病程、预后,并制定防治方案有重要的意义。在司法鉴定中,对鉴别精神病的真伪,是否有精神病性症状,及根据所表现的精神症状判定所患的病应该属于哪一类的精神病,症状是不是和鉴定案件有关的精神症状,也有重要的意义。

精神病发病时的精神症状,在民事方面可构成无效的法律行为,例如与人签订的合同被认为不合法等;在刑事方面可导致危害性的违法行为,例如毁物、伤人、纵火、投毒等。但有时在一阵发病过去以后,往往事过境迁,症状消失,杳无痕迹,再也看不到发病的征象,即使继续保存一定的精神症状,但由于精神症状可发生变化,也不一定就是作案当时的精神症状,更不可能使之重现当时的情况。因此,司法鉴定就要选择发病时的精神症状作为重点,在识别其真伪之外,进一步调查案情、病史,分析研究鉴定案件中当时发病的表现和目前的检查所见,凭借司法精神病学的学识和经验,作出正确的鉴定结论。

二、精神症状在鉴定中的要件

精神病人在民事诉讼案中有无民事行为能力,和在刑事诉讼案件中有无刑事责任能力,与其说是根据精神病的种类,还不如说是根据精神病的精神症状,来判断是否足以构成无效的法律行为,或者是否足以造成违法的危害行为。精神症状很多,如错觉、幻觉、妄想、意识障碍、情感障碍等,但不是所有的精神症状都能构成无效的法律行为或造成违法的危害行为。因此,属于与鉴定有关的精神症状,必须具有下列条件:

1. 在精神病发病过程中出现的和鉴定案件有关的精神症状。
2. 精神症状必须达到一定程度,导致出现足以构成违法的危害行为。
3. 精神症状和无效的法律行为之间,或者和违法的危害行为之间,存在着必然的直接因果关系。

三、其他

在精神病的精神症状中,还有值得注意的两点:

1. 和正常无症状难以区别的精神症状。精神症状中有些是难以被觉察到的，例如病理性醉酒、精神运动性发作、神游症等。这些病人在构成危害行为的当时，外表观察可以如正常人一样，但其违法行为毫无动机、目的，不分时间，不择场合，事后记忆丧失，不知逃避，也不能回忆作案经过。

2. 精神症状在法律上作用的局限性。有些精神症状在刑事方面固然可以作为无责任能力的辩解理由，但在民事方面仍然具有行为能力。例如偏执性精神病病人由于受其精神症状中被害妄想的影响而杀害了妄想中的敌人，固然可以不负刑事责任。但是，他的其他精神活动都属于正常范围，例如与妄想无关的方面的判断力、认识力和自我保护能力都完整无缺，如果与人进行买卖、订立合同等，仍具有法律效力，不能把有精神病作为行为无效的理由。因此，可以构成无责任能力的精神病不一定就是无行为能力的精神病。

第四章 司法精神病学鉴定各论

第一节 精神分裂症

一、概述

精神分裂症，又称分裂症，旧称早发痴呆，是最常见的一种精神病。本病以基本个性改变，思维、情感、行为的分裂，精神活动与环境的不协调为主要特征；一般无意识及智能障碍。有的病人在疾病过程中可出现认知功能损害，自然病程多迁延，呈反复加重或恶化，但部分病人可保持痊愈或基本状态。

本病病因未明，多在青壮年起病，病程长短不一，缓慢进展，有发展为衰退的可能，经及时和合理的治疗后约2/3以上的病人可获得不同程度的好转。

精神分裂症是精神病中患病率最高的一种。我国各地的流行病学调查资料表明，其患病率城市为7.11‰，农村为4.26‰，家庭经济水平低者发病率较高。还有资料表明精神分裂症病人占一般精神病院住院病人的50%~75%。在司法精神鉴定中，精神分裂症的比率也往往占第一位，有关资料表明其在司法精神鉴定中所占比率为31.2%~44.37%。男女两性发病率有一定差别，我国有关资料显示女性患病率高于男性，男女患病数之比为1∶1.6。

精神分裂症的病因和发病机制尚未完全阐明，根据各国学者的长期研究，目前公认与下列因素有关：

1. 遗传因素。根据长期、系统的有关病人家族史调查的资料证明，精神分裂症患者亲属中的患病率比一般居民高得多。与病人血缘关系愈近，患病率愈高。但与本病患者无血缘关系的配偶及继兄弟姐妹（继父母带过来的子女）的患病率亦较一般居民为高。

对精神分裂症孪生子的研究报告证明，单卵孪生者的同病率比双卵孪生者的同病率一般高 4~6 倍。单卵孪生者具有更大的遗传相似性。

为了排除环境因素，有人还研究了寄养在正常人家庭中的精神分裂症患者的子女，发现这些子女的患病率较寄养父母亲生的子女（在同一环境中长大）要高得多。

以上资料都说明精神分裂症与遗传因素有一定的关系。根据本病的发病形式、症状表现及预后好坏的多样性，现在认为本病的遗传方式很可能是多基因遗传，不大可能是单一基因决定的。在司法精神鉴定中，不能不注意被鉴定人家族中有无患精神病的遗传因素。

2. 生化代谢异常。有的学者早就设想精神分裂症的发病机制是一种代谢障碍。之后人们发现在动物身上或人身上注射某种物质，可以引起类似精神分裂症的症状，从而认为本病很可能是由某种生化物质的代谢障碍引起。后来又由于抗精神病药物对精神病产生良好的疗效，人们又从药理作用的角度研究本病的发病机理，积累了许多资料，提出了一些假说——主要有甲基转移假说、多巴胺假说、内啡肽假说等。然而，人脑的代谢活动是很复杂的，近年来在神经递质、受体等方面的研究虽有了较大的进展，但可能只是说明了复杂问题的一部分。

3. 素质与性格因素。许多学者注意到精神分裂症病人在病前即存在一些特殊的个性特征，如孤僻、内倾、怕羞、敏感、思想缺乏逻辑性、好幻想等，有人称之为分裂性人格。有学者认为气质和体型相关，瘦长型多属内向性格，称为分裂性气质。我国汉族人中内向型性格比率较高，精神分裂症的比率亦较多属外向型性格的欧美白种人高。但应注意病前个性特征和疾病本身不能等量齐观。个性特征和精神分裂症的发生有一定关系，它可能为精神分裂症的发生和发展提供了条件。

4. 不良刺激与社会环境因素。不少精神分裂症患者是在受到不良的精神刺激、环境压力或某些精神冲击后发病的。但大多数学者认为这些只是一种诱发性质的外因，精神刺激与环境因素参与了某些病人疾病的产生、恶化或好转，但不是精神分裂症的主要病因。

5. 病理形态学改变。研究发现，精神分裂症的脑神经细胞和脑组织结构有一些非特异的病理形态学改变，其在病因学中可能起一定作用。

《中国精神障碍分类与诊断标准（CCMD-3）》对精神分裂症规定如下：

20 精神分裂症（分裂症）

本症是一组病因未明的精神病，多起病于青壮年，常缓慢起病，具有思维、情感、行为等多方面障碍，及精神活动不协调。通常意识清晰，智能尚好，有的病人在疾病过程中可出现认知功能损害，自然病程多迁延，呈反复加重或恶化，但部分病人可保持痊愈或基本状态。

[症状标准] 至少有下列2项并非继发于意识障碍、智能障碍、情感高涨或低落，单纯型分裂症加规定：

1 反复出现的言语性幻听；
2 明显的思维松弛、思维破裂、言语不连贯，或思维贫乏或思维内容贫乏；
3 思想被插入、被撤走、被播散、思维中断，或强制性思维；
4 被动、被控制，或被洞悉体验；
5 原发性妄想（包括妄想知觉，妄想心境）或其他荒谬的妄想；
6 思维逻辑倒错、病理性象征性思维，或语词新作；
7 情感倒错，或明显的情感淡漠；
8 紧张综合征、怪异行为，或愚蠢行为；
9 明显的意志减退或缺乏。

[严重标准] 自知力障碍，并有社会功能严重受损或无法进行有效交谈。

[病程标准]

1 符合病症标准和严重标准至少已持续1个月，单纯型另有规定。
2 若同时符合分裂症和情感性精神障碍的症状标准，当情感症状减轻到不能满足情感性精神障碍症状标准时，分裂症状需继续满足分裂症的症状标准至少2周以上，方可诊断为分裂症。

[排除标准] 排除器质性精神障碍，及精神活性物质和非成瘾物质所致精神障碍。尚未缓解的分裂症病人，若又罹患本项中前述两类疾病，应并列诊断。

实践中要注意的是，精神分裂症诊断必须排除下列疾病：①情感性精神病；②反应性精神障碍；③强迫症；④癔症；⑤偏执性精神病；⑥脑器质性精神病；⑦分裂情感性精神病；⑧躯体疾病伴发精神障碍。

二、临床表现

精神分裂症的诊断是以临床症状为基础的，所以精神症状对识别本病具有决定性意义。精神分裂症的临床症状主要如下：

1. 思维联想障碍。这是精神分裂症最主要的症状，其程度和形式都各不相同。病人可出现对词义的曲解和错用。例如病人可以完全忽略词的意义，仅因声音相同就把它联系起来（音韵联想）；还可以出现词义的转用，只根据词的表面意义而不结合环境去理解（比如医生问："你心情沉重吗？"病人答："是的，铁是沉重的。"）；有时还会把两个或几个字缩合而构成一个新词（创新词）。

联想散漫，前后概念之间缺乏有机联系，病人在谈话或文章中，虽然每个句子都可被人听懂，但前后联系起来却不知所云。

联想中断、思维插入、思维播散、思维被夺也是本病思维障碍的表现。

病人还可表现为抽象能力障碍，把抽象的（或象征性的）东西具体化（或只按字面理解），但并不伴有智能障碍，而且对抽象的东西常加以独特的创造和曲解。

2. 情感障碍。情感障碍表现为情感活动范围的狭窄，严重者可以达到淡漠的地步；还表现为情感反应障碍，即情感活动与当时的思维内容和处境不协调，这是很重要的症状。这种不协调就是精神活动"分裂"的表现之一。

3. 矛盾症状。矛盾症状是指在病人精神活动中，同时存在两种相反的倾向，可表现为三种形式：①思维矛盾。如对一种事物，是与非的观点同时存在而不排斥。②情感矛盾。如悲与喜的情感同时存在而不排斥。③意志矛盾。如吃与不吃、拒绝与接受同时存在。但注意要与正常人和强迫症的犹豫不决、反复不定相区别。正常人和强迫症者无这种严重的矛盾症状。

4. 内向性。精神分裂症患者常常生活在自己的幻想世界之中，完全脱离现实，甚至以幻想代替现实，自行其是，孤独退缩，与人少接触来往，冷漠而不通人情；或者意志缺乏、被动退缩，缺乏主动性，生活疏懒、不注意清洁卫生，无所事事、终日呆坐，沉溺于白日梦状态。故本症又称为"孤独症"或"自闭症"。正常人也可以有幻想，但其能区分幻想与现实，不会整日沉湎在幻想之中而不问他事。

5. 幻觉。这是精神分裂症最常见的症状之一。幻觉以听幻觉为主，亦可见触、嗅、味等幻觉，视幻觉则较器质性精神病少见。本病的幻觉具有以下特征：①多在意识清晰情况下出现。②病人常不能觉察幻觉的不现实性（例如他不解释他为什么能听到几里路外人的说话声）。③有时幻觉的感受很模糊，但病人却能据此做出肯定的判断（例如尽管听不清楚幻觉的声音，却确信此声音是在说某事）。功能性幻觉、假性幻觉及性幻觉均多见于精神分裂症。

6. 妄想。这也是本病的常见症状，其特征是妄想的结构松散，妄想对象和内容易于泛化和多变。以被害、钟情、疑病和夸大等妄想为多见。妄想和幻觉常相互影响，相互加重。内容荒谬的牵连观念、被控制感、被洞悉感等则往往是精神分裂症的特征性症状。原发性妄想也是本病的特征性症状，但多在疾病早期出现。

7. 行为动作障碍。作怪相、扮鬼脸是青春型精神分裂症的常见症状，刻板行为和刻板姿势等则是紧张型精神分裂症的常见症状。

三、临床类型

精神分裂症患者的意识和智能一般都没有明显障碍。在其病程的某一阶段可以表现某种症状群，据临床表现特点可分为下面几种型别：

（一）单纯型精神分裂症

发病多在少年期，起病缓慢，持续进行，主要表现为兴趣及活动逐渐减退，生活疏懒，学习成绩下降。早期不易被发现，家长送来就诊时往往已有数年病史。主要症状为情感淡漠，思维贫乏，行为退缩。妄想、幻觉很少出现。本型不多见，预后较差。用抗精神病药物疗效欠佳。

按《中国精神障碍分类与诊断标准（CCMD-3）》单纯型分裂症应符合如下标准：

20.4 单纯型分裂症

[诊断标准]

1 以思维贫乏、情感淡漠，或意志减退等阴性症状为主，从无明显的阳性症状；

2 社会功能严重受损，趋向精神衰退；

3 起病隐袭，缓慢发展，病程至少2年，常在青少年期起病。

（二）青春型精神分裂症

多在青春期发病，主要症状为联想散漫，并伴有各种幻觉及行为紊乱。发病较急，部分病人呈周期性发作，少数病人很快进入衰退状态。司法鉴定中此类病例较多见。

按《中国精神障碍分类与诊断标准（CCMD-3）》青春型精神分裂症应符合如下诊断标准：

20.2 青春型（瓦解型）分裂症

符合分裂症诊断标准，常在青年期起病，以思维、情感、行为障碍或紊乱为主。例如明显的思维松弛、思维破裂、情感倒错、行为怪异。

（三）紧张型精神分裂症

发病也在青年期，主要表现为紧张性兴奋和紧张性木僵，两者可交替出现。急性的兴奋常带有冲动性，可以伤人毁物；较持续的兴奋则主要表现为各种刻板行为。严重的木僵表现为僵住、蜡样屈曲；较轻的则表现为缄默及动作显著减少，反应迟钝。近几十年来，紧张型精神分裂症已较过去少见。

按《中国精神障碍分类与诊断标准（CCMD-3）》紧张型精神分裂症应符合如下诊断标准：

20.3 紧张型分裂症

符合分裂症诊断标准，以紧张综合征为主，其中以紧张性木僵较常见。

（四）偏执型（妄想型）精神分裂症

这一类型的精神分裂症较为常见。发病年龄多在30岁前后，主要症状为妄想。发病初期，病人先有一些环境异样的感觉，然后逐渐产生牵连观念、被害妄想等。多数病人均伴有与妄想内容相应的幻觉；少数病人以原发性妄想的形式突然起病。病人一般接触较好，病程较长，人格损害较不明显。此类病人可发生各种严重的危害行为，是司法精神鉴定的重点对象之一。

按《中国精神障碍分类与诊断标准（CCMD-3）》偏执型精神分裂症应符合如下诊断标准：

20.1 偏执型分裂症

符合分裂症诊断标准，以妄想为主，常伴有幻觉，以听幻觉较多见。

（五）其他型别

同一精神分裂症病人在不同时期可出现不同类型的症状，不同的症状群可以出现共同的结局，因此以上四型虽然表现不同，但还是属于同一种疾病。临床上，约有1/3以上的病例不能纳入以上四型的任何一型，而被归入下述型别中的某一型。

按《中国精神障碍分类与诊断标准（CCMD-3）》精神分裂症还有如下类型：

20.5 未定型分裂症

[诊断标准]

1 符合分裂症诊断标准，有明显阳性病症状；

2 不符合上述亚型的诊断标准，或为偏执型、青春型，或紧张型的混合形式。

[说明]　本型又名混合型或未分型。

20.9 其他型或待分类的分裂症

符合分裂症诊断标准,不符合上述各型的诊断标准,如:20.91 儿童分裂症、20.92 晚发性分裂症等。

3. 20.x1 分裂症后抑郁

[诊断标准]

1 最近 1 年内确诊为分裂症,分裂症病情好转而未痊愈时出现抑郁症状;

2 此时以持续至少 2 周的抑郁为主要症状,虽然遗有精神病性症状,但已非主要临床相;

3 排除抑郁症、分裂情感性精神病。

20.x2 分裂症缓解期

曾确诊为分裂症,现临床症状消失,自知力和社会功能恢复至少已 2 个月。

20.x3 分裂症残留期

[诊断标准]

1 过去符合分裂症诊断标准,且至少 2 年一直未完全缓解;

2 病情好转,但至少残留下列 1 项:①个别阳性症状;②个别阴性症状,如思维贫乏、情感淡漠、意志减退,或社会性退缩;③人格改变;

3 社会功能和自知力缺陷不严重;

4 最近 1 年症状相对稳定,无明显好转或恶化。

20.x4 慢性

[诊断标准]

1 符合分裂症诊断标准;

2 病程至少持续 2 年。

20.x5 分裂症衰退期

[诊断标准]

1 符合分裂症诊断标准;

2 最近 1 年以精神衰退为主,社会功能严重受损,成为精神残疾。

应注意的是,尤其在进行司法精神病学鉴定时应注意的是,过去的一些诊断名词现已废弃,如"急性精神分裂症""潜隐性精神分裂症",而"嫁接性精神分裂症"现应作两个诊断:①精神分裂症;②精神发育迟滞。

四、诊断及鉴别诊断

凡是在青壮年期发病,表现出精神分裂症症状,而意识和智能正常,缺乏能解释这些症状的心理因素，神经系统检查和体格检查都不能发现相应的器质性疾病者，应考虑精神分裂症的诊断。

在具体的诊断中，除依据前面所述的具体症状和临床表现外，还应注意在排除器质性精神障碍后有无精神活动的"分裂"现象（包括各种精神或心理活动系统之间的"分裂"或不协调），亚急性人格改变，窥镜自恋症，离奇荒谬的自残行为，易人妄想或替身综合征等，许多专家都强调用全面的综合分析来诊断精神分裂症。

精神分裂症的症状并不是在任何时间、任何场合都充分表现出来的，特别在早期或有些症状缓慢发展的病人的发病初期，其很不容易与正常精神活动相鉴别。而且有时病人还有意地掩盖症状，因此诊断较难。所以对于可疑有精神分裂症的病人，必须反复观察。有些病人一般应答虽然正常，但在其书信、日记或私下谈话中，已表现出大量思维障碍的症状，因此必须广泛收集资料。某种程度的"自知力"，也不能作为否定诊断的依据。

总之，对多数精神分裂症的诊断均不难，部分诊断较困难的病人只要能仔细收集病史，反复进行检查，诊断也是可以确定的。需要进行长期随访来确定诊断的病人只是少数。

五、预防、治疗与预后

预防工作，着重以下二点：①早期诊断，早期治疗；②预防复发。

精神分裂症在急性发病期以药物与电痉挛治疗为主；待病情有所好转，再以心理治疗、工娱治疗等为辅助手段以利于其康复。精神分裂症病人在缓解和出院后，仍应继续服用相当长一段时期的维持量药物，以巩固疗效与预防复发，一般至少要2~5年，然后在精神科医生指导下逐步减少药量与试行停药观察。此外，家庭、组织与社会各方面对病人的妥善照顾与支持，对病人的疗效巩固与痊愈，也是极为重要的。

预后与临床特点、治疗、社会心理因素、家庭照顾等有关。起病较急、有明显诱因、遗传史不明显、间断发作者，及早进行有效治疗，预后较好；其他种类的预后不佳，有可能发展为精神衰退或慢性状态。

六、法律问题

在司法鉴定中，本病最为多见，与违法、危害行为关系最密切，但亦有涉及病人婚姻、合同、受审、作证等能力问题及受害问题。这些都是由于患者多方面的精神障碍，导致了各种法律问题，故需要进行司法精神病学鉴定。

(一) 刑事责任能力问题

精神分裂症常有思维、情感、意志的严重障碍，又有明显的个性基本特征的改变。病人往往由于疾病的影响，丧失辨认和控制自己行为的能力，而且疾病的发展，有时难以确切地估计，病程经过又时有起伏。病人有时对自己行为控制能力较好，但可能在以后的某个时期，病情又加重，以致难以辨认是非和控制自己的行为。病人又多有幻觉、妄想，且多在幻觉、妄想支配下做出违法行为。精神分裂症患者的违法率不一定超过一般社会人群；然而，由于他们所造成的危害后果有时十分严重且骇人听闻，往往引起社会各方面的极大关注。

根据有关资料统计，由于各种危害行为而进行司法精神鉴定的精神分裂症患者人数，男性比女性约高8倍，这与正常犯罪者中男女比例相似。在各类临床型别中，从多到少依次为：偏执型、青春型、紧张型、单纯型；此外还有未定型与混合型、慢性、残留与缓解型。从精神病症状来看，在评定因精神病性症状而丧失辨认或控制能力，属于无责任能力的由多到少依次为：病理性妄想（以被害与嫉妒妄想为最多）、幻觉、思维逻辑障碍、病理性或强制性冲动、其他症状。精神分裂症患者的危害行为按频率大小排列为：杀人、伤害、扰乱社会治安与纵火、危害国家安全、强奸、猥亵与其他流氓行为、盗窃、抢劫、贪污、其他危害行为。

精神分裂症病人会有明显的幻觉、妄想，以及异常情感和行为等症状，因而，病人做出伤害、杀人及其他行为的动机和方式可与正常人不同，具有某些特点。例如，缺乏明确动机，或动机模糊不清，或是荒谬不可理解。在伤害行为的方式方法上常带有冷酷性和凶残性，"犯罪"后常常表现为漠不关心和无所畏惧，并毫无后悔之意。有的病人甚至在行凶以后，仍在行凶现场，若无其事地徘徊不走。被害者以家庭成员，特别是配偶、子女、双亲为最多，杀害邻友者占相对少数。女性病人大多数是杀害丈夫或子女。患者可在幻觉、妄想支配之下采取突然的攻击性暴力行动或有"预谋"的各种行动。偏执型病人多见预谋违法行为，青春型和紧张型病人则多由于冲动行为而做出违法的事情。

对有危害或违法行为的精神分裂症患者进行司法精神鉴定，必须严格执行我国《刑法》第18条的规定，不能认为凡是发病期的精神分裂症病人就一律无责任能力。不但要清楚区别被鉴定人是在精神分裂症的发病期，部分或完全缓解期或者间歇期作案，还要查清该危害行为有无现实性动机以及与精神分裂症的精神病理（或精神病性症状）之间的关系，更要找出它们影响患者实质性辨认能力与自控能力的客观依据，使司法精神鉴定真正达到法学要求。精神分裂症责任能力的评定如下：

发病期：精神病性症状与其行为有直接因果关系时，其辨认或者控制能力完全丧失，评定为无责任能力；精神病性症状与其行为虽然缺乏明确因果关系，但是行为荒谬离奇，令人难以理解者，评定为无责任能力；辨认或者控制能力明显削弱，一般不评定为完全责任能力；具有现实动机者，可评定为限制责任能力。

缓解期：完全缓解者，其精神症状消失，自知力完整，恢复了病前的工作学习能力和社会功能，辨认或者控制能力存在，评定为完全责任能力。

残留期：部分或者大部分缓解者，但残留某些精神病性症状，如果其行为与精神病性症状有因果关系，辨认或者控制能力完全丧失，评定为无责任能力；如果其行为与精神病性症状有因果关系，辨认或者控制能力明显削弱，评定为限制责任能力；精神分裂症后人格改变者，根据疾病缓解程度及人格改变对辨认或者控制能力的影响程度，评定为限制责任能力或者完全责任能力。

对具有精神缺损者，平时虽能适应一定的社会生活，但没有明显原因，而做出违法行为者，可考虑评定为无刑事责任能力。

具体实践中，一部分本症患者的伤害行为并非由妄想、幻觉等精神病性症状所致，行为与症状之间并无因果关系，而且该时患者有一定辨认和控制能力，不能只因为他们被诊断为精神分裂症就评定为"无刑事责任能力"，要防止"有病无罪论"的偏向。

精神分裂症患者的"危害国家安全言行"如果发生在被鉴定人病情已有所缓解或间歇期，不是由于夸大妄想或思维逻辑障碍，而是由于某些现实原因使其内心不满所产生，对这类言行，自然不应完全免除其刑事责任。

因强奸违法送来鉴定的精神分裂症患者，有不少是有一定作案动机，预谋准备（包括挑选对象与时机）的，而且有一定辨认能力与控制能力。对这种病人，即使其病情未愈，也不轻易评定为无刑事责任能力。只有在意识障碍或梦呓样状态下，或者由于病理性幻听等精神病性症状的驱使，导致性侵犯行为时，才能评定为无刑事责任能力。

技巧性的盗窃、诈骗与贪污等犯罪行为，往往与精神分裂症的精神病理无关；除非有确凿证据证明其在作案当时由于某种精神病性症状（如幻觉等）的驱使而如此，否则也不能评定为无刑事责任能力。

(二) 民事行为能力问题

对精神分裂症患者民事行为能力的鉴定，也应当像对刑事责任能力的鉴定一样，必须遵循实事求是的原则，严格按照我国《民法总则》第 21 条办理。也就是说，不是一旦诊断民事当事人患有精神分裂症，就机械地认定该当事人丧失了对一切事物的行为能力。实际上，有的人患了精神分裂症以后，并不是对周围的所有事物都丧失了辨认能力与处理能力，他们还可能对某些事物保留着相当正确的认识与判断能力，仍能像正常人那样有能力进行合理的处理与安排。如果判定他们完全无民事行为能力，则必然会过多地剥夺他们的合法权益，不但会损害患者的利益，同时也是不恰当与不科学的。

对于精神分裂症患者民事行为能力的评定（完全、限制或无民事行为能力）应当"具体化"而不宜"泛化"，即只限于对有关的某项事物而不是泛化推演到其他方面。实践中，在鉴定精神病人的民事行为能力时，实际上只要求对某项事物的行为能力进行评定，并不要求涉及其他。因此要注意以下几个要点：

1. 被鉴定人患有精神分裂症，要确定是在发病期，还是好转期或部分缓解期，或是完全缓解期或间歇期。

2. 要检查被鉴定人对该项事物是否具有实质性的辨认能力，能否正确理解该事物的实质性质、具体情况以及可能产生的后果；能否理解其中的利害关系。

3. 要检查被鉴定人有无能力来执行或进行该项事物；能否承担该事物应尽的义务，以及有无能力来保护自己的正当权益。

一般说来，精神分裂症病人在完全缓解期或间歇期，是具有完全民事行为能力的。在精神分裂症未愈或部分缓解时，就要视具体情况具体分析。如果完全具备上述第 2、3 两条，或其中一条有削弱但并未丧失或不能时，则可评定为对该项事物有限制行为能力；如果两条之一的能力已完全丧失或不能时，则应评定为对该项事物无行为能力。

(三) 女性"性受害人"鉴定

精神分裂症女患者，在被人奸淫后来做司法精神鉴定时，应注意以下要点：

1. 要确定患者在发生该事件时是处在发病期，还是好转期或部分缓解期，或是完全缓解期。

2. 要查清患者在该行为时是主动的，还是被动的，或是半推半就的。如果是多次被某人奸淫，特别要注意第一次性行为时的情况。

3. 要检查患者对这种性行为的实质性辨认能力如何：比如这是一种什么性

质的行为，非婚性行为是好事还是坏事、它会产生什么后果、会不会怀孕、怀孕后怎么办，以及对她本人与家庭会产生什么后果与影响，等等。

4. 要检查患者是否有抗拒表现，有无自卫能力。一般来说，精神分裂症女患者在完全缓解期或间歇期，对性行为是有辨认能力与性自我防卫能力的，此时如果与他人发生婚外性关系，则应按正常人同样处理。

如果患者精神分裂症未愈或部分缓解，第一步应查明男方是"明知"还是"不知"她患有精神病；第二步应查明她是否属于主动追求、勾引或诱惑男方与之发生性关系的。如果男方明知女方患有精神分裂症并且未痊愈，又主动与之发生性行为的，按强奸罪定性；但如果是在女方主动要求时，利用她理智的丧失与性欲亢进，趁机对其进行奸淫或轮奸的，情节恶劣者应按强奸罪从重处理。假如是在女方主动勾引下，男方不知女方有精神病而受到强烈性诱惑一时失足的，则应从轻处罚。

对于男方采取主动，患者（尤其是未婚妇女）在第一次性行为时是被动的，但后来却转变为主动要求与该男继续发生性关系的，这种情况则与上述女方原始主动者不同。如查明该女患者在第一次被动发生性关系时，是无实质性辨认能力或无性自我防卫能力的，仍应按"强奸罪"定性。

经检验，精神分裂症女患者在发病期与好转期或部分缓解期，在男方主动的性侵犯情况下，如果确属丧失了对性行为的辨认能力或者丧失了性自我防卫能力（如僵住状态等）而被奸淫的，则男方的行为属于"强奸罪"性质，应从严惩处。总之，在定性与量刑方面应与女患者的主动与被动、辨认能力与性自我防卫能力等因素相适应。

第二节　心境障碍（情感性精神障碍）

心境障碍（情感性精神障碍）是以明显而持久的心境高涨或低落为主的一组精神障碍，并有相应的思维和行为改变。但是，这些障碍与患者当时的优势情感基本协调一致。可有精神病性症状，如幻觉妄想。大多数患者有反复发作的倾向，每次发作多可缓解，部分可有残留症状或转为慢性。

一、躁狂抑郁症

(一) 概述

简称躁郁症，又称为躁狂抑郁性精神病，以显著而较持久的情感过度高涨或低落为临床主要特征。病程常有周期性和可缓解性，在间歇期多能保持正常，精神活动的完整性一般不受损害。其情感障碍较多见的是抑郁与焦虑，常有自杀倾向，但有相当一部分患者也表现为情绪高涨与兴奋。本症一般预后较好。

据我国有关资料，本症的总患病率为 0.76‰，其中城市为 0.73‰，农村为 0.79‰。多数报告显示女性患病率高于男性。一般而言，躁狂症多见于年轻患者，抑郁症多见于年长患者。

本病病因未明，近年从生化和遗传角度进行较多研究，取得了有意义的线索，提出以下发病原因学说：

1. 遗传学因素。对此主要从家系、孪生子、寄养子三方面进行研究。这三方面的资料均提示本病与遗传有关，但其遗传方式却尚无定论，有几类假说：①单基因常染色体显性遗传不完全外显。②伴性遗传，即由 X 染色体上显性遗传。③多基因遗传，即由若干个基因的累加作用所致。

2. 生化代谢异常。学界认为脑内生物胺类递质异常。相关假说有：①抑郁症系脑内儿茶酚胺不足所致；躁狂症则为儿茶酚胺增多所致。②脑内 5-羟色胺增多与躁狂症有关，5-羟色胺的减少与抑郁症有关。③其他假说，如去甲肾上腺素（NE）假说、多巴胺（DA）假说、乙酰胆碱（Ach）假说、γ-氨基丁酸（GABA）假说等。

3. 神经内分泌功能失调。研究发现，抑郁症病人的神经内分泌功能有下丘脑—垂体—肾上腺轴功能异常。

4. 心理因素和躯体因素。据有关资料统计，本症首次发病前约有半数以上的患者有心理因素导致其发病；少数患者在躯体因素影响下发病。但这些因素可能是促发因素。

(二) 临床表现及分类

根据发病时情感及动作行为特征，可分为如下几类：

1. 躁狂症。躁狂症的典型症状表现在三个方面：

(1) 情绪高涨。患者感到外界与自身都极为良好，表现出持久的愉快、乐观和喜悦。这种情感高涨不仅生动、鲜明、持久，而且与内心体验相一致，故颇具感染性，常能博得周围人的共鸣。但亦有情绪不稳定、不欣快而易激惹暴怒的。

（2）思维活动加速。思维联想过程明显加速，概念不断涌现，内容丰富多变，自觉脑子极其好用，语言加速且滔滔不绝，思维奔逸。但思维的逻辑浮浅，思维活动易受外界影响而多变，严重时出现意念飘忽、音联、意联。自我评价高，可出现自我夸大观念甚至妄想。幻觉少见。

（3）精神运动性兴奋。精力增加，活动过多，整日忙碌，爱管闲事，喜好串门，喜欢热闹场面，不知疲劳，但做事往往有头无尾，缺乏成效。意见多，要求也多。睡眠少，食欲亢进，性欲增强，好打扮，恋色情，喜接近异性，可失去正常的行为控制能力。

病人在躯体方面还会有面色红润、目光炯炯有神、话多而嗓音沙哑，持久兴奋致体重下降等表现，入睡困难或早醒，并伴有血压增高，脉搏加快，瞳孔扩大，便秘等交感神经活动亢进的症状。

病人常无自知力。按病情不同，可分为躁狂症、轻躁狂、重度躁狂。

轻躁狂者言语增多，精力活动增加，情感轻度高涨欣快，自身感觉良好，社交能力增加，善谈，各方面都有高涨表现，但病情未严重到妨害工作与影响社会。

重度的躁狂兴奋，可称为谵妄性躁狂或错乱性躁狂，患者的躁狂活动增多到狂暴程度，伴有明显的意识障碍、幻觉、妄想和严重的精神运动性兴奋。

躁狂症起病可急可缓，病前可有无力、烦躁、失眠等症状，继之出现与环境不相称，与病人本身客观状态亦不相称的躁狂症状。但是，前述三种症状都共同出现的患者只占躁狂症的30%左右，多数病人并不都具备全部的躁狂症典型症状。

按照《中国精神障碍分类与诊断标准（CCMD-3）》，躁狂发作应符合如下标准：

30　躁狂发作

躁狂发作以心境高涨为主，与其处境不相称，可以从高兴愉快到欣喜若狂，某些病例仅以易激惹为主。病性轻者社会功能无损害或仅有轻度损害，严重者可出现幻觉、妄想等精神病性症状。

［症状标准］　以情绪高涨或易激惹为主，并至少有下列3项（若仅为易激惹，至少需4项）：

1　注意力不集中或随境转移；

2 语量增多；

3 思维奔逸（语速增快、言语迫促等）、联想加快或意念飘忽的体验；

4 自我评价过高或夸大；

5 精力充沛、不感疲乏、活动增多、难以安静，或不断改变计划和活动；

6 鲁莽行为（如挥霍、不负责任，或不计后果的行为等）；

7 睡眠需要减少；

8 性欲亢进。

[严重标准]　严重损害社会功能，或给别人造成危险或不良后果。

[病程标准]

1 符合症状标准和严重标准至少已持续1周；

2 可存在某些分裂性症状，但不符合分裂症的诊断标准。若同时符合分裂症的症状标准，在分裂症状缓解后，满足躁狂发作标准至少1周。

[排除标准]　排除器质性精神障碍，或精神活性物质和非成瘾物质所致躁狂。

[说明]　本躁狂发作标准仅适用于单次发作的诊断。

30.1 轻性躁狂症（轻躁狂）

除了社会功能无损害或仅轻度损害外，发作符合30躁狂发作标准。

30.2 无精神病性症状的躁狂症

除了在30躁狂发作的症状标准中，增加"无幻觉、妄想，或紧张综合征等精神病性症状"之外，其余均符合该标准。

30.3 有精神病性症状的躁狂症

除了在30躁狂发作的症状标准中，增加"有幻觉、妄想，或紧张综合征等精神病性症状"之外，其余均符合该标准。

30.4 复发性躁狂症

[诊断标准]

1 目前发作符合上述某一型躁狂标准，并在间隔至少2个月前。有过1次发作符合上述某一型躁狂标准；

2 从未有抑郁障碍符合任何一型抑郁、双相情感障碍，或环性情感障碍标准；

3 排除器质性精神障碍，或精神活性物质和非成瘾物质所致的躁狂发作。

30.41 复发性躁狂症，目前为轻躁狂

符合 30.4 复发性躁狂的诊断标准，目前发作符合 30.1 轻躁狂标准。

30.42 复发性躁狂症，目前为无精神病性症状的躁狂〔F30.8 其他躁狂发作〕

符合 30.4 复发性躁狂的诊断标准，目前发作符合 30.2 无精神病性症状的躁狂标准。

30.43 复发性躁狂症，目前为有精神病性症状的躁狂〔F30.8 其他躁狂发作〕

符合 30.4 复发性躁狂的诊断标准，目前发作符合 30.3 有精神病性症状的躁狂标准。

30.9 其他或待分类的躁狂

2. 抑郁症。抑郁症的典型症状表现在三个方面：

（1）情绪低落。患者抑郁悲观，终日忧心忡忡，唉声叹气，兴趣索然。良好的外界刺激亦不能减轻病人的症状，对一切丧失信心，认为自己无能无用，消极悲观，常出现自责自罪观念，因而可导致自杀企图。情绪低落可影响到认知和记忆力。

（2）思维缓慢。思维联想受抑制，自觉脑子迟钝，脑力不济，思路闭塞，表现为言语速度慢且内容贫乏，音低语少，有时有疑病观念，甚至出现罪恶妄想。幻觉不多见。

（3）言语动作减少、迟缓。有时会有犹豫不决和强迫症状，有时突然还会有焦虑激越表现和冲动行为。少数抑郁状态严重者，缄默不语，没有身体动作，处于木僵状态。

病人在躯体症状方面可表现为面容愁苦憔悴，目光呆滞，食欲差，体重下降，汗液和唾液分泌减少，便秘。睡眠障碍，尤其是易早醒，疲倦，精力不足，性欲减退，阳痿或闭经。有些还表现出头痛、头晕、胸闷、气短、胃肠和心脏症状，但躯体检查无阳性所见。

抑郁症起病多缓慢，往往先有失眠、乏力、食欲不振、工作效率降低和各种内感不适。但是由精神因素或躯体因素诱发起病者，发病可较急。抑郁症的症状表现以昼重夜轻。病人还可出现人格解体、强迫状态或恐怖症症状。

抑郁症病人最危险的症状是自杀企图和行为。据美国的有关资料显示，该症自杀率约为 14%。

按照《中国精神障碍分类与诊断标准（CCMD-3）》，抑郁发作应符合如下标准：

32 抑郁发作

抑郁发作以心境低落为主,与其处境不相称,可以从闷闷不乐到悲痛欲绝,甚至发生木僵。严重者可出现幻觉、妄想等精神性症状。某些病例的焦虑与运动性激越很显著。

[症状标准]　以心境低落为主,并至少有下列4项:

1 兴趣丧失、无愉快感;
2 精力减退或疲乏感;
3 精神运动性迟滞或激越;
4 自我评价过低、自责,或有内疚感;
5 联想困难或自觉思考能力下降;
6 反复出现想死的念头或有自杀、自伤行为;
7 睡眠障碍,如失眠、早醒,或睡眠过多;
8 食欲降低或体重明显减轻;
9 性欲减退 。

[严重标准]　社会功能受损,给本人造成痛苦或不良后果。

[病程标准]

1 符合症状标准和严重标准至少已持续2周。
2 可存在某些分裂性症状,但不符合分裂症的诊断。若同时符合分裂症的症状标准,在分裂症状缓解后,满足抑郁发作标准至少2周。

[排除标准]　排除器质性精神障碍或,精神活性物质和非成瘾物质所致抑郁。

[说明]　本抑郁发作标准仅适用于单次发作的诊断。

32.1 轻性抑郁症(轻抑郁)

除了社会功能无损害或仅轻度损害外,发作符合32抑郁发作的全部标准。

32.2 无精神病性症状的抑郁症

除了在32抑郁发作的症状标准中,增加"无幻觉、妄想,或紧张综合征等精神病性症状"之外,其余均符合该标准。

32.3 有精神病性症状抑郁症

除了在32抑郁发作的症状标准中,增加"有幻觉、妄想或紧张综合征等精神病性症状"之外,其余均符合该标准。

32.4 复发性抑郁症

［诊断标准］

1 目前发作符合某一型抑郁标准，并在间隔至少 2 个月前，有过另 1 次发作符合某一型抑郁标准；

2 以前从未有躁狂符合任何一型躁狂、双相情感障碍，或环性情感障碍标准；

3 排除器质性精神障碍，或精神活性物质和非成瘾物质所致的抑郁发作。

32.41 复发性抑郁症，目前为轻抑郁

符合 32.4 复发性抑郁的诊断标准，目前发作符合 32.1 轻抑郁标准。

32.42 复发性抑郁症，目前为无精神病性症状的抑郁

符合 32.4 复发性抑郁的诊断标准，目前发作符合 32.2 无精神病性症状的抑郁标准。

32.43 复发性抑郁症，目前为有精神病性症状的抑郁

符合 32.4 复发性抑郁的诊断标准，目前发作符合 32.3 有精神病性症状的抑郁标准。

32.9 其他或待分类的抑郁症

3. 双相性情感障碍（躁狂抑郁型）。病程中既有躁狂又有抑郁发作，二者皆出现，交替发作。按照《中国精神障碍分类与诊断标准（CCMD-3)》有如下分类：

31 双相障碍

目前发作符合某一型躁狂或抑郁标准，以前有相反的临床相或混合性发作，如在躁狂发作后又有抑郁发作或混合性发作。

31.1 双相障碍，目前为轻躁狂

目前发作符合 30.1 轻躁狂标准，以前至少有 1 次发作符合某一型抑郁标准。

31.2 双相障碍，目前为无精神病性症状的躁狂

目前发作符合 30.2 无精神病性症状的躁狂标准，以前至少有 1 次发作符合某一型抑郁标准。

31.3 双相障碍，目前为有精神病性症状的躁狂

目前发作符合 30.3 有精神病性症状的躁狂标准，以前至少有 1 次发作符合某一型抑郁标准。

31.4 双相障碍，目前为轻抑郁

目前发作符合 32.1 轻抑郁标准，以前至少有 1 次发作符合某一型躁狂标准。

31.5 双相障碍，目前为无精神病性症状的抑郁

目前发作符合 32.2 无精神病性症状的抑郁标准，以前至少有 1 次发作符合某一型躁狂标准。

31.6 双相障碍，目前为有精神病性症状的抑郁

目前发作符合 32.3 有精神病性症状的抑郁标准，以前至少有 1 次发作符合某一型躁狂标准。

31.7 双相障碍，目前为混合性发作

[诊断标准]

1 目前发作以躁狂和抑郁症状混合或迅速交替（即在数小时内）为特征，至少持续 2 周躁狂和抑郁均很突出；

2 以前至少有 1 次发作符合某一型抑郁标准或躁狂标准。

31.9 其他或待分类的双相障碍

31.91 双相障碍，目前为快速循环发作

在过去 12 个月中，至少有 4 次情感障碍发作，每次发作符合 30.1 轻躁狂或 30 躁狂发作、32.1 轻抑郁或 32 抑郁发作，或情感障碍的混合性发作标准。

4. 持续性心境障碍。按照《中国精神障碍分类与诊断标准（CCMD-3）》，有如下分类：

33 持续性心境障碍

33.1 环性心境障碍

[症状标准] 反复出现心境高涨或低落，但不符合躁狂或抑郁发作症状标准。

[严重标准] 社会功能受损较轻。

[病程标准] 符合症状标准和严重标准至少已 2 年，但这 2 年中，可有数月心境正常间歇期。

[排除标准]

1 心境变化并非躯体或精神活性物质的直接后果，也非分裂症及其他精神病性障碍的附加症状；

2 排除躁狂或抑郁发作，一旦符合相应标准即诊断为其他类型情感障碍。

33.2 恶劣心境

[症状标准] 持续存在心境低落，但不符合任何一型抑郁的症状标准，同时无躁狂症状。

[严重标准] 社会功能受损较轻，自知力完整或较完整。

[病程标准] 符合症状标准和严重标准至少已 2 年，在这 2 年中，很少有持

续 2 个月的心境正常间歇期。

［排除标准］

1 心境变化并非躯体病（如甲状腺机能亢进症），或精神活性物质导致的直接后果，也非分裂症及其他精神病性障碍的附加症状。

2 排除各型抑郁（包括慢性抑郁或环性情感障碍），一旦符合相应的其他类型情感障碍标准，则应作出相应的其他类型诊断；

3 排除抑郁性人格障碍。

33.9 其他或待分类的持续性心境障碍

5. 其他或待分类的心境障碍。按照《中国精神障碍分类与诊断标准（CCMD-3)》，有如下分类：

39 其他或待分类的心境障碍

心境障碍的第 5 位编码表示：

3x.xx1 意识障碍（如谵妄）

严重躁狂发作可出现意识障碍（如谵妄），可称谵妄性躁狂等。

3x.xx2 伴躯体症状

［说明］ 在抑郁发作中，有显著的躯体症状与自主神经症状，而无相应的躯体疾病可以解释，有时甚至掩盖了抑郁症状，有人称为"隐匿性抑郁症"，这一名称未获国际公认，本分类系统亦不列入。

3x.xx3 慢性

一次抑郁或躁狂发作的病程至少持续 2 年。

3x.xx4 缓解期

曾有 1 次以上情感性精神障碍发作史，目前已完全缓解至少 2 个月。

（三）诊断及鉴别诊断

1. 基本临床症状。即以情绪高涨或低落为主，伴有思维奔逸或迟缓，精神运动增强或迟钝。情感、思维、行为三者协调，与现实环境保持密切联系。

2. 大多为青壮年起病，反复发作的病程，间歇期精神状态正常，精神症状有昼重夜轻的节律变化，但躯体、神经系统和化验检查一般无阳性发现。

3. 有较高的阳性家族史。

本病在症状充分发展期，诊断并不困难，但疾病早期或症状不典型时，往往需要与下述疾病鉴别：①精神分裂症青春型和紧张型；②症状性精神病；③反应型抑郁；④神经症性抑郁；⑤脑器质性精神障碍。

（四）治疗、预防和预后

本病的治疗可采用：①抗精神病药物治疗；②病情较严重者可采用电痉挛治疗；③心理治疗。

预防复发要病愈后维持治疗至少半年，然后可采用预防性治疗。尤其要防止抑郁症的自杀。

躁狂症常突然发病，病程持续2周~4.5个月，平均4个月。抑郁症病程较长，平均6个月。发作次数以1~2次为多见。各型中以双相型的发作次数为多。一般发作次数愈多、年龄愈大，病期持续愈长，若合并躯体疾病，易迁延成慢性。本病预后较好，虽多次发作，间歇期精神活动仍保持正常。

二、更年期忧郁症

更年期忧郁症是指初次发病在更年期，临床表现为神经症症状，或以情绪抑郁、焦虑、紧张和猜疑为主要症状，并常伴有各种植物神经和内分泌功能障碍的一组精神疾病中的一种。

发病机理尚未完全清楚。更年期体内内分泌发生失调、遗传因素、病前性格（敏感、多疑、胆小等）、精神因素都与本病的发生有关。

本病发病缓慢，病程较长。更年期一般为男性50~60岁，女性45~55岁。发病早期多有更年期综合征，其表现为内分泌及植物神经系统功能不稳定及类似神经衰弱的症状。

在病程后期，病情逐渐加重，临床表现以焦虑、忧郁、紧张不安和情绪障碍为主，而精神运动性抑制不明显。病人终日惶惶不安，总是如大祸临头般，将一般缺点和小事过分夸大，认为是不可饶恕的罪行，罪孽深重，或认为自己过去工作没干好，现又无力弥补，将一些躯体不适归咎为严重的难以医治的疾病，还可发生贫穷或虚无妄想，多有消极自杀或自伤行为。病人智力良好，因终日焦虑、紧张、抑郁和疑病，工作能力明显下降，但思维、言语和行为并不迟钝。

根据首次发病在更年期，常有某些精神或躯体因素为诱因，多有更年期综合征的表现为早期症状，临床以抑郁焦虑为主，智能良好，不难做出诊断。常需和下述疾病相鉴别：①反应性精神病；②脑动脉硬化性精神病；③抑郁症；④神经症性抑郁。

本症不经治疗，则病程冗长。如及时治疗，好转较快。

治疗可采用：①心理支持疗法；②抗精神病药物；③性激素；④严重抑郁和有自杀企图者可作电痉挛治疗。

三、法律问题

躁狂症患者，在情绪高涨时，或加之夸大观念或受夸大妄想支配，往往信口开河，自认为本领很强，随意夸口与许诺，如有时拿人钱财说为其办事，又大肆挥霍，被告以诈骗；或随意馈赠、签合同、立遗嘱，乱作证；有时易激惹，在暴怒下发生攻击、破坏行为；有时在意识障碍，或幻觉、妄想支配下出现违法行为；有时经人唆使和挑拨，便会偷盗、抢劫物品；性欲亢进，可出现调戏、猥亵、淫乱行为，但罕见强奸行为。女性患者可举止轻佻，挑逗、勾引男性。

抑郁症患者，有时可出现攻击、毁物、纵火行为。因为罪恶观念和罪恶妄想，可导致自杀行为。而且往往自杀前周密计划，行动隐蔽，设法隐瞒或躲避别人的觉察。有时还认为自己死后亲人会受连累，故先杀亲人再自杀，出现"扩大性自杀"；还有时会到处自我"诬告"甚至故意干违法事情或先杀无辜外人，再通过司法审判对自己处以死刑，而出现"间接性自杀"或"曲线自杀"。有些患者在严重的情绪低落下，对外界的刺激产生严重的负性认知而出现关系妄想、被害妄想或偏执观念等，并在这些精神病性症状的影响下可出现杀人行为；另一类较常见的抑郁发作时杀人，是患者一方面情绪极度低落，一方面又极度的焦虑不安，情绪易激惹，呈激越状态，周围环境一点小的刺激，就引发突然的冲动杀人行为；有些抑郁症患者在症时出现偷窃、抢劫、纵火，甚至强奸行为，这些危害行为属一种自践行为。所有这些杀人行为或者其他危害行为，都是在情绪严重低落的情况下，或是在自责、自罪等负性认知的影响下，以通过这种危害行为达到惩罚自己的目的。有时抑郁症病人可主动将自己利益让出以"减轻罪责"，或被人骗去财物。

（一）刑事责任能力问题

1. 躁狂症。

（1）轻躁狂：发病时辨认能力往往保存较好，其控制能力有一定程度削弱，评定为完全责任能力，少数可评定为限制责任能力。

（2）急性或重性躁狂症：发病时辨认能力部分受损，但控制能力往往丧失，可评定为无责任能力。

（3）精神病性躁狂症：指谵妄性躁狂症和伴幻觉、妄想的精神病性躁狂症，发病时辨认或者控制能力丧失，评定为无责任能力。

2. 抑郁症。

（1）轻性或中性抑郁症：其辨认能力和控制能力多无明显受损，评定为完全责任能力。

（2）重性抑郁症：指抑郁情绪严重，伴有明显的自杀企图或行为，但缺乏幻觉、妄想等精神病性症状。遇到重性抑郁症实施的特殊危害行为，其责任能力评定参考以下原则：

第一，扩大性自杀：又称"怜悯性杀亲"，指重性抑郁病人决意自杀前，为了不让依赖自己或病弱的特别亲密的亲人活着受罪或受苦，出于怜悯之心将亲人杀害。病人辨认能力和控制能力均有严重障碍，作案后往往因罪恶感强化冲动自杀，一般评定为无责任能力。

第二，间接性自杀：重性抑郁症病人，虽有强烈的自杀企图却屡次自杀未遂，以杀人手段求得判处死刑，达到死亡目的。此时应区分病人到底是辨认能力，还是控制能力严重削弱，根据削弱程度，评定为完全责任能力或者限制责任能力。如果把自杀作为唯一目的，辨认或者控制能力丧失或者严重削弱的，评定为无责任能力或者限制责任能力（应从严掌握）。

第三，报复性自杀：重症抑郁症病人，在决心自杀之前对心怀嫌隙的他人仍然怀恨在心，企图杀害对方，同归于尽。病人辨认或者控制能力受损程度较轻，一般情况下应评定为完全责任能力；但若由于强烈的情感作用使其控制能力严重削弱，可评定为限制责任能力（应从严掌握）。

第四，自践行为：指重症抑郁症病人，由于内疚或罪恶感，出现自我惩罚的心理冲动，而实施盗窃或冲动伤人等行为，欲求得法律制裁，以达到自我惩罚目的。病人辨认能力的受损程度较轻，通常也知道盗窃犯法，但是控制能力明显削弱时，评定为限制责任能力。

（3）精神病性抑郁症：指具有明显幻觉、妄想、病理性思维障碍等精神病性症状的抑郁症。如危害行为与精神病性症状有因果关系，其辨认或者控制能力丧失时，评定为无责任能力。如有其他情况，可参照精神分裂症项评定。

（4）过失危害行为：抑郁症病人由于情感低落，注意力涣散，容易造成过失危害行为，如果确认属于认知能力削弱所致，可评定为限制责任能力。

（5）恶劣心境所致危害行为：目前遇到的一些案例，其实施杀人行为与"扩大性自杀"类似，没有可理解的动机和目的。各种调查资料和检查结果证实，其行为与恶劣心境影响有因果关系。对此 CCMD-3 与 ICD-10 均认为它属于持续性心境（情感）障碍的特殊类型，称之为恶劣心境。

由于其具有与众不同的特点，有时采用不分等级的评定方法，即评定为"有责任能力"。至于责任能力等级的确定,应由人民法院依据案例事实情节定夺。

(6) 激惹行为:对于焦虑—抑郁状态下出现的激惹行为,一般属于生理性激情反应以及过失性行为。如果出现重大的与生活事件极不相称的危害行为,往往与既往存在的人格特征有关,不要误认为是"重性抑郁症"。

(二) 民事行为能力问题

处于一般躁狂和抑郁状态时,评定为无民事行为能力。轻躁狂常自我评价过高,对自己真正的能力和财力估计或辨认有明显缺陷,在这些方面多评定为无行为能力。慢性抑郁症多评定为无民事行为能力。

(三) 女性"性受害人"鉴定

要判定她是否处于疾病状态,有无自我保护能力和自我性保护能力。还要据案件的案情分析,应该根据具体情况实事求是地作出结论,不宜均以"无性防卫能力"论。如果主动对女病人实施奸污的,应按强奸罪论处。

第三节 偏执性精神病

一、概念

偏执性精神病是一组疾病的总称,其共同特点是以持久的系统妄想为主要症状,而病因未明的精神障碍,妄想程度可轻重不一,行为和情感反应与妄想观念相一致,若有幻觉则历时短暂且不突出。在不涉及妄想的情况下,其无明显的其他心理方面异常;30 岁以后起病者较多;长期演进也很少出现精神衰退现象。

二、类型与临床表现

(一) 偏执性精神病

按照《中国精神障碍分类与诊断标准(CCMD-3)》,偏执性精神病应符合如下标准:

21 偏执性精神障碍

偏执性精神障碍指一组以系统妄想为主要症状,而病因未明的精神障碍,若有幻觉则历时短暂且不突出。在不涉及妄想的情况下,无明显的其他心理方面异常。30 岁以后起病者较多。

[症状标准] 以系统妄想为主要症状,内容较固定,并有一定的现实性,不经了解,难辨真伪。主要表现为被害、嫉妒、夸大、疑病,或钟情等内容。

[严重标准]　社会功能严重受损和自知力障碍。

[病程标准]　符合症状标准和严重标准至少已持续 3 个月。

[排除标准]　排除器质性精神障碍、精神活性物质和非成瘾物质所致精神障碍、分裂症，或情感性精神障碍。

[说明]　CCMD-3 中偏执狂（妄想狂）与偏执状态（类偏狂）已合并为一个诊断，使用同一编码，这与 ICD-10 和 DSM-4 一致。

但是，从司法精神病学鉴定中的案例来看偏执狂与偏执状态的表现和预后还是存在差异。

1. 偏执狂。偏执狂是一种罕见的精神病，以缓慢发展的系统而牢固的持久妄想为临床特征，病程冗长，预后不良。根据本病发病数据的有关统计，约占住院精神病患者的 1%，好发于 30 岁以上的中年人，男性多见（约占 70%），脑力劳动者发生率较高。

本病病因和发病机制尚不明确。遗传因素在本病中的作用不甚明显，多数学者认为是在个性缺陷的基础上，遭受精神上的挫折而发展起来的，精神因素可能只起诱发作用。这类病人多具有特殊的性格缺陷，如主观、固执、敏感、多疑、易于激动和暴躁、自尊心强、偏好以自我为中心、自命不凡、爱好幻想等。偏执狂大多是在精神因素的影响下，与周围发生多次冲突的基础上发展起来的。当遇到挫折后便加以曲解，逐步形成妄想，在妄想影响下易于与周围人发生冲突，又进一步加强了其妄想。

本病是缓慢发展、持久而不动摇的妄想系统，其思维和动作颇有条理，无幻觉，基本人格与临床状态相一致。其多以被害妄想开始，继而出现夸大妄想，两者互相影响，可交织在一起。钟情妄想和疑病妄想较少见。

本病病程冗长，可终生不愈，精神症状可随环境的改变而波动，但妄想一旦形成，很难完全消失，亦不出现精神衰退。年老后随精力和体力日渐衰弱，妄想可趋缓和。

偏执狂因其独特的临床特征，不难诊断，但有时难以确认诊断，须与下述疾病鉴别：

（1）偏执型分裂症。偏执狂者需要与急性发病而又有一定诱因的偏执型分裂症鉴别，后者以原发性妄想为主，其内容荒谬离奇，内容泛化，常出现各种幻觉、被害观念以及其他精神分裂症特点。而且，其情感色彩不突出，与行为也不协调等。另外，后者病前多为分裂型人格。其社会功能受损更明显，随着病程的迁延，晚期可能出现明显的人格改变和精神衰退表现。

（2）偏执型人格障碍。偏执狂者病前往往有偏执型人格障碍，但是这种敏感多疑的个性特征，并不形成妄想，不具有妄想的特征，可与偏执狂鉴别。

（3）心因性妄想。

（4）有害物质或躯体疾病所致的偏执型精神症状。

本病治疗可用抗精神病药物、中医中药等，但疗效不显著。精神治疗可有一定作用。本病的预防在于及早矫正不健全的性格，培养实事求是的科学态度。

2. 偏执状态。偏执状态也是以妄想为最主要症状的精神病，但妄想不如偏执狂那样有系统、顽固和持久。据国外资料统计，本病发病人数在住院病人中约占 10%，起病年龄多在 30 岁以上。

偏执状态具有以下特点：①妄想具有系统性、顽固性与持久性；②妄想内容以被害、夸大、嫉妒或钟情妄想为多见，内容接近现实。部分病人偶可伴有幻觉，但在临床相中不突出，不占显著地位；③女性较多见，起病多在 30~45 岁；④多数病人病前的个性具有主观、固执、敏感多疑等特点。不过，其妄想没有偏执狂那样系统化，程度也轻得多，预后也较好。需要强调的是，作为一种"状态"诊断，这不仅是当前争议最多，也是最容易被滥用的诊断。

本病无明显遗传倾向，无脑器质性疾病基础，系基于不健全人格与环境因素，特别是精神创伤相互作用而发生的。病人具有的偏执性病态人格的个性特点可表现为以自我为中心、自命不凡、固执、多疑。其受到挫折便认为是受到迫害，意见不被别人接受就归咎于别人对自己的妒忌。急性精神创伤常为诱发因素。

临床症状以妄想为主，常是对现实环境中某一事件产生曲解而引起发病，然后随着病态发展逐渐形成较系统的妄想；一般多为被害性妄想，其次为夸大妄想、嫉妒妄想、钟情妄想等；除妄想外无其他思维障碍；无幻觉和其他感知障碍；如果不触及妄想内容，情绪反应是适当的；人格保持相对完整，工作、学习和社会适应能力良好；定向和记忆正常，智能无损害，缺乏自知力；病程常延续数年而不发生精神衰退，但亦有短期消失者。

本病不易被发现，往往延误治疗时机，总的预后不如精神分裂症。

本病治疗方法有：①抗精神病药。②严重的可施行电痉挛治疗。③心理治疗——十分重要，要以说理教育为主，反复进行。④调整和改变工作生活环境。

（二）更年期偏执状态

本病是初次发病于更年期，以妄想为主要临床特征的精神病。本病的病因和发病机制尚不明。一般认为更年期机体衰老，内分泌功能失调，各种躯体疾患和精神因素的影响是发生本症的重要因素。发病以女性多见。

本病的临床特征有：发生于更年期，常伴忧郁、激动和焦虑。妄想系统性不强，结构简单，内容不荒诞，常与现实环境关系密切，对象多为周围人。妄想常见为嫉妒妄想、被害妄想、关系妄想、疑病妄想、虚无妄想等。可有听幻觉、嗅幻觉和内脏幻觉，多与猜疑和疑病症相联系。除妄想外无其他思维障碍。人格保持完整，不发生衰退。病人与环境接触好，主动向周围人诉述其内心体验。受妄想或幻觉影响，易情绪激动，紧张，并可产生冲动、拒食、自伤及自杀行为。

治疗以抗精神病药物为主。本病病程较长，预后较差，病情往往受环境的影响而发生波动。

（三）感应性精神病

多见于女性，往往发生于在同一环境中的较密切接触的亲属中。当一有威信和有较大影响的人发生妄想后，他的亲属由于感应关系，亦产生同样性质的妄想观念和精神病态。但当原发者的症状消失或与被感应者分开后，感应性精神病患者症状随之消失，预后良好。

《中国精神障碍分类与诊断标准（CCMD-3）》对本病规定如下：

23　感应性精神病

以系统妄想为突出症状的精神障碍，往往发生于同一环境或家庭中两个关系极为密切的亲属或挚友中（如母女、姐妹、夫妻、师生等），其妄想内容相似。

[症状标准]

1　起病前已有一位长期相处、关系密切的亲人患有妄想症状的精神病，继而病人出现精神病，且妄想内容相似；

2　病人生活在相对封闭的家庭中，外界交往少。被感应病人与原发病人有思想情感上的共鸣，感应者处权威地位，被感应者具有驯服，依赖等人格特点；

3　以妄想为主要临床相。

[严重标准]　社会功能严重受损。

[病程标准]　病程有迁延趋势，但被感应者与原发病者隔离后，被感应者可缓解。

[排除标准]　排除偶然同时或先后发病，但彼此没有明显影响的病例。

[说明]　偶尔一位存在妄想症状的精神病人，可导致多个与之长期相处、关系密切的亲人发生类似病症。

三、法律问题

偏执性精神病的主导症状就是妄想。妄想属于思维障碍。患者在妄想的支配下，可以产生相应的情感反应和行为。这些行为，有时可危及他人和社会。

被害妄想最多见，病人对"强加于他的迫害"可采取各种行为"反抗"，如上访、上告、上诉、纠缠公务人员，妨碍公务进行。当病人感到"忍无可忍"时，可对妄想的对象采取纵火、投毒、毁物、伤害甚至凶杀以"报复"。有时还认为是"奇冤大案"，又无能力反抗与剖白时，便可能"杀身自明"以示"抗议"。

在嫉妒妄想支配下，病人坚信配偶对己不忠，与人私通，破坏了自己的家庭幸福和美满，对配偶进行跟踪、盯梢、盘问、搜查、残酷体罚甚至杀害，而因平时配偶与其密切生活在一起，难以预防，可使凶杀易于成功，有时还会殃及子女。病人有时还会对妄想中的"第三者"进行各种名誉和人身攻击。

其他还有在物理影响妄想支配下进行攻击和破坏，在夸大妄想支配下进行政治性攻击，在钟情妄想支配下盲目追求异性等。

这种病人的违法行为的特征也应注意。因其妄想建立在病理性想象的"事实基础"上，从表面上看似有推理和逻辑，条理分明且系统，不明真相者易信以为真。病人无感知、智能及人格障碍，其因妄想导致的违法行为可有目的、有预谋、有计划地进行，安排有序。行事后可有自我保护的措施。归案后能交代动机和事实，不推诿后果，但拒不认错。

（一）刑事责任能力问题

妄想性精神障碍，是以持久性、系统化固定的妄想为主要临床特征的一组精神病性障碍。而且，其妄想内容通常与现实生活有密切联系，即具有一定的"现实性"，往往是在现实生活中经常可能发生的事，最多见的是被害妄想、嫉妒妄想、夸大妄想等内容。在不涉及妄想的情况下，其精神活动一般无明显异常，他们的生活和工作能力一般仍能保持完整。尽管妄想性精神障碍属于精神病性障碍，但是，司法实践中容易被忽视而将患者看成正常人，群众经常不予以谅解，鉴定中也容易误诊。其严重程度也有差异，弄清楚与案件事实的因果关系是刑事责任能力评定的基础。评定原则如下：

1. 危害行为与妄想直接相关。两者之间存在直接因果关系。行为直接为精神病性症状所支配，无现实背景，对自己的行为丧失了实质性辨认能力或者控制能力，评定为无责任能力。

2. 行为与妄想症状部分关联。两者之间存在部分可证明性，兼有精神病理与现实两种成分（如受害人为非妄想对象，有现实原因或过错等因素）。应结合精神症状的局限性特点，根据对自己行为的辨认能力或者控制能力的削弱程度，评定为限制责任能力或者完全责任能力。

但这种病人对妄想以外的事物有辨认能力，亦无其他精神病症状，故对与妄想无关的违法行为不能免除责任能力。

感应性精神病因感应产生妄想，而由妄想支配发生违法行为的，丧失了辨认能力，应评定为无刑事责任能力，但应与由于同情、支持而并未产生感应性妄想的情况下进行或参与犯罪者严格区别。

（二）民事行为能力问题

本病的患者对妄想以外的事务都有分析辨别能力，能作出正确的意思表示，能在民事法律关系中行使自己的权利和承担自己的义务，可评定为有行为能力。但对受妄想影响的行为则评定为无行为能力。

第四节　应激相关障碍

一、概念

应激相关障碍又称反应性精神障碍或心因性精神障碍，是指在严重或持久的精神创伤下引起的精神障碍。其临床症状特点和病程经过与精神创伤性体验有密切关系，此类患者的临床症状常直接反映或重演精神创伤情境的内容，病程和预后取决于精神创伤性因素能否解除，消除精神刺激因素后大多可迅速获得完全缓解。

在我国，本病在各类精神病中约占 3%~4%。患者发病年龄多在 16~45 岁之间，女性多于男性。

本病的病因和发病机理中，精神因素是发病的直接原因。强烈的精神刺激可引起强烈的精神应激和躯体应激现象。急性突发性的一过性强烈精神刺激、持续性慢性中等强度的精神刺激、多种精神刺激因素在短时间内集中出现，都有致病作用。精神刺激因素可包括巨大自然灾害或人为灾难、个人生活经历中的重大不幸、人际关系的急剧或持续恶化与紧张、社会联系的意外变化及与世隔绝等。

尽管强烈的精神刺激使大多数人都产生应激反应,但最终只有少数人才因反应过度出现精神障碍及躯体疾病,其中包括应激相关障碍(反应性精神障碍)。出现应激相关障碍的人的个性常有如下特点:胆小、孤僻、多疑、敏感、急躁、易激动。另外,患有躯体疾病或过度疲劳者,易发生本病。另据有关资料表明,有精神病家族史者易患本病,提示本病可能有遗传素质倾向。

《中国精神障碍分类与诊断标准(CCMD-3)》对应激相关障碍规定如下:

40 应激相关障碍

指一组主要由心理、社会(环境)因素引起异常心理反应,导致的精神障碍,也称反应性精神障碍。决定本组精神障碍的发生、发展、病程及临床表现的因素有:

1 生活事件和生活处境,如剧烈的超强精神创伤或生活事件,或持续困难处境,均可成为直接病因;

2 社会文化背景;

3 人格特点、教育程度、智力水平及生活态度和信念等;

4 不包括癔症、神经症、心理因素所致生理障碍及各种非心因性精神病性障碍。

二、临床表现

(一)急性应激障碍

1. 急性应激障碍,又称为急性应激反应。按照《中国精神障碍分类与诊断标准(CCMD-3)》,急性应激障碍应符合如下标准:

41.1 急性应激障碍

以急剧/严重的精神打击作为直接原因.在受刺激后立刻(1小时之内)发病。表现有强烈恐惧体验的精神运动性兴奋。行为有一定的盲目性;或者为精神运动性抑制,甚至木僵。如果应激源被消除,症状往往历时短暂,预后良好,缓解完全。

[症状标准]以异乎寻常的和严重的精神刺激为原因,并至少有下列1项:

1 有强烈恐惧体验的精神运动性兴奋,行为有一定盲目性;

2 有情感迟钝的精神运动性抑制(如反应性木僵),可有轻度意识模糊。

[严重标准]社会功能严重受损。

[病程标准]在受刺激后若干分钟至若干小时发病,病程短暂,一般持续数

小时至 1 周，通常在 1 月内缓解。

[排除标准] 排除癔症、器质性精神障碍、非成瘾物质所致精神障碍及抑郁症。

急性应激障碍有如下几种具体表现：

（1）反应性意识模糊状态：常在遭受强烈而突然的精神刺激后急性发生，可表现为恍惚或朦胧状态，意识范围缩小，注意力不集中，定向困难，理解困难，不能正确感知周围事物，伴有表情迷惑和注意力涣散，言语凌乱不连贯；有的可到处乱跑或漫游；有的还可出现错觉、幻觉，有恐惧、紧张或惊恐反应，兴奋躁动，冲动伤人，类似谵妄；持续时间较短，从数小时到 2 周不等，清醒后可有片段回忆，犹如噩梦。

（2）反应性木僵：在遭受剧烈精神创伤后很快僵住不动，对外界刺激失去反应能力，情感麻木，持续数分钟到数小时，偶可持续数日，以后可恢复正常或转入意识模糊、兴奋躁动状态。事后不能回忆或仅有片段回忆。

（3）反应性兴奋状态：少数患者在受精神刺激后急性发病，或自木僵状态转化而来，症状类似躁狂状态，兴奋躁动，言语动作增多，常无目的地乱跑，可伴有轻度意识障碍，可激越冲动、伤人毁物，多于 1 周左右恢复。

（4）假性痴呆：多发生于拘禁之中，对简单问题出现近似而错误回答，或出现返童的幼稚行为；病程短暂，数小时至数日可恢复正常，尤其离开创伤性环境后症状迅速消失；事后对发作情况有部分或全部遗忘。

急性应激性（反应性）精神障碍患者还可能伴有植物神经系统症状，如面色发白或潮红、多汗、心悸、瞳孔散大等。

2. 急性应激性精神病（急性反应性精神病）。《中国精神障碍分类与诊断标准（CCMD-3）》对本病规定如下：

41.11 急性应激性精神病（急性反应性精神病）

指一种急性应激障碍的亚型由强烈并持续一定时间的心理创伤性事件直接引起的精神病性障碍。以妄想、严重情感障碍为主，症状内容与应激源密切相关，较易被人理解。急性或亚急性起病，经适当治疗，预后良好，恢复后精神正常，一般无人格缺陷。

[症状标准]

1 病前遭受强烈精神刺激；

2 以妄想或严重情感障碍为主，症状内容与精神刺激因素明显相关，而与个体素质因素关系较小。

[严重标准] 社会功能和自知力严重受损。

[病程标准] 病程短暂，仅个别病例超过1个月。消除病因或改换环境（如解除拘禁）后症状迅速缓解。

[排除标准] 排除癔症性精神病，以及其他非心因性精神病。

(二) 创伤后应激障碍

创伤后应激障碍（post-traumatic stress disorder，PTSD），也称延迟性心因性反应，是指在遭受强烈的或灾难性精神创伤之后，数日至半年内出现的精神障碍，病程较长，大多数病人在1年内可恢复，少数病人可持续多年或终身不愈，成为持久的精神病态。病愈后对创伤性经历可有选择性遗忘。

创伤后应激障碍临床常见的表现主要有：

1. 反复重现精神创伤体验。精神创伤情境常被体验，创伤性事件在患者意识中反复涌现，萦绕不去，在梦境中也经常呈现，常出现触景生情，闪回创伤性事件发生时的体验。创伤事件的类型不同，患者的反应也不同。可出现错觉、幻觉或幻觉形式的创伤性事件重演的生动体验（症状闪回）。创伤性体验可使患者产生非常强烈的负性情绪，如恐惧、焦虑、紧张、烦恼，这些情绪反应可能会持续终生。

2. 警觉性与激惹性持续增高。过分警惕，心惊肉跳，坐立不安，难以入睡或易惊醒，注意力集中困难，易激惹，遇到与创伤事件多少有相似的场合或事件时，可有较强烈的情感反应及明显的生理反应（如心跳加快、出汗、面色苍白等），可引发冲动伤害。

3. 持续的回避、情感麻木。患者极力避免回想有关创伤性经历的事，避免参加或会见能引起痛苦回忆的活动或人，避免去与创伤性经历有关的场所。对周围环境普遍刺激反应迟钝，兴趣减少，行为退缩，与人疏远，缺乏亲近，对亲人情感变淡漠，社会性退缩，兴趣爱好变窄，对未来缺乏思考和计划。

4. 本病常与下列疾病共病：

(1) 物质滥用。常见的有嗜酒、大量使用镇静剂和催眠剂、吸毒等。

(2) 抑郁症。精神和躯体创伤可从不同途径引发抑郁症状，并可因抑郁症状而引发自杀。

(3) 睡眠障碍。出现失眠、易醒、与创伤有关的噩梦、梦魇等。

(4) 精神分裂症。精神症状可在创伤性事件发生数月甚至数年之后出现，其中幻觉、妄想的内容多与创伤性体验有关,但较为泛化。创伤性事件可成为精神分裂症发病的诱因。

《中国精神障碍分类与诊断标准（CCMD-3）》对创伤后应激障碍规定如下:

41.2 创伤后应激障碍

由异乎寻常的威胁性或灾难性心理创伤,导致出现和长期持续的精神障碍。主要表现:

1 反复发生闯入性的创伤性体验重现（病理性重现）、梦境,或因面临与刺激相似或有关的境遇,而感到痛苦和不由自主地反复回想;

2 持续的警觉性增高;

3 持续的回避;

4 对创伤性经历的选择性遗忘;

5 对未来失去信心。少数病人可有人格改变或有神经症病史等附加因素,从而降低了对应激原的应对能力或加重疾病过程。精神障碍延迟发生,在遭受创伤后数日甚至数月后才出现,病程可长达数年。

[症状标准]

1 遭受对每个人来说都是异乎寻常的创伤性事件或处境（如天灾人祸）;

2 反复重现创伤性体验（病理性重现）,并至少有下列 1 项:

① 不由自主地回想受打击的经历;

② 反复出现有创伤性内容的恶梦;

③ 反复发生错觉、幻觉;

④ 反复发生触景生情的精神痛苦,如目睹死者遗物、旧地重游,或周年日等情况下会感到异常痛苦和产生明显的生理反应,如心悸、出汗、面色苍白等;

3 持续的警觉性增高,至少有下列 1 项:

① 入睡困难或睡眠不深;

② 易激惹;

③ 集中注意困难;

④ 过分地担惊受怕;

4 对与刺激相似或有关的情境的回避,至少有下列 2 项:

① 极力不想有关创伤经历的人与事;

② 避免参加能引起痛苦回忆的活动,或避免到会引起痛苦回忆的地方;

③ 不愿与人交往、对亲人变得冷淡

④ 兴趣爱好范围变窄，但对与创伤经历无关的某些活动仍有兴趣；

⑤ 选择性遗忘；

⑥ 对未来失去希望和信心。

[严重标准]　社会功能受损。

[病程标准]　精神障碍延迟发生（即在遭受创伤后数日至数月后，罕见延迟半年以上才发生），符合症状标准至少已 3 个月。

[排除标准]　排除情感性精神障碍、其他应激障碍、神经症、躯体形式障碍等。

（三）适应障碍

本病患者有易感个性，遇到可以辨认的日常生活中的应激性事件的影响，出现了超出常态的反应性情绪障碍、适应不良性行为障碍和社会功能（正常工作、人际交往等）受损。患者一般都有人格缺陷、适应能力差。通常在遭遇生活事件后起病。

适应障碍主要表现为情绪障碍，同时出现一些适应不良行为和生理功能障碍。

以抑郁心境为主者表现为情绪低落，对日常生活丧失兴趣，自责，出现无望、无助感。可伴有睡眠障碍和食欲减退，但程度较重性抑郁症轻，迟滞现象不明显，有激越性抑郁的特点。

以焦虑为主者表现为紧张不安，担心害怕，心烦，可伴有心慌、呼吸促迫等。

也有表现为抑郁和焦虑混合状态的，但症状比抑郁症和焦虑症要轻。

青少年还可表现为品行障碍和社会适应行为不良。主要表现为对他人权利和社会准则的侵犯及暴力行为，如破坏财产、逃学、斗殴、偷盗、说谎、物质滥用、离家出走、不遵纪守法、过早性行为等。

有的表现为情绪障碍和品行障碍共同存在。

此外，还有的表现为不典型的适应障碍，如社会退缩、工作和学习能力突然受抑制、躯体不适等，但无焦虑和抑郁情绪。

《中国精神障碍分类与诊断标准（CCMD-3）》对本病规定如下：

41.3 适应障碍

因长期存在应激源或困难处境，加上病人有不一定的人格缺陷，产生以烦恼、抑郁等情感障碍为主，同时有适应不良的行为障碍或生理功能障碍，并使社会功能受损。病程往往较长，但一般不超过6个月。通常在应激性事件或生活改变发生后1个月内起病。随着事过境迁，刺激的消除或者经过调整形成了新的适应，精神障碍随之缓解。

［症状标准］

1 有明显的生活事件为诱因，尤其是生活环境或社会地位的改变（如移民、出国、入伍、退休等）；

2 有理由推断生活事件和人格基础对导致精神障碍均起着重要的作用；

3 以抑郁、焦虑、害怕等情感症状为主，并至少有下列1项：

① 适应不良的行为障碍，如退缩、不注意卫生、生活无规律等；

② 生理功能障碍，如睡眠不好、食欲不振等；

4 存在见于情感性精神障碍（不包括妄想和幻觉）、神经症、应激障碍、躯体形式障碍或品行障碍和各种症状，但不符合上述障碍的诊断标准。

［严重标准］ 社会功能受损。

［病程标准］ 精神障碍开始于心理社会刺激（但不是灾难性的或异乎寻常的）发生后1个月内，符合症状标准至少已1个月。应激因素消除后，症状持续一般不超过6个月。

［排除标准］ 排除情感性精神障碍、应激障碍、神经症、躯体形式障碍，以及品行障碍等。

三、诊断及鉴别诊断、治疗

诊断可依下述依据作出：

1. 强烈的一过性或持续性的精神刺激因素作用于起病前短时间内或数月内。

2. 临床症状往往反映创伤性体验及其处境，并伴有相应的情感反应，但无荒唐离奇的思维内容。

3. 患者病前具有敏感、紧张、不稳定素质。

4. 病程一般不长，消除刺激、改变环境及接受治疗后较快完全缓解。

本病要与下列疾病相鉴别：①癔症；②抑郁症；③妄想型精神分裂症。

治疗以精神治疗为主，去除病因，精神支持，配合药物。

四、法律问题

（一）刑事责任能力问题

反应性精神障碍患者可因意识或感知障碍、妄想、激惹性增高等发生攻击、伤人、毁物、自杀等行为。根据西安司法精神病学研究室资料（1999年），不包括目前称之为适应障碍者，仅反应性精神障碍在刑事案件鉴定中就占 5.64%，排名次于精神分裂症、人格障碍、精神发育迟滞、癫痫精神障碍和癔症，占第六位。涉及的刑事案件以杀人、强奸、抢劫、伤害等最多。

急性应激障碍中的反应性意识模糊状态、反应性木僵一般评定为无责任能力。其他类型的反应性精神障碍，如果由于幻觉、妄想、意识障碍、病理性情感障碍等，使患者丧失辨认能力和控制能力，也应评定为无刑事责任能力。

较轻的反应性抑郁症或兴奋状态患者，有一定程度的辨认和控制能力，应评定为限制刑事责任能力。

创伤后应激障碍，行为与创伤性体验密切相关，辨认或者控制能力明显削弱，评定为限制责任能力；如出于现实动机或者报复者，评定完全责任能力。

适应障碍，以神经症性症状或者轻度情感症状为主，一般无精神病性症状，辨认能力和控制能力完整，应有完全刑事责任能力。

作案后或拘禁中及服刑中发生了反应性精神障碍的，不影响其作案当时的刑事责任能力，故一般为有刑事责任能力。只是病情重时可能会影响其受审和服刑能力。但此病病程大多不长，去除病因和改善环境及适当治疗后，预后良好。可待病愈后再评定有关法律能力。

（二）民事行为能力问题

病情较轻的可评定为有民事行为能力。病情较重者可酌情评定为限制或无民事行为能力。病情严重者基本都评定为无民事行为能力。因本病病程短、预后良好，可待病愈后再处理民事问题。

（三）其他问题

本病一般无反复、预后佳、无后遗症，不影响病人痊愈以后的刑事责任能力和民事行为能力。要注意为某种目的在痊愈后又假装此病的情况。

第五节　精神发育迟滞

一、概念

精神发育迟滞是一组由于先天的或后天早期的遗传因素、环境因素或社会心理因素等引起的精神障碍。其主要特征为精神活动的发育停留在比较低级的水平上，临床上突出地表现为智力低下和社会适应能力缺陷。

智力低下是指整个智力水平显著低于同年龄的水平。一般认为只有智力和社会适应能力都受损时，才考虑为精神发育迟滞；两者缺一，则诊断指征不足。因为社会适应能力与智力密切相关。一般在18岁以前由于各种有害因素导致精神发育阻滞均属于精神发育迟滞的范畴。

据我国的有关资料显示，本病总患病率为3.33‰，农村高于城市，经济文化不发达地区高于发达地区，儿童和少年高于成人。还有资料显示男性患病率高于女性。患者中，轻度精神发育迟滞者占85%，中度和重度者占13%，极重度者占2%。

精神发育迟滞者的心理特征有：①言语和思维能力发育迟缓、低下。②感知迟钝、缓慢和范围狭窄。③注意的集中能力、持久性和广度明显障碍，记忆力差且不准确。④情感幼稚、简单或浮浅，调节薄弱，易激动、兴奋、受暗示或教唆，缺乏控制能力。⑤运动不协调，能力低，行为怪异，可出现攻击、破坏、其他暴力及反社会行为。⑥个性不成熟，缺乏自制，易受影响。

本病的病因和发病机理研究近年来有了很大进展，但仍有许多发病未能查明原因，据估计是多因子作用。本病病因主要有以下方面：①先天及后天早期的感染和中毒。②外伤、缺氧和物理因素。③代谢障碍和营养障碍。④不明原因的产前因素和疾病。⑤遗传因素和染色体异常。⑥重大脑病和躯体疾病。⑦婴幼儿期精神疾患。⑧未成熟儿。⑨心理—社会因素。

《中国精神障碍分类与诊断标准（CCMD-3）》对本病规定如下：

70 精神发育迟滞

精神发育迟滞指一组精神发育不全或受阻的综合征，特征为智力低下和社会适应困难，起病于发育成熟以前（18岁以前）。本症可单独出现，也可同时伴有其他精神障碍或躯体疾病。其智力水平（按标准化的智力测评方法得出）低于正常。智商在70~86为边缘智力。精神发育迟滞如能查明病因，则应与原发疾病的诊断并列。并且鼓励使用ICD-10的附加编码（70.3重度精神发育迟滞，加EOO先天性缺碘综合征）

[说明] 我国常用Wechsler智力测验测评智商，并建议用儿童社会适应行为量表测评社会功能。

二、临床表现及分类

临床根据智力低下的不同程度（采用标准智力测验评定）和社会适应能力的水平进行等级分类评定，将精神发育迟滞分为四个等级：轻度、中度、重度、极重度。而我国许多实际临床工作中还习惯用旧的三度分法，即轻度、中度和重度。临床分级通常以智商（IQ）作为标准，分级如下表：

表 3　精神发育迟滞的分级

现级别	智商（IQ）值	旧级别
轻度	50~69	轻度（愚鲁、鲁钝）
中度	35~49	中度（痴愚）
重度	20~34	重度（白痴）
极重度	<20	重度（白痴）

（一）轻度精神发育迟滞

精神发育障碍和智能缺陷程度较轻，不易被识别；躯体发育及神经系统大多无明显异常；学前可缺乏正常儿童的好奇心、主动性和兴趣感；进校后学习成绩落后，且与正常儿童间的距离日益拉开；个人生活一般能自理；言语发育可能良好，但思维贫乏，理解、判断、分析能力很差；缺乏预见性和灵活性；抽象思维及计算能力很差，但通过特殊的教育训练可使其智力和社会适应能力得到改善；患者能从事简单的劳动技术性操作，但缺乏主见，富于依赖性，学习和适应能力较正常人差，意志薄弱，易受哄骗而误入歧途。

《中国精神障碍分类与诊断标准（CCMD-3）》对轻度精神发育迟滞规定如下：

70.1 轻度精神发育迟滞

［诊断标准］

1　智商在 50~69 之间，心理年龄约 9~12 岁；

2　学习成绩差（在普通学校中学习时常不及格或留级）或工作能力差（只能完成较简单的手工劳动）；

3　能自理生活；

4　无明显言语障碍，但对语言的理解和使用能力有不同程度的延迟。

（二）中度精神发育迟滞

语言和运动功能发育及其他运动技巧能力明显落后于同龄正常儿童，可学会讲话，但口齿不清，词汇贫乏，言语简单，词不达意；生活自理困难，日常需被监护；理解力差，对数字及抽象概念缺乏感知能力，对学校功课缺乏学习能力；少数患者在教育训练下可学会简单自理生活和简单家务劳动，并可从事简单、机械、刻板的劳动，成年后不能完全独立生活，躯体发育较差，少数患者伴有躯体发育缺陷和神经系统异常体征。

《中国精神障碍分类与诊断标准（CCMD-3）》对中度精神发育迟滞规定如下：

70.2 中度精神发育迟滞

［诊断标准］

1 智商在 35~49 之间，心理年龄约 6~9 岁；

2 不能适应普通学校学习，可进行个位数的加、减法计算；可从事简单劳动，但质量低、效率差；

3 可学会自理简单生活，但需督促、帮助；

4 可掌握简单生活用语，但词汇贫乏。

（三）重度精神发育迟滞

临床症状近似于中度精神发育迟滞，但能力水平更低。语言功能有明显障碍，不会讲话或仅能发出个别单音，不能理解别人的言语。运动功能发育障碍，严重者不能坐、立和行走。日常生活均需被照护，不知危险和防御。不能接受学习教育。常伴有癫痫、先天畸形和神经系统异常征象。

《中国精神障碍分类与诊断标准（CCMD-3）》对重度精神发育迟滞规定如下：

70.3 重度精神发育迟滞

［诊断标准］

1 智商在 20~34 之间，心理年龄约 3~6 岁；

2 表现显著的运动损害或其他相关的缺陷，不能学习和劳动；

3 生活不能自理；

4 言语功能严重受损，不能进行有效的语言交流。

（四）极重度精神发育迟滞

智能水平很低，面容愚蠢、动作怪异笨拙。大多运动减少，少数可有奔跑、摇晃等重复无意义的动作，重者甚至卧床不起。少数可有嗑咬、撞头和破坏行为。多数不会说话，不知避危险，生活不能自理，大小便失禁。只有本能进食要求，拒食、贪食或异食。情感反应原始，不辨亲疏，不会模仿，对周围事物毫无兴趣。各种感觉的分化能力极差，感觉迟钝且有时异常，如嗜痛，可有自伤行为。大多数伴有先天畸形、神经系统异常体征和癫痫发作。

精神发育迟滞者的心理特征有：①言语和思维能力发育迟缓、低下。②感知迟钝、缓慢和范围狭窄。③注意的集中能力、持久性和广度明显障碍，记忆力差且不准确。④情感幼稚、简单或浮浅，调节薄弱，易激动、兴奋、受暗示或教唆，缺乏控制能力。⑤运动不协调，能力低，行为怪异，可出现攻击、破坏、其他暴力及反社会行为。⑥个性不成熟，缺乏自制，易受影响。

《中国精神障碍分类与诊断标准（CCMD-3）》对极重度精神发育迟滞规定如下：

70.4 极重度精神发育迟滞

［诊断标准］

1 智商在20以下，心理年龄约在3岁以下；

2 社会功能完全丧失，不会逃避危险；

3 生活完全不能自理，大小便失禁；

4 言语功能丧失。

（五）伴随症状

精神发育迟滞患者常伴有精神和神经障碍。

1. 精神方面的伴随症状。

（1）本病患者有时可能产生思维障碍、妄想、幻觉和行为紊乱等类似精神分裂症的症状，称为"嫁接性精神分裂症"或"嫁接性精神病"，一般持续时间不长，治疗效果良好。

（2）本病患者的精神发育水平低于正常人，不能良好地适应社会及良好地处理学习、生活和工作中的矛盾，常易在不很严重的精神刺激下发生癔症或反应性精神障碍，发生后多数能在治疗下很快缓解。

2. 神经方面的伴随症状。常见的是癫痫，住院者中约20%~25%的本病患者伴有癫痫。

另外，还可伴有脑性瘫痪、手足搐动症等。

三、诊断及鉴别诊断

诊断应考虑以下因素：①是否精神发育迟滞；②精神发育迟滞的严重程度；③引起精神发育迟滞的基本病理性质。

诊断主要依靠：详细的病史，包括过去本人的重大疾病史，孕期及产期母亲的重大疾病史及家族遗传病史；详细的体格检查，包括神经系统检查；精神检查和心理学检查，包括发育评估、智力测验和社会适应能力评定；生化及实验室检查；其他辅助检查。

要注意与下述疾病相区别：①婴儿孤独症；②解体性精神病（婴儿痴呆）；③儿童精神分裂症；④多动综合征。

四、治疗

主要为病因治疗、教育治疗、对症治疗。治疗方针是以照管、训练教育促进康复为主，并结合病因和具体病情采取药物治疗。治疗的基本原则是早发现、早治疗、照管训练。

五、法律问题

精神发育迟滞者判断力、理解力差，文化素质低，道德法纪观念薄弱，辨别是非的能力和对危险后果的认识力也降低或丧失，不能适应正常工作和生活，易与人发生矛盾冲突。自我控制能力差，加之常伴有人格障碍，故易激动兴奋，产生激情发作和冲动行为，且思考方式与内容幼稚，易受别人暗示、唆使或欺骗，本身又易受本能欲望支配，因此易发生违法行为。国内有报道说本病患者在违法后的司法精神鉴定案中占的比例约为10%~20%，但实践中本病被告人较被害人为少。

精神发育迟滞者可有伤人、偷窃、纵火、抢劫、性犯罪等违法危害行为。其作案特点有：动机单纯、幼稚，不考虑后果，手法简单，即便有所谓"预谋"，也不周密，破绽很多；作案对象和目标常有一定选择性，但场合等条件选择不严格，作案多带冲动性，可公开而粗暴；单独作案较多；作案后对后果可有不同程度领会并有悔改表示，自我保护不严密，易被识破；性犯罪案以强奸多，但多数未遂，且受害者多为幼女；还可发生鸡奸、乱伦等行为。

（一）刑事责任能力问题

对本病患者评定刑事责任能力时，要考虑智能障碍程度、犯罪类型、作案特点、伴随的精神症状，应结合智力测验和社会适应能力评定情况，综合分析其辨认或者控制能力，不可过分依赖智商分数。要考察其违法行为的动机、预谋、事后掩饰等情况。

1. 精神发育迟滞，重度至极重度：智能缺损严重，辨认或者控制能力完全丧失时，评定为无责任能力。

2. 精神发育迟滞，轻度（偏重）至中度：辨认或者控制能力明显削弱时，评定为限制责任能力或者完全责任能力。

3. 精神发育迟滞，边缘智力至轻度：辨认能力接近正常或者轻度削弱时，评定为完全责任能力。

4. 精神发育迟滞，伴有明显精神障碍发作：精神病性症状使其辨认或者控制能力完全丧失时，评定为无责任能力。

（二）民事行为能力问题

一般极重度和重度精神发育迟滞者，其民事行为能力评定为无，应设立监护。中度精神发育迟滞者多评定为无民事行为能力或限制民事行为能力。轻度精神发育迟滞者应视具体情况评定其民事行为能力为限制或完全。

（三）受害者鉴定

对受害人鉴定多数是女性性受害者。鉴定主要是受害人的自我保护、自我防卫，尤其是性自我防卫能力等的鉴定。鉴定中要充分考虑到：患者智能缺损程度；对性行为性质和后果的认识，如非婚性行为的对与错、行为带来的对自身及家庭的不良后果；性行为有无谋利的要求；有无反抗和抗拒等自我保护行为；有无被骗、被威胁及事后为己开脱。智力缺损和性自我防卫能力有一定平行关系，但不完全一致，通常极重和重度精神发育迟滞者无性自我防卫能力；中度及轻度精神发育迟滞者性自我防卫能力可有削弱。

第六节 癫痫性精神障碍

一、概念

癫痫是一种发作性的短暂的大脑功能失调，其病理生理基础是神经中枢脑神经元的异常放电，临床可表现为感觉、知觉、运动以及精神活动障碍。在癫痫发作前、发作时和发作后伴发于癫痫的各种暂时性的，以及癫痫发作后、发作间歇期出现的因癫痫而遗留的持续性的精神障碍，被称为癫痫性精神障碍。

癫痫患病率据我国有关资料显示约为 4.4‰，其中伴有精神障碍的约占癫痫病人的 12%～25%。

癫痫的病因及发病机制现认为有如下因素：①遗传因素。原发性癫痫中，该因素尤其重要。血缘关系调查支持遗传因素的作用。目前多认为遗传因素主要表现为易于产生大脑神经细胞具有自发性放电的倾向。②脑损害因素。这是继发性癫痫的主要原因。该因素是指原发性的各种脑器质性病变及原发躯体疾病伴发的脑损害。③其他因素，包括脑神经的生物化学改变和脑神经细胞的病理生理学原因。

《中国精神障碍分类与诊断标准（CCMD-3）》对本病规定如下：

02.6 癫痫所致精神障碍

指一组反复发作的脑异常放电导致的精神障碍。由于累及的部位和病理生理改变不同，导致的精神症状各异。可分为发作性和持续性精神障碍两类。前者为一定时间内的感觉、知觉、记忆、思维等障碍，心境恶劣，精神运动性发作，可短暂精神分裂症样发作，发作具有突然性、短暂性及反复发作的特点；后者为分裂症样障碍、人格改变，或智能损害等。

［症状标准］

1　符合器质性精神障碍的诊断标准；

2　有原发性癫痫的证据；

3　精神障碍的发生及其病程与癫痫相关。

［严重标准］　社会功能受损。

［病程标准］　分发作性和持续性两类病程。前者有突然性、短暂性及反复发作的特点；后者（如分裂症样障碍、人格改变，或智能损害等）为迁延性病程。

［排除标准］

1　排除感染或中毒所致精神障碍，需注意它们可产生继发性癫痫；

2　排除癔症、睡行症、精神分裂症、情感性精神障碍。

［说明］　如系继发性癫痫，应按原发疾病所致精神障碍下诊断。如能确定癫痫发作类型者，还应按癫痫国际分类。

二、临床表现

（一）发作性的精神障碍

在癫痫的大发作和小发作时，可出现意识丧失及发作后的意识朦胧状态，而且还可伴随癫痫的各种类型发作出现或独立出现下列发作性的精神障碍：

1. 精神性发作。精神性发作可为其他类型发作的先兆，亦可单独出现，多不伴随意识障碍，偶有轻度意识模糊；可以出现各种类型的精神障碍。其中知觉障碍常为原始性幻觉，如火光、嗡声等单要素性的，有时有复杂性幻觉，还可出现错觉和感知综合障碍（如视物变形症等）；记忆障碍多见于似曾相识症和旧事如新症；思维障碍可有思维中断、强制性思维等；情感障碍多为恐惧感或幸福感，偶可发生抑郁、焦虑。精神性发作可伴有植物神经功能障碍，出现腹痛、恶心、呕吐、心悸、脉速、呼吸迫促或暂停、出汗、流涎、面潮红或苍白、体温改变等症状。精神性发作持续短暂，为时数秒至数分钟，偶见数小时，发作后多无遗忘，有意识模糊者可有部分遗忘。

2. 癫痫性意识障碍。这是癫痫性精神障碍中最常见的病理状态，也是导致病人伤害、凶杀、攻击、破坏行为最重要的病理性原因之一，可表现为下述状态：

（1）癫痫性朦胧状态。其主要表现为意识清晰度下降、意识范围缩小、接触不良、定向障碍、领悟困难；可有感知综合障碍、错觉和幻觉；幻觉常为幻视，带恐怖性质；情感表现为紧张、恐惧、激动；思维表现为迟缓、散漫；行为表现为紊乱、冲动、攻击以至残暴；事后有遗忘或部分回忆。

（2）癫痫性谵妄状态。其意识障碍比朦胧状态更重，往往有丰富、生动的恐怖性幻觉和片段妄想，并同时产生相应的惊恐反应或情绪激动、暴怒及冲动毁物、逃避、伤人、自伤等精神运动性兴奋状态；常可发生突然的、残暴的攻击；事后只有片段回忆或遗忘；发作持续数分钟至数小时，极少数可达数周。

（3）癫痫性意识模糊状态。患者突然进入较深的意识障碍，不能接触；可伴有生动的幻视、幻听等幻觉，并有片段妄想；言语减少或缄默，思维零乱，回答困难，可有重复言语；表情恐惧、愤怒，行为紊乱又缺乏目的性，可伤人毁物；可伴有瞳孔散大、对光反应迟钝、流汗、腱反射亢进、步态不稳等症状；持续数小时至数日，偶为数月；发作结束后意识迅速清醒，有完全性遗忘。

（4）癫痫性自动症、神游症、梦游症及木僵。它们发作时都具有意识障碍的基础。

第一，自动症会出现意识模糊，做出一些令人难以理解的简单或复杂的自动性动作，除目光呆滞外不易为旁人觉察，多持续数秒至数十分钟，发作后常有遗忘。

第二，神游症发作时意识范围缩小，表现为持续较久的自动症，对周围有一定感知能力和相应反应，外表近似正常，可在相当长一段时间内进行复杂而协调的活动，如购物、简单交谈、乘交通工具旅行等，发作可持续数小时至数日，事后不能回忆。

第三，梦游症发作时意识范围更狭窄，是在睡眠中出现的自动症；表现为突然起床做一些事情，对周围环境和人不能正确感知和辨认，无表情，呼之不应，唤之不醒；发作持续数分钟至数十分钟，过后复又入睡，醒后完全不能回忆。

第四，木僵发作时意识不清、表情迟钝、缄默、对周围无反应、动作迟缓或不动，有时出现蜡样屈曲、违拗等，也可有片断妄想与幻觉。

3. 癫痫性情绪障碍。这是一组无明显原因的、可伴随癫痫发作而出现或单独出现的、严重程度不同的情感障碍，可表现为如下几种：

（1）癫痫性心境恶劣：通常在意识清晰状态下发生，无诱因；表现为情绪低落，感到全身不适、易激怒、焦虑、苦闷、紧张、恐惧、忧郁，对周围不满，挑剔、抱怨、敌视、诅咒，甚至暴怒，偶有攻击行为，残忍，还可有自伤、自杀行为。有时患者为摆脱这种情绪而狂饮，酒醒后情绪恢复正常，称为间性发酒狂；有的表现为无目的地到处流浪，称为漫游癖。

（2）情绪不稳和激惹性增高：无明显的或仅有很小的诱因，便激起患者强烈的情绪反应，突然暴怒、激越冲动、丧失理智而出现攻击行为；发作时无意识障碍。

（3）病理性激情：可无诱因，或极小诱因，患者便出现突然爆发、为时短暂、极其强烈的情感反应；可有情感高涨激越的反应、情绪极其低落沮丧的反应及暴怒的混合型，常在发作时冲动、毁物、伤人；发作时伴有严重的意识障碍，事后不能回忆。

（4）病理性情绪高涨：可有欣快、昂扬、狂喜，但并无诱因，伴有运动性兴奋，动作可以轻佻，有恶作剧色彩，不伴有意识障碍，但缺乏躁狂症的真正情感高涨和思维加快。

4. 短暂的精神分裂样发作：常突然出现于用抗癫痫药物治疗过程中，表现为幻觉、妄想、紧张不安和动作增多；意识往往清晰，通常持续数日或数周。

（二）非发作性的精神障碍

癫痫反复、长期发作后，患者出现的持续性的精神障碍，有的是不可逆的。其主要表现有：

1. 持久的精神分裂样状态：又称为癫痫性精神分裂症，病程迁延数月至数年；临床多呈慢性妄想状态，以关系妄想、被害妄想为主；部分病人有思维阻塞、思维被夺、强制性思维、词语新作等思维障碍；约半数病人有幻听；情感易激惹、抑郁、恐惧、焦躁，偶有欣快或淡漠；脑电图可发现颞叶病灶，常伴有器质性人格改变和痴呆。

2. 癫痫性人格改变：癫痫病人特有的精神障碍，呈进行性，多发生于慢性迁延病程的癫痫患者；性格具有双重性，一方面自私自利、以自我为中心，见小利忘大义，气量小，好猜疑，好记仇并报复，固执己见，易抱怨，挑剔，性情粗暴，凶狠，残忍，易激惹，冷酷无情，反复无常，行为冲动，爱撒谎欺骗，不知耻；另一方面又循规蹈矩，过分客气，温存恭顺，过分的殷勤和逢迎；还可出现性欲降低或亢进及性变态。

3. 癫痫性痴呆：起病缓慢，逐渐进展；有严重的记忆减退，并可有癫痫性人格改变；除智能降低外，在思维、情感和行为等方面都具有癫痫性精神活动黏滞而刻板的共同特点，难以适应环境变化；随病情发展，患者思维日益贫乏，言语单调，记忆、理解、综合分析、抽象概括能力不断减退，兴趣范围不断缩小，主动性日渐缺乏；严重的痴呆者情感淡漠、行为笨拙、消瘦虚弱，生活不能自理。

三、诊断、鉴别诊断和治疗

（一）诊断

癫痫发作性精神障碍的特点是：①病程为发作性；②突然发生，骤然结束，持续短暂；③可以出现在癫痫痉挛发作或小发作之前或之后，成为发作的一个组成部分，也可单独发作。

非发作性的癫痫性精神障碍处于癫痫的发作间歇期，大多持续时间较长，但临床上也具有明显的癫痫特征。

出现各类癫痫性精神障碍的病人，在病史中常有各类癫痫发作，临床诊断一般不困难，脑电图对本病的诊断有重要参考价值。详细的躯体和神经系统及必要的特殊检查，对继发性癫痫的诊断有所帮助。家系调查对原发性癫痫诊断有帮助。

（二）鉴别诊断

癫痫性精神障碍要与下述疾病相鉴别：①癔症；②梦游症；③情感性精神障碍；④精神分裂症；⑤感染或中毒性精神病。

（三）治疗

对于继发性癫痫，应针对病因进行治疗。

用药物控制癫痫发作：主要用抗精神病药物治疗癫痫性精神障碍，但对癫痫性人格障碍和痴呆状态，目前尚无有效疗法。

四、法律问题

（一）刑事责任能力问题

有关资料显示，本病占精神病违法鉴定的比例为3%~6%，其中以癫痫性意识障碍、癫痫性情感障碍和癫痫性人格障碍实施违法行为者为多。主要违法行为是暴力伤害、盗窃和性犯罪。因本病多具突发性，较难预料和预防，危害性较大。癫痫性精神障碍者的违法行为可有如下特点：①常与意识障碍有关，作案的动机、目的不明；②行为常有突发性和突停性，事先无预谋，发作中无法控制，事后清醒时又后悔；③不选择作案的场合、条件，不采取保护措施，作案手段拙鲁、残忍；④作案后常不能回忆作案时的情况，但询问应反复进行，防止发生"晚发性遗忘"，亦应注意因审讯时的暗示而造成"假回忆"；⑤违法后被关押或审讯中有时可有癫痫发作。

对癫痫性精神障碍者的刑事责任能力的评定一般如下：

患者处于癫痫性精神性发作出现知觉障碍、思维障碍和情感障碍的，处于癫痫性朦胧状态，癫痫性谵妄状态，癫痫性意识模糊状态，癫痫性自动症、神游症、梦游症，发生病理性激情的，因辨认和控制能力丧失，评定为无刑事责任能力。短暂精神分裂样发作按精神分裂症标准评定刑事责任能力。

癫痫性病理性心境恶劣发作，根据间歇期的精神状况和发作时的表现程度，评定为限制刑事责任能力或无刑事责任能力。

癫痫间歇期（缓解期），又无持续性精神障碍者，评定为完全刑事责任能力。

癫痫性持续性精神障碍者，如是癫痫性分裂样精神病，其责任能力按精神分裂症标准评定；癫痫性智力障碍达重度和极重度者，评定为无责任能力；轻度癫痫性智力障碍者及癫痫性人格障碍明显者，根据具体情况评定为限制责任能力或完全责任能力。

实践中因癫痫引起交通事故的问题较突出。癫痫是妨碍安全驾驶机动车的疾病。鉴定时，需要具体区分，这是因为：其一，这类疾病多属间歇性发作，但是有些患者在发病前不知道自己的病情，医院常规检查也难以排除是否患有癫痫病；其二，尽管法律规定驾照申领审查时需要申请人提交医院出具的健康状况证明，但隐瞒病情者并非少见，导致很多癫痫患者持有驾驶证。既然法律要求持有驾驶证的人员尽到合理的安全驾驶义务，在患有妨碍安全行车的疾病时，就不得驾驶车辆，司法精神病学鉴定时应当注意上述法律规定。在评定刑事责任能力时，不能一味强调发生交通事故时有无意识障碍。据此，提出以下癫痫发作肇祸行为的刑事责任能力评定原则，其他类似案件的危害行为亦可参照：

1. 首次失神发作与肇祸行为有直接因果关系时，评定为无责任能力。

2. 曾因癫痫出现肇祸行为，并且有证据表明当事人已经明确知道自己的疾病性质，再次出现危害行为的责任能力评定原则：

（1）如果是日常生活中因癫痫失神发作而导致的肇祸行为，并有证据表明这种行为无法避免，仍可评定为无责任能力。

（2）如果被确诊癫痫后，仍从事有法律法规明确禁止的高危险工作和行为，在工作和行为中因失神发作造成肇祸行为，属于可以避免的危害行为，不能一概而论地评定为无责任能力，以评定为限制责任能力为宜。

（二）民事行为能力问题

发作性的癫痫性精神障碍在发病期间，评定为无民事行为能力。

癫痫性智能障碍严重，进展到癫痫性痴呆状态，不能正确辨认有关事物，不了解事物的利害关系，无自我保护能力或不能正确处理有关事物的，评定为无民事行为能力。

癫痫性人格障碍和癫痫性智能缺陷者，如果对有关事物的辨认能力、处理能力和自我利益保护能力被削弱者，评定为限制民事行为能力。

癫痫症患者在间歇期，无明显人格障碍和智能缺陷者，一般评定为完全民事行为能力。

（三）女性性自我防卫能力鉴定

患癫痫性精神障碍的妇女，一般不具有性自我防卫能力，亦无自我保护能力。

患癫痫性精神障碍的妇女，主动追求或勾引男性而发生性行为的，参照精神分裂症女病人的同样情况处理。

患癫痫症的妇女，在间歇期精神状态基本正常时，具有完全性自我防卫能力。

癫痫性人格障碍或癫痫性轻度智能障碍妇女，一般具有对性行为的辨认能力与自我防卫能力，要视具体情况区别对待。如果她们有淫乱或卖淫行为，应评定为具有限制刑事责任能力。

第七节 癔症、神经症

一、癔症

(一) 概念

癔症又称歇斯底里（hysteria），是由精神刺激或暗示等引起的一类神经精神障碍，表现为突然起病，出现躯体障碍，包括感觉、运动和植物神经功能障碍，或短暂的精神障碍，但常不能检查出相应的器质性病变。症状可因暗示而发生，也可因暗示而改变或消失。据我国一些调查统计，癔症的患病率为2‰～3.5‰，国外统计为3‰～6‰，发病年龄多在16～35岁。

癔症的病因及发病机理主要有：①精神因素。该因素与发病关系密切。初次发病的起因多为委屈、愤怒、羞愧、窘困、惊恐、悲伤等精神刺激。以后可因联想、触景生情、暗示而发病，躯体症状多由暗示或自我暗示引起，而精神症状则常由明显的强烈情感因素促发。②遗传因素。该因素可能与本病有关，可能对本病的易感素质起重要作用。③个性特征。有癔症个性特征者较易在精神因素影响下发生本病。癔症个性特征为：情感丰富、反应强烈而不稳定，易趋向极端，感情用事；富于幻想，想象丰富、生动、活泼、不现实；高度易受暗示；以自我为中心，高度自我显示性，好表现自己，表现夸张、做作。④器质性因素。有资料提示脑神经系统的某种病变可伴癔症发作。往往躯体疾病为癔症提供了发病条件，使脑器质性疾病与癔症同在。

《中国精神障碍分类与诊断标准（CCMD-3）》对本病规定如下：

40 癔症

癔症指一种以解离症状（部分或完全丧失对自我身份识别和对过去的记忆，CCMD-3称为癔症性精神症状）和转换症状（在遭遇无法解决的问题和冲突时产生的不快心情，以转化成躯体症状的方式出现，CCMD-3称为癔症性躯体症状）为主的精神障碍，这些症状没有可证实的器质性病变基础。本障碍有癔症性人格基础，起病常受心理社会（环境）因素影响，除癔症性精神病或癔症性意识障碍有自知力障碍外，自知力基本完整，病程多反复迁延。常见于青春期和更年期，女性较多。

［症状标准］

1 有心理社会因素作为诱因，并至少存在下列 1 项综合征：

① 癔症性遗忘；

② 癔症性漫游；

③ 癔症性多重人格；

④ 癔症性精神病；

⑤ 癔症性运动和感觉障碍；

⑥ 其他癔症形式；

2 没有可解释上述症状的躯体疾病。

［严重标准］ 社会功能受损。

［病程标准］ 起病与应激事件之间有明确联系，病程多反复迁延。

［排除标准］ 排除器质性精神障碍（如癫痫所致精神障碍）、诈病。

［说明］

1 癫痫可并有癔症表现，此时应并列诊断；

2 癔症性症状可见于分裂症和情感性精神障碍，假如有分裂症状或情感症状存在，应分别作出后两者的相应诊断。

(二) 临床表现

本病可出现各种症状，可模拟任何一种疾病，常见症状如下：

1. 精神障碍。

(1) 情感爆发：常在精神刺激后急起，以尽情发泄为特征，哭、笑、吵、闹、撕、扯、滚、撞等，历时约 10 分钟至 2 小时。

(2) 意识障碍：可表现为昏睡、木僵或朦胧状态。有的患者会出现假性痴呆，即答非所问，每答必错。有的患者会出现 Ganser 综合征，问能回答，但答案近似而不正确。还有的患者会出现童样痴呆，言语、表情幼稚如儿童。

(3) 精神病状态：类似重性精神病的精神运动性兴奋样表现，意识障碍不明显，可有短暂的幻觉或妄想观念，整个病程短暂，多在 3 ~ 5 天内安静下来，或出现完全缓解的间歇期，但可反复发病，病后完全正常，不遗留个性缺损。

2. 躯体症状。

(1) 感觉障碍：出现癔症性弱视、失明、管状视野或单眼复视；癔症性耳聋；区域性感觉缺失或感觉过敏；咽喉部梗阻感（癔症球）及某些孤立的感觉障碍等。

（2）运动障碍：出现癔症性痉挛发作、抽搐、舞蹈症样动作、瘫痪、站立不能、步行不能、失音等。

（3）植物神经和内脏功能障碍：可表现为神经性呕吐、呃逆、腹痛、尿频、尿急、假孕等症状。

癔症患者对其躯体症状可有夸张或表演色彩，但泰然处之，不以为苦。

癔症的症状可通过暗示作用，在小范围或较大范围集体中传播，引起短暂的癔症流行。

癔症的精神症状一般呈发作性，可历时几小时或几天，躯体症状如不及时处理，则可能持续数年直至终身。患者可因症状的存在能使自身得到好处或摆脱困境而使癔症病程延长或反复发作。

（三）《中国精神障碍分类与诊断标准（CCMD-3)》对癔症的分类

《中国精神障碍分类与诊断标准（CCMD-3)》对癔症类型规定如下：

40.1 癔症性精神障碍

40.11 癔症性遗忘

［诊断标准］

1　符合癔症诊断标准；

2　对曾经是或仍然是创伤性或应激性事件有部分或完全遗忘；

排除器质性遗忘，如头部外伤后的遗忘和意识障碍（中毒、癫痫发作，或其他急性器质性障碍）恢复后的遗忘。

40.12 癔症性漫游

［诊断标准］

1　符合癔症诊断标准；

2　在觉醒状态，作无计划和无目的漫游；漫游中能保持基本的自我照顾，以及与陌生人简单交往（如搭车，问路），与其不深入的短暂接触看不出有精神异常；

3　有自我身份识别障碍，但不是癔症性多重人格；

4　事后有遗忘；

5　开始和结束都是突然的。

40.13 癔症性身份识别障碍

［诊断标准］

1　符合癔症诊断标准；以自我身份识别障碍为主，丧失自我同一感，有双重人格或多重人格；

2 对周围环境缺乏觉察，周围意识狭窄或对外界刺激异乎寻常的注意狭窄和选择性注意，并与病人改变了的身份相联系；

3 上述症状必须是非己所欲，发生在宗教或文化背景认可情境中的类似状态之外或系其延伸；

4 无幻觉、妄想等精神病性症状；

5 排除分裂症用其相关障碍、情感性精神障碍。

40.14 癔症性精神病

[症状标准]

1 符合癔症诊断标准；

2 反复出现的以幻想性生活情节为内容的片断幻觉或妄想、意识朦胧、表演性矫饰动作，或幼稚与混乱的行为，或木僵为主。

[严重标准] 日常生活和社会功能受损，或自知力障碍，对疾病泰然漠视。

[病程标准] 符合症状标准和严重标准至少已1周，其中可有短暂间歇期。

[排除标准] 排除分裂症或相关障碍、情感性精神障碍。

40.141 癔症性附体

符合癔症性精神病的诊断标准和以神怪或死者的亡灵等附体的自我身份识别障碍为主，因此取代了自己的身份，可达妄想程度。

癔症性附体障碍的第6位编码表示：

40.1411 与文化相关的癔症性附体障碍（与文化相关的癔症性附体障碍）

是一种在浓重的宗教或迷信背景下，由明显心理社会因素作为发病诱因的与文化相关的癔症。临床表现以神鬼、灵魂附体为主，病人常有癔症性格，有的已有过癔症发作史。应排除由巫师、巫医等通过祈祷、祭奠等仪式活动，自我诱导出现的附体状态。

[诊断标准]

1 符合癔症性附体障碍的诊断标准和症状的产生及内容都与作为诱因的心因和宗教迷信有关，可达妄想程度，伴有情感爆发、哭笑无常、暗示性明显增高，或癔症性双重人格或多重人格等癔症症状；

2 有部分的或完全的选择性遗忘，可伴有虚构；

3 症状突然发生和中止，持续时间短暂。

40.142 癔症性木僵

[诊断标准]

1 符合癔症性精神病的诊断标准;

2 以木僵为主。

40.2 癔症性躯体障碍

40.21 癔症性运动性障碍

[诊断标准]

1 符合癔症的诊断标准,有心理社会因素作为诱因;

2 有躯体运动不能障碍,如肢体瘫痪、站立不能,或步行不能;

3 临床表现缺乏神经解剖生理基础;

4 排除器质性疾病。

40.22 癔症性抽搐发作

符合癔症的诊断标准和突然和出乎意料的抽搐发作,类似于癫痫发作的某种形式,但并无意识丧失、咬舌、严重摔伤,或小便失禁。应注意与癫痫发作的同病情况相鉴别。

40.23 癔症性感觉障碍

[诊断标准]

1 符合癔症的诊断标准和有心理社会因素作为诱因;

2 有躯体感觉障碍,如失音、失明、耳聋,或部分或整个躯体的某种或所有正常皮肤感觉的部分或全部丧失(应标明触觉、针刺觉、震动觉、热觉、冷觉等);

3 临床表现缺乏神经解剖生理基础和根据排除器质性疾病。

40.3 混合性癔症躯体—精神障碍

上述解离障碍或转换障碍的任何混合形式。

40.9 其他或待分类癔症

符合癔症的诊断标准,但不符合上述所列各癔症亚型标准的癔症。

40.91 Ganser 综合征

40.92 见于童年和青少年的短暂的癔症性障碍。

(四)诊断、鉴别诊断及治疗

根据癔症大多起病急骤且与精神因素密切相关,精神症状者常为发作性且情感和表演色彩浓厚,有躯体症状者常无相应的器质性病变且其症状或体征不符合解剖生理规律，症状可在暗示下出现、改变或消失，部分患者有癔症个性或既往发作史等特征，不难对本病作出诊断。

本病需与下述疾病鉴别：①反应性精神病；②精神分裂症；③癫痫；④一些脑部及其他的器质性疾病。

本病的治疗以心理治疗为主，适当配合药物和物理治疗。

（五）癔症的法律问题

1. 刑事责任能力评定。实践中，癔症在刑事案件中占有相当重要的地位，是司法精神病学研究的重点课题之一。据西安精神卫生中心研究室统计，癔症占司法精神病鉴定人数的 8.8%，仅次于精神分裂症和人格障碍。从部分涉嫌投毒、杀人、破坏公私财物、投放虚假危险物、扰乱公共秩序等案例看，有的癔症的诊断和鉴别诊断及其刑事责任能力评定并非易事。实践中涉及癔症的刑事责任能力评定如下：

（1）癔症转换型：以躯体功能障碍的表现为主，无精神病性症状，辨认或者控制能力无损者，评定为完全责任能力。

（2）癔症性情感爆发：通常伴有意识障碍，如果行为与意识障碍有因果关系的，评定为无责任能力或者限制责任能力；如果无明显意识障碍，评定为完全责任能力。

（3）癔症性附体障碍：有轻度意识障碍和控制能力明显被削弱时，评定为限制责任能力；如果为现实动机所驱使，评定为完全责任能力。

（4）癔症性漫游：根据意识障碍的严重程度及与其行为之间的因果关系，评定为无责任能力或者限制责任能力。

（5）癔症性精神病：存在意识障碍、幻觉、妄想等精神病性症状，并致其辨认或者控制能力完全丧失时，评定为无责任能力。

要注意，癔症发作时出现的 Ganser 综合征、童样痴呆、心因性木僵等，往往可在拘捕、审讯、监禁中发生，常给人以伪装的印象，要注意鉴别。

2. 民事行为能力评定。此时要依被鉴定人的癔症造成其辨认自己行为能力障碍的程度而定：能完全辨认自己行为的评定为完全行为能力；不能完全辨认自己行为的评定为限制行为能力；完全不能辨认自己行为的评定为无行为能力。

二、神经症概述

神经症又称神经官能症或精神神经症，是一组较轻的大脑功能失调的疾病总称。其有如下的共同特点：

1. 起病常与精神因素或社会因素有关。
2. 症状多样，可表现为精神、神经或躯体症状，但无任何能检查出的器质性基础。
3. 患者一般意识清楚，有自知力，主动要求治疗。
4. 多数人格保持完整，通常适应社会生活能力良好，与外界保持良好接触。
5. 部分患者性格有缺陷，患者的性格特征常构成发病的基础。

我国有资料表明神经症的患病率是 22.21‰，国外相关资料显示患病率为 2%~5%，为精神科患病率最高的疾病。神经症在临床上有多种类型。

《中国精神障碍分类与诊断标准（CCMD-3）》对本病规定如下：

43 神经症

神经症是一组主要表现为焦虑、抑郁、恐惧、强迫、疑病症状，或神经衰弱症状的精神障碍。本障碍有一定人格基础，起病常受心理社会（环境）因素影响。症状没有可证实的器质性病变作基础，与病人的现实处境不相称，但病人对存在的症状感到痛苦和无能为力，自知力完整或基本完整，病程多迁延。各种神经症性症状或其组合可见于感染、中毒、内脏、内分泌或代谢和脑器质性疾病，称神经症样综合征。

[症状标准] 至少有下列 1 项：①恐惧；②强迫症状；③惊恐发作；④焦虑；⑤躯体形式症状；⑥躯体化症状；⑦疑病症状；⑧神经衰弱症状。

[严重标准] 社会功能受损或无法摆脱的精神痛苦，促使其主动求医。

[病程标准] 符合症状标准至少已 3 个月，惊恐障碍另有规定。

[排除标准] 排除器质性精神障碍、精神活性物质与非成瘾物质所致精神障碍、各种精神病性障碍，如精神分裂症、偏执性精神病，及心境障碍等。

三、神经衰弱

神经衰弱是一类常见神经症，其主要特征是患者常感到精神易兴奋、脑力和体力易疲劳、工作学习效率低下、睡眠障碍、头痛等，伴有各种躯体不适症状，但无器质性病变；病程迁延，症状波动，病情常与社会心理因素有关。据我国有关调查资料显示，本病的总患病率为 13.03‰，约占精神科门诊病人的半数以上，大多于 16~40 岁发病；发病率有性别差异，女性较多，脑力劳动者居多。

在我国，神经衰弱的直接发病原因是工作和学习过度紧张、忙乱，休息和睡眠长期不良，思想矛盾持久不能解决以及伴随这些因素的思想负担和不愉快情绪等。少数患者由急性精神创伤所致。存在慢性躯体疾病、个性缺陷或有精神疾病家族史者，在外界因素影响下较易发病。

本病临床症状广泛且多样，患者自知力良好，具体症状可如下：

1. 脑力易兴奋：工作、学习均易引起兴奋，回忆联想增多，控制不住，但言语运动不增多，不易专心做一件事。

2. 乏力和易疲劳：常感精神疲乏，注意难于集中，记忆和思考力不佳，看书不易掌握中心思想，难以持久，易感到头痛、头昏脑涨、肢体无力，懒于活动，工作和学习效率降低且成绩下降，往往有力不从心感。

3. 对刺激过度敏感：对声、光刺激及细微躯体不适特别敏感，不敢去人多场所，稍不如意便易激惹，甚至暴怒，事后又感后悔。

4. 睡眠障碍：入睡困难，多梦易醒，醒后再难入睡，难以熟睡，睡后仍感疲乏，心境不佳；有时担心失眠，反而更难入睡。

5. 疑病焦虑：很关注自身变化，易产生疑病观念和焦虑不安，二者互相影响和促进。

6. 植物神经功能紊乱：可有头痛、头昏、胸闷、气短、心悸、多汗、血压波动、肢冷、厌食、腹胀、便秘或腹泻、尿频、月经紊乱、遗精、早泄和阳痿等症状，少数可有晕厥发作。

根据神经衰弱的临床特征，排除器质性病变，不难作出诊断。但要与器质性病变引起的神经衰弱症状、精神分裂症（尤其是发病早期）、抑郁症、焦虑症等相鉴别。

本病治疗以心理治疗、药物治疗、物理治疗等配合合理规律的生活作息、体育锻炼，常可获较好疗效。

《中国精神障碍分类与诊断标准（CCMD-3）》对神经衰弱规定如下：

43.5 神经衰弱

指一种以脑和躯体功能衰弱为主的神经症，以精神易兴奋却又易疲劳为特征，表现为紧张、烦恼、易激惹等情感症状，及肌肉紧张性疼痛和睡眠障碍等生理功能紊乱症状。这些症状不是继发于躯体或脑的疾病，也不是其他任何精神障碍的一部分/多缓慢起病，就诊时往往已有数月的病程，并可追溯导致长期精神紧张、疲劳的应激因素。偶有突然失眠或头痛起病，却无明显原因者。病程持续或时轻时重。近世纪，神经衰弱的概念经历了一系列变迁，随着医生对神经衰弱认识的变化和各种特殊综合征和亚型的分出，在美国和西欧已不作此诊断，CCMD-3 工作组的现场测试证明，在我国神经衰弱的诊断也明显减少。

[症状标准]

1 符合神经症的诊断标准;

2 以脑和躯体功能衰弱症状为主,特征是持续和令人苦恼的脑力易疲劳(如感到没有精神,自感脑子迟钝,注意力不集中或不持久,记忆力差,思考效率下降)和体力易疲劳,经过休息或娱乐不能恢复,并至少有下列 2 项:

① 情感症状,如烦恼、心情紧张、易激惹,等常与现实生活中的各种矛盾有关,感到困难重重,难以应付。可有焦虑或抑郁,但不占主导地位;

② 兴奋症状,如感到精神易兴奋(如回忆和联想增多,主要是对指向性思维感费力,而非指向性思维却很活跃,因难以控制而感到痛苦和不快),但无言语运动增多。有时对声光很敏感;

③ 肌肉紧张性疼痛(如紧张性头痛、肢体肌肉酸痛)或头晕;

④ 睡眠障碍,如入睡困难、多梦、醒后感到不解乏,睡眠感丧失,睡眠觉醒节律紊乱;

⑤ 其他心理生理障碍。如头晕眼花、耳鸣、心慌、胸闷、腹胀、消化不良、尿频、多汗、阳痿、早泄,或月经紊乱等;

[严重标准] 病人因明显感到脑和躯体功能衰弱,影响其社会功能,为此感到痛苦或主动求治。

[病程标准] 符合症状标准至少已 3 个月。

[排除标准]

1 排除以上任何一种神经症亚型;

2 排除分裂症、抑郁症。

[说明]

1 神经衰弱症状若见于神经症的其他亚型,只诊断其他相应类型的神经症;

2 神经衰弱症状常见于各种脑器质性疾病和其他躯体疾病,此时应诊断为这些疾病的神经衰弱综合征。

43.9 其他或待分类的神经症

[诊断标准]

1 指病人主诉的症状主要不是通过自主神经系统中介,并仅仅局限于身体的特定系统或部位;

2 在时间上与应激性事件或与当前面临的困难和问题密切相关并能引起对病人注意的明显增加(人际关系或医疗方面)的主诉症状,例如疼痛、肿胀感、皮肤蚁行感以及感觉异常（麻刺感或麻木感）；

3 通过检查表明并非躯体疾病所致；

4 咽喉部哽咽感引起吞咽难等各种形式的吞咽困难；心因性斜颈及其他痉挛性障碍（不包括 Tourette 综合征等属于童年或少年期抽动障碍者）；心因性瘙痒症（不包括特殊皮肤损害，如，斑秃、皮炎、湿疹或心因性荨麻疹）；心因性痛经（不包括性交疼痛或性冷淡等），也归属本类。

四、强迫症

强迫症是以强迫观念和强迫动作为特征的神经功能性疾病。其共同特点是患者意识到这种强迫观念、强迫意向和强迫动作是不必要的，并常为这些强迫症状所苦恼和不安，虽努力克制，但无法摆脱，不能以主观意志加以控制。患者自知力完整，求治心切。据我国有关资料显示，本病患病率为 0.30‰，男性少于女性，脑力劳动者居多，起病年龄多在 16~30 岁。本病的病因和发病机理有社会心理因素和遗传因素，这类人病前的性格特征有谨小慎微、犹豫、胆小、苛刻精细等；另外还与怀孕、分娩、过劳等躯体因素有关。

临床表现主要为如下方面：

1. 强迫观念。如强迫怀疑、强迫联想、强迫回忆、强迫性穷思竭虑、强迫性对立思维等。

2. 强迫意向。常为某种与正常心理相反的意向所纠缠。

3. 强迫行为。如强迫计数、强迫洗涤、强迫检查、强迫仪式动作等。

本病起病多为缓慢，但亦可急性；症状可单一，亦可多样；病程可为进行性、波动性或静止不变，也可间隔以较长缓解期。因强迫症状引起苦恼，可伴有焦虑和抑郁，互相影响和促进，可使病程迁延而经久不愈。

诊断主要依据强迫症特点，排除脑器质性疾病或精神病。本病需与焦虑症、恐怖症、抑郁症、精神分裂症、脑器质性疾病等鉴别。

《中国精神障碍分类与诊断标准（CCMD-3）》对强迫症规定如下：

43.3 强迫症

指一种以强迫症状为主的神经症，其特点是有意识的自我强迫和反强迫并存，二者强烈冲突使病人感到焦虑和痛苦；病人体验到观念或冲动系来源于自我，但违反自己意愿，虽极力抵抗，却无法控制；病人也意识到强迫症状的异常性，但无法摆脱。病程迁延者要以仪式动作为主而精神痛苦减轻，但社会功能严重受损。

［症状标准］

1　符合神经症的诊断标准，并以强迫症状为主，至少有下列1项：

① 以强迫思想为主，包括强迫观念、回忆或表象、强迫性对立观念、穷思竭虑、害怕丧失自控能力等；

② 以强迫行为（动作）为主，包括反复洗涤、核对、检查或询问等；

③ 上述的混合形式；

2　病人称强迫症状起源于自己内心，不是被别人或外界影响强加的；

3　强迫症状反复出现，病人认为没有意义，并感到不快，甚至痛苦，因此试图抵抗，但不能奏效。

［严重标准］　社会功能受损。

［病程标准］　符合症状标准至少已3个月。

［排除标准］

1　排除其他精神障碍的继发性强迫症状，如精神分裂症、抑郁症，或恐惧症等；

2　排除脑器质性疾病特别是基底节病变的继发性强迫症状。

五、恐怖症

恐怖症是以对特定的事物或境遇怀有强烈恐惧为特征的一组神经症。其特征是：明知不必对某些事物恐惧，但又发生无法控制的恐惧，伴有明显焦虑不安，而且有回避行为，常可因回避而影响正常生活。据国内有关资料显示，本病患病率为0.59‰，女性为多，发病年龄在20岁左右。本病病因尚未阐明，一些患者具有胆小、害羞、被动依赖、内向等性格特点；部分患者有精神因素作为诱因，如别人的影响、条件反射、精神刺激等。

临床表现通常是单一症状，可有如下几类：

1. 动物恐怖症。如怕猫、狗、昆虫等。

2. 特殊境遇恐怖症。如怕广场、登高、过桥、横穿马路、黑暗处、封闭处、尖锐物品，以及刮风、下雨、雷电等特殊情景，以及学校、托儿所恐怖等。

3. 见人恐怖症。怕见熟人、生人或众人，可出现社会恐怖。

4. 疾病恐怖症。常因此就医。

有时，伴随恐怖可出现恶心、呕吐、腹泻、眩晕、头痛、出汗、面红等症状。

恐怖症可伴有普遍的焦虑情绪，常回避被恐怖的事物，重者可长期不出户门，也可伴抑郁情绪甚至自杀，病程大多很长。

《中国精神障碍分类与诊断标准（CCMD-3）》对恐怖症规定如下：

43.1 恐惧症（恐怖症）

是一种以过分和不合理地惧怕外界客体或处境为主的神经症。病人明知没有必要，但仍不能防止恐惧发作，恐惧发作时往往伴有显著的焦虑和自主神经症状。病人极力回避所害怕的客体或处境，或是带着畏惧去忍受。

[诊断标准]

1　符合神经症的诊断标准；

2　以恐惧为主，需符合以下4项：

① 对某些客体或处境有强烈恐惧，恐惧和程度与实际危险不相称；

② 发作时有焦虑和自主神经症状；

③ 有反复或持续的回避行为；

④ 知道恐惧过分、不合理或不必要，但无法控制；

3　对恐惧情景和事物的回避必需是或曾经是突出症状；

4　排除焦虑症、分裂症、疑病症。

43.11 场所恐惧症

[诊断标准]

1　符合恐惧症的诊断标准；

2　害怕对象主要为某些特定环境，如广场、闭室、黑暗场所、拥挤的场所、交通工具（如拥挤的船舱、火车车厢）等，其关键临床特征之一是过分担心处于上述情境时没有即刻能用的出口；

3　排除其他恐惧障碍。

43.12 社交恐惧症（社会焦虑恐惧症）

[诊断标准]

1　符合恐惧症的诊断标准；

2　害怕对象主要为社交场合（如在公共场合进食或说话、聚会、开会，或怕自己作出一些难堪的行为等）和人际接触（如在公共场合与人接触、怕与他人目光对视，或怕在与人群相对时被人审视等）；

3　常伴有自我评价和害怕批评；

4　排除其他恐惧障碍。

43.13 特定的恐惧症

[诊断标准]

1　符合恐惧症的诊断标准；

2　害怕对象是场所恐惧和社交恐惧未包括特定物体或情境，如动物（如昆虫、鼠、蛇等）、高处、黑暗、雷电、鲜血、外伤、打针、手术或尖锐锋利物品等；

3　排除其他恐惧障碍。

六、焦虑症

焦虑症是以持续性或发作性情绪焦虑、紧张为主要特征的一组神经症，常伴有植物神经功能障碍和运动性不安，严重者可有惊恐发作。而这种焦虑情绪并非由现实情况所引起。在我国据有关资料显示，焦虑症患病率为1.48‰，女性多于男性，发病年龄大多在16~40岁。

焦虑症的病因和发病机理有一部分为社会心理因素，而另一部分据认为与遗传素质有关。

焦虑症的临床表现如下：

1. 急性焦虑症。据统计约占焦虑症的41.3%，呈急性焦虑或惊恐发作。患者突感心悸、呼吸困难、喉部梗塞、胸闷、头昏、乏力、四肢麻木、精神紧张、恐惧、产生濒死感，可大声呼救。躯体检查可见心跳加速、呼吸迫促、震颤、紧张发抖、多汗等植物神经症状。发作持续时间可从数分钟到数小时，可复发。

2. 慢性焦虑症。又称为广泛性焦虑症。患者可有胆小、羞怯、自卑、过分敏感等性格特点。并无客观上严重的情况，患者却处于持续的焦虑状态之中，为一些小事而苦恼、自责，总是担心、害怕和不安，尽管自知是主观过虑，却又常常不能自制，颇感苦恼。患者常对困难过分夸大，遇事往坏处想，无病呻吟，特别关注自己的身体不适，注意力不集中，记忆力不佳，兴趣缺乏，且有失眠、多梦、梦魇及缺乏性欲，女患者可有停经或月经过量，男患者可有阳痿。常伴运动性不安，来回踱步、手抖、肌肉紧张和疼痛。可出现口干、腹部不适、恶心、胀气、呼吸困难或迫促、心悸、尿频尿急、出汗、面色白或潮红等，可有昏晕。症状可轻可重，轻者工作生活能力如常，重者整天惶恐不安，生活需别人照顾。

依据临床特征，不难对本病作出诊断。本病需与下述疾病鉴别：①冠心病。②甲状腺机能亢进。③更年期精神障碍。④其他神经症。⑤抑郁症。⑥精神分裂症。

本病治疗可采用：精神治疗、药物治疗、行为治疗、松弛疗法（催眠等）、体育锻炼等。

《中国精神障碍分类与诊断标准（CCMD-3）》对焦虑症规定如下：

43.2 焦虑症

是一种以焦虑情绪为主的神经症。主要分为惊恐障碍和广泛性焦虑两种。焦虑症的焦虑症状是原发的，凡继发于高血压、冠心病、甲状腺机能亢进等躯体疾病的焦虑应诊断为焦虑综合征。其他精神病理状态如幻觉、妄想、强迫症、疑病症、抑郁症、恐惧症等伴发的焦虑，不应诊断为焦虑症。

43.21 惊恐障碍

是一种以反复的惊恐发作为主要原发症状的神经症。这种发作并不局限于任何特定的情境，具有不可预测性。惊恐发作为继发症状，可见于多种不同的精神障碍，如恐惧性神经症、抑郁症等，并应与某些躯体疾病鉴别，如癫痫、心脏病发作、内分泌失调等。

［症状标准］

1 符合神经症的诊断标准；

2 惊恐发作需符合以下4项：

① 发作无明显诱因、无相关的特定情境，发作不可预测；

② 在发作间歇期，除害怕再发作外，无明显症状；

③ 发作时表现强烈的恐惧、焦虑，及明显的自主神经症状，并常有人格解体、现实解体、濒死恐惧或失控感等痛苦体验；

④ 发作突然开始，迅速达到高峰，发作时意识清晰，事后能回忆。

［严重标准］ 病人因难以忍受又无法解脱，而感到痛苦。

［病程标准］ 在1个月内至少有3次惊恐发作，或在首次发作后继发害怕再发作的焦虑持续1个月。

［排除标准］

1 排除其他精神障碍，如恐惧症、抑郁症或躯体形式障碍等继发的惊恐发作；

2 排除躯体疾病，如癫痫、心脏病发作、嗜铬细胞瘤、甲亢或自发性低血糖等继发的惊恐发作。

43.22 广泛性焦虑

指一种以缺乏明确对象和具体内容的提心吊胆及紧张不安为主的焦虑症，并有显著的植物神经症状、肌肉紧张及运动性不安。病人因难以忍受又无法解脱，而感到痛苦。

［症状标准］

1 符合神经症的诊断标准；

2 以持续的原发性焦虑症状为主，并符合下列 2 项：

① 经常或持续的无明确对象和固定内容的恐惧或提心吊胆；

② 伴自主神经症状或运动性不安。

［严重标准］ 社会功能受损，病人因难以忍受又无法解脱，而感到痛苦。

［病程标准］ 符合症状标准至少已 6 个月。

［排除标准］

1 排除甲状腺机能亢进、高血压、冠心病等躯体疾病的继发性焦虑；

2 排除兴奋药物过量、催眠镇静药物，或抗焦虑药的戒断反应、强迫症、恐惧症、疑病症、神经衰弱、躁狂症、抑郁症，或精神分裂症等伴发的焦虑。

七、疑病症

疑病症指一类过分关心自身健康，怀疑自身患了某种疾病，或尽管无临床检查的客观证据，但仍深信自己患了某种疾病，同时伴有焦虑不安的神经症。本病特点为患者疑病，可能伴有躯体症状，解释不能消除怀疑；主动求医，反复检查；不影响日常工作、学习和生活。

本病病因可能系社会心理因素及个人素质因素。男性发病较多，多为 30~50 岁患病。

临床表现上症状多样，可出现在身体某部位、某器官或某系统，亦可是全身。症状可轻可重。诉述常不厌其烦，内容是躯体症状，不涉及人际关系。客观检查无相应的任何病变。检查结果显示正常非但不能使患者放弃有病的成见，还常使他反感。急性疑病症病程短，预后较好。慢性单一症状的疑病症常迁延多年，疗效不佳。本病治疗以心理治疗为主，药物治疗为辅。

《中国精神障碍分类与诊断标准（CCMD-3）》对疑病症规定如下：

43.43 *疑病症*

是一种以担心或相信患严重躯体疾病的持久性优势观念为主的神经症，病人因为这种症状反复就医，各种医学检查阴性和医生的解释，均不能打消其疑虑。即使病人有时存在某种躯体障碍，也不能解释所诉症状的性质、程度，或病人的痛苦与优势观念，常伴有焦虑或抑郁。对身体畸形（虽然根据不足）的疑虑或优势观念也属于本症。本障碍男女均有，无明显家庭特点（与躯体化障碍不同），常为慢性波动性病程。

［症状标准］

1 符合神经症的诊断标准；

2 以疑病症状为主至少有下列 1 项：

① 对躯体疾病过分担心，其严重程度与实际情况明显不相称；

② 对健康状况，如通常出现的生理现象和异常感觉作出疑病性解释，但不是妄想；

③ 牢固的疑病观念，缺乏根据，但不是妄想；

3 反复就医或要求医学检查，但检查结果阴性和医生的合理解释，均不能打消其疑虑。

［严重标准］　社会功能受损。

［病程标准］　符合症状标准至少已 3 个月。

［排除标准］　排除躯体化障碍、其他神经症性障碍（如焦虑、惊恐障碍或强迫症）、抑郁症、精神分裂症、偏执性精神病。

八、法律问题

神经症属于轻性精神障碍的范畴，病人具有自知力，辨认和控制能力通常是完整的，并且能关心和维护自己的利益，能正常地工作、学习和料理生活，能适应社会环境。大多数神经症与违法犯罪没有直接联系。

（一）刑事责任能力问题

神经症患者的主观痛苦体验甚多，而且自觉程度严重，难以控制自己的行为。但是，鉴定时如果没有发现行为时受病理性知觉或者抑郁等影响的确凿证据，不得放宽责任能力评定的等级。神经症患者，通常评定为完全刑事责任能力。具体评定如下：

1. 强迫症：病情严重，行为与病理性知觉有明确因果关系时，评定为限制责任能力；强迫症继发严重的抑郁症状，参照抑郁症评定；精神分裂症伴随强迫症状者，参照精神分裂症评定。

2. 恐怖症：伴随严重的强迫性恐怖情绪，处于重性抑郁状态而实施危害社会行为，参照抑郁症评定其责任能力。

3. 焦虑症、疑病症、神经衰弱：辨认和控制能力无明显障碍，评定为完全责任能力。

(二) 民事行为能力问题

民事行为能力的评定要依被鉴定人的精神疾病造成其辨认自己行为能力障碍的程度而定。能完全辨认自己行为的，评定为完全行为能力；不能完全辨认自己行为的，评定为限制行为能力；完全不能辨认自己行为的，评定为无行为能力。神经症病人通常具有完全的民事行为能力。

第八节 人格障碍、习惯与冲动控制障碍

一、人格障碍

(一) 概述

人格障碍，亦曾被称为病态人格、变态人格、人格异常、精神变态等。它是指一组以人格结构和人格特征偏离正常为特征的精神障碍。人格障碍始于儿童、青少年早期，为逐渐发展起来的人格缺陷，即人格组成成分（人格的品质和表达方式）的不平衡，或是人格总体的不平衡，一直延续到成年或终生。人格障碍导致患者对社会环境适应不良，影响其社交和职业能力，有时会贻害社会和自身，但患者的思维和智能并无异常。

人格障碍的发病率目前还缺乏足够的资料，曾在北京、杭州、哈尔滨、上海、南京等地统计为住院精神病人的 0.28%~0.93%，其中以男性为多。但具体类型有性别差异。男性以反社会性、冲动性、偏执性及强迫性多见，女性则以癔症性等多见。

人格障碍的发病原因，迄今尚未查明。人格障碍的产生有先天生物遗传因素与后天环境作用因素，但其诊断应以没有明显的脑器质性损伤为前提。现在有关研究提示，人格障碍发生与下列因素有关：

1. 遗传因素。调查资料表明，人格障碍者的血缘关系越近，发生率越高。生物遗传因素中，可能提供了情绪爆发性与行为冲动性的生理素质。另据染色体研究发现，性染色体异常（XYY、XXY、XO）者往往伴发人格障碍。

2. 大脑发育不良。有学者认为人格障碍者可能与大脑发育成熟延迟有关。

3. 后天环境因素。无论遗传与发育的作用如何，后天不良的环境影响和精神创伤（儿时的家庭不幸、不合理的教养、不良社会风气和恶习熏陶等）在人格障碍的形成上起有极为重要的作用。

值得注意的是，"人格障碍"一词不能理解为道德伦理观念沦丧或具有犯罪倾向，涉及违法行为的主要与反社会性人格障碍、偏执性人格障碍、癔症性人格障碍有关，其余人格障碍则各有其突出的人格障碍特点，多影响患者本人的人际关系与社会适应。

人格障碍需与下述疾病相鉴别：①情感性精神障碍；②精神分裂症；③脑器质性疾病引起的人格改变，即"继发性或假性人格障碍"，这类人格改变主要是由脑损伤、中毒、感染及其他引起脑器质性病变的疾病等所致。

《中国精神障碍分类与诊断标准（CCMD-3）》对本病规定如下：

60 人格障碍

指人格特征明显偏离正常，使病人形成了一贯的反映个人生活风格和人际关系的异常行为模式。这种模式显著偏离特定的文化背景和一般认知方式（尤其在待人接物方面），明显影响其社会功能与职业功能，造成对社会环境的适应不良，病人为此感到痛苦并已具有临床意义，病人虽然无智能障碍但适应不良的行为模式难以矫正，仅少数病人在成年后程度上可有改善。通常开始于童年期或青少年期，并长期持续发展至成年或终生。如果人格偏离正常系由躯体疾病（如脑病、脑外伤、慢性酒中毒等）所致，或继发于各种精神障碍，应称为人格改变。

[症状标准] 个人的内心体验与行为特征（不限于精神障碍发作期）在整体上与其文化所期望和所接受的范围明显偏离，这种偏离是广泛、稳定和长期的，并至少有下列1项：

1 认知（感知，及解释人和事物，由此形成对自我及他人的态度和形象的方式）的异常偏离；

2 情感（范围、强度，及适切的情感唤起和反应）的异常偏离；

3 控制冲动及对满足个人需要的异常偏离；

4 人际关系的异常偏离。

[严重标准] 特殊行为模式的异常偏离，使病人或其他人（如家属）感到痛苦或社会适应不良。

[病程标准] 开始于童年、青少年期，现年18岁以上，至少已持续2年。

[排除标准] 人格特征的异常偏离并非躯体疾病或精神障碍的表现或后果。

（二）人格障碍的类型与表现

1. 反社会性人格障碍。反社会性人格障碍又称悖德性或违纪性人格障碍。患者在本能欲望、情绪气质、兴趣嗜好和价值观念上与常人不同，但无认知、判断、推理方面的智能障碍，亦无幻觉与妄想及意识障碍。

这类人有严重的人格缺陷，表现为高度利己主义、以自我为中心、自私、缺乏责任感。情绪不稳定和易激惹，可有情绪爆发，对社会与他人情感肤浅，缺乏同情心，甚至冷酷无情。行为大多受情感冲动、偶然动机或本能愿望支配，缺乏目的性、计划性和完整性，容易发生冲动和不正常的意向活动，具有高度的攻击性，结果损人害己。无羞愧和悔改心，无视现行法纪观念和道德观念，甚至有反常的价值观念，如唯恐天下不乱、以害人为乐等，不能从挫折与惩罚中吸取教训。社会适应不良，对家人也无情。

反社会行为始于15岁前，属少年行为问题，18周岁以后才正式诊断。男性远多于女性。这种人在儿童期即逃学、流浪、撒谎、偷窃、虐待动物、欺负弱小、故意破坏他人或公共的财物、斗殴、反抗纪律与权威。青少年期过早出现性行为或性犯罪，常有酗酒、吸毒、赌博行为。成年后习性不改，经常旷工、变换职业、借钱赖账、言而无信。成家后无家庭责任感，与家人、亲属、熟人关系不佳。难以在接受教育、谋求职业、经济收入方面获得成功，常给别人制造麻烦并被人疏远。

这类人中有部分人口才好，表情活跃，易与人接近并博得人的同情与信任，但言而无实，言语充满幻想与谎言，可伪造证件、诈骗钱财，或以制造恶性谎言及谣言为乐。

反社会人格者不一定都违法犯罪。但在监狱和拘留机构中这类人占不小比率，而且许多是累犯和惯犯。

《中国精神障碍分类与诊断标准（CCMD-3）》对本病规定如下：

60.3 反社会性人格障碍

以行为不符合社会规范，经常违法乱纪，对人冷酷无情为特点，男性多于女性。本组病人往往在童年或少年期（18岁前）就出现品行问题。成年后（指18岁后）习性不改，主要表现行为不符合社会规范，甚至违法乱纪。

[诊断标准]

1 符合人格障碍的诊断标准，并至少有下列3项：

① 严重和长期不负责任，无视社会常规、准则、义务等，如不能维持长久的工作（或学习）经常旷工（或旷课）多次无计划地变换工作；有违反社会规范的行为，且这修缮行为已构成拘捕的理由（不管拘捕与否）；

② 行动无计划或有冲动性，如进行事先未计划的旅行；

③ 不尊重事实，如经常撒谎、欺骗他人，以获得个人利益；

④ 对他人漠不关心，如经常不承担经济义务、拖欠债务、不赡养子女或父母；

⑤ 不能维持与他人的长久的关系，如不能维持长久的（1年以上）夫妻关系；

⑥ 很容易责怪他人，或对其与社会相冲突的行为进行无理辩解；

⑦ 对挫折的耐受性低，微小刺激便可引起冲动，甚至暴力行为；

⑧ 易激惹，并有暴力行为，如反复斗殴或攻击别人，包括无故殴打配偶或子女；

⑨ 危害别人时缺少内疚感，不能从经验，特别是在受到惩罚的经验中获益。

2 在18岁前有品行障碍的证据，至少有下列3项：

(1) 反复违反家规或校规；

(2) 反复说谎（不是为了躲避体罚）；

(3) 习惯性吸烟、喝酒；

(4) 虐待动物或弱小同伴；

(5) 反复偷窃；

(6) 经常逃学；

(7) 至少有2次未向家人说明外出过夜；

(8) 过早发生性活动；

(9) 多次参与破坏公共财物活动；

⑩ 反复挑起或参与斗殴；

⑪ 被学校开除过，或因行为不轨至少停学一次；

⑫ 被拘留或被公安机关管教过。

2. 偏执性人格障碍。这类人格障碍有如下特点：敏感多疑，不信任别人，易把别人的好意当作恶意。易生妒忌，无端怀疑恋人或配偶另有所欢。易感委屈、挫折，无意或无端就觉得被歧视、冷遇，常有回击、报复之心。自尊心强，自我评价高，要求自己被重视和尊重，追求权势。固执，好争辩，拒绝批评，经常抗议，反对他人意见。将自己的过失推诿于客观原因。对周围常抱不信任、警惕与敌视态度，缺少同情与热情，从不开玩笑。

《中国精神障碍分类与诊断标准（CCMD-3）》对本病规定如下：

60.1 偏执性人格障碍

以猜疑和偏执为特点，始于成年早期，男性多于女性。

[诊断标准]

1 符合人格障碍的诊断标准；

2 以猜疑和偏执为特点，并至少有下列3项：

① 对挫折和遭遇过度敏感；

② 对侮辱和伤害不能宽容，长期耿耿于怀；

③ 多疑，容易将别人的中性或友好行为误解为敌意或轻视；

④ 明显超过实际情况所需的好斗对个人权利执意追求；

⑤ 易有病理性嫉妒，过分怀疑恋人有新欢或伴侣不忠，但不是妄想；

⑥ 过分自负和自我中心的倾向，总感觉受压制、被迫害，甚至上告、上访，不达目的不肯罢休；

⑦ 具有将其周围或外界事件解释为"阴谋"等的非现实性优势观念，因此过分警惕和抱有敌意。

3. 表演性人格障碍（癔症性人格障碍）。这类人格障碍特征如下：人格不成熟和情绪不稳定；表情与动作做作、夸张，富于表演色彩；暗示性高，思维、情绪、行为都易接受别人暗示的影响；情感肤浅、脆弱、被动、变化多样；以自我为中心，总要吸引别人注意，渴望别人的同情与赞誉；要挟、操纵、挑逗、依赖他人；好幻想，以想象代替事实，理智易受感情蒙蔽，任性，不习惯于逻辑思维。

《中国精神障碍分类与诊断标准（CCMD-3)》对本病规定如下：

60.5 表演性（癔症性）人格障碍

以过分的感情或夸张言行吸引他人的注意为特点。

[诊断标准]

1 符合人格障碍的诊断标准；

2 以过分的感情用事或夸张言行，吸引他人的注意为特点，并至少有下列3项：

① 富于自我表演性、戏剧性、夸张性地表达情感；

② 肤浅和易变的情感；

③ 自我中心，自我放纵和不为他人着想；

④ 追求刺激和以自己为注意中心的活动；

⑤ 不断渴望受到赞赏，情感易受伤害；

⑥ 过分关心躯体的性感，以满足自己的需要；

⑦ 暗示性高,易受他人影响。

4. 强迫性人格障碍。这类人格障碍的特点有:以极高标准要求自己,做事要求十全十美,反复核对,注意细节而忽视全局;做事犹豫不决,思虑甚多,循规蹈矩,缺少创新与冒险精神,拘谨和小心翼翼;过于严肃、认真谨慎、缺少幽默感;坚持己见,要求别人按他的规矩办事;焦虑、悔恨情绪多,总是紧张与苦恼,愉快、满意情绪少。

《中国精神障碍分类与诊断标准(CCMD-3)》对本病规定如下:

60.6 强迫性人格障碍

以过分的谨小慎微、严格要求与完美主义,及内心的不安全感为特征。男性多于女性2倍,约70%强迫症病人有强迫性人格障碍。

［诊断标准］

1 符合人格障碍的诊断标准;

2 以过分的谨小慎微、严格要求与完美主义,及内心的不安全感为特征,并至少有下列3项:

① 因个人内心深处的不安全感导致优柔寡断、怀疑,及过分谨慎;

② 需在很早以前就对所有的活动作出计划并不厌其烦;

③ 凡事需反复核对,因对细节的过分注意,以致忽视全局;

④ 经常被讨厌的思想或冲动所困扰,但尚未达到强迫症的程度;

⑤ 过分谨慎多虑、过分专注于工作成效而不顾个人消遣及人际关系;

⑥ 刻板和固执,要求别人按其规矩办事;

⑦ 因循守旧、缺乏表达温情的能力。

5. 冲动性人格障碍(爆发性人格障碍)。这类人格障碍者常因微小的刺激而爆发非常强烈的愤怒和冲动,而在间歇期是正常的,且对发作感到懊悔,但下次又可再发。

《中国精神障碍分类及诊断标准(CCMD-3)》对本病规定如下:

60.4 冲动性人格障碍(攻击性人格障碍)

以情感爆发,伴明显行为冲动为特征,男性明显多于女性。

［诊断标准］

1 符合人格障碍的诊断标准;

2 以情感爆发和明显的冲动行为作为主要表现,并至少有下列3项:

① 易与他人发生争吵和冲突,特别在冲动行为受阻或受到批评时;

② 有突发的愤怒和暴力倾向，对导致的冲动行为不能自控；

③ 对事物的计划和预见能力明显受损；

④ 不能坚持任何没有即刻奖励的行为；

⑤ 不稳定的和反复无常的心境；

⑥ 自我形象、目的，及内在偏好（包括性欲望）的紊乱和不确定；

⑦ 容易产生人际关系的紧张或不稳定，时常导致情感危机；

⑧ 经常出现自杀、自伤行为。

6. 分裂样人格障碍。《中国精神障碍分类与诊断标准（CCMD-3）》对本病规定如下：

60.2 分裂样人格障碍

以观念、行为和外貌装饰的奇特、情感冷漠，及人际关系明显缺陷为特点。男性略多于女性。

[诊断标准]

1 符合人格障碍的诊断标准；

2 以观念、行为和外貌装饰的奇特、情感冷淡，及人际关系缺陷为特点，并至少有下列 3 项：

① 性格明显内向（孤独、被动、退缩），与家庭和社会疏远，除生活或工作中必须接触的人外，基本不与他人主动交往，缺少知心朋友，过分沉湎于幻想和内省；

② 表情呆板，情感冷淡，甚至不通人情，不能表达对他人的关心、体贴及愤怒等；

③ 对赞扬和批评反应差或无动于衷；

④ 缺乏愉快感；

⑤ 缺乏亲密、信任的人际关系；

⑥ 在遵循社会规范方面存在困难，导致行为怪异；

⑦ 对与他人之间的性活动不感兴趣（考虑年龄）。

7. 焦虑性人格障碍。《中国精神障碍分类与诊断标准（CCMD-3）》对本病规定如下：

60.7 焦虑性人格障碍

以一贯感到紧张、提心吊胆、不安全，及自卑为特征，总是需要被人喜欢和接纳，对拒绝和批评过分敏感，因惯性地夸大日常处境中的潜在危险，而有回避某些活动的倾向。

［诊断标准］

1　符合人格障碍的诊断标准；

2　以持久和广泛的内心紧张，及忧虑体验为特征，并至少有下列3项：

① 一贯的自我敏感、不安全感及自卑感；

② 对遭排斥和批评过分敏感；

③ 不断追求被人接受和受到欢迎；

④ 除非得到保证被他人所接受和不会受到批评，否则拒绝与他人建立人际关系；

⑤ 惯于夸大生活中潜在危险因素，达到回避某种活动的程度，但无恐惧性回避；

⑥ 因"稳定"和"安全"的需要，生活方式受到限制。

8. 依赖性人格障碍。《中国精神障碍分类与诊断标准（CCMD-3）》对本病规定如下：

60.8 依赖性人格障碍

［诊断标准］

1　符合人格障碍的诊断标准；

2　以过分依赖为特征，并至少有下列3项：

① 要求或让他人为自己生活的重要方面承担责任；

② 将自己的需要附属于所依赖的人，过分地服从他人的意志；

③ 不愿意对所依赖的人提出即使合理的要求；

④ 感到自己无助、无能，或缺乏精力；

⑤ 沉湎于被遗忘的恐惧之中，为此要求别人对此提出保证，独处时感到难受；

⑥ 当与他人的亲密关系结束时，有被毁灭和无助的体验；

⑦ 经常把责任推给别人，以应对逆境。

9. 其他类型人格障碍。《中国精神障碍分类与诊断标准（CCMD-3）》还有如下分类：

60.9 其他或待分类的人格障碍

包括被动攻击性人格障碍、抑郁性人格障碍和自恋性人格障碍等。

（三）人格障碍的矫治

人格障碍一旦形成，很难纠正和改造，但随年龄的增长，可能逐步趋于缓和。另外，心理治疗、药物治疗、环境治疗等能改进人格缺陷，但矫治需较长的时间与足够的耐心，同时要防止患者的依赖与纠缠。

（四）法律问题

人格障碍在司法实践中占有十分重要的地位，某些特殊类型的特征行为本身就与违法犯罪行为密切相关。法泽勒（Fazel）和丹尼什（Danesh）对12个国家22 790名罪犯的研究结果认为65%的罪犯人格异常；张林等（2007年）报道，采用CCMD-2-R诊断标准的人格障碍筛查问卷（Personality Disorder Questionnaire for CCMD-2-R，PDQC）等工具，在121名成年男性罪犯中发现人格障碍者达92.56%。马恩轩等（1998年）对监狱罪犯3041人（男性）进行了精神障碍流行病学调查，结果发现监狱罪犯精神障碍患病率为16.94%，其中人格障碍患病率为13.87%。

西安精神卫生中心研究室统计资料（1999年）表明，人格障碍者占鉴定总人数的9.26%，仅次于精神分裂症，与精神发育迟滞和癔症共同成为鉴定中最常见的精神疾病。

人格障碍在精神与行为障碍分类中占有特殊位置，其无器质性病变的基础，又无严重精神病性症状，所以它不是精神病性障碍，但也不是道德观念问题。

无论从司法精神病学角度还是司法审判实践看，人格障碍与刑事犯罪的关系十分密切。但是目前存在两大倾向：一是在司法精神病学鉴定中长期被忽视，有的从来不考虑是否存在人格障碍；二是不加区分地滥用这一诊断，把严重的精神障碍误认为人格障碍，或者把人格障碍当成特定的精神障碍。由于这种情况经常导致重复鉴定和鉴定意见不一，以致有些人提出人格障碍不应该成为司法精神病学研究的对象。这方面有过深刻的经验和教训，司法精神病学必须重视之。

人格障碍的责任能力评定如下：

1. 偏执性人格障碍、分裂样人格障碍、冲动性人格障碍、边缘性人格障碍：如果行为与其异常思维、情感、意志行为（包括冲动控制障碍）密切相关，辨认或者控制能力明显削弱，评定为限制责任能力；如果程度较轻，辨认或者控制能力无明显削弱、现实动机和因果关系明确，评定为完全责任能力。

2. 反社会性人格障碍、癔症性人格障碍、强迫性人格障碍、依赖性人格障碍、被动攻击性人格障碍、焦虑性人格障碍、自恋性人格障碍：无精神病性症状，无辨认或者控制能力削弱的证据，评定为完全责任能力。

人格障碍者无器质性病变的基础，又无严重精神病性症状，有辨认能力，故一般评定为完全民事行为能力。

二、习惯与冲动控制障碍

（一）概述

所谓习惯与冲动控制障碍，是指在过分强烈的欲望驱使下，采取某些不当行为的精神障碍。这些行为系社会规范所不容或给自己造成危害，其行为目的仅仅在于获得自我心理的满足，但不包括偏离正常的性欲和性行为。需要注意的是，切勿将本病当成"口袋病"，凡是无定论的"诊断名称"不可随意将其纳入此诊断。这是因为：其一，未被公认的诊断名称，也许就是 ICD-10 已经主张摒弃或没有的诊断名称，因为研究证实这种诊断没有科学依据，也就是说，这种情况并非精神疾病；其二，ICD-10 没有采用的诊断出现在司法精神病学鉴定中，可能会导致难以想象的法律效果。比如，有人提出五花八门的"暴发性障碍"诊断，甚至把一般的痴迷行为（所谓"成瘾""狂"）或者"偏好"也作为"习惯和冲动障碍"看待，在刑事责任能力评定时很可能将其作为控制能力削弱甚至丧失的依据。如果这种所谓的"障碍"再被赋予新的条件，还可能被看成辨认能力削弱，从而造成错案。

（二）分类

《中国精神障碍分类与诊断标准（CCMD-3）》对本病有如下分类：

61 习惯与冲动控制障碍

习惯与冲动控制障碍指在过分强烈的欲望驱使下，采取某些不当行为的精神障碍，这些行为系社会规范所不容或给自己造成危害，其行为目的仅仅在于获得自我心理的满足，不包括偏离正常的性欲和性行为。CCMD-3 具体包括 4 种亚型如下：

61.1 病理性赌博

病人有难以控制的赌博和浓厚兴趣，并有赌博行动前的紧张感和行动后的轻松感。赌博的目的不在于获得经济利益。

［诊断标准］

1 自己诉说具在难以控制的强烈赌博欲望，虽然努力自控，但不能停止赌博；

2 专注于思考或想象赌博行为或有关情境；

3 这些赌博发作没有给个人带来收益,或尽管对自己的社会、职业、家庭的价值观和义务均有不利的影响,仍然赌博;

4 在1年中,至少有过3次赌博发作。

[说明]　诊断应从严掌握。

61.2 病理性纵火

病人有纵火烧物的强烈欲望和浓厚兴趣,并有行动前的紧张感和行动后的轻松感。经常思考或想象纵火行为及其周围情景。纵火并非为了获得经济利益、报复或政治目的。

[诊断标准]

1 自己诉说有强烈的纵火欲望,并有行动前的紧张和行动后的轻松感;

2 专注于想象纵火行动或行动时的周围情境;

3 至少有过一次无明显动机的纵火行为或企图。

61.3 病理性偷窃

病人有难以控制的偷窃欲望和浓厚兴趣,并有偷窃行动前的紧张感和行动后的轻松感。偷窃的目的不在于获得经济利益。

[诊断标准]

1 自己诉说具有难以控制的强烈偷窃欲望,虽然努力自控,但不能停止偷窃;

2 专注于思考或想象偷窃行为或有关情境;

3 这些偷窃发作没有给个人带来收益,或尽管对自己的社会、职业、家庭的价值观和义务,均有不利的影响,仍然偷窃;

4 在1年中,至少有过3次偷窃发作。

61.4 拔毛症(病理性拔毛发)

病人有拔除毛的强烈欲望并付诸行动,并有行动前的紧张感和行动后的轻松感。虽然企图控制这一行动,但经常失败,结果引起毛发缺失。这种意向并非皮肤疾病或妄想、幻觉等其他精神障碍所致。

[诊断标准]

1 引人注目的头发缺失是由于持续的控制拔发的冲动失败所致;

2 病人诉说有一种强烈的拔发欲望,伴有一种行动前的紧张感和之后的轻松感;

3 并非皮肤疾病,如皮炎所致,也不是对精神症,状如妄想或幻觉的反应。

61.9 其他或未特定的习惯和冲动控制障碍。

（三）法律问题

习惯与冲动控制障碍在司法精神医学上的地位大致与人格障碍相同。这种人在过分强烈的欲望驱使下，为了获得自我心理的满足会采取与社会规范所不相容的行为。刑事犯罪的表现往往与障碍的类型有关：

1. 病理性赌博：表现在个人生活中占据统治地位的、频繁发作的赌博行为，且行为对社会、职业、财产及家庭价值观念与义务都造成损害。为得到赌资而撒谎、违法，或躲避偿还债务。要注意与如下情况鉴别：①强迫症；②赌博与打赌、躁狂病人过度赌博、病态人格者赌博。

2. 病理性纵火（纵火狂）：指无明显动机多次地实施或企图纵火烧毁财物或其他物品，对与火和燃烧有关的事物存在持续的关注。这种人对灭火器及其他灭火设备、与着火有关的事物以及召唤消防队有异常的兴趣。要注意与如下情况鉴别：①有明显动机的故意纵火、有品行障碍者纵火、人格障碍的成年人纵火；②精神分裂症患者纵火；③器质性精神障碍患者纵火。

3. 病理性偷窃：特征为具有反复的无法克制的偷窃冲动，并不是为了本人使用或获取钱财。要注意与如下情况鉴别：①有获利动机的正常人；②器质性精神障碍；③抑郁障碍伴有偷窃。

4. 其他习惯与冲动障碍：指其他持续地反复出现的适应不良性行为，并非继发于已知的精神科综合征，表现为反复不能克制地作出这种行为的冲动。前驱期有一段紧张感，在实施这种行为时有轻松感。间歇性暴发性障碍是该类障碍典型表现，其平时唯唯诺诺，祈求被人喜欢和接纳，对挫折和批评极为敏感，一旦受到挫折可能出现难以预料的暴力行为，包括缺乏指向性的攻击行为。

习惯与冲动控制障碍者有时被认为存在冲动性人格障碍，但是两者都属于非精神病性障碍，没有精神病性症状的影响。根据长期随访结果，法院对于大多数案例按照有罪给予判决，特别是危害后果严重，民愤极大的，不予从轻处罚。司法精神病学鉴定此类案件的责任能力可以参考以下原则：

1. 病理性偷窃、病理性纵火：通常评定为完全责任能力；目前，学界倾向于对于个别首次发生的，控制能力明显削弱时，评定为限制责任能力，但是评定为限制责任能力要有充分的事实依据和说明；如属屡犯，评定为完全责任能力。

随访结果发现，法院对于个别案例判处也有从轻的倾向，这可能是司法审判考虑到种种情况的结果。

2. 病理性赌博：评定为完全责任能力。

第九节 性心理障碍

一、概述

性心理障碍又称为性变态，是指涉及内容广泛的，以两性行为的生物—心理功能和行为偏离正常为特点的一组心理障碍。常是性冲动的障碍和性对象的歪曲。绝大多数性心理障碍者是男性，其性行为方式的异常有如下类型：①性行为选择异常的对象（性指向障碍），如恋兽癖、恋物癖等；②性行为方式异常（性偏好障碍），如窥阴癖、露阴癖、性施虐癖与性受虐癖等；③性身份障碍，如易性症；④选择的性对象和性行为违反社会规范，但无生物学的反常意义，如恋童癖、近亲相奸等。

目前的分类和诊断标准已经对性心理障碍有了明确规定，但是在实际应用时还是要注意：其一，所谓"正常"与"异常"的性行为并无绝对标准，通常是按当时、当地的传统习俗、宗教信仰、文化背景、法律制度等社会规范而定的；其二，性心理障碍是一种性歪曲，这种偏离常理的性行为必须达到相当程度，不要把大多数人可能存在的某种性爱倾向一律视为性心理障碍。性心理障碍属于精神疾病范畴，有其诊断标准。如果是对本人和社会不引起任何麻烦的情况，切勿滥用此诊断名称。

性心理障碍者，并非都是性欲亢进的，许多是性欲低下，甚至无正常性生活能力的。这种人大多有良好的社会适应能力，工作学习无障碍，个性内倾、害羞，具备正常的伦理道德观念，对性心理障碍引起的触犯社会规范行为事后多有悔恨。他们除性心理障碍外无其他人格障碍，除性行为异常外一般无其他反社会行为，并对寻找性欲满足的异常行为方式具有充分的辨认能力与控制能力。

《中国精神障碍分类与诊断标准（CCMD-3）》对本病规定如下：

62 性心理障碍（性变态）

有异常性行为的性心理障碍，特征是有变换自身性别的强烈欲望（性身份障碍）；采用与常人不同的异常性行为满足性欲（性偏好障碍）；不引起常人性兴奋的人物，对这些人有强烈的性兴奋的作用（性指向障碍）。除此之外，与之无关的精神活动均无明显障碍。不包括单纯性欲减退、性欲亢进，及性生理功能障碍。

二、性心理障碍的种类

依据《中国精神障碍分类与诊断标准（CCMD-3）》，性心理障碍有如下分类：

62.1 性身份障碍

[诊断标准]

女性：

1 持久和强烈地因自己是女性而感到痛苦，渴望自己是男性（并非因看到任何文化或社会方面的好处，而希望成为男性），或坚持自己是男性，并至少有下列1项：

① 固执地表明厌恶女装，并坚持穿男装；

② 固执地否定女性解剖结构，至少可由下列1项证实：明确表示已经有，或将长出阴茎；不愿取蹲位排尿；明确表示不愿意乳房发育或月经来潮；

2 上述障碍至少已持续6个月。

男性：

1 持久和强烈地为自己是男性而痛苦，渴望自己是女性（并非因看到任何文化或社会方面的好处，而希望成为女性）或坚持自己是女性，并至少有下列1项：

① 专注于女性常规活动，表现为偏爱女性着装或强烈渴望参加女性的游戏或娱乐活动，拒绝参加男性的常规活动；

② 固执地否定男性解剖结构，至少可由下列1项证实：断言将长成女人（不仅是角色方面）；明确表示阴茎或睾丸令人厌恶；认为阴茎或睾丸即将消失，或最好没有；

2 上述障碍至少已持续6个月。

62.11 易性症

对自身性别的认定与解剖生理上的性别特征呈逆反心理，持续存在厌恶和改变本身性别的解剖心理特征以达到转换性别的强烈愿望，并要求变换为异性的解剖生理特征（如使用手术或异性激素），其性爱倾向为纯粹同性恋。已排除其他精神疾病所致的类似表现，无生殖器解剖生理畸变与内分泌异常。

[诊断标准]

1 期望成为异性被别人接受，常希望通过外科手术或激素治疗使自己的躯体尽可能与自己所偏爱的性别一致；

2 转换性别的认同至少已持续 2 年；

3 不是其他精神障碍（如精神分裂症）的症状，或与染色体异常有关的症状。

62.19 其他或待分类的性身份障碍

62.2 性偏好障碍

62.21 恋物症

指在强烈的性欲望与性兴奋的驱使下，反复收集异性使用的物品。几乎仅见于男性。所恋物品均为直接与异性身体接触的东西，如乳罩、内裤等，抚摸嗅闻这类物品伴以手淫，或在性交时由自己或要求性对象持此物品，可获得性满足（即所恋物体成为性刺激的重要来源或获得性满足的基本条件）。对刺激生殖器官的性器具的爱好不属恋物症。

[诊断标准]

1 在强烈的欲望与兴奋的驱使下，反复收集异性使用的物品。所恋之物是极重要的性刺激来源，或为达到满意的性反应所必需；

2 至少已持续 6 个月。

62.211 异装症

是恋物症的一种特殊形式，表现对异性衣着特别喜爱，反复出现穿戴异性服饰的强烈欲望并付诸行动，由此可引起兴奋。其穿戴异性服饰主要是为了获得性兴奋，当这种行为受抑郁时可引起明显的不安情绪。病人并不要求改变自身性别的解剖生理特征。

[诊断标准]

1 穿着异性服装以体验异性角色，满足自己的性兴奋；

2 期望永久变为异性；

3 至少已持续 6 个月。

62.22 露阴症

反复在陌生人面前暴露自己的生殖器，以满足引起兴奋的强烈欲望，几乎仅见于男性。[诊断标准]

1 具有反复或持续地向陌生人（通常是异性）暴露自己生殖器的倾向，几乎总是伴有性唤起及手淫；

2 没有与"暴露对象"性交的意愿或要求；

3 此倾向至少已存在 6 个月。

62.23 窥阴症

反复窥视异性下身、裸体，或他人性活动，以满足引起性兴奋的强烈欲望，可当场手淫或事后回忆窥视景象并手淫，以获得性满足。几乎仅见于男性。观看淫秽音像制品，并获得性的满足，不属于本诊断。

[诊断标准]

1 反复窥视异性下身、裸体，或他人性活动，伴有兴奋或手淫；
2 没有暴露自己的意向；
3 没有同受窥视者发生性关系的愿望。

62.24 摩擦症

男性病人在拥挤场合或乘对方不备之际，伺机以身体某一部分（常为阴茎）摩擦和触摸女性身体的某一部分，以达到性兴奋的目的。

[诊断标准]

1 反复地通过靠拢陌生人（通常是异性），紧密接触和摩擦自己生殖器；
2 没有与所摩擦对象性交的要求；
3 没有暴露自己生殖器的愿望；
4 这种行为至少已存在 6 个月。

62.25 性施虐与性受虐症

以向性爱对象施加虐待或接受对方虐待，作为性兴奋的主要手段。其手段为捆绑、引起疼痛和侮辱等，甚至可造成伤残或死亡。提供这种行为者为性施虐症。以接受虐待行为来达到性兴奋者为性受虐症。

[诊断标准]

1 一种性运动偏爱，可为接受者（受虐狂），或提供者（施虐狂），或两者都有，并至少有下列 1 项：
① 疼痛；
② 侮辱；
③ 捆绑；
2 施虐—受虐行为是极为重要的刺激来源或为满足性欲所必需；
3 至少已持续 6 个月。

62.26 混合型性偏好障碍

最常见的组合是恋物症、易装症，及施虐—受虐症。对性偏爱的不同类型，以及对个人的重要性应依次列出。

62.29 其他或待分类的性偏好障碍

62.3 性指向障碍

指起源于各种性发育和性定向的障碍，从性爱本身来说不一定异常。但某些人的性发育和性定向可伴发心理障碍，如个人不希望如此或犹豫不决，为此感到焦虑、抑郁，及内心痛苦，有的试图寻求治疗加以改变。

62.39 其他或待分类的性指向障碍

例如病人对自己的性认同或性定向不确定，以致焦虑或抑郁。

除以上类型外，实践中还有恋童癖，即以儿童作为性对象来获得性满足，恋童癖者选择对象可只是男童，或只是女童，或男女童都有，其行为有抚摸、手淫、玩弄外生殖器、口—生殖器接触等，较少的是诱奸、强奸；性窒息，指在独自进行性活动时，以窒息缺氧获得性快感，但有时因发生意外而死于窒息；恋兽癖（与动物发生性活动以取得性满足）；恋尸癖（与异性尸体发生性活动产生性兴奋、性快感，获得性满足，包括猥亵、奸尸及毁损尸体）。

三、性心理障碍的矫正

采用综合干预和矫正措施以矫治。可用教育、处罚、心理支持疗法、行为疗法、激素治疗等方法进行矫治。

四、法律问题

性心理障碍在司法精神医学上的地位不亚于人格障碍，相当重要。纪术茂（1985年）对在西安精神卫生中心研究室鉴定的113例涉及性犯罪的案例分析发现，性心理障碍及有明显性心理障碍问题行为者39例（占性犯罪人数34.51%）。性心理障碍的诊断有：露阴症、窥淫（体）症、施虐淫、受虐淫、恋童症、恋尸症、恋尿色情、恋物症、异性服饰症及摩擦症等。

性心理障碍涉及刑事犯罪不仅频度高，而且累犯率甚高。从犯罪学角度看，许多性心理障碍的特征行为基本上都被视为犯罪。这些行为本身就是犯罪学上界定的犯罪行为，即使有的没有构成严格意义上的犯罪，但也属于违反《治安管理处罚法》的行为。

性心理障碍可以给自身和社会带来危害，轻者个人名誉扫地、婚姻破裂；重者严重摧残他人（尤其是少年儿童和妇女）的身心健康，甚至导致大量杀人等严重犯罪。

作为嫌疑人涉及刑事案件时，不仅有猥亵、强奸、伤害妇女的行为，还可以发生奸尸等行为。有的可能发生严重的施虐、伤害、杀人，甚至系列杀人。有的甚至发生嗜血、杀人并食人等恶性案件，危害后果极为严重。作案行为和涉及案件类型，与性心理障碍的类型有密切关系。

性心理障碍者无器质性病变的基础，又无严重精神病性症状，有辨认能力，多有控制能力。对其责任能力评定如下：

1. 易性症、异装症、性受虐症：评定为完全责任能力。
2. 恋物症、窥阴症、露阴症、摩擦症：根据其控制能力削弱程度，评定为限制责任能力或者完全责任能力；如属屡犯，评定为完全责任能力。
3. 性虐待或者性施虐症：评定为完全责任能力。
4. 其余一般情况下都评定为完全刑事责任能力。

第十节　酒精所致精神障碍及毒品所致精神障碍

一、酒精所致精神障碍

（一）概述

酒精属于精神活性物质，其所致的精神障碍属于精神活性物质所致的精神障碍。

酒的主要成分为酒精。酒精（乙醇）为亲神经物质，一次大量饮用可出现急性神经症状，长期饮用可产生慢性神经症状，甚至出现神经系统不可逆的损害。酒精被摄入体内后，少部分为胃直接吸收，约80%被十二指肠和空肠吸收。空腹时吸收迅速，约在摄入后1小时、1.5小时、2.5小时吸收的量分别为60%、90%和100%。饮用时若佐以菜肴，尤其是脂肪类食物，会明显减慢吸收的速度。血中酒精浓度在摄入后1小时达最高峰，以后逐渐下降，通常10小时后降到0。

酒中毒的有关问题在许多国家已成为严重的社会问题。这一般与工业化、城市化、社会经济发展、酒类生产和消费上升及社会文化等有关。据有关资料显示，我国酒中毒在近年呈上升的趋势，其中男性远远多于女性。

《中国精神障碍分类与诊断标准（CCMD-3）》对这类精神障碍规定如下：

10　神活性物质所致精神障碍

精神活物质是指来自体外，可影响精神活动，并可导致成瘾的物质。常见的精神活性物质有酒类、阿片类、大麻、催眠药、抗焦虑药、麻醉药、兴奋剂、致幻剂和烟草等。精神活性物质可由医生处方不当或个人擅自反复使用导致依赖综合征和其他精神障碍，如中毒、戒断综合征、精神病性症状、情感障碍，及残留性或迟发性精神障碍等。

[症状标准]

1 有精神活性物质进入体内的证据，并有理由推断精神障碍系该物质所致；

2 出现躯体或心理症状，如中毒、依赖综合征、戒断综合征、精神病性症状，及情感障碍、残留性或迟发性精神障碍等。

[严重标准] 社会功能受损。

[病程标准] 除残留性或迟发性精神障碍之外，精神障碍发生在精神活性物质直接效应所能达到的合理期限之内。

[排除标准] 排除精神活性物质诱发的其他精神障碍。

[说明] 如应用多种精神活性物质，鼓励作出一种以上精神活性物质所致精神障碍的诊断，并分别编码。

(二) 急性酒中毒

急性酒中毒指在一次饮酒后，急速出现的中毒状态。其可分为如下几种：

1. 普通醉酒。普通醉酒又称为生理性醉酒、单纯性醉酒或典型性急性酒中毒，是一次较大量饮酒后出现的急性中毒状态。其症状单纯，不掺杂其他疾病因素。对酒的耐受性个体差异很大，遗传和习惯性饮酒对嗜酒和酒精耐量有相当影响。单纯性醉酒时乙醇首先作用于大脑皮质，使皮层抑制而皮层下兴奋，表现为兴奋症状，乙醇作用进一步加强时，可使皮质下中枢和小脑受抑制，人的意识和运动功能障碍，乙醇作用继续加强，可使延髓血管运动中枢和呼吸中枢受到抑制，呼吸、心跳变弱，虚脱，严重者可死于呼吸中枢麻醉。

普通醉酒的症状与血中酒精的含量有关。一般情况下，酒精在血中的浓度达0.03%～0.05%时，即可有欣快感、面红、动作增多而欠灵活等症状，无饮酒经验者，驾车可能发生意外；达0.05%～0.10%时，出现轻度醉酒，自我感觉好、话多、高谈阔论、激动、动作行为欠检点；达到0.10%～0.15%时，上述表现更甚，并有情绪不稳、易激惹、兴奋吵闹，或唠叨不休，或哭泣伤感，驾驶机动车可发生危险；达到0.15%～0.20%时，达到中度酒醉，意识不清楚、口吃、步态不稳、手和唇震颤、共济失调、反应迟钝、嗜睡，有时呕吐、眩晕，经数小时可恢复正常，或转入睡眠后而恢复正常；达到0.2%～0.3%时，上述症状加重，意识障碍加重，事后可有部分遗忘，开始进入昏迷；达到0.3%以上时，进入昏迷，呼吸有鼾声，体温下降；达到 0.5% 时，可麻醉、深度昏迷，可引起死亡。

《中国精神障碍分类与诊断标准（CCMD-3）》对本病规定如下：

10.1111 单纯醉酒（普通醉酒）

1 符合酒精所致精神障碍的诊断标准，并在饮酒后急性发病，至少有下列 1 项：

① 意识障碍；

② 兴奋、自控能力下降、易激惹或行为鲁莽，类似轻躁狂；

③ 抑郁、少语；

2 吐词不清、共济失调、步态不稳、眼球震颤或面部潮红等。

3 通常与所用酒量有关，在大量饮酒后容易发生。

4 并非由于躯体疾病或其他精神障碍所致。

2. 复杂醉酒。有少数醉酒者在大量饮酒后的醉酒过程中，症状迅速发展为非常强烈的兴奋状态，且持续时间长，有明显的意识障碍，可出现错觉、幻觉和片段性被害妄想等精神症状，但对周围情景保持一定的定向力，有将此种状态称为"复杂醉酒"，认为是一种介于普通性醉酒和病理性醉酒之间的急性酒中毒形式。复杂醉酒时大多口齿不清、步态不稳，在激烈的精神运动性兴奋状态下，为一点小事可发生暴怒性激情，做出狂暴的攻击、伤害等与平时人格相异的重大危害社会的行为，行为时辨认能力减弱，控制能力则严重减弱。复杂醉酒者可由强烈的兴奋进入麻痹期，活动困难、睡眠不稳定，甚至入睡后还可再兴奋。酒醒后可有片段记忆或记忆模糊。

《中国精神障碍分类与诊断标准（CCMD-3）》对复杂醉酒规定如下：

10.1112 复杂醉酒

[症状标准]

1 符合酒精所致精神障碍诊断标准，并有颅脑损伤、脑炎、癫痫等脑病史，或脑器质性损害的症状和体征，或有影响酒精代谢的躯体疾病，如肝病等的证据。

2 在一次饮酒后突然发生意识障碍，并至少有下列 2 项：

① 病理性错觉或幻觉；

② 被害妄想；

③ 情感或行为障碍，如兴奋、焦虑、紧张、恐惧、惊恐，或易激惹；

④ 无目的的刻板动作；

⑤ 冲动行为；

⑥ 痉挛发作；

3 发作后对发作部分或完全遗忘。

[严重标准] 自知力受损或社会功能受损，如丧失正常的人际交往能力。

[病程标准] 通常为数小时或 1 天。

[排除标准] 排除单纯醉酒和病理性醉酒。

3. 病理性醉酒。这是指饮用相对小量酒精引起的急性精神病性发作。其主要与个体素质或患有癫痫、头部外伤或动脉硬化症等器质性因素有关。发作时无明显的醉酒表现。临床表现为饮酒后不久突然出现明显的意识障碍（朦胧状态或谵妄状态），伴有错觉、幻觉（多为恐怖性幻觉）和片段的妄想（多为迫害性妄想），情绪抑郁，不能对现实环境中的事物作正确判断，常发生严重暴力攻击行为和兴奋，一般持续数分钟到几小时后以酣睡告终。醒后有完全或部分遗忘。

《中国精神障碍分类与诊断标准（CCMD-3）》对本病规定如下：

10.116 病理性醉酒

病人在饮酒后突然发生暴力行为，这并非其清醒时的典型行为，其饮酒量不多（对大多数人而言，该量不会引起这类症状）。

[症状标准]

1 符合酒精所致精神障碍的诊断标准。

2 饮酒量虽然不大，但在酒后突然发生意识障碍，并至少有下列 2 项：

① 病理性错觉或幻觉；

② 被害妄想；

③ 情感障碍。如兴奋、焦虑、紧张、恐惧、惊恐，或易激惹；

④ 暴力行为；

⑤ 痉挛发作；

3 发作后对发作完全遗忘。

[严重标准] 社会功能严重受损，如丧失正常的人际交往能力，有自知力障碍。

[病程标准] 在酒后突然发生，通常历时数小时或 1 天。

[排除标准] 排除单纯醉酒和复杂醉酒。

4. 间发性酒狂。本病不多见，是一种周期性狂饮发作。每次发作前常有难以忍受的苦闷、烦躁以及躯体不适，随之出现强烈的、难以遏制的饮酒欲望和狂饮行为。如果不予饮酒，则极难忍受，并出现焦虑、抑郁或粗暴行为。需无节制地狂饮数日，言行亦一反常态，变得羞怯怕见人，足不出户；或狂暴，也可有妄想观念。间歇期都不思饮酒，甚至厌恶酒类。一般周期为数周、数月或更长。这种发作是癫痫性精神障碍的一种表现，或是精神分裂症、躁郁症的一种精神症状，但也有些原因不明。

（三）慢性酒中毒

1. 酒精依赖。这是指饮酒已成为牢固的癖好，对酒的耐受性明显增强，停饮或少饮时即引起精神和躯体的不适反应。酒精依赖的发生与社会环境、习俗文化、个体素质易感性、不良嗜好习惯、心理因素（为解愁或寄托）等有关。

酒精依赖轻者可出现人格障碍及智能轻度障碍，重则出现戒酒性发作（戒断综合征）及一过性癫痫发作。酒精依赖一旦发生，往往发展成为慢性酒精中毒，形成两者共存。

酒精依赖的早期表现不明显，如不打断其饮酒习惯，则难以发现。但任由饮酒习惯发展，逐渐个性变自私、焦虑、粗心大意、萎靡不振、记忆力差、社交困难、难以适应职业要求。即使引起身体疾病（肝病、胃病、贫血、营养不良等），亦不停嗜酒。听不进劝阻，不信守戒酒诺言。随着对酒精耐受性增大，饮酒量也增大，如果停饮或少饮，便会出现戒断反应。早期戒断反应是急性震颤、情绪激动、易惊、睡眠不安、头痛、虚弱或不适感、恶心、呕吐、情绪焦虑或抑郁，一经饮酒症状立即消失，否则持续可达数天。较重的戒断反应可出现幻觉、错觉、片断妄想、震颤谵妄、冲动行为。

酒精依赖者常出现经济拮据的情况，为满足酒瘾而乞怜、偷窃，可成为流浪汉。检查常可发现酒糟鼻、手指震颤、共济运动不良以及其他神经系统和躯体病症。

酒精属于精神活性物质，其所致的依赖属于精神活性物质所致的依赖。

《中国精神障碍分类与诊断标准（CCMD-3）》对这类精神障碍规定如下：

10.x3 依赖综合征（成瘾综合征）

反复使用某种精神活性物质导致躯体或心理方面对某种物质的强烈渴求与耐受性。这种渴求导致的行为已极大地优先于其他重要活动。

［症状标准］　反复使用某种精神活性物质，并至少有下列 2 项：

1　有使用某种物质的强烈欲望；

2　对使用物质的开始、结束，或剂量的自控能力下降；

3　明知该物质有害，但仍应用，主观希望停用或减少使用，但总是失败；

4　对该物质的耐受性增高；

5　使用时体验到快感或必须用同一物质消除停止应用导致的戒断反应；

6　减少或停用后出现戒断症状；

7　使用该物质导致放弃其他活动或爱好。

[严重标准]　社会功能受损。

[病程标准]　在最近1年的某段时间内符合症状标准和严重标准。

[说明]　包括慢性中毒、发作性酒狂、酒精成瘾、药物成瘾。

2. 慢性酒中毒性精神障碍。

（1）震颤谵妄。一种在慢性酒精中毒基础上急性发作的严重精神障碍。可在大量饮酒后或突然停止饮酒后发生。发作时呈严重谵妄状态，意识不清、定向障碍，出现奇怪、鲜明而生动的幻觉（幻视、幻听等），行为受幻觉支配，兴奋、躁动、恐怖、失眠、言语杂乱无章，并出现片段被害妄想，可冲动伤人或毁物。躯体检查可见面、唇、舌、躯干和手有明显粗大的震颤，步态不稳，共济失调。植物神经症状有出汗、发烧、心动过速、血压上升和瞳孔扩大等。部分病例可死于心力衰竭。发作一般持续3~5天，以熟睡告终。醒后症状消失，对谵妄的过程遗忘或大部分遗忘。

《中国精神障碍分类与诊断标准（CCMD-3）》对本病规定如下：

10.1113 酒精所致震颤谵妄

通常是长期饮酒的严重成瘾者，在突然停酒或减少酒量时，引发的一种历时短暂、并有躯体症状的中毒性意识模糊状态。经典的三联征包括伴有生动幻觉或错觉的谵妄、行为紊乱及震颤。也常有妄想、自主神经功能亢进，或睡眠障碍。

[症状标准]

1　符合酒精所致精神障碍诊断标准，并有意识障碍，及肢体粗大震颤，可伴有：

① 发热、瞳孔扩大、心率增快、共济失调；

② 错觉、幻觉或感知综合障碍；

③ 妄想，如被害妄想；

④ 惊恐、激动；

⑤ 冲动性行为。

2　再次足量使用酒类可能缓解症状。

3 恢复后对病中情况部分或完全遗忘。

[严重标准]　发作期内社会功能严重受损。

[病程标准]　停用或减少饮酒后数日内出现症状。

[排除标准]　排除非精神活性物质所致谵妄。

[说明]　酒精所致震颤谵妄如出现在某次暴饮过程中，也应在此编码。

（2）酒精中毒性幻觉症。本病多发生在慢性酒精中毒基础上，在意识清晰情况下出现幻听，内容多为责难或嘲笑。还可出现幻视、幻嗅和幻触；可继发妄想；常伴情绪和行为的焦虑不安，可出现患者自杀、自伤或控告、攻击、伤害等行为；发作可持续数周、数月，甚至数年。停酒后可逐渐减轻、消失。

《中国精神障碍分类与诊断标准（CCMD-3)》对本病规定如下：

10. xx2 幻觉症

反复使用精神活性物质导致的以幻觉为主的精神病性症状。

如：10.152 酒精所致幻觉症。

（3）酒精中毒性妄想症。此多为嫉妒妄想，多在中年后发病，因酒中毒使性功能低下，致怀疑配偶对己不忠而引起，停酒可减轻或消失，否则会日趋发展，坚持多年不变。

《中国精神障碍分类与诊断标准（CCMD-3)》对本病规定如下：

10. xx3 妄想症

反复使用精神活性物质导致的以妄想为主的精神病性症状。

如：10.153 酒精所致妄想症。

（4）柯萨可夫（Korsakov）精神病。本病起病缓慢，以严重记忆减退、逆行性遗忘、错构、虚构、定向障碍为主要特征；近事遗忘明显；可有赘述、情感幼稚、欣快、生活懒散等表现；早期无智能障碍。

（5）酒精中毒性痴呆。本病多在35岁后缓慢起病，可逐渐严重；轻度时损害社会功能和职业能力，重度的丧失记忆，丧失认识能力；偶可发生伤害自身与他人事件。

（6）酒精中毒性癫痫性精神病。部分慢性酒精中毒者中，酒精长期作用，损害大脑，引起癫痫发作；其他还有酒中毒性人格障碍，表现为只想获得酒，自私、行为道德准则下降，好欺骗别人，对家庭和工作责任心下降；过量饮酒还可引起持续性焦虑或抑郁。

(四) 诊断与鉴别诊断

根据既往嗜酒史及酒精中毒性各类精神障碍的临床特点和体征，可做出诊断。

需鉴别诊断的是：①普通醉酒和病理性醉酒与躁狂及某些中毒性躁狂状态相鉴别。②震颤谵妄与其他谵妄状态相鉴别。③酒精中毒性幻觉症和妄想症与精神分裂症、更年期妄想症、偏执性精神病相鉴别。④酒精中毒性人格障碍和痴呆与单纯人格障碍、其他脑器质性人格障碍和痴呆相鉴别。

(五) 法律问题

1. 刑事责任能力问题。我国《刑法》第18条第4款规定："醉酒的人犯罪，应当负刑事责任。"

醉酒与精神疾病不同。患精神疾病不能自己选择，但醉酒通常是自己选择的。自己可以决定是否饮酒及饮用的程度，对过量饮酒可致醉，醉酒后可能肇事闯祸都是应当预见并能够预见的。评定醉酒者的刑事责任能力，不仅要研究醉酒时（行为时）的精神障碍状态与辨认、控制能力的关系，更要研究行为前的醉酒原因是否归责于自己。在明确醉酒原因可否归责于自己后，再研究醉酒时（行为时）的辨认、控制能力，评定醉酒者的刑事责任能力。

(1) 普通醉酒：评定为完全责任能力。

(2) 复杂醉酒：有明显意识障碍、兴奋躁动、狂暴冲动以及某些精神病性症状时，辨认或者控制能力明显削弱，评定为限制责任能力；再度发生复杂性醉酒时，评定为完全责任能力。

(3) 病理性醉酒：辨认或者控制能力完全丧失时，评定为无责任能力；再度发生病理性醉酒时，根据情节（是否主动、自愿）评定为完全责任能力或者限制责任能力。

(4) 酒精所致精神障碍：震颤谵妄者辨认或者控制能力完全丧失，评定为无责任能力；酒精依赖者在继续饮酒过程中再次出现的震颤谵妄，可评定为限制责任能力。

(5) 酒精所致精神障碍：幻觉症，如果有证据证明危害社会行为系病理性幻觉所致，辨认或者控制能力完全丧失，评定为无责任能力。

(6) 酒精所致精神障碍：妄想症，如果有证据证明危害社会行为系妄想所致，辨认或者控制能力完全丧失，评定为无责任能力。

(7) 酒精所致精神障碍：智能损害，参照器质性智能障碍，根据其痴呆严重程度，评定为无责任能力、限制责任能力或者完全责任能力；如果伴有精神病性症状，则按精神病性障碍进行评定，可评定为无责任能力或者限制责任能力。

（8）酒精所致精神障碍：戒断综合征，辨认或者控制能力无明显缺损，评定为完全责任能力。

（9）酒精所致精神障碍：人格或者行为障碍，无精神病性症状，辨认或者控制能力也无明显缺损，评定为完全责任能力。

间发性酒狂处于发作期，重者评定为无刑事责任能力，但程度轻者，评定为限制刑事责任能力。发作间歇期精神正常的，评定为完全责任能力。

柯萨可夫精神病多评定为无刑事责任能力及无作证能力。

酒中毒癫痫性精神病的刑事责任能力评定的原则同癫痫性精神障碍相同。

酒中毒性人格障碍，多评定为有刑事责任能力。程度较重并合并明显痴呆时，可依程度轻重酌情评定为无刑事责任能力或限制刑事责任能力。

2. 民事行为能力问题。急性酒中毒性精神障碍为一过性暂时性发作，故多不涉及民事行为能力问题。

在慢性酒中毒性精神障碍中，当幻觉症和妄想症影响到其民事行为时，评定为无民事行为能力。

柯萨可夫精神病者评定为无民事行为能力。

酒中毒性痴呆根据其智能缺损的程度可评定为限制民事行为能力或无民事行为能力。

二、毒品所致精神障碍

（一）概述

我国《刑法》第 357 条第 1 款规定："本法所称的毒品，是指鸦片、海洛因、甲基苯丙胺（冰毒）、吗啡、大麻、可卡因以及国家规定管制的其他能够使人形成瘾癖的麻醉药品和精神药品。"以上毒品均属于精神活性物质。走私、贩卖、运输、制造毒品是严重的犯罪行为。而使用毒品甚至形成毒品依赖也是违法行为，应严厉禁止。历史上，毒品泛滥曾给我们国家和民族造成了深重的灾难。中华人民共和国成立之后，人民政府对毒品采取了严厉禁止的措施，取得了巨大成效。但近年来，毒品犯罪又死灰复燃，吸毒人数不断扩大，已成为严重的社会问题。

毒品所致精神障碍是指使用毒品而引起的精神障碍，其中典型的是毒品依赖。毒品依赖者反复使用毒品而使机体产生精神和躯体的改变，这种改变总是具有再度体验这些毒品的意向,而且为了避免停用造成的不适感,就要持续性或周期性地使用毒品,导致毒品依赖者对毒品产生精神上或躯体上的依赖。

精神依赖是指对药物的渴求,以期获得吸毒后的特殊快感。躯体依赖是指反复使用使中枢神经系统发生了某种生化或生理变化,以致需要毒品持续存在于体内,一旦停用毒品,可出现"戒断综合征",轻者全身不适,重者可危及生命。

毒品依赖在世界上也是普遍存在的严重社会问题。估计目前全世界约有2亿人吸毒,大部分为青少年。每年为换取毒品全世界约要花费上千亿美元。每年约有10万人因吸毒而死亡。全世界至少有1000万人因吸毒而丧失正常智能和工作能力。毒品依赖者为获取毒品而违法犯罪及在毒品直接作用下发生暴力行为的情况十分严重。

毒品依赖主要是受他人影响、引诱、欺骗及自发地为取得快感和寄托或好奇而吸毒后形成的。不良的社会环境因素,对发生毒品依赖作用极大。此外,个体素质因素,如成瘾性的大小、人格缺陷(成瘾人格或依赖性人格)、心理素质、道德品质修养等亦有重要作用。而毒品本身的特性,如产生精神依赖、躯体依赖和耐药性的难易程度,摄取时的症状和戒断时的症状,也对产生依赖性影响很大。

通常,毒品依赖和中毒几乎总是同时存在,早期主要表现是依赖,中期以后会出现中毒症状,晚期主要是慢性中毒。毒品依赖的一般表现如下:

1. 精神症状。初期主要表现为情绪低落,一旦用药以后就变得精神振奋,生气勃勃;长期用药则精神迟钝、萎靡不振、记忆力减退、注意力不集中,甚至出现明显人格改变,变得自私、偷盗、说谎、不拘小节、不守信义、责任心丧失、不关心家庭、伦理道德观念沦丧、无视法纪,可外出流浪;向往毒品以获得用药后的舒适感受已成为强迫性行为;不同的药物可引起不同的精神依赖症状。

2. 躯体症状。主要表现为衰弱无力、营养不良、食欲减退、便秘、性机能减退、心跳加快、步态蹒跚,以及其他轻微精神神经症状。躯体性依赖的客观指标是停用或减少毒品用量时会出现戒断症状,其严重程度与躯体依赖程度相一致,例如白细胞减少、肝肾功能障碍。不同毒品引起的躯体症状有所不同。有时患者可因不洁注射造成体表化脓、溃疡等。体质下降可致感染各种疾病,还可能感染性病及出现其他并发症。

3. 戒断综合征。出现时一般比酒精戒断症状严重。轻者表现烦躁不安、失眠和各种植物神经紊乱症状,重者可有恐惧、激情发作、沮丧及各种精神症状,甚至企图自杀，躯体反应亦强烈，严重者可死亡。但有的毒品无戒断症状。

4. 耐药性。长期反复使用，毒品的效应越来越不显著，为产生使用初期的效果，须不断加大使用量，而且同时往往对其他药物也产生耐药性（交叉耐药性）。个体耐药性差异很大；毒品品种不同，个体对其产生的耐药性亦不同。

（二）几种常见毒品依赖

1. 吗啡类。该类包括吗啡、鸦片、海洛因、可待因、美散酮等，还包括具有相似作用的合成剂如杜冷丁等。该类药物极易产生强烈的精神依赖、躯体依赖和耐药性，戒断症状明显。

依赖者情绪低落或焦虑、苦闷、易激惹，失眠或嗜睡、倦怠、食欲不振、打哈欠、流泪、流涕涎、出汗、战栗、恶心、呕吐、腹痛、腹泻、肌肉抽动和皮肤感觉异常。当使用毒品后情绪高涨、活跃、欣快，甚至出现销魂状态。随即出现注意力不集中、动作减少，进入抑制状态。

慢性中毒者营养不良、食欲减退、体重下降、体力衰弱、睡眠障碍、颤抖、共济失调、性欲减退、心悸、言语困难、耳鸣、情感迟钝、意志衰退、创造能力和主动性降低，记忆力下降、注意力不集中、工作能力降低，缺乏责任感、道德感缺失、自私、说谎、好诡辩、不拘小节、孤僻，甚至偷窃、诈骗。

出现戒断症状时十分痛苦，可出现各种躯体症状，严重时可出现谵妄、精神运动性兴奋、失神、抽搐发作、虚脱、循环或心力衰竭。

2. 苯丙胺类。苯丙胺类毒品是中枢兴奋剂，极易产生强烈精神依赖和耐药性，躯体依赖性不明显，戒断症状比较轻，以抑郁最常见。

使用后初期有欣快感，自觉精力充沛，无疲劳感。持续数小时后疲劳嗜睡。长期大量使用苯丙胺后造成慢性中毒，出现苯丙胺性精神病，表现为意识模糊、定向障碍、心境恶劣、忧郁、易激惹、冲动伤人，常伴出汗、肢体感觉异常、痉挛性腹痛及厌食等。部分病人出现酷似偏执型精神分裂症的症状。

3. 可卡因类。可卡因类毒品有中枢兴奋和欣快作用，极易产生强烈的精神依赖，不易产生躯体依赖和耐药性，戒断症状不明显。

使用后出现酒精样欣快感，自制能力降低，情欲亢进，兴奋不安，自觉精力旺盛和全身舒适。过量用药可致瞳孔扩大、过度呼吸、心动过速、血压和体温上升、反射亢进和神经过敏，有的出现痉挛发作、幻觉、亚急性谵妄，甚至死亡。慢性中毒可发生可卡因性精神病，表现为精神恍惚、情感淡漠或抑郁，有妄想和幻觉，特别是皮肤深部强烈的虫爬感和异物感及针刺样痛。

4. 大麻类。大麻类毒品具有止痛、抗痉挛和松弛肌肉的作用，还有致幻和致欣快作用，大麻类易产生精神依赖性，但躯体依赖性、耐药性和戒断症状不明显。

使用大麻后，常产生一种带情绪欣快的酩酊状态。此时感知特别敏锐，可视物形象鲜明、色彩绚丽，听音分外清晰，尤其是乐感强烈、特别悦耳。常伴思维敏锐和良好的自我感觉。可能出现幻想性错觉和幻觉、性欲亢进、时间和空间定向障碍，出现易哭、易笑和梦样体验。不用大麻时亦可再现上述体验。有的使用大麻后则呈现急性焦虑发作、惊恐不安、灾难临头或濒死感，还可能伴有偏执观念，对人敌视，从而发生攻击或自杀行为。

长期大量使用大麻，可出现慢性中毒表现，人格发生改变，变得呆板、兴趣索然、缺乏上进心、道德感缺失，或情绪不稳、易激怒、易冲动与出现残暴攻击行为，记忆力下降，思考力和工作能力减退，最后可表现为言语含糊不清与痴呆状态，但一旦戒毒，精神状态便可好转。

5. 致幻剂类。常见的致幻剂有麦角酸二乙基酰胺（LSD）、南美仙人掌毒碱、致幻蕈素等，主要代表是LSD。致幻剂较易产生精神依赖和耐药性，但无躯体依赖和戒断症状。

LSD-25在应用极小量时便可产生幻觉，幻视可见到色彩绚丽的图案，摇动的光线、花环、奇妙的景物，自己亦可参与其中，同时有幻听、幻触、幻味。有时感到自己不存在或改变了，或感到在天空飞翔。因幻觉可导致攻击行为或自伤。缓解后能回忆大部分景象，觉得如同做梦。长期使用可出现情感淡漠、意志减退、思维不协调，类似精神分裂症。躯体可出现震颤、瞳孔扩大、血压升高等。少数人会出现"闪回现象"，即断药后恢复正常后又突然出现用药时的各种体验，以及感知综合障碍和幻觉，个别还呈急性精神错乱状态。

（三）法律问题

因为毒品是违禁品，使用毒品导致精神障碍，不仅是原因自由的行为，而且是违法行为，所以，对自愿使用毒品导致精神障碍而犯罪的，在处理上应比醉酒人犯罪更加严格。

尽管我国法律规定吸毒是法律禁止的行为，但是对其所致精神障碍没有特别规定。现在许多学者仍认为，即使是在这类物质的急性中毒时呈现了精神病状态，亦不能构成因精神错乱而为其辩护的理由，除非能证明他（她）当时使用毒品是出于非自愿的（如受人胁迫或误用）。对于毒品所致精神障碍，目前可以参照下列原则评定刑事责任能力：

1. 通常不免除其责任能力。

2. 如果属于首次用药而以前并不知道此药的作用或从无使用过毒品的经验，或有证据证明被鉴定人使用此类物质是在不知情或者被诱骗、被强迫下使用，这样由于急性中毒而呈现精神病状态实行了犯罪行为，可考虑减轻其责任能力。吸毒者呈现人格障碍以及轻微的戒断现象，不影响其责任能力。

3. 如果有证据证明被鉴定人使用此类物质是出于医疗目的，而且有医生处方，可评定为限制责任能力或者无责任能力。

4. 如果因为长期使用毒品，甚至出现脑器质性改变而出现持续性精神障碍时，根据器质性精神障碍严重程度实事求是地进行评定。

总之，精神活性物质所致精神障碍导致的违法犯罪行为，鉴定时必须慎之又慎。因为，有时它不仅是医学问题，更是社会关注的问题，而且有的还有法律规定。正如有人提出的，有关毒品所致精神障碍者的刑事责任能力，不宜由精神鉴定来评定。尽管如此，鉴定中还是会遇到这类棘手案例。

毒品依赖者涉及民事行为能力，可按其精神状态的实际损害程度来评定。

第十一节 短暂性精神病

一、概述

短暂性精神病（急性短暂性精神病性障碍）是指病因尚未确定的一组以精神病性症状为主的短暂精神障碍，起病急骤，多数患者在短期内能缓解或基本缓解。发作时可伴有幻觉、妄想、明显的运动性兴奋状态的意识模糊等以及继发遗忘为共同特点的一组精神障碍。患者在发作时易发生严重的暴力行为。这类疾病在普通精神科诊疗中很少见，且大多一生只发作一次，但在司法实践中却有较重要意义，被看作是正常精神活动的例外事件，因此又被称为"例外状态"。因其发作时具有与重性精神病一样的严重性，故有时又被称为"精神病的等位状态"，属于重精神病的范畴。所谓其他以妄想为主的急性精神病性障碍，是指以相对稳定的妄想或幻觉为主要临床特征，但不符合精神分裂症诊断标准的急性精神病性障碍，包括分裂样精神病、妄想阵发，还包括近多年来出现的旅途性精神病以及以往被称为精神病学中"例外状态"的各种情况。

这类精神障碍具有显而易见的精神状态反常表现，比较容易识别。
《中国精神障碍分类与诊断标准（CCMD-3）》对这类精神障碍规定如下：
22 急性短暂性精神病

急性短暂性精神病指一组起病急骤，以精神病性症状为主的短暂精神障碍，多数病人能缓解或基本缓解。

［症状标准］ 精神病性症状，至少需符合下列1项：
1 片断妄想，或多种妄想；
2 片断幻觉，或多种幻觉；
3 言语紊乱；
4 行为紧张或紧张症。

［严重标准］ 日常生活、社会功能严重受损或给别人造成危险或不良后果。

［病程标准］ 符合症状标准和严重标准至少已数小时至1个月，或另有规定。

［排除标准］ 排除器质性精神障碍、精神活性物质和非成瘾物质所致精神障碍、分裂症，或情感性精神障碍。

二、种类与表现

（一）病理性激情

病理性激情是指自发的或受一定的外在原因（如刺激等）所引起的，突然产生的短暂而极端强烈的情感反应。其强度与刺激不对应，伴有不同程度的意识障碍，包括意识范围的狭窄。一般不伴有错觉、幻觉等感知障碍。定向力丧失，通常都具有强烈的运动性兴奋，发生冲动性暴力或破坏行为。发作时伴有明显的躯体和植物神经症状，如面色苍白或潮红、呼吸和心率减慢、言语减少或缄默等。发作后出现精神和体力衰竭表现，如精神活动普遍减弱，体力、脑力极度疲惫不堪、虚弱无力、脑力活动迟钝、活动减少和困难，困乏思睡或陷入睡眠状态。意识障碍后继发遗忘，多为部分性遗忘，少见完全性遗忘。

对病理性激情下诊断必须特别谨慎，一般应具备下述条件：①具有症状性或器质性精神病或器质性人格障碍；急性反应性精神病；精神发育迟滞；精神分裂症等精神疾病的背景，或属于急性反应性精神病的一个主要症状（如急性反应性精神模糊）；②必须有确凿证据证明在行为当时存在明显的意识障碍，作案动机不明，或与受害人无矛盾及不相识等。

《中国精神障碍分类与诊断标准（CCMD-3）》对此精神障碍规定如下：

92.5 病理性激情

指突然发作的一种短暂的病理性情绪状态，常伴有意识障碍、运动性兴奋，及暴力行为。既往可有脑损伤史，精神刺激可作为其诱因。

[诊断标准]

1 以极难自控的激动或暴怒情绪发作，伴有明显意识障碍与冲动行为；

2 有削弱大脑代偿功能与自控能力的脑病史（如脑缺血、缺氧、炎症、外伤、癫痫史），以及实验室检查证明有脑部形态或功能异常；

3 起病突然、病程短暂，数分钟至数小时后自行恢复，发作后对病中经历部分或完全遗忘；

4 应排除器质性精神障碍、躯体疾病或精神活性物质和非成瘾物质所致精神障碍的人格改变或精神病性症状。

（二）病理性半醒状态

病理性半醒状态是指在异常深沉的睡眠后出现的醒觉困难状态时的短暂性精神障碍。此时身体运动功能已恢复，但意识尚未清醒。由于意识模糊，产生对周围事物的感知障碍，出现错觉、幻觉、妄想性感知体验、残留梦境及强烈的惊恐反应，而发生冲动行为，常可造成各种危害。患者的动作，常带有无意识的自动症性质，持续时间约十分钟到数小时不等。事后有部分或完全性遗忘。

《中国精神障碍分类与诊断标准（CCMD-3）》对此精神障碍规定如下：

92.6 病理性半醒状态

指一种睡眠和觉醒之间的移行状态。从深睡到不完全觉醒的不同阶段，出现意识模糊、知觉障碍、恐惧情绪、运动性兴奋，及暴力行为。躯体精神因素可作为诱因。

[诊断标准]

1 发生于睡眠过程中，多数在凌晨1~4时发生；

2 入睡前常有过度疲劳或精神应激因素，深睡后受到干扰而觉醒不完全；

3 以意识不清、片断错觉、幻觉、惊恐与愤怒情绪、非协调性精神运动兴奋、攻击行为为特征；

4 起病突然，病程短暂，数十分钟至数小时后自行恢复常态；醒后对病中的经历大多遗忘。

（三）一过性精神模糊

一过性精神模糊又称一过性精神错乱，其病因不明。表现为发病急剧，持续时间短暂,从数小时到数天不等,有严重的意识障碍、恐怖性错觉与幻觉、片段的被害妄想、强烈的惊恐反应与情感体验,因此可出现严重的兴奋躁动或冲动伤害行为,事后往往有部分遗忘。该症预后良好,短期后不用药便可愈。

(四)分裂样精神病

《中国精神障碍分类与诊断标准(CCMD-3)》对此精神障碍规定如下:

22.1 分裂样精神病

符合分裂症和各项诊断标准,但符合症状标准的持续时间不到1个月。

(五)旅途性精神病

《中国精神障碍分类与诊断标准(CCMD-3)》对此精神障碍规定如下:

22.2 旅途性精神病

指一种病前存在明显的综合性应激因素(如精神刺激、过度疲劳、过分拥挤、慢性缺氧、睡眠缺乏、营养水分缺乏等),在旅行途中(铁路、公路、水路或空中旅行等)急性起病的精神障碍,主要表现为意识障碍,片断的妄想、幻觉,或行为紊乱。病程短暂,停止旅行与充分休息后,数小时至1周内可自行缓解。诊断应排除癔症和旅途中发生的其他精神障碍,如分裂症、情感性精神障碍等。

[症状标准] 在旅行途中(铁路、公路、水路或空中旅行等),急性起病。病前有明显精神应激、过度疲劳、过分拥挤、慢性缺氧、睡眠缺乏、营养水分缺乏等综合因素作用。常可出现意识障碍,片断的妄想、幻觉,或行为紊乱。

[严重标准] 社会功能严重受损,或给别人造成危险或不良后果。

[病程标准] 病程短暂,停止旅行与充分休息后,数小时至1周内自行缓解。

[排除标准] 排除癔症和旅途中发生的其他精神障碍,如分裂症、情感性精神障碍等。

(六)妄想阵发(急性妄想发作)

《中国精神障碍分类与诊断标准(CCMD-3)》对此精神障碍规定如下:

22.3 妄想阵发(急性妄想发作)

一般无明显发病诱因,常突然急性起病,多在1周内症状达到高峰,以短暂妄想为主,可有情感和行为障碍。多见于青壮年,不发生于儿童,50岁以后罕见。

[诊断标准]

1 符合急性短暂性精神病的症状标准。以突然产生多种结构松散、变换不定的妄想为主，如被害、夸大、嫉妒，或宗教妄想。可伴有恍惚、错觉、短暂幻觉、人格解体，或运动增多或减少；

2 病程短暂，但部分病例病程可长达 3 个月；

3 排除反应性精神病、精神活性物质和非成瘾物质所致精神障碍，或有持续性幻觉与特征性思维障碍的分裂样精神病。

三、法律问题

急性短暂性精神病在司法鉴定中所占的人数比较多。西安精神卫生中心研究室（1999 年）统计占鉴定人数的 6.54%。这类精神障碍涉案情况极其复杂，它可能是许多重大突发性伤害、杀人和其他暴力等案件的根源，危害后果十分严重。因为人们很难预料哪些人在什么时间会罹患此病，使之防不胜防。刑事责任能力评定中，具体的案例情况有很大差异，需要根据疾病类别、意识障碍程度和案件的具体情节判断被鉴定人实施危害行为时的辨认能力或者控制能力的丧失程度来确认其责任能力。

1. 一般来说急性短暂性精神病，行为时处于发病期，精神病性症状致辨认或者控制能力完全丧失时，评定为无责任能力；行为时病情缓解、精神病性症状已消失，评定为完全责任能力。

2. 病理性激情：发作时辨认能力或者控制能力完全丧失的，评定为无责任能力。

3. 病理性半醒状态：行为与意识障碍有因果关系时，评定为无责任能力。

4. 旅途性精神病：存在明显意识障碍或者/和病理性知觉，导致辨认或者控制能力完全丧失时，评定为无责任能力。但是，涉及多人的案件却十分复杂，需要仔细调查和检查，分别不同情况、实事求是地进行评定，不可一概而论。

要注意的是该类疾病的司法精神鉴定是在违法危害行为之后进行的，此时被鉴定人往往已恢复正常，故鉴定必须追溯作案过程，要根据充分的调查材料和全部的案件客观事实的证明，以及详细的检查与鉴别，综合分析判断，才能做出诊断并评定刑事责任能力，因此必须十分慎重。要注意鉴别将其他冲动（如犯罪激情）伪装或佯称为该类疾病的。还要鉴别将本类疾病发作清醒后表现的认识与悔恨行为，误认为有辨认和控制能力的情况。

短暂性精神障碍多为时短暂，一般不涉及民事行为问题。

第十二节 颅脑损伤伴发精神障碍

一、概述

颅脑损伤伴发的精神障碍属于器质性精神障碍。关于器质性精神障碍《中国精神障碍分类与诊断标准（CCMD-3）》对此规定如下：

0 器质性精神障碍是一组由脑部疾病或躯体疾病导致的精神障碍。由脑部疾病导致的精神障碍，包括脑变性疾病、脑血管病、颅内感染、脑外伤、脑瘤等所致精神障碍。躯体疾病导致的精神障碍只是原发躯体疾病症状的组成部分，也可与感染、中毒性精神障碍统称为症状性精神障碍。

[症状标准]

1 有躯体、神经系统及实验室检查证据。

2 有脑病、脑损伤，或可引起功能障碍的躯体疾病，并至少有下列1项：(1) 智能损害综合征；(2) 遗忘综合征；(3) 人格改变；(4) 意识障碍；(5) 精神病性症状（如幻觉、妄想、紧张综合征等）；(6) 情感障碍综合征（如躁狂综合征、抑郁综合征等）；(7) 解离（转换）综合征；(8) 神经症样综合征（如焦虑综合征、情感脆弱综合征等）。

[严重标准] 日常生活或社会功能受损。

[病程标准] 精神障碍的发生、发展，以及病程与原发器质性疾病相关。

[排除标准] 缺乏精神障碍由其他原因（如精神活性物质）引起的足够证据。

颅脑损伤伴发的精神障碍又称为外伤性精神障碍，是指颅脑受到外伤，直接造成脑损害，而引起的精神障碍。颅脑损伤很常见，各种生活、生产、交通事故及刑事犯罪、伤害案件，都可能造成颅脑损伤。

造成颅脑损伤的根本原因是外界暴力。当外力作用于头部时，可以造成头颅直接受力处的损伤。同时，由于力的传导和颅内脑组织的移动，还可能造成受力处对侧脑组织的对冲性损伤。

脑损伤出现精神障碍，可能与下述因素有关：①造成脑组织及其功能的直接损害；②损害加重了原有素质或性格的缺陷；③损伤及损伤后的事件产生心理刺激；④外伤对原有精神疾病起诱发作用；⑤外伤使原有精神疾病加重或复杂化。

总之，外伤后出现精神障碍的形成机制是一个复杂的问题，很可能是多因素共同作用的结果。

颅脑损伤根据伤后硬脑膜是否破裂及脑组织是否与身体外界相通，可分为闭合性与开放性颅脑损伤。

根据损伤后脑组织的病理形态学改变和严重程度，可将脑损伤分为：①脑震荡。即脑组织无明显的形态结构改变，通常只有短暂的脑功能障碍伴发某些躯体症状。②脑出血。根据出血部位可分为脑组织内出血和脑表面外出血，出血可能形成局部血肿。根据出血部位和量的不同，可出现不同的精神和神经、躯体症状。③脑挫伤。指损伤仅限于大脑皮质表面，可有出血及脑皮质损坏。④脑裂伤。即大脑表面出现裂痕，引起出血并累及脑实质，可出现颅内压升高、脑疝等后果。⑤脑损伤后期，因胶质细胞增生、修复而出现脑回萎缩，形成瘢痕，脑膜增生、粘连、瘢痕化。

脑损伤后可出现躯体和精神两方面的症状。躯体症状主要表现为感觉功能、运动功能和神经调节功能障碍。这些症状可出现于脑损伤当时或以后，有些症状随脑部病情好转会减轻或消失，但有些会长期遗留。精神障碍分为急性精神障碍，即损伤后立即出现或短期内出现的，表现为脑震荡伴发的或脑挫伤伴发的精神障碍、外伤性的意识障碍（包括昏迷、意识模糊、谵妄或朦胧状态）、外伤性遗忘等；外伤远期精神障碍，即损伤后亚急性或慢性出现的精神障碍，可能会长期存在，表现为外伤后综合征、外伤性癫痫、外伤性精神病、外伤性人格障碍、外伤性痴呆、外伤诱发的精神疾病等。

对于颅脑损伤伴发的精神障碍《中国精神障碍分类与诊断标准（CCMD-3）》对此规定如下：

02.4 脑外伤所致精神障碍

由各种脑外伤导致的精神障碍和后遗综合征，诊断需标明脑外伤或后遗综合征类型，如脑震荡后综合征编码02.41，又如脑震荡所致遗忘综合征第5位编码为02.412。

［诊断标准］

1　符合器质性精神障碍的诊断标准；

2　脑外伤导致不同程度的意识障碍；

3　精神障碍的发生、发展，及病程与脑外伤相关。

02.41 脑震荡后综合征

[症状标准]

1　符合脑外伤所致精神障碍的诊断标准；

2　有脑外伤导致不同程度的意识障碍病史；

3　目前的症状与脑外伤相关，并至少有下列3项：

（1）头痛、眩晕、内感性不适，或疲乏；

（2）情绪改变，如易激惹、抑郁，或焦虑；

（3）主诉集中注意困难、思考效率低，或记忆损害，但是缺乏客观证据（如心理测验正常）；

（4）失眠；

（5）对酒的耐受性降低；

（6）过分担心上述症状，一定程度的疑病性超价观念和采取病人角色；

4　中枢神经系统和脑CT检查，不能发现弥漫性或局灶性损害征象。

[严重标准]　社会功能受损。

[病程标准]　符合症状标准和严重标准至少已3个月。

[排除标准]　排除脑挫裂伤后综合征、分裂症、情感性精神障碍，可创伤后应激障碍。

02.42 脑挫裂伤后综合征

脑挫裂伤是头颅受外力直接作用产生的器质性损伤，其特征为严重持久的意识障碍历时30分钟以上。以全脑损伤症状为主，可并有局灶性症状、继发蛛网膜下腔出血，或颅内血肿。由脑挫裂伤导致的后遗神经症性症状称脑挫裂伤后综合征。

[症状标准]

1　符合脑外伤所致精神障碍的诊断标准；

2　脑挫裂伤导致严重持久的意识障碍历时30分钟以上；

3　目前症状与脑挫裂伤相关，并符合"02.41 脑震荡后综合征的症状标准（3）"

4　中枢神经系统和脑CT检查发现弥漫性或局灶性损害征象、继发蛛网下腔出血，或颅内血肿。

[严重标准]　社会功能受损。

[病程标准]　符合症状标准和严重标准至少已3个月。

[排除标准]　排除脑震荡后综合征、分裂症、情感性精神障碍，或创伤后

应激障碍。

二、颅脑外伤性意识障碍

（一）颅脑外伤后昏迷与遗忘

颅脑外伤后可能发生昏迷，此时意识丧失，持续时间因伤情程度而异。在从昏迷到完全清醒过程中可出现朦胧或谵妄状态。患者从昏迷转醒后，往往出现对过去事物的遗忘，这种遗忘可分为逆行性遗忘和顺行性遗忘，逆行性遗忘指对从受伤时往前的一段时间内的经历不能回忆；顺行性遗忘是指对损伤发生起往后一段时间内的经历不能回忆。

（二）颅脑外伤性谵妄状态

此类意识障碍多出现于严重颅脑损伤引起的昏迷之后，在清醒过程中出现意识模糊、严重定向障碍，常伴发恐怖性错觉、幻觉、片段被害妄想，并可出现强烈的兴奋性惊恐反应，导致躁动不安、攻击性伤人、毁物或自伤，一般持续数日至 2 周，事后对经过有部分或全部遗忘。

（三）颅脑外伤性朦胧状态

此类意识障碍在外伤后不久出现，表现为意识范围缩窄，意识清晰度可有下降，产生定向障碍，可因辨认能力障碍而做错事，或因病理性体验而躁动不安，冲动性伤人毁物，一般持续数小时至数日。事后有部分或完全遗忘。

三、颅脑外伤性遗忘综合征

本病常见于急性重度颅脑外伤后。患者虽已恢复对外界感知能力，但仍有严重的时间和地点的定向障碍，识记困难，近事记忆损害较重，常以虚构来填补记忆缺陷，并有相应的情感反应。

四、颅脑外伤性癫痫性精神障碍

外伤性癫痫多发生于较重的颅脑外伤后，可于伤后 1 个月至数年后发生，但多为半年内发生，多为大发作；精神症状多为情绪不稳、躁动、阵发性欣快或抑郁，易激惹，往往产生激情发作，产生暴力行为；常伴有不同程度的人格改变和智能障碍。

五、颅脑外伤后综合征

颅脑外伤后综合征又称外伤后脑衰弱综合征，主要表现为神经衰弱样症状，患者周身不适，工作能力减退，缺乏主动性和进取心。

六、颅脑外伤诱发的精神疾病

在外伤后意识恢复后，可产生癔症性失明、失音、失听及其他表现，有时还可能发生癔症性发作，但神经系统检查为阴性。此可能与原有性格特征、对事件回忆的自我暗示及潜意识的"外伤获益"等精神因素有关。

颅脑外伤还可能诱发精神分裂症、情感性精神病及偏执性精神病。

颅脑外伤诱发的精神疾病的特点是颅脑损伤不严重，神经系统及脑部检查往往无阳性改变，不伴智能改变等。

七、颅脑外伤性精神病

较严重的脑组织损伤的患者，在意识恢复后不久或意识朦胧状态延接下去，可逐渐出现严重的精神病态，称为颅脑外伤性精神病。其中较多见的是类似精神分裂症、偏执性精神病以及情感性精神病的精神病态，被称为分裂样精神病、偏执样精神病和情感样精神病。颅脑外伤性精神病人由于感知障碍、思维障碍、情感障碍、病理性激情、幻觉、妄想等精神症状影响而产生冲动或危害行为。有的病人还可有性欲亢进、淫乱、强奸、性变态等表现。有时，需将颅脑外伤性精神病和原发性的或颅外伤诱发的精神分裂症、躁狂抑郁症及偏执性精神病加以鉴别。现将颅脑外伤性精神病和诱发的上述精神病的主要鉴别点分列于下：

1. 颅脑外伤性精神病继发于脑外伤，以前无此病史，而诱发的精神病以前可能有此病史。

2. 颅脑外伤性精神病多见于比较严重的颅脑外伤后，而诱发的精神病常见于轻度颅脑外伤后。

3. 有些颅脑外伤性精神病可从外伤性谵妄或朦胧状态转化或延接而来，而诱发的精神病无此情况。

4. 颅脑外伤性精神病多伴有较明显的智能障碍，并可能有癫痫发作，而诱发的精神病患者智能多无改变且无癫痫发作。

5. 颅脑外伤性精神病患者常有阳性神经系统体征，包括写、读、语言、手指指认等障碍，而诱发的精神病人神经系统检查常呈阴性。

6. 颅脑外伤性精神病人脑电图常有明显异常，而诱发的精神病患者的脑电图正常或只有轻度变化。

7. 颅脑外伤性精神病在患者意识清醒后不久便可出现，而诱发的精神病往往在意识清醒后过一段时间才出现，间隔越长诱发的可能性越大。

8. 颅脑外伤性精神病比诱发的精神病预后差。

八、颅脑外伤后人格改变

严重的颅脑外伤后可发生原有的人格改变，且这种改变是持久的，改变的程度不尽一致。改变后可出现原来没有的人格特征，亦可以是原有人格缺陷的加剧。人格改变轻度者可仅表现行为不检点，较粗鲁，智能无明显缺陷，工作与适应社会能力基本保持正常。严重者则与病前差别很大，变得固执、自私、伦理道德观念低下，为自己的目的可不择手段，说谎、诈骗，甚至偷窃或抢劫。缺乏工作责任心、情绪不稳、易激怒、好记仇，常与人发生冲突，行为粗暴、乖戾，易发生攻击、破坏等行为。

九、颅脑外伤性痴呆

颅脑损伤后可引起患者智力下降，精神活动全面衰退而出现痴呆。痴呆的严重程度与大脑受损害的程度和范围成正比。颅脑损伤后引起的痴呆不很多见。当颅脑损伤致严重意识障碍后，可能出现假性器质性痴呆，可持续半年到一年后逐渐恢复。有鉴于此，对颅脑外伤性痴呆的鉴定要慎重，不宜在伤后短期内下结论，而应至少观察一年后再作结论。但损伤后脑实质有明显萎缩、破坏、瘢痕和粘连时，则可能出现持久的智能障碍。

颅脑损伤性痴呆轻者只有记忆力减弱、领悟困难、脑力劳动速度与能力轻度下降；重者智能减弱，情感淡漠、精神萎靡、反应迟钝、健忘、意志减弱，可伴有人格障碍。严重者不但不能胜任学习和工作，连生活也不能自理。因智力低下，辨别能力丧失，易受人愚弄、唆使，或引诱，产生冲动行为。少数病人还会出现性变态或性行为紊乱。

十、颅内疾病和躯体疾病伴发的精神障碍

颅内疾病和躯体疾病也可能伴发精神障碍，但这种精神障碍在司法实践中较少见。这些精神障碍在症状学方面有类似性，且其法律能力的评定原则亦相同。

这类精神障碍都具有颅内疾病和躯体疾病的基础，身体检查有阳性发现。其精神障碍表现为：

初期主要是急性脑病综合征，以意识障碍为主，可出现昏迷、谵妄、意识模糊等，定向力障碍，有遗忘，可出现错觉、幻觉或片断妄想等。

早期或缓解后，可能出现脑衰弱综合征，类似于神经症表现。

以后可能出现慢性脑病综合征，包括遗忘综合征、人格改变、各种精神病样症状（精神分裂症样、躁郁症样、偏执性精神病样等），严重者可出现痴呆综合征。

可伴发精神障碍的颅内疾病有：颅内肿瘤、颅内感染、脑血管病变、脑变性疾病、癫痫、脑寄生虫病等。

可伴发精神障碍的躯体疾病有：器官（肝、肺、肾、心脏）疾病、内分泌性疾病（甲状腺、甲状旁腺、肾上腺、垂体前叶、胰岛等功能障碍）、代谢和营养性疾病（电解质平衡失调、维生素和蛋白质等缺乏）、结缔组织疾病、血液病、恶性肿瘤、机体中毒（铅、汞、一氧化碳、有机磷、某些医用药品等）、机体感染性疾病。

对于颅内疾病和躯体疾病伴发的精神障碍，《中国精神障碍分类与诊断标准（CCMD-3）》规定如下：

02 其他脑部疾病所致精神障碍

由阿尔茨海默病或脑血管病以外的脑部疾病导致的精神障碍，推测起病直接由脑部疾病所致。

[症状标准]

1 符合器质性精神障碍的诊断标准；

2 有躯体、神经系统和实验室检查的阳性所见或相关脑部疾病；

3 下列疾病使发生本类精神障碍的风险增加：脑变性病、脑炎、脑外伤、脑瘤、脑寄生虫病，或癫痫等；

4 无精神障碍由其他原因引起的证据（如家族史强阳性可作为原因的应激因素）；

5 尸检或大脑神经病理学检查有助于确诊。

[严重标准] 日常生活或社会功能受损。

[病程标准] 精神障碍的发生、发展，及病程与原发性脑部疾病有关。

[病程标准] 排除其他原因所致意识障碍、其他原因所致智能损害（如阿尔茨海默病或血管性痴呆）、精神活物质所致精神障碍、情感性精神障碍，或精神发育迟滞。

03 躯体疾病所致精神障碍

指由各种躯体疾病，如躯体感染、内脏器官疾病、内分泌障碍、营养代谢疾病等影响脑功能所致的精神障碍。急性躯体疾病常引起急性脑病综合征（如谵妄），慢性躯体疾病则引起慢性脑病综合征（如智能损害、人格改变等）。从急性过渡到慢性期间，可有抑郁、躁狂、幻觉、妄想、兴奋、木僵等精神症状，并在躯体疾病的整个病程中，具有多变和错综复杂的特点。

[症状标准]

1 通过病史、躯体，及神经系统检查、实验室检查发现躯体疾病的证据；

2 精神障碍的发生、发展，及病程与原发躯体疾病相关，并至少有下列 1 项：

① 智能损害；

② 遗忘综合征；

③ 人格改变；

④ 意识障碍（如谵妄）；

⑤ 精神病性症状（如幻觉、妄想或紧张综合征等）；

⑥ 情感障碍（如抑郁或躁狂综合征等）；

⑦ 神经症样症状；

⑧ 以上症状的混合状态或不典型表现；

3 无精神障碍由其他原因导致的足够证据（如酒精或药物滥用、应激因素）。

［严重标准］　社会功能受损。

［病程标准］　精神障碍的发生、发展及病程与原发性躯体疾病相关。

［排除标准］　排除精神分裂症、情感性精神障碍的严重躁狂发作或抑郁发作。

十一、器质性精神障碍（包括颅脑外伤性精神障碍）的法律问题

该类精神障碍的病因极其复杂，所包含的疾病种类、类型也多，多以器质性综合征的形式出现。因此，鉴定人必须熟悉器质性精神障碍的特点，仔细进行各种常规检查（如体格、神经系统、脑电图检查等）和必要的特殊检查（如影像学 CT、MRI 等项目），不可疏忽。

一般来说，具有明显的意识和认知功能障碍、癫痫发作或精神症状伴有明显的神经系统症状和体征时，诊断比较容易。但有些特殊病例亚急性和缓慢起病，早期仅表现精神障碍症状时，常会造成诊断困难。比如，脑变性病、脑囊虫病和脑肿瘤所致精神障碍，经常以"心境障碍"为突出表现，特别是抑郁情绪或者情绪不稳而被误诊、误治的例子，教训极为深刻。

关于刑事责任能力的评定问题，一般来说，器质性精神障碍涉案的类型与器质性综合征和原发病均有联系，多为暴力性，如杀人、伤害，也有盗窃、抢劫等危害行为。在对此类精神障碍者进行责任能力评定时，鉴定人应注意此类精神障碍的病理表现复杂多样性，应综合各种精神障碍的程度与其行为的因果关系情况进行评定。

1. 意识障碍：精神错乱状态、谵妄状态或者混浊状态，辨认能力完全丧失时，评定为无责任能力；处于酩酊样状态，辨认能力明显削弱时，评定为限制责任能力。

2. 智能障碍：重度或极重度痴呆或者智能减退，辨认能力完全丧失时，评定为无责任能力；中度及轻度智能减退，根据其辨认能力削弱程度，评定为限制责任能力或者完全责任能力。

3. 精神病性障碍：有精神病性症状的器质性精神障碍，因幻觉、妄想、思维障碍等精神病性症状，致辨认能力或者控制能力完全丧失时，评定为无责任能力；虽有精神病性症状，但对行为的辨认或者控制能力未完全丧失，根据辨认能力或者控制能力削弱程度，评定为限制责任能力或者完全责任能力。

4. 心境障碍：伴有精神病性症状的按照"精神病性障碍"的原则评定。不伴有精神病性症状的躁狂状态、抑郁状态，如果辨认或者控制能力完全丧失，评定为无责任能力；轻度躁狂状态或者轻—中度抑郁状态，如果辨认或者控制能力明显削弱，评定为限制责任能力；如果其行为动机现实因素明显，也可评定为完全责任能力。

5. 人格改变：无精神病性症状，病理程度严重，伴有控制能力明显削弱时，评定为限制责任能力；程度较轻者评定为完全责任能力。

6. 器质性癔症样综合征：处于癔症性精神病状态时，其行为受精神病性症状的影响，致辨认能力或者控制能力完全丧失时，评定为无责任能力；虽无精神病性症状，但如控制能力明显削弱，评定为限制责任能力。

7. 器质性神经症综合征：辨认或者控制能力一般无明显障碍，应评定为完全责任能力，若控制能力明显削弱，根据具体情况可评定为限制责任能力。

8. 其他特殊的器质性综合征：病理性激情发作，如果意识障碍严重，事后对该事件完全不能回忆，辨认或者控制能力完全丧失，评定为无责任能力；如果意识障碍较轻，事后对该事件部分不能回忆，评定为限制责任能力。

病理性心境恶劣，在被激惹情况下出现暴怒性的情绪和行为，控制能力明显减弱时，评定为限制责任能力。

对于民事行为能力的评定，应依据精神障碍的种类、严重程度、病人辨认能力和控制能力丧失的程度，酌情评定。

第十三节 与文化相关的精神障碍

一、概述

此类精神障碍包括气功所致精神障碍、恐缩症、迷信或者巫术所致精神障碍。近年来气功所致精神障碍、迷信或者巫术所致精神障碍时有发生,从司法精神病学角度考虑,这类精神障碍与迷信活动以及后来人们关注的痴迷邪教等问题有着密不可分的因果关系。有些造成了大案且引发了棘手的问题。

《中国精神障碍分类与诊断标准(CCMD-3)》对这类精神障碍规定如下:

42 与文化相关的精神障碍

指一组与特定文化相关的综合征,其特点如下:

1 被特定文化或亚文化范畴所理解接受;

2 病因代表着和象征着这一文化的核心含义及行为模式;

3 诊断依赖于特定的文化知识和概念;

4 治疗的成功与否也取决于本文化的参与者,如我国的气功所致精神障碍,以及我国南部和马来西亚华人区域的恐缩症,均有以上特点。

二、种类与表现

(一)气功所致精神障碍

《中国精神障碍分类与诊断标准(CCMD-3)》对本病规定如下:

42.1 气功所致精神障碍

气功是我国传统医学中健身治病的一种方法。通常做法是维持一定体位、姿势,或做某些动作,使注意集中于某处、沉思、默念、松弛及调节呼吸等,可出现某些自我感觉和体验。气功所致精神障碍系指由于气功操练不当(如每日练习过多),处于气功态时间过长而不能收功的现象,表现为思维、情感、及行为障碍,并失去自我控制能力,俗称"走火入魔"。

[症状标准]

1 由气功直接引起;

2 症状与气功书刊或气功师所说的内容密切相关,通常只在做气功时出现,并在结束练功时迅即消失,而病人却持续出现或反复出现,无法自控;

3 至少有下列1项:

① 精神病性症状，如幻听、妄想等；

② 癔症样综合征；

③ 神经症样综合征；

[严重标准]　社会功能受损。

[病程标准]　病程短暂，经脱离现场、中断练功，给予适当处理后很快恢复。

[排除标准]

1　排除以类似表现作为治病手段，及获取财物或达到其他目的，或可随意自我诱发或自我终止者；

2　排除其他精神障碍，尤其是癔症或严重应激障碍。

（二）巫术所致精神障碍

《中国精神障碍分类与诊断标准（CCMD-3）》对本病规定如下：

42.2 巫术所致精神障碍

[诊断标准]

1　精神障碍由巫术诱发；

2　症状与迷信巫术密切相关，以神鬼附体的身份障碍、片断的幻觉、错觉、妄想，或行为紊乱等为主；

3　排除：

① 以巫术作为获取财物或达到其他目的者；

② 可随意自我诱发或自我终止者；

③ 其他精神障碍。

（三）恐缩症（Koro）

《中国精神障碍分类与诊断标准（CCMD-3）》对本病规定如下：

42.3 恐缩症（Koro）是一种与文化相关的害怕生殖器、乳房，或身体某一部分缩入体内导致死亡的恐惧、焦虑发作。

[诊断标准]

1　由明显的心理社会因素诱发；

2　害怕生殖器、乳房，或身体某一部分会缩到身体里去而导致死亡，常采取某种预防（如系带牵引），同时有强烈的焦虑或恐惧情绪；

3　急性起病，病程短暂。

三、法律问题

（一）概述

气功本来是强身健体之方法，但是有一时期被传得越来越神奇，简直是无所不能，以至于和痴迷状态的界限混淆不清。

痴迷邪教是世界各地都存在的问题。大量的研究证实，有些人行为不同寻常的原因比较复杂，通常不能用"精神病理现象"来解释。2000年8月在新疆石河子市召开的第二届全国部分省、市和西部地区司法精神病学学术会议上，与会的20多个省市的近百名专家经过热烈讨论取得一致认识，即由"痴迷邪教"出现的"异常表现"通常不是精神病，也无药可解，绝大多数属于个人的特殊信念而已。在这种信念支配下，个体可能作出某些惊天动地的事情（如自伤、自杀，甚至发生群体性暴力事件）。

鉴定中需要时刻注意就如下情况进行鉴别，正确判断其归属：

1. 属于精神障碍，症状充满迷信色彩。

（1）使精神障碍带上迷信色彩：如精神分裂症、偏执性障碍、抑郁症、感应性精神障碍、器质性（如癫痫）精神障碍等。

（2）文化制约的疾病：缩阳等。

（3）癔症边缘状态—适应障碍。

（4）祈祷性精神病。

（5）宗教性心因性精神病。

（6）其他：如气功所致精神障碍。

2. 不属于精神障碍的情况。

（1）短暂性感应性偏执倾向（可以使人对现实事物判断一过性失效，出现过分的温顺和遵从等现象）。

（2）宗教信徒的神秘状态。

（3）非妄想性自居观念。

（4）非妄想性巫术观念。

（5）单纯性神媒活动。

（6）纯粹的诈骗活动。

（7）占卜术、看风水、算命等。

（二）责任能力评定原则

1. 与文化相关的精神障碍、气功所致精神障碍、恐缩症：如果行为受精神病性症状支配，辨认或者控制能力完全丧失者，评定为无责任能力；如果辨认或者控制能力有明显削弱，评定为限制责任能力；如果辨认或者控制能力无明显削弱时，评定为完全责任能力。

2. 对于迷信、巫术所致精神障碍应当注意区分以下情况：

（1）带有迷信色彩的精神病性障碍（如精神分裂症、感应性精神病、癫痫性精神病等），参照精神分裂症评定。

（2）虔诚教徒在宗教仪式中的宗教体验、神汉或者巫婆的神媒活动、非妄想性神媒观念、非妄想性自居观念、邪教的痴迷状态等，不属于精神障碍，评定为完全责任能力。

根据我国刑法理论及鉴定实践，评定这类责任能力可参照以下原则：

（1）被鉴定人患重性精神病，确认作案行为系受充满迷信色彩的精神病性症状支配，无责任能力；缓解状态中因迷信活动导致犯罪行为，可按疾病缓解程度、肇事行为与迷信活动的关系，评定为限制责任能力或完全责任能力。

（2）癔症附体和与迷信相关的精神障碍。如有严重意识障碍（比较少见），评定为无责任能力；轻度者，视具体情节评定为限制责任能力或完全责任能力。

（3）平时迷信观念浓厚，被职业迷信者催眠暗示后出现较明显的意识改变，按其严重程度及具体情节评定为限制责任能力或完全责任能力。

（4）在迷信气氛影响下，出现非妄想性迷信观念及一过性遵从现象，但无意识障碍，评定为完全责任能力。

（5）凡以诈骗为目的的职业迷信者，在自我催眠后出现行为失控或精神自动行为肇事，评定为完全责任能力。

总之，对涉及迷信犯罪的责任能力评定应从严进行，以便控制这类犯罪现象。

第五章 精神障碍性损害的鉴定

第一节 概述

一、精神障碍性损害的定义

精神障碍性损害是指各种外部因素作用于人体造成的精神障碍。这种精神障碍可发生于外部因素作用的当时，也可在作用以后逐渐发生；可以是持续时间较短的精神障碍，也可以是持续时间很长，甚至是终身的精神障碍（精神残疾）。

引起精神障碍的外部因素从其性质来讲，可分为物理性因素（如机械性损伤）、化学性因素（如毒物中毒）、生物性因素（如各种感染或疾病）和社会心理性因素（如精神刺激）几大类。它们通常都是通过某些特殊的事件作用于人体的，例如各种生产事故、交通事故、生活事故、环境污染、医疗事故以及各种暴力损害事件等。

精神障碍可以由外部因素直接引起，如脑部损伤及精神性药物作用；也可以由外部因素引起躯体组织和器官的病变而继发性引起。有时，外部因素还可能是诱发精神障碍的诱因或是加重精神障碍的辅助因素。

二、鉴定精神障碍性损害的意义

随着我国社会主义法治的日益完善，人们法制观念的日益加强，对精神障碍性损害的鉴定案件也日益增多。这类问题，可能会涉及刑法、民法、劳动法、行政诉讼法、环境保护法、残疾人保障法、医疗纠纷等多个方面。通过鉴定，可以为司法实践、审理判决案件以及行政解决这类问题提供科学的证据。从通过鉴定要解决的问题来看，可有如下两方面：

1. 被害人方面即受到精神障碍性损害一方。通过鉴定，确定有无精神障碍，如果有,确定精神障碍的种类、性质、程度,同时分析判定外因与精神障碍之间的关系如何。根据案件的要求,有时要确定精神障碍性损伤的程度、残疾的程度、劳动能力丧失的程度。通过鉴定,有时要明确损害补偿的问题,包括劳保待遇、医疗费用、保险赔付、其他赔偿(包括误工补偿、生活补助、营养费、护理费、就医时的交通费及住宿费和伙食费、受害人病前抚养的人的生活费)等。通过鉴定,有时还要明确有关问题或提出有关建议,如治疗和康复的问题、预后的问题、医疗终结的期限、受害人的工作及生活安排等。损伤的程度是指损伤的严重程度(重伤、轻伤或轻微伤),涉及的是刑事案件或治安管理案件,鉴定要按照最高人民法院、最高人民检察院、公安部、国家安全部、司法部发布的《人体损伤程度鉴定标准》,对伤情(重伤、轻伤或轻微伤)进行评定。残疾是指永久性劳动能力全部或部分丧失,故鉴定应在医疗终结时,后遗体征和症状相对稳定,并且经再次治疗也不会有改善的情况下进行。残情与劳动能力评定按照《劳动能力鉴定职工工伤与职业病致残等级》,最高人民法院、最高人民检察院、公安部、国家安全部、司法部发布的《人体损伤致残程度分级》及相应的标准或规定进行。

2. 加害人方面即施加外部因素而造成他人精神障碍的一方。通过鉴定,要明确加害方应负全部责任、或部分责任、或不负责任;应负责任的轻重,这需与损害的性质、程度联系起来判定;为加害人应受的处罚(刑事责任、治安管理处分、行政处分)提供依据,同时为民事的经济赔偿(份额、数量等)提供依据。

三、鉴定

精神障碍性损害的鉴定应当从下述几方面进行:

(一)案情调查

要了解事件发生的经过、外部因素是如何作用的以及作用前后所出现的表现、变化。如果经过治疗,则需了解治疗的全过程,并尽量获得全部医疗文件。

(二)现场调查

如有必要,可进行现场实地调查,以获得进一步的有关资料。有时,还需询问有关证人和知情人,了解情况。

(三)被害人检查

包括体格检查、精神检查、各类辅助检查。检查的具体内容和方法与前述的司法精神鉴定中的检查一致。检查应在发病早期和发病期进行,但有时需在较晚期医疗终结后进行,如残疾程度和劳动能力鉴定。医疗终结时限指根据伤病的愈合规律用于治疗及康复所必需的医疗终结时间。其确立是为了有效地保护当事人的合法权益：一方面避免了人为因素故意延长医疗时间，扩大赔偿数额；另一方面又避免了受害人得不到应有的治疗，人身权利得不到保护。目前，可按已有的医疗时限标准，参照执行。

（四）分析讨论

依据前面的资料，运用医学和司法精神病学的知识，分析讨论外部因素与精神障碍的关系，外部因素在精神障碍发病中的地位、作用，精神障碍的预后等。

（五）出具鉴定意见

鉴定意见应当包含的内容有：确定有无精神障碍；对精神障碍做出明确诊断（病名、程度）；外部因素在精神障碍发病中起的作用（直接因果关系、间接或部分因果关系、无因果关系）；损伤的程度（重伤、轻伤或轻微伤）；残疾程度；赔偿原则。

（六）其他问题

如医疗及康复的建议、受害人的监护问题、工作安排的建议等。

第二节　劳动能力鉴定　职工工伤与职业病致残等级

一、劳动能力鉴定　职工工伤与职业病致残等级

我国国家技术监督局于 2014 年 9 月 3 日发布了（2015 年 1 月 1 日实施）中华人民共和国国家标准《劳动能力鉴定　职工工伤与职业病致残等级（GB/T16180-2014）》，以替代 2006 年发布的《劳动能力鉴定　职工工伤与职业病致残等级（GB/T 16180-2006）》，鉴定劳动能力、鉴定职工工伤与职业病致残等级就依此标准进行。此标准中关于工伤与职业病致精神障碍残情程度鉴定的有关问题规定如下：

1　范围

本标准规定了职工工伤致残劳动能力鉴定原则和分级标准。

本标准适用于职工在职业活动中因工负伤和因职业病致残程度的鉴定。

……

3　术语和定义

下列术语和定义适用于本文件。

3.1 劳动能力鉴定 identify work ability

法定机构对劳动者在职业活动中因工负伤或患职业病后，根据国家工伤保险法规规定，在评定伤残等级时通过医学检查对劳动功能障碍程度（伤残程度）和生活自理障碍程度做出的技术性鉴定结论。

3.2 医疗依赖 medical dependence

工伤致残于评定伤残等级技术鉴定后仍不能脱离治疗。

3.3 生活自理障碍 ability of living independence

工伤致残者因生活不能自理，需依赖他人护理。

4 总则

4.1 判断依据

4.1.1 综合判定

依据工伤致残者于评定伤残等级技术鉴定时的器官损伤、功能障碍及其对医疗与日常生活护理的依赖程度，适当考虑由于伤残引起的社会心理因素影响，对伤残程度进行综合判定分级。

附录 A 为各门类工伤、职业病致残分级判定基准。

附录 B 为正确使用本标准的说明。

4.1.2 器官损伤

器官损伤是工伤的直接后果，但职业病不一定有器官缺损。

4.1.3 功能障碍

工伤后功能障碍的程度与器官缺损的部位及严重程度有关，职业病所致的器官功能障碍与疾病的严重程度相关。对功能障碍的判定，应以评定伤残等级技术鉴定时的医疗检查结果为依据，根据评残对象逐个确定。

4.1.4 医疗依赖

医疗依赖判定分级：

a) 特殊医疗依赖：工伤致残后必须终身接受特殊药物、特殊医疗设备或装置进行治疗；

b) 一般医疗依赖：工伤致残后仍需接受长期或终身药物治疗。

4.1.5 生活自理障碍

生活自理范围主要包括下列五项：

a) 进食：完全不能自主进食，需依赖他人帮助；

b) 翻身：不能自主翻身；

c) 大、小便：不能自主行动，排大小便需要他人帮助；

d) 穿衣、洗漱：不能自己穿衣、洗漱，完全依赖他人帮助；

e) 自主行动：不能自主走动。

生活自理障碍程度分三级：

a) 完全生活自理障碍：生活完全不能自理，上述五项均需护理；

b) 大部分生活自理障碍：生活大部分不能自理，上述五项中三项或四项需要护理；

c) 部分生活自理障碍：部分生活不能自理，上述五项中一项或两项需要护理。

4.2 晋级原则

对于同一器官或系统多处损伤，或一个以上器官不同部位同时受到损伤者，应先对单项伤残程度进行鉴定。如果几项伤残等级不同，以重者定级；如果两项及以上等级相同，最多晋升一级。

4.3 对原有伤残及合并症的处理

在劳动能力鉴定过程中，工伤或职业病后出现合并症，其致残等级的评定以鉴定时实际的致残结局为依据。

如受工伤损害的器官原有伤残或疾病史，即：单个或双器官（如双眼、四肢、肾脏）或系统损伤，本次鉴定时应检查本次伤情是否加重原有伤残，如若加重原有伤残，鉴定时按事实的致残结局为依据；若本次伤情轻于原有伤残，鉴定时则按本次伤情致残结局为依据。

对原有伤残的处理适用于初次或再次鉴定，复查鉴定不适用于本规则。

4.4 门类划分

按照临床医学分科和各学科间相互关联的原则，对残情的判定划分为五个门类。

a) 神经内科、神经外科、精神科门。

b) 骨科、整形外科、烧伤科门。

c) 眼科、耳鼻喉科、口腔科门。

d) 普外科、胸外科、泌尿生殖科门。

e) 职业病内科门。

4.5 条目划分

按照 4.4 中的五个门类，以附录 C 中表 C.1~C.5 及一至十级分级系列，根据伤残的类别和残情的程度划分伤残条目，共列出残情 530 条。

4.6　等级划分

根据条目划分原则以及工伤致残程度，综合考虑各门类间的平衡，将残情级别分为一至十级。最重为第一级，最轻为第十级。对未列出的个别伤残情况，参照本标准中相应定级原则进行等级评定。

5　职工工伤与职业病致残等级分级

5.1　一级

5.1.1　定级原则

器官缺失或功能完全丧失，其他器官不能代偿，存在特殊医疗依赖，或完全或大部分或部分生活自理障碍。

5.1.2　一级条款系列

凡符合 5.1.1 或下列条款之一者均为工伤一级。

1）极重度智能损伤；

……

5.2　二级

5.2.1　定级原则

器官严重缺损或畸形，有严重功能障碍或并发症，存在特殊医疗依赖，或大部分或部分生活自理障碍。

5.2.2　二级条款系列

凡符合 5.2.1 或下列条款之一者均为工伤二级。

1）重度智能损伤；

……

6）完全感觉性或混合性失语；

……

5.3　三级

5.3.1　定级原则

器官严重缺损或畸形，有严重功能障碍或并发症，存在特殊医疗依赖，或部分生活自理障碍。

5.3.2　三级条款系列

凡符合 5.3.1 或下列条款之一者均为工伤三级。

1）精神病性症状，经系统治疗 1 年后仍表现为危险或冲动行为者；

2）精神病性症状，经系统治疗 1 年后仍缺乏生活自理能力者；

……

7）完全性失用、失写、失读、失认等具有两项及两项以上者；

……

5.4 四级

5.4.1 定级原则

器官严重缺损或畸形，有严重功能障碍或并发症，存在特殊医疗依赖，或部分生活自理障碍或无生活自理障碍。

5.4.2 四级条款系列

凡符合 5.4.1 或下列条款之一者均为工伤四级。

1）中度智能损伤；

2）重度癫痫；

3）精神病性症，经系统治疗 1 年后仍缺乏社交能力者；

……

5.5 五级

5.5.1 定级原则

器官大部缺损或明显畸形，有较重功能障碍或并发症，存在一般医疗依赖，无生活自理障碍。

5.5.2 五级条款系列

5.5.3 凡符合 5.5.1 或下列条款之一者均为工伤五级。

……

6）完全运动性失语；

7）完全性失用、失写、失读、失认等具有一项者；

8）不完全性失用、失写、失读、失认等具有多项者；

……

5.6 六级

5.6.1 定级原则

器官大部缺损或明显畸形，有中等功能障碍或并发症，存在一般医疗依赖，无生活自理障碍。

5.6.2 六级条款系列

凡符合 5.6.1 或下列条款之一者均为工伤六级。

1) 癫痫中度；

2) 轻度智能损伤；

3) 精神病性症状，经系统治疗 1 年后仍影响职业劳动能力者；

……

11) 不完全性感觉性失语；

……

5.7 七级

5.7.1 定级原则

器官大部分缺损或畸形，有轻度功能障碍或并发症，存在一般医疗依赖，无生活自理障碍。

5.7.2 七级条款系列

凡符合 5.7.1 或下列条款之一者均为工伤七级。

……

6) 中毒性周围神经病重度感觉障碍；

7) 人格改变或边缘智能，经系统治疗 1 年后仍存在明显社会功能受损者。

8) 不完全性运动失语；

9) 不完全性失用、失写、失读和失认等具有一项者；

……

5.9 九级

5.9.1 定级原则

器官部分缺损，形态异常，轻度功能障碍，无医疗依赖或者存在一般医疗依赖，无生活自理障碍。

5.9.2 九级条款系列

凡符合 5.9.1 或下列条款之一者均为工伤九级。

1) 癫痫轻度；

2) 中毒性周围神经病轻度感觉障碍；

……

附录 A

（规范性附录）

各门类工伤、职业病致残分级判定基准

A.1 神经内科、神经外科、精神科门

A1.1 智能损伤

A.1.1.1 智能损伤的症状

智能损伤具体症状表现为：

a) 记忆减退，最明显的是学习新事物的能力受损；

b) 以思维和信息处理过程减退为特征的智能损害，如抽象概括能力减退，难以解释成语、谚语，掌握词汇量减少，不能理解抽象意义的词汇，难以概括同类事物的共同特征，或判断力减退；

c) 情感障碍，如抑郁、淡漠，或敌意增加等；

d) 意志减退，如懒散、主动性降低；

e) 其他高级皮层功能受损，如失语、失认、失用，或人格改变等；

f) 无意识障碍。

符合症状标准至少已 6 个月方可诊断。

A.1.1.2 智能损伤的级别

智能损伤分为 5 级：

a) 极重度智能损伤

1) 记忆损伤，记忆商（MQ）0-19；

2) 智商（IQ）<20；

3) 生活完全不能自理。

b) 重度智能损伤

1) 记忆损伤，MQ 20-34；

2) IQ 20-34；

3) 生活大部不能自理。

c) 中度智能损伤

1) 记忆损伤，MQ 35-49；

2) IQ 35-49；

3) 生活能部分自理。

d) 轻度智能损伤

1) 记忆损伤，MQ 50-69；

2) IQ 50-69；

3) 生活勉强能自理，能做一般简单的非技术性工作。

e) 边缘智能

1) 记忆损伤，MQ 70-79；

2) IQ 70-79；

3) 生活基本自理，能做一般简单的非技术性工作。

A.1.2 精神障碍

A.1.2.1 精神病性症状

有下列表现之一者：

a) 突出的妄想；

b) 持久或反复出现的幻觉；

c) 病理性思维联想障碍；

d) 紧张综合征，包括紧张性兴奋与紧张性木僵；

e) 情感障碍显著，且妨碍社会功能（包括生活自理功能、社交功能及职业和角色功能）。

A.1.2.2 与工伤、职业病相关的精神障碍的认定

认定需要具备以下条件：

a) 精神障碍的发病基础需有工伤、职业病的存在；

b) 精神障碍的起病时间需与工伤、职业病的发生相一致；

c) 精神障碍应随着工伤、职业病的改善和缓解而恢复正常；

d) 无证据提示精神障碍的发病有其他原因（如强阳性家族史）。

A.1.3 人格改变

个体原来特有的人格模式发生了改变，一般需有两种或两种以上的下列特征，至少持续6个月方可诊断：

a) 语速和语流明显改变，如以赘述或粘滞为特征；

b) 目的性活动能力降低，尤以耗时较久才能得到满足的活动更明显；

c) 认知障碍，如偏执观念、过分沉湎于某一主题（如宗教），或单纯以对或错来对他人进行僵化的分类；

d) 情感障碍，如情绪不稳、欣快、肤浅、情感流露不协调、易激惹，或淡漠；

e) 不可抑制的需要和冲动（不顾后果和社会规范要求）。

A.1.4 癫痫的诊断

癫痫诊断的分级包括：

a) 轻度：需系统服药治疗方能控制的各种类型癫痫发作者；

b) 中度：各种类型的癫痫发作，经系统服药治疗一年后，全身性强直—阵挛发作、单纯或复杂部分发作，伴自动症或精神症状（相当于大发作、精神运动性发作）平均每月 1 次或 1 次以下，失神发作和其他类型发作平均每周 1 次以下；

c) 重度：各种类型的癫痫发作，经系统服药治疗一年后，全身性强直—阵挛发作、单纯或复杂部分发作，伴自动症或精神症状（相当于大发作、精神运动性发作）平均每月 1 次以上，失神发作和其他类型发作平均每周 1 次以上者。

……

附录 B

（资料性附录）

正确使用本标准的说明

B.1 神经内科、神经外科、精神科门

B.1.1 意识是急性器质性脑功能障碍的临床表现。如持续性植物状态、去皮层状态、动作不能性缄默等常常长期存在，久治不愈。遇到这类意识障碍，因患者生活完全不能自理，一切需别人照料，应评为最重级。

反复发作性的意识障碍，作为癫痫的一组症状或癫痫发作的一种形式时，不单独评定其致残等级。

B.1.2 精神分裂症和躁郁症均为内源性精神病，发病主要决定于病人自身的生物学素质。在工伤或职业病过程中伴发的内源性精神病不应与工伤或职业病直接所致的精神疾病相混淆。精神分裂症和躁郁症不属于工伤或职业病性精神病。

B.1.3 智能损伤说明：

a) 智能损伤的总体严重性以记忆或智能损伤程度予以考虑，按"就重原则"其中哪项重，就以哪项表示；

b) 记忆商（MQ）、智商（IQ）的测查结果仅供参考，鉴定时需结合病理基础，日常就诊记录等多方综合评判。

B.1.4 神经心理学障碍指局灶性皮层功能障碍，内容包括失语、失用、失写、失读、失认等，临床上以失语为最常见，其他较少单独出现。

……

B.1.7 癫痫是一种以反复发作性抽搐或以感觉、行为、意识等发作性障碍为特征的临床征候群，属于慢性病之一。因为它的临床体征较少，若无明显颅脑器质性损害则难于定性。为了科学、合理地进行劳动能力鉴定,在进行致残程度评定时,应根据以下信息资料综合评判:每次鉴定时,应要求被鉴定者提供下列相关信息材料(至少两项),以供判定时参考。

a) 工伤和职业病所致癫痫的诊断前提应有严重颅脑外伤或中毒性脑病的病史;

b) 一年来系统治疗病历资料;

c) 脑电图资料;

d) 其他有效资料,如血药浓度测定。

二、职工因病或非因工伤残丧失劳动能力程度鉴定

2014年6月1日起实施的《职工因病或非因工伤残丧失劳动能力程度鉴定标准》取代了原《职工非因工伤残或因病丧失劳动能力程度鉴定标准(试行)》。此标准中关于职工因病或非因工伤残丧失劳动能力程度鉴定中致精神障碍残情程度鉴定的有关规定如下:

职工因病或非因工伤残丧失劳动能力程度鉴定标准,是劳动者因病或非因工伤残后,在医疗期满或医疗终结时通过医学检查对伤残失能程度做出判定结论的准则和依据。

本标准依据中华人民共和国国家标准《劳动能力鉴定、职工工伤与职业病致残等级(GB/T 16180-2006)》和原劳动保障部《职工非因工伤残或因病丧失劳动能力程度鉴定标准(试行)》(劳社部发〔2002〕8号),按确诊疾病的类别和功能障碍的程度分为完全丧失劳动能力、大部分丧失劳动能力和部分丧失劳动能力三个程度档次。

一、完全丧失劳动能力

本标准中的完全丧失劳动能力,是指因损伤或疾病造成人体组织器官缺失、严重缺损、畸形或严重损害,致使伤病的组织器官或生理功能完全丧失或存在严重功能障碍。

……

(十一)精神病

1. 病种及标准

(1)慢性器质性精神障碍,经系统治疗2年以上,有系统住院治疗史,仍不能恢复正常,持续或经常出现的妄想和幻觉,持续或经常出现的情绪不稳定及不能自控的冲动攻击行为,并严重影响职业功能者;

（2）痴呆，中度智能减退，IQ<49；精神发育迟滞伴发精神障碍；

（3）精神分裂症，经系统治疗 3 年以上，有住院治疗史，仍不能恢复正常者；

（4）偏执性精神障碍，妄想牢固持续，持续 5 年以上仍不能缓解，严重影响职业功能，现仍服用抗精神病药物者；

（5）难治性的情感障碍、躁狂发作、双相障碍、抑郁发作，经系统治疗 3 年以上，有两次住院治疗史，每次住院治疗时间 2 个月以上仍不能恢复正常，严重影响职业功能者；

（6）难治性强迫障碍，系统治疗 3 年以上，有两次以上住院史，每次住院治疗时间 3 个月以上仍不能恢复正常，严重影响职业功能者。

2. 说明

（1）酒精依赖综合征、应激相关障碍、癔症均不属于完全丧失劳动能力鉴定范围；

（2）难治性的情感障碍、难治性强迫障碍：病程从首次系统住院治疗之时算起，门诊病历不能单独作为申报依据。

3. 必备材料

（1）指定精神病专科医院住院病历复印件（住院病历包括：首页、入院及出院记录、医嘱单等）；

（2）慢性器质性精神障碍需提供确诊时临床记忆量表、头部 CT 或核磁检查；

（3）痴呆：提供韦氏成人智力测查。

……

二、大部分丧失劳动能力

本标准中的大部分丧失劳动能力，是指因损伤或疾病造成人体组织器官大部分缺失、明显畸形或损害，致使受损组织器官功能中等度以上障碍。

……

（十一）精神病

1. 慢性器质性精神障碍，经系统治疗后缓解，需要定期随访者；

2. 痴呆，IQ 测试 50-69；

3. 精神分裂症，经系统治疗 3 年后仍有轻度精神症状，社会功能受损者；

4. 情感障碍，经系统治疗 3 年以上仍不能恢复正常，影响职业功能者。

……

三、部分丧失劳动能力

本标准中的部分丧失劳动能力是指损伤或疾病造成人体组织器官部分缺失、损害或畸形,致使受损组织器官功能轻度障碍。

……

(七)精神系统疾病

1. 精神分裂症经 2 年治疗后仍残留某些精神功能障碍,而且相当长时期持续存在,个人生活尚可自理;

2. 轻度智能改变,IQ 测试 70-89。

……

五、标准中有关问题的说明

(一)医疗期满系指损伤在现代医疗水平的情况下,按照一般医疗常规,继续治疗无意义(可能存在医疗依赖);伤者所遗留的功能障碍相对为永久固定性或呈不可逆转性;精神病患者系统治疗指住院治疗 3 个月以上。

(二)本标准条目只列出达到完全丧失劳动能力的起点条件,比此条件严重的疾病均属于完全丧失劳动能力。

(三)标准中有关条目所指的"长期"是指经系统治疗 12 个月以上(含 12 个月)。

(四)标准中所指的"系统治疗"是指经住院治疗,或每月 2 次以上(含 2 次)到医院进行门诊治疗并坚持服药一个疗程以上,以及恶性肿瘤在门诊进行放射或化学治疗。

(五)对未列出的其他伤病残丧失劳动能力程度的条目,参照中华人民共和国国家标准《劳动能力鉴定、职工工伤与职业病致残等级(GB/T 16180-2006)》1-10 级执行。符合 1-4 级为完全丧失劳动能力,符合 5-6 级为大部分丧失劳动能力,符合 7-10 级为部分丧失劳动能力。

(六)伤病职工同时符合不同类别疾病两项或两项以上大部分丧失劳动能力者,可以视为完全丧失劳动能力。

(七)大部分丧失劳动能力和部分丧失劳动能力的说明及必备材料参照完全丧失劳动能力执行。

(八)必备材料中病例复印件应当加盖医院病案室专用章。

(九)本标准与其他机构鉴定标准不作对照。

第三节　不法侵害致精神障碍性损伤程度的鉴定

一、概述

当自然人受到不法侵害时，造成了精神障碍，即公民的精神健康受到非法侵害，造成精神疾病，称为不法侵害致精神障碍性损伤，也有人称这类损伤为精神损伤。这类损伤，多是暴力打击所致，可因打击头部或身体，造成颅脑损伤或躯体器官损伤而引起精神障碍。还可以由中毒、精神伤害性刺激如侮辱诽谤、惊吓、威胁恐吓等引起。

但是，精神障碍的发生，有时也与发病人自身的内在素质、身体疾病及健康状态等因素有关。

不法侵害引起受害人出现精神障碍，常会涉及刑法、治安管理处罚法对加害人的处罚问题，还会涉及对被害人的民事赔偿等法律问题。因此，要求司法精神病学鉴定机关对被害人进行鉴定。通过鉴定，获得科学的证据，以解决下述问题：

1. 损伤程度问题。即所造成的精神障碍性损伤是属于重伤、轻伤，还是轻微伤。

2. 加害方的责任问题。即加害方对造成此种损伤应负全部责任、部分责任、或不负责任。一般来说，如果加害方的作用是外伤性精神障碍的直接暴力性外因，应负全部责任；如果是精神刺激性因素，酌情应负全部或部分责任；如果系造成外界环境不良而致精神障碍，应酌情负全部或部分责任；如果发病是由于患者本身的先天性因素、遗传性因素或自身疾病性因素所致，则他人不负责任。

3. 精神障碍性损伤的医疗终结时限的确定。

4. 受害人劳动能力丧失程度的评定。

5. 对受害人进行赔偿的原则。通常，加害方应酌情支付全部或部分初次发病的医疗费；但在症状全部消失、医疗终结后，双方无关系时再发作的，加害方一般不再负责。对被害人遭受的间接损失，如首次发病，应由加害方支付误工、陪护等费用。而如果疾病属于不可逆损害，受害人劳动能力丧失或部分丧失的，应支付生活补助。如果受害人的疾病较轻，可完全治愈，以后又不留后遗症的，可给予一定精神安慰性补偿。

6. 关于精神障碍性损伤的伤残等级的评定及保险给付的标准,可参照本章有关的内容。

二、对精神障碍性损伤程度评定的有关法规

最高人民法院、最高人民检察院、公安部、国家安全部、司法部发布了自2014年1月1日起施行的《人体损伤程度鉴定标准》,以此取代了原《人体重伤鉴定标准》(司发〔1990〕070号)、《人体轻伤鉴定标准(试行)》(法(司)发〔1990〕6号)和《人体轻微伤的鉴定(GA/T 146-1996)》。

《人体损伤程度鉴定标准》中相关规定如下:

1 范围

本标准规定了人体损伤程度鉴定的原则、方法、内容和等级划分。

本标准适用于《中华人民共和国刑法》及其他法律、法规所涉及的人体损伤程度鉴定。

2 规范性引用文件

下列文件对于本文件的应用是必不可少的。本标准引用文件的最新版本适用于本标准。

GB 18667 道路交通事故受伤人员伤残评定

GB/T 16180 劳动能力鉴定职工工伤与职业病致残等级

GB/T 26341-2010 残疾人残疾分类和分级

3 术语和定义

3.1 重伤

使人肢体残废、毁人容貌、丧失听觉、丧失视觉、丧失其他器官功能或者其他对于人身健康有重大伤害的损伤,包括重伤一级和重伤二级。

3.2 轻伤

使人肢体或者容貌损害,听觉、视觉或者其他器官功能部分障碍或者其他对于人身健康有中度伤害的损伤,包括轻伤一级和轻伤二级。

3.3 轻微伤

各种致伤因素所致的原发性损伤,造成组织器官结构轻微损害或者轻微功能障碍。

4 总则

4.1 鉴定原则

4.1.1 遵循实事求是的原则,坚持以致伤因素对人体直接造成的原发性损伤

及由损伤引起的并发症或者后遗症为依据，全面分析，综合鉴定。

4.1.2 对于以原发性损伤及其并发症作为鉴定依据的，鉴定时应以损伤当时伤情为主，损伤的后果为辅，综合鉴定。

4.1.3 对于以容貌损害或者组织器官功能障碍作为鉴定依据的，鉴定时应以损伤的后果为主，损伤当时伤情为辅，综合鉴定。

4.2 鉴定时机

4.2.1 以原发性损伤为主要鉴定依据的，伤后即可进行鉴定；以损伤所致的并发症为主要鉴定依据的，在伤情稳定后进行鉴定。

4.2.2 以容貌损害或者组织器官功能障碍为主要鉴定依据的，在损伤90日后进行鉴定；在特殊情况下可以根据原发性损伤及其并发症出具鉴定意见，但须对有可能出现的后遗症加以说明，必要时应进行复检并予以补充鉴定。

4.2.3 疑难、复杂的损伤，在临床治疗终结或者伤情稳定后进行鉴定。

4.3 伤病关系处理原则

4.3.1 损伤为主要作用的，既往伤/病为次要或者轻微作用的，应依据本标准相应条款进行鉴定。

4.3.2 损伤与既往伤/病共同作用的，即二者作用相当的，应依据本标准相应条款适度降低损伤程度等级，即等级为重伤一级和重伤二级的，可视具体情况鉴定为轻伤一级或者轻伤二级，等级为轻伤一级和轻伤二级的，均鉴定为轻微伤。

4.3.3 既往伤/病为主要作用的，即损伤为次要或者轻微作用的，不宜进行损伤程度鉴定，只说明因果关系。

4 损伤程度分级

5.1 颅脑、脊髓损伤

5.1.1 重伤一级

……

e) 重度智能减退或者器质性精神障碍，生活完全不能自理。

5.1.2 重伤二级

……

l) 外伤性迟发性癫痫。

……

6 附则

……

6.2 未列入本标准中的物理性、化学性和生物性等致伤因素造成的人体损伤，比照本标准中的相应条款综合鉴定。

6.3 本标准所称的损伤是指各种致伤因素所引起的人体组织器官结构破坏或者功能障碍。反应性精神病、癔症等，均为内源性疾病，不宜鉴定损伤程度。

6.4 本标准未作具体规定的损伤，可以遵循损伤程度等级划分原则，比照本标准相近条款进行损伤程度鉴定。

……

附录 A

（规范性附录）

损伤等级划分原则

A.1 重伤一级

各种致伤因素所致的原发性损伤或者由原发性损伤引起的并发症，严重危及生命；遗留肢体严重残废或者重度容貌毁损；严重丧失听觉、视觉或者其他重要器官功能。

A.2 重伤二级

各种致伤因素所致的原发性损伤或者由原发性损伤引起的并发症，危及生命；遗留肢体残废或者轻度容貌毁损；丧失听觉、视觉或者其他重要器官功能。

A.3 轻伤一级

各种致伤因素所致的原发性损伤或者由原发性损伤引起的并发症，未危及生命；遗留组织器官结构、功能中度损害或者明显影响容貌。

A.4 轻伤二级

各种致伤因素所致的原发性损伤或者由原发性损伤引起的并发症，未危及生命；遗留组织器官结构、功能轻度损害或者影响容貌。

A.5 轻微伤

各种致伤因素所致的原发性损伤，造成组织器官结构轻微损害或者轻微功能障碍。

A.6 等级限度

重伤二级是重伤的下限，与重伤一级相衔接，重伤一级的上限是致人死亡；轻伤二级是轻伤的下限，与轻伤一级相衔接，轻伤一级的上限与重伤二级相衔接；轻微伤的上限与轻伤二级相衔接，未达轻微伤标准的，不鉴定为轻微伤。

附录 B

（规范性附录）

功能损害判定基准和使用说明

B.1 颅脑损伤

B.1.1 智能（IQ）减退

极重度智能减退：IQ 低于 25；语言功能丧失；生活完全不能自理。

重度智能减退：IQ25~39 之间；语言功能严重受损，不能进行有效的语言交流；生活大部分不能自理。

中度智能减退：IQ40~54 之间；能掌握日常生活用语，但词汇贫乏，对周围环境辨别能力差，只能以简单的方式与人交往；生活部分不能自理，能做简单劳动。

轻度智能减退：IQ55~69 之间；无明显语言障碍，对周围环境有较好的辨别能力，能比较恰当的与人交往；生活能自理，能做一般非技术性工作。

边缘智能状态：IQ70~84 之间；抽象思维能力或者思维广度、深度机敏性显示不良；不能完成高级复杂的脑力劳动。

B.1.2 器质性精神障碍

有明确的颅脑损伤伴不同程度的意识障碍病史，并且精神障碍发生和病程与颅脑损伤相关。症状表现为：意识障碍；遗忘综合征；痴呆；器质性人格改变；精神病性症状；神经症样症状；现实检验能力或者社会功能减退。

……

B.1.6 外伤性迟发性癫痫应具备的条件

（1）确证的头部外伤史。

（2）头部外伤 90 日后仍被证实有癫痫的临床表现。

（3）脑电图检查（包括常规清醒脑电图检查、睡眠脑电图检查或者较长时间连续同步录像脑电图检查等）显示异常脑电图。

（4）影像学检查确证颅脑器质性损伤。

……

第四节　人体损伤致精神残疾程度的鉴定

　　2016 年 4 月 18 日最高人民法院、最高人民检察院、公安部、国家安全部、司法部联合发布了《人体损伤致残程度分级》，并于 2017 年 1 月 1 日起施行。这个标准填补了长期困扰我国司法实践的一个空白。在这之前对于违法侵害造成人体损伤程度的鉴定有《人体重伤鉴定标准》《人体轻伤鉴定标准（试行）》《人体轻微伤的鉴定》等标准，但这类损伤造成残疾却无对应的鉴定标准，实际操作中只能借鉴《劳动能力鉴定 职工工伤与职业病致残等级》《道路交通事故受伤人员伤残评定》等标准，但鉴定的对象和目的毕竟不同，所以鉴定结果并不如人意，影响到法律的公平公正。《人体损伤致残程度分级》的发布对解决这方面问题起到了积极的作用。而且，按规定该标准也取代了《道路交通事故受伤人员伤残评定》标准，其适用性更广泛。

　　《人体损伤致残程度分级》中对人体损伤致精神残疾的程度分级相应规定如下：

　　……

　　3　术语和定义

　　3.1　损伤

　　各种因素造成的人体组织器官结构破坏和/或功能障碍。

　　3.2　残疾

　　人体组织器官结构破坏或者功能障碍，以及个体在现代临床医疗条件下难以恢复的生活、工作、社会活动能力不同程度的降低或者丧失。

　　4　总则

　　4.1　鉴定原则

　　应以损伤治疗后果或者结局为依据，客观评价组织器官缺失和/或功能障碍程度，科学分析损伤与残疾之间的因果关系，实事求是地进行鉴定。

　　受伤人员符合两处以上致残程度等级者，鉴定意见中应该分别写明各处的致残程度等级。

　　4.2　鉴定时机

　　应在原发性损伤及其与之确有关联的并发症治疗终结或者临床治疗效果稳定

后进行鉴定。

4.3　伤病关系处理

当损伤与原有伤、病共存时，应分析损伤与残疾后果之间的因果关系。根据损伤在残疾后果中的作用力大小确定因果关系的不同形式，可依次分别表述为：完全作用、主要作用、同等作用、次要作用、轻微作用、没有作用。

除损伤"没有作用"以外，均应按照实际残情鉴定致残程度等级，同时说明损伤与残疾后果之间的因果关系；判定损伤"没有作用"的，不应进行致残程度鉴定。

4.4　致残等级划分

本标准将人体损伤致残程度划分为10个等级，从一级（人体致残率100%）到十级（人体致残率10%），每级致残率相差10%。致残程度等级划分依据见附录A。

4.5　判断依据

依据人体组织器官结构破坏、功能障碍及其对医疗、护理的依赖程度，适当考虑由于残疾引起的社会交往和心理因素影响，综合判定致残程度等级。

5　致残程度分级

5.1　一级

5.1.1　颅脑、脊髓及周围神经损伤

1）持续性植物生存状态；

2）精神障碍或者极重度智能减退，日常生活完全不能自理；

……

5.2　二级

5.2.1　颅脑、脊髓及周围神经损伤

1）精神障碍或者重度智能减退，日常生活随时需有人帮助；

……

5.3　三级

5.3.1　颅脑、脊髓及周围神经损伤

1）精神障碍或者重度智能减退，不能完全独立生活，需经常有人监护；

2）完全感觉性失语或者混合性失语；

……

5.4　四级

5.4.1 颅脑、脊髓及周围神经损伤

1) 精神障碍或者中度智能减退，日常生活能力严重受限，间或需要帮助；

2) 外伤性癫痫（重度）；

……

5.5 五级

5.5.1 颅脑、脊髓及周围神经损伤

1) 精神障碍或者中度智能减退，日常生活能力明显受限，需要指导；

2) 完全运动性失语；

3) 完全性失用、失写、失读或者失认等；

……

5.6 六级

5.6.1 颅脑、脊髓及周围神经损伤

1) 精神障碍或者中度智能减退，日常生活能力部分受限，但能部分代偿，部分日常生活需要帮助；

2) 外伤性癫痫（中度）；

……

5.7 七级

5.7.1 颅脑、脊髓及周围神经损伤

1) 精神障碍或者轻度智能减退，日常生活有关的活动能力极重度受限；

2) 不完全感觉性失语；

……

5.8 八级

5.8.1 颅脑、脊髓及周围神经损伤

1) 精神障碍或者轻度智能减退，日常生活有关的活动能力重度受限；

2) 不完全运动性失语；不完全性失用、失写、失读或者失认；

……

5.9 九级

5.9.1 颅脑、脊髓及周围神经损伤

1) 精神障碍或者轻度智能减退，日常生活有关的活动能力中度受限；

2) 外伤性癫痫（轻度）；

……

5.10 十级

5.10.1 颅脑、脊髓及周围神经损伤

1) 精神障碍或者轻度智能减退，日常生活有关的活动能力轻度受限；

2) 颅脑损伤后遗脑软化灶形成，伴有神经系统症状或者体征；

……

6 附则

6.1 遇有本标准致残程度分级系列中未列入的致残情形，可根据残疾的实际情况，依据本标准附录A的规定，并比照最相似等级的条款，确定其致残程度等级。

6.2 同一部位和性质的残疾，不应采用本标准条款两条以上或者同一条款两次以上进行鉴定。

……

6.9 精神分裂症或者心境障碍等内源性疾病不是外界致伤因素直接作用所致，不宜作为致残程度等级鉴定的依据，但应对外界致伤因素与疾病之间的因果关系进行说明。

……

附录 A

（规范性附录）

致残程度等级划分依据

A.1 一级残疾的划分依据

a) 组织器官缺失或者功能完全丧失，其他器官不能代偿；

b) 存在特殊医疗依赖；

c) 意识丧失；

d) 日常生活完全不能自理；

e) 社会交往完全丧失。

A.2 二级残疾的划分依据

a) 组织器官严重缺损或者畸形，有严重功能障碍，其他器官难以代偿；

b) 存在特殊医疗依赖；

c) 日常生活大部分不能自理；

d) 各种活动严重受限，仅限于床上或者椅子上的活动；

e) 社会交往基本丧失。

A.3　三级残疾的划分依据

a) 组织器官严重缺损或者畸形，有严重功能障碍；
b) 存在特殊医疗依赖；
c) 日常生活大部分或者部分不能自理；
d) 各种活动严重受限，仅限于室内的活动；
e) 社会交往极度困难。

A.4　四级残疾的划分依据

a) 组织器官严重缺损或者畸形，有重度功能障碍；
b) 存在特殊医疗依赖或者一般医疗依赖；
c) 日常生活能力严重受限，间或需要帮助；
d) 各种活动严重受限，仅限于居住范围内的活动；
e) 社会交往困难。

A.5　五级残疾的划分依据

a) 组织器官大部分缺损或者明显畸形，有中度（偏重）功能障碍；
b) 存在一般医疗依赖；
c) 日常生活能力部分受限，偶尔需要帮助；
d) 各种活动中度受限，仅限于就近的活动；
e) 社会交往严重受限。

A.6　六级残疾的划分依据

a) 组织器官大部分缺损或者明显畸形，有中度功能障碍；
b) 存在一般医疗依赖；
c) 日常生活能力部分受限，但能部分代偿，条件性需要帮助；
d) 各种活动中度受限，活动能力降低；
e) 社会交往贫乏或者狭窄。

A.7　七级残疾的划分依据

a) 组织器官大部分缺损或者明显畸形，有中度（偏轻）功能障碍；
b) 存在一般医疗依赖，无护理依赖；
c) 日常生活有关的活动能力极重度受限；
d) 各种活动中度受限，短暂活动不受限，长时间活动受限；
e) 社会交往能力降低。

A.8　八级残疾的划分依据

a) 组织器官部分缺损或者畸形，有轻度功能障碍，并造成明显影响；

b) 存在一般医疗依赖，无护理依赖；

c) 日常生活有关的活动能力重度受限；

d) 各种活动轻度受限，远距离活动受限；

e) 社会交往受约束。

A.9　九级残疾的划分依据

a) 组织器官部分缺损或者畸形，有轻度功能障碍，并造成较明显影响；

b) 无医疗依赖或者存在一般医疗依赖，无护理依赖；

c) 日常生活有关的活动能力中度受限；

d) 工作与学习能力下降；

e) 社会交往能力部分受限。

A.10　十级残疾的划分依据

a) 组织器官部分缺损或者畸形，有轻度功能障碍，并造成一定影响；

b) 无医疗依赖或者存在一般医疗依赖，无护理依赖；

c) 日常生活有关的活动能力轻度受限；

d) 工作与学习能力受到一定影响；

e) 社会交往能力轻度受限。

附录　B

（资料性附录）

器官功能分级判定基准及使用说明

B.1　持续性植物生存状态

植物生存状态可以是暂时的，也可以呈持续性。持续性植物生存状态是指严重颅脑损伤经治疗及必要的康复后仍缺乏意识活动，丧失语言，而仅保留无意识的姿态调整和运动功能的状态。机体虽能维持基本生命体征，但无意识和思维，缺乏对自身和周围环境的感知能力的生存状态。伤者有睡眠—觉醒周期，部分或全部保存下丘脑和脑干功能，但是缺乏任何适应性反应，缺乏任何接受和反映信息的功能性思维。

植物生存状态诊断标准：①认知功能丧失，无意识活动，不能执行指令；②保持自主呼吸和血压；③有睡眠—觉醒周期；④不能理解或表达语言；⑤自动睁眼或刺激下睁眼；⑥可有无目的性眼球跟踪运动；⑦丘脑下部及脑干功能基本保存。

持续性植物生存状态指脑损伤后上述表现至少持续 6 个月以上，且难以恢复。

注：反复发作性意识障碍，作为癫痫的一组症状或癫痫发作的一种形式时，不单独鉴定其致残程度。

B.2　精神障碍

B.2.1　症状标准

有下列表现之一者：

a) 智能损害综合征；

b) 遗忘综合征；

c) 人格改变；

d) 意识障碍；

e) 精神病性症状（如幻觉、妄想、紧张综合征等）；

f) 情感障碍综合征（如躁狂综合征、抑郁综合征等）；

g) 解离（转换）综合征；

h) 神经症样综合征（如焦虑综合征、情感脆弱综合征等）。

B.2.2　精神障碍的认定

a) 精神障碍的发病基础需有颅脑损伤的存在；

b) 精神障碍的起病时间需与颅脑损伤的发生相吻合；

c) 精神障碍应随着颅脑损伤的改善而缓解；

d) 无证据提示精神障碍的发病存在其他原因（如强阳性家族史）。

精神分裂症和躁郁症均为内源性疾病，发病主要决定于病人自身的生物学素质，不属于人身损害所致的精神障碍。

B.3　智能损害

B.3.1　智能损害的症状

a) 记忆减退，最明显的是学习新事物的能力受损；

b) 以思维和信息处理过程减退为特征的智能损害，如抽象概括能力减退，难以解释成语、谚语，掌握词汇量减少，不能理解抽象意义的语汇，难以概括同类事物的共同特征，或判断力减退；

c) 情感障碍，如抑郁、淡漠，或敌意增加等；

d) 意志减退，如懒散、主动性降低；

e) 其他高级皮层功能受损，如失语、失认、失用或者人格改变等；

f) 无意识障碍。

注：符合上述症状标准至少满 6 个月方可诊断。

B.3.2 智能损害分级

a) 极重度智能减退 智商（IQ）<20；语言功能丧失；生活完全不能自理。

b) 重度智能减退 IQ 20~34；语言功能严重受损，不能进行有效的交流；生活大部分不能自理。

c) 中度智能减退 IQ 35~49；能掌握日常生活用语，但词汇贫乏，对周围环境辨别能力差，只能以简单的方式与人交往；生活部分不能自理，能做简单劳动。

d) 轻度智能减退 IQ 50~69；无明显语言障碍，对周围环境有较好的辨别能力，能比较恰当地与人交往；生活能自理，能做一般非技术性工作。

e) 边缘智能状态 IQ 70~84；抽象思维能力或者思维广度、深度及机敏性显示不良；不能完成高级或者复杂的脑力劳动。

B.4 生活自理能力

具体评价方法参考《人身损害护理依赖程度评定（GB/T 31147）》。

B.5 失语症

失语症是指由于中枢神经损伤导致抽象信号思维障碍而丧失口语、文字的表达和理解能力的临床症候群，失语症不包括由于意识障碍和普通的智力减退造成的语言症状，也不包括听觉、视觉、书写、发音等感觉和运动器官损害引起的语言、阅读和书写障碍。

失语症又可分为：完全运动性失语，不完全运动性失语；完全感觉性失语，不完全感觉性失语；混合性失语；完全性失用，不完全性失用；完全性失写，不完全性失写；完全性失读，不完全性失读；完全性失认，不完全性失认等。

注：脑外伤后失语的认定应该符合以下几个方面的要求：（1）脑损伤的部位应该与语言功能有关；（2）病史材料应该有就诊记录并且有关于失语的描述；（3）有明确的临床诊断或者专家咨询意见。

B.6 外伤性癫痫分度

外伤性癫痫通常是指颅脑损伤 3 个月后发生的癫痫，可分为以下三度：

a) 轻度 各种类型的癫痫发作，经系统服药治疗 1 年后能控制的；

b) 中度 各种类型的癫痫发作，经系统服药治疗 1 年后，全身性强直-阵挛发作、单纯或复杂部分发作，伴自动症或精神症状（相当于大发作、精神运动性发作）平均每月1次或1次以下，失神发作和其他类型发作平均每周1次以下；

c) 重度　各种类型的癫痫发作，经系统服药治疗1年后，全身性强直—阵挛发作、单纯或复杂部分发作，伴自动症或精神症状（相当于大发作、精神运动性发作）平均每月2次以上，失神发作和其他类型发作平均每周2次以上。

注：外伤性癫痫致残程度鉴定时应根据以下信息综合判断：（1）应有脑器质性损伤或中毒性脑病的病史；（2）应有一年来系统治疗的临床病史资料；（3）可能时，应提供其他有效资料，如脑电图检查、血药浓度测定结果等。其中，前两项是癫痫致残程度鉴定的必要条件。

第五节　人身保险意外伤害精神残疾鉴定

随着我国保险业的发展，人身保险给付的事件不断增加，其中因人身伤害造成精神障碍性残疾而要求保险赔付的事件也日益增多。中国人民保险公司于1992年制订了《人身保险意外伤害残疾给付标准》，对这类问题作了明确规定。之后，中国人民银行制订了《人身保险残疾程度与保险金给付比例表》，对伤害程度及最高给付标准百分比作了具体的规定。此外，中保人寿保险公司、中国平安保险公司等也制定了《人身保险意外伤害残疾给付标准》，对伤害程度及最高给付标准百分比作了具体的规定。按此标准，关于人身保险意外伤害精神残疾的鉴定的相关问题如下：

一、残疾名称医学含义的解释与界定（精神系统）

1. 外伤性精神障碍：
（1）严重：精神失常，不能工作和学习。
（2）重度：精神失常，生活尚能自理。
（3）中度：精神失常，能干一些轻工作。
（4）轻度：有时精神失常，某些特殊工作不能干。

2. 脑外伤后植物性生存：貌似清醒，但对外界刺激无任何反应。

3. 脑外伤后迁延性昏迷：类似脑外伤后植物性生存，不过对外界刺激有时有反应，但无语言表达能力。

4. 外伤性痴呆：因脑损伤广泛，病人智力严重低下，生活不能自理。

5. 脑外伤后运动性失语：
（1）完全性：能理解别人说话，但自己不会说话。

(2) 不完全性：能理解别人说话，自己只能讲常用、简单的话。

6. 脑外伤后感觉性失语：

(1) 完全性：不能理解别人说话，但自己会说话。

(2) 不完全性：能理解别人某些讲话，自己会说话。

7. 脑外伤后混合性失语：

(1) 完全性：自己不会说话，也听不懂别人讲话。

(2) 不完全性：自己能讲一些简单、常用的话，能部分理解别人讲话。

8. 脑外伤后癫痫发作：

(1) 极频繁：1个月内发作4次以上。

(2) 频繁：1个月内发作2~3次。

(3) 较频繁：半年内发作4~6次。

(4) 偶有发作：半年内发作1~2次。

(5) 长期服药控制：连续服用抗癫痫药物在180天以上不发作。

9. 外伤性失用症：因脑外伤造成不会正确使用工具。

10. 外伤性失读症和失写症：因脑外伤造成读书和写字困难。

二、伤残程度与最高给付标准百分比

(一) 中国人民银行人身保险残疾程度与保险金给付比例（精神和神经系统）

1. 第一级 项目八。中枢神经系统机能或胸、腹部脏器机能极度障碍，终身不能从事任何工作，为维持生命必要的日常生活活动，全需他人扶助的，最高给付比例100%。

注：为维持生命必要之日常生活活动，全需他人扶助系指食物摄取、大小便始末、穿脱衣服、起居、步行、入浴等，皆不能自己为之，需要他人帮助。

2. 第四级 项目二一。语言机能永久完全丧失的，最高给付比例20%。

注：语言机能的丧失系指构成语言的口唇音、舌齿音、口盖音和喉头音的四种语言机能中，有三种以上不能构声，或声带全部切除，或因大脑语言中枢受伤害而患有失语症，并须有资格的五官科（耳、鼻、喉）医师出具医疗诊断证明，但不包括任何心理障碍引致的失语。

(二) 中保人寿保险公司人身保险意外伤害残废给付标准（精神和神经系统）

1. 外伤性或中毒性严重精神障碍，最高给付标准百分比：100%。

2. 外伤性或中毒性重度精神障碍，最高给付标准百分比：90%。

3. 外伤性或中毒性中度精神障碍，最高给付标准百分比：60%。

4. 外伤性或中毒性轻度精神障碍，最高给付标准百分比：40%。

5. 脑外伤后植物性生存，最高给付标准百分比：100%。

6. 脑外伤后迁延性昏迷，最高给付标准百分比：100%。

7. 外伤性痴呆，最高给付标准百分比：100%。

8. 脑外伤后完全性运动性失语，最高给付标准百分比：85%。

9. 脑外伤后不完全性运动性失语，最高给付标准百分比：60%。

10. 脑外伤后完全性感觉性失语，最高给付标准百分比：85%。

11. 脑外伤后不完全性感觉性失语，最高给付标准百分比：60%。

12. 脑外伤后完全性混合性失语，最高给付标准百分比：90%。

13. 脑外伤后不完全性混合性失语，最高给付标准百分比：65%。

14. 脑外伤后极频繁癫痫大发作，最高给付标准百分比：95%。

15. 脑外伤后频繁癫痫大发作，最高给付标准百分比：85%。

16. 脑外伤后较频繁癫痫大发作，最高给付标准百分比：60%。

17. 脑外伤后偶有癫痫大发作，最高给付标准百分比：30%。

18. 脑外伤后癫痫大发作需长期服药控制，最高给付标准百分比：25%。

19. 脑外伤后极频繁癫痫小发作，最高给付标准百分比：50%。

20. 脑外伤后频繁癫痫小发作，最高给付标准百分比：35%。

21. 脑外伤后较频繁癫痫小发作，最高给付标准百分比：20%。

22. 脑外伤后偶有癫痫小发作，最高给付标准百分比：15%。

23. 脑外伤后癫痫小发作需长期服药控制，最高给付标准百分比：10%。

24. 外伤性重度失用症，最高给付标准百分比：85%。

25. 外伤性中度失用症，最高给付标准百分比：70%。

26. 外伤性轻度失用症，最高给付标准百分比：30%。

27. 外伤性重度失读症和失写症，最高给付标准百分比：55%。

28. 外伤性中度失读症和失写症，最高给付标准百分比：30%。

29. 外伤性轻度失读症和失写症，最高给付标准百分比：20%。

（三）中国平安保险公司人身保险意外伤害残废给付标准（精神和神经系统）

1. 给付标准。

（1）严重精神障碍，终身不能从事任何工作，日常生活完全不能自理，最高给付标准百分比：100%。

（2）重度精神障碍，终身不能从事任何工作，日常生活需他人扶助，最高给付标准百分比：90%。

（3）中度精神障碍，终身不能从事任何工作，日常生活尚能自理，最高给付标准百分比：60%。

（4）轻度精神障碍，仅能从事轻便工作，日常生活可以自理，最高给付标准百分比：40%。

（5）植物性生存，最高给付标准百分比：100%。

（6）迁延性昏迷，最高给付标准百分比：100%。

（7）痴呆，最高给付标准百分比：100%。

（8）失语，最高给付标准百分比：10%。

（9）失用症，最高给付标准百分比：30%。

（10）失读症和失写症，最高给付标准百分比：10%。

2. 给付标准说明（精神和神经系统）。审定的基本原则：综合其病灶症状，对于永久丧失劳动能力与影响日常生活、社会生活活动状态及需要他人扶助的情况，依标准所列各项情况确定给付等级。审定时，须有精神科、神经科、精神外科等专科医生的诊断证明资料为依据。

（1）植物性生存：貌似清醒，但对外界刺激均无任何反应。

（2）迁延性昏迷：类似脑外伤后植物性生存，不过对外界刺激有时有反应，但不会说话。

（3）痴呆：因脑损伤广泛，病人智力严重低下，生活不能自理。

（4）失语：

第一，运动性失语：病人能理解别人说话，但自己不会说话或只能讲常用简单的话。

第二，感觉性失语：不能理解别人说话或只能理解别人某些讲话，自己会说话。

（5）失用症：因脑外伤造成不会正确使用工具。

（6）失读症和失写症：因脑外伤造成读书和写字困难。

第六章 精神病的伪装与鉴别

第一节 概述

伪装精神疾病指当事人为了逃避外界不利于个人的处境，摆脱某种责任或获得某种个人利益，故意模拟或夸大精神障碍或伤残的行为。伪装精神疾病在法医学中属于诈病的一种类型。近些年来，虽然医学技术日新月异，但对精神疾病的诊断仍相对落后，一般多建立在经验性评估的基础上，受评定者的主观因素影响较大，加上人们对精神疾病有不少误解，因此伪装精神疾病的案例越来越多。尤其是近些年来，随着民事赔偿案件和工伤、职业病、交通事故伤残鉴定案例的增多，由于鉴定结论直接涉及当事人的切身利益，伪装精神疾病的情况已是屡见不鲜。伪装者往往认为伪装躯体疾病，如消化系统、呼吸系统及泌尿系统等疾病容易被查出，不好伪装。唯独精神疾病是脑子里面的疾病，既看不见，又摸不着，全凭自己的表演，容易伪装。其实伪装精神疾病也并非如此，有经验的专家对其不难识别。

影响伪装精神疾病的因素主要包括：①对鉴定意义的认知程度和对法律的了解程度；②赔偿或获益意识；③精神损伤程度：无论是智力损伤还是精神损伤，程度越轻，自我保护意识越强，伪装的也越多；④鉴定人员的技术水平。此外，被鉴定人对鉴定机构及其鉴定人识别伪装的能力的了解程度对伪装的发生也有一定影响。

精神疾病司法鉴定实践中，伪装者多以中青年男性为主，且智能良好，尤其存在人格障碍或有前科者伪装的情形较为多见。

《中国精神障碍分类与诊断标准（CCMD-3）》对此规定如下：

92.2 诈病

［诊断标准］

为了逃避外界某种不利于个人的情境，摆脱某种责任或获得某种个人利益，故意模拟或夸大躯体或精神障碍或伤残的行为。具有下述特点：

1 有明显的装病动机的目的；

2 症状表现不符合任何一种疾病的临床相，躯体症状或精神症状中的幻觉、妄想，及思维障碍，情感与行为障碍等均不符合疾病的症状表现规律；

3 对躯体或精神状况检查通常采取回避、不合作、造假行为或敌视态度，回答问题时，反应时间常延长，对治疗不合作，暗示治疗无效；

4 病程不定；

5 社会功能与躯体功能障碍的严重程度比真实疾病重，主诉比实际检查所见重；

6 有伪造病史或疾病证明，或明显夸大自身症状的证据。

7 病人一旦承认伪装，随即伪装症状的消失，是建立可靠诊断的必要条件。

第二节 伪装精神疾病的目的

一、逃避刑事责任

犯罪嫌疑人或被告人认识到重大刑事犯罪后果的严重性，为了逃避刑事责任而伪装精神病。多见于拘捕未判的犯罪嫌疑人或被告人。作案前的伪装者较少见。也有的作案前患有精神病，作案时已痊愈，在实施违法犯罪行为时又装出精神病或在作案后又装出精神病。

二、逃避惩罚

《中华人民共和国监狱法》第7条第2款规定："罪犯必须严格遵守法律、法规和监规纪律，服从管理，接受教育，参加劳动。"因此，有的服刑期间的罪犯为了逃避劳动、希望做轻工，或到老弱病残监区队获得更多的照顾，或为了保外就医而伪装精神病。

三、摆脱某种困境

我国古代有"孙膑装疯"的记载；有人为了从艰苦边区调回城市而伪装精

神病；有的士兵为逃避战斗或提前退伍而伪装精神病；有人为了推迟庭审，以无诉讼能力或受审能力为借口，进行非法活动，或推翻不利的供词，从而伪装精神病。

四、获取某种利益

这种情况多见于与人发生纠纷后、躯体等受损伤后或被人殴打后出现了"精神异常"；也有的是在原有精神疾病的基础上夸大已有的或延长已消失的躯体或精神症状。其目的是获取赔偿或加重对对方的处罚等。

五、推诿某种义务

我国《民事诉讼法》第72条规定，凡知道案件情况的单位和个人，都有义务出庭作证。不能正确表达意思的人，不能作证。如有的人明知案情，由于种种原因却不愿出庭提供证人证言而伪装精神病；有的人已经订立了合同，利用无行为能力的借口，取消合同中应承担的义务。在国外，有的人为躲避服兵役而伪装精神病。

第三节　伪装精神疾病的类型

根据伪装与案件性质的关系、伪装出现的不同时间段以及伪装的表现形式，可以将伪装精神疾病分为不同的临床类型。

一、依照案件的性质分类

1. 刑事案件中的伪装：以伪装重性精神病为多见，因为有一般常识的人都知道，一个人在没有大脑受伤的情况下，不大可能突然变傻，但有可能突然出现精神问题，因此犯罪嫌疑人为了逃避罪责，大多伪造严重的精神紊乱。

2. 民事案件中的伪装：包括交通事故、工伤保险理赔中的伪装。由于民事案件涉及赔偿问题，鉴定目的是确定受害人的损伤残疾程度，损伤残疾程度越重，赔偿数额越高，因此案件中的伪装情况较多见。在这类案件中，伪装认知功能损伤或伪装精神症状都很多见，伪装认知功能损伤，常伴有颅脑创伤，被鉴定人往往表现为认知功能（主要是智力和记忆）低下；也有少数伪装精神疾病，包括轻性和重性精神症状。

二、依照伪装的时间段分类

1. 事前伪装：又称防备性伪装或预防性伪装。一般多见于刑事案件，是在犯罪前预先造成精神疾病假象，或获得精神疾病的诊断证明，为犯罪后免责做准备，即犯罪前诈病。近些年来随着国家的经济水平飞速发展、社会福利不断提高，也有少数人事先伪装精神疾病，取得医疗机构的诊疗病历及疾病证明，以便日后骗保或获得国家的某种福利待遇。这种类型的伪装虽在司法鉴定领域较少见，但值得提高警惕。

2. 事中伪装：在案件发生过程中伪装精神障碍，如犯罪过程中伪造成精神病人所为的作案现场，以转移办案人员破案思路，造成疾病情境的假象，以掩盖犯罪动机，即犯罪时诈病，这种伪装较少见。事中伪装在民事领域中也能见到，如遭受工伤或交通事故过程中即表现出与伤情不符的呆傻或精神异常，这类人的损伤程度通常轻微，但需要与应激性精神障碍相鉴别。

3. 事后伪装：在事件发生之后或作案后伪装成患有精神疾病，其目的是逃避罪责或责任或获取某种利益，又称犯罪后诈病。此类伪装较常见，尤其是在交通事故、工伤与职业病、劳动争议等赔偿案件中更多见。

三、依照伪装的程度分类

1. 纯粹诈病：又称完全诈病，是指事实上根本不存在任何症状或疾病，所有的临床表现纯属模拟、编造，没有任何疾病的基础。

2. 部分诈病：在一定的疾病或症状基础上夸大或模拟精神症状或认知功能低下，包括以下几种情况：

（1）有意识地夸大已有的症状：如脑外伤后的确存在一些轻微的精神损伤症状，但在鉴定时表现出比原有症状严重得多的症状。

（2）损伤后的原有症状基本消失，但仍谎称症状仍然存在：如脑外伤后曾出现一过性精神病症状，经过治疗后症状已基本消失，但在鉴定时又表现出来。

（3）归因转嫁：无端地将本已存在的疾病症状归因于其实与症状并无关系的原因。如：为了得到补偿，将由于婚姻、家庭关系紧张所导致的精神症状归咎于工作中的外伤事件，或把本身存在精神发育迟滞或精神疾病归咎于可以获得赔偿的外伤事件。

四、依照精神疾病的表现形式分类

根据精神疾病的表现形式可将伪装精神疾病大体归纳成两大类：

1. 伪装认知功能低下：伪装记忆减退或缺少、智能损害、失语、失认、失写、失读等。这类伪装的核心表现就是"装傻"。

2. 伪装精神症状：

（1）伪装精神病性症状：如伪装幻觉、妄想、语词杂乱、木僵、缄默等。

（2）伪装情感障碍症状：包括伪装兴奋、言语动作增多；或悲观失望、振作不能等。

（3）伪装神经症样症状：可表现为肢体麻木或感觉丧失、肢体乏力或瘫痪、头痛头晕、恶心、注意力不集中、健忘、周身不适、焦虑等。

（4）伪装意志行为障碍：表现为各种行为障碍，如冷淡、不关心（外界发生的事情漠不关心、不闻不问）、不讲卫生（浑身污垢、吃屎、喝尿）、拒食、行为紊乱、冲动等，表现出这些症状者一般都是为了造成精神疾病的假象。

第四节　伪装精神疾病的常见表现形式

伪装精神疾病的临床表现是多种多样的，而且随着文化的变迁、人们对精神疾病的认识和了解，伪装精神病的临床表现也不断变化。临床上常见的表现形式可以大体归纳为伪装精神症状和伪装认知功能低下两种，即通常所说的"装疯""卖傻"。这两种表现可以独立存在，也可能同时混合表现出来，有时以伪装认知功能低下为突出表现，有时则以伪装精神症状或精神疾病为突出表现。

一、伪装精神疾病的共同特征

1. 症状的突然性：伪装的症状绝大多数在侦查、起诉、审判或执行阶段突然发生，且症状十分丰富，没有任何前兆症状，不能用任何精神病性障碍来解释。当伪装者认为已无必要伪装，或被识破后，"精神病"症状便立即消失。"精神病"的突然出现和突然消失，不符合一般精神疾病的发展规律。

2. 症状的夸张性和多变性：伪装者为吸引他人的注意，让人相信他"真病"，所以"表演"往往过分出格或故作姿态，带有明显夸张、显示、做作色彩，甚至主动暴露症状。伪装症状多属主观性质，因此变化多端，且易受暗示而改变。往往在白天，在人数众多时症状严重，而在晚上独居时症状缓解，或不那么严重。

3. 症状难于归类：伪装者往往把不同规律的症状凑合在一起混杂搭配，甚至自相矛盾。如表现为明显的意志减退，但又主动要求吃好的饭菜；精神症状和神经系统症状交替出现等。结果都难以用某种精神疾病来解释，难于归类。

4. 回避检查或不合作：检查时，由于伪装者心虚、紧张害怕，往往回避检查或不合作；有的伪装者听说要检查而出现逃跑行为。在检查时回答问题往往拖延时间、不答、故意答错或作出奇怪的回答；有的伪装者对检查持敌视态度，抵触、抗拒或故意任性和发脾气，甚至出现冲动行为。

5. 回避目光注视：伪装者往往表情冷淡、低头缄默不语或凝视一处，或表情紧张，较少与工作人员目光对视。如果与检查者正对着坐，则将头扭向一侧说话；如果在有监视器的地方，则总是背对着监视设备坐。回避目光是伪装者的共性。少数伪装者虽有目光接触，但接触的时间较短，常迅速移开视线，或不敢完全正视鉴定人员。

6. 强调自己有病：如犯罪嫌疑人或被告人反复自我表白，主动声称自己有"精神病"、有"幻觉"和"妄想"、有"遗传性精神病"等，愿意进行药物治疗，则可能是伪装的。因为真正的重性精神病患者症状较隐蔽，不主动暴露，缺乏自知力，往往不承认自己有病。

二、伪装精神疾病的症状

1. 伪装痴呆（智力减退）：指故意装傻，这在伪装中较多见。轻者，有的表现为不假思索地回答问题，随意作答，或故意放慢回答问题的速度，有意显示自己记忆差或反应迟钝，不尽自己的努力去实施心理测验等，常用"我忘了""我记不得了""我不会""我不知道"等回答。重者，表现为严重的记忆减退，故意答错甚至连自己姓名、年龄、住址等都不记得，分不清左右手和自己性别，让指鼻子则摸耳朵，问"1+1=2?"回答"是牛或马"等。有些伪装者对有利于自己的事情能回忆，对不利于自己或会将自己牵连进去的事情就毫无记忆，多见于有脑外伤病史者。

2. 伪装意识障碍：表现为对实施犯罪行为发生遗忘，说不清实施犯罪行为时的时间、地点、周围人物及过程等。但检查时对答切题，能理解提问内容，能回答一般性问题，尤其对自己有利的问题回答得往往准确无误。

3. 伪装缄默不语或木僵：这种情况较为多见，也容易伪装。但真正的精神疾病不可能只表现出孤立的缄默症状，通过严密观察常可发现破绽。伪装木僵状态，不语、不动、淡漠、对外界发生的事情漠不关心、拒食等，但检查时往往发现与器质性木僵、紧张性木僵、抑郁性木僵及心因性木僵均不相符。经仔细观察常可发现一些矛盾，如对周围环境非常注意、敏感，可秘密进食，舒展身体，并且一般无营养不良和肌肉萎缩等情况。

4. 伪装幻觉、妄想：伪装者常主动暴露"症状"，如称自己有"幻觉"或

"妄想"，并强调其实施的犯罪或危害行为是受"幻觉"或"妄想"的影响，甚至还能较正确地解释"幻觉"或"妄想"的含义。但"幻觉"往往孤立地持续存在，缺乏具体内容，对细节始终说不清楚，并与其他精神活动无联系；"妄想"也常突然出现或突然终止，无具体内容，并且这些"幻觉"或"妄想"很少引起当事人的情绪反应，对这些"幻觉"或"妄想"既不害怕，也无相应的内心体验及外在的"对抗"行为。

5. 伪装思维破裂或思维奔逸：伪装者可表现为言语增多、答非所问、语无伦次、自言自语，但与真正的思维破裂或思维奔逸相比，往往缺乏自然与流畅度，与其他精神活动也无联系。而且伪装者讲多了难免要涉及周围的人和事，因此，这类症状是难以伪装的。

6. 伪装情感障碍：有的伪装者常表现出"情感淡漠"，对提问毫无反应，但若给予晓之以理、动之以情的刺激便可出现正常人的情感反应，或以闭眼、肢体颤抖等反应来竭力掩饰自己的情绪。也有的表现出"悲观失望"，或表现出情感高涨、兴奋话多。

7. 伪装运动障碍：表现为双腿或某个肢体突然不能活动或出现跛行或将肢体屈曲成极不自然的姿势等，但通过神经系统检查和仪器设备检查往往无相应器质性损害的证据。有的伪装者甚至用注射器将污水、煤油、汽油等注入肢体导致局部组织感染肿胀而出现运动障碍。伪装瘫痪应与癔症性瘫痪相鉴别，伪装者有明显的目的和动机，一般无癔症性格特征，症状具有伪装的特征，可通过自我控制而发生改变。

癔症患者多有癔症性格，既往多有发作史，症状具有无意识、不能自控的特征，并非故意伪装；虽可受暗示的影响，但符合癔症的疾病规律；尽管症状具有表演性、夸张性，但也有泰然漠视甚至否认有病的相反情况。

8. 伪装行为异常：伪装者为达到其目的，往往可做出各种离奇古怪的行为，如呈现各种姿势、动作、怪相，如挤眉弄眼、磕头作揖、赤身裸体、当众手淫等，甚至以"苦肉计"的形式出现。有的伪装者不停地做怪动作，不停地点头或摇头，全身或四肢抖动等。有的伪装者出现"意向倒错"，吞食异物，如吃大小便、小铁钉、小玻璃片及塑料物品之类，或拣地上的东西吃等；有的伪装者易激怒、冲动，自伤自残，如割腕、扎肚皮、砍伤指头等，但均无严重的或致命性的伤害。

上述表现多在白天或在他人面前"表演"，显出比"真正的精神病人还疯"

的样子，这些表现具有夸张性、表演性、幼稚性，显得很粗劣，而且除单纯的行为障碍外，缺乏相关精神疾病的其他症状，难于归类。

9. 伪装兴奋躁动：伪装者可表现为兴奋、失眠、吼叫、谩骂、手舞足蹈、打人、撕衣毁物、自伤、赤身裸体、随地大小便等。这类症状往往难以长期坚持，常呈现"间歇性表演"。如白天在公众面前"表演"，持续到无人时便需要暂时休息，由于表演疲惫不堪，晚上生理性睡眠并不减少。

10. 伪装神经症样症状：常表现为在检查人员面前过分夸大其躯体不适的症状，可表现为头痛、头晕、恶心、记忆力差、心烦、坐立不安，注意力不集中、周身不适等。如以自然状态走入医院者，当见到鉴定人员时突然表现出不能独立行走，让家人背着或搀进检查室，迅速从自然表情转为痛苦表情，主诉大量的躯体不适症状，而没有相应的阳性体征或实验室检查证据证明。

第五节 伪装精神疾病的鉴别

伪装精神疾病的鉴别是一项极为复杂的工作。就目前的科学技术发展水平和精神医学的研究进展而言，对多数精神疾病还无法通过仪器或机器来检测、鉴别其真伪。目前应用较多的各种心理测验［特别是明尼苏达多项人格测验（Minnesota Multiphasic Personality Inventory，MMPI）］可以提供一些参考证据；国内外刑事司法领域中目前使用的测谎仪尚处于探讨和经验积累阶段；生化测验如血清皮质醇、醛固酮水平在应激层面对伪装精神疾病的诊断与鉴别以及对不同责任能力的判定具有一定的客观参考价值。因此，目前对鉴别精神疾病伪装而言，最科学、最可靠、最实用的方法就是鉴定人员凭借自己的临床经验，全面深入细致地调查、严密观察被鉴定人，以及对资料进行系统分析、判断和推理。具体的做法有以下几个方面：

1. 鉴定人要抱有公正、客观的态度，不受别人影响，不先入为主、主观臆断，而是实事求是，严谨细致，以事实为根据，以精神医学科学标准进行鉴定。

2. 充分掌握案件当事人各方面的材料，详细、全面地占有资料。要了解被鉴定人的病史，了解案情，了解其一贯的行为表现和此次的情况，了解其中有无矛盾之处或突然改变的情形，了解被鉴定人有无现实性的动机和目的。

要调查被鉴定人作案前中后的精神状况、既往表现、既往精神状态、既往社会功能、既往家庭功能以及既往个性特征，查实出生史、成长史、个人史、家族史。

（1）一般材料：包括案件当事人的姓名、性别、年龄、婚姻、民族、文化程度、职业、住址等。

（2）案情（以刑事案件为例）：不仅要了解犯罪嫌疑人或被告人作案的详细过程，而且还应了解其是否具有正常人作案的目的和动机，如为了满足个人欲望、报复或系生理性激情、病理性动机等。

（3）作案前后的精神状况：作案前犯罪嫌疑人或被告人的工作、劳动或学习情况，有无反常言行，人际关系、日常生活、个人卫生的料理情况；案后表现，讯问笔录，尤其是首次笔录及关押期间的表现等。

（4）深入调查了解犯罪嫌疑人或被告人有无伪装的现实动机和明确目的。

（5）个人史：包括个人简历、健康史等方面的详细材料。

（6）既往家庭功能调查：家族史包括两系三代直系亲属中有无精神疾病患者、家庭主要成员的个性、有无前科、家庭环境等情况。

（7）其他的相关材料：如犯罪嫌疑人或被告的日记、书信、医疗记录、检查结果（包括辅助检查）等。

3. 详细询问被鉴定人，以了解其精神状态及思想情况。

4. 全面检查被鉴定人的身体，以发现有无疾病的改变及体征。

5. 严密进行病程观察，详细作好记录，以发现有无矛盾、异常情况及破绽。有时对精神疾病伪装的识别相当困难，需排除有关功能性精神疾病、器质性精神病以及神经系统的疾病后方可确认，为此，除需反复多次进行精神检查外，还需要一段时间的严密观察。在观察时，鉴定人最好亲自进行，这样可以获取第一手资料。同时，还可以布置不同层次的秘密力量协助跟踪监视。观察必须秘密进行，最好采用现代监控技术，如闭路电视、微光电视等 24 小时昼夜值守观察。主要观察伪装者的言语行为、情感反应、与周围成员的关系、日常生活、个人卫生以及"症状"表现情况等，并做详细记录。

6. 聘请专家鉴定，加强侦查人员在鉴定中的作用。要确认精神疾病的伪装，需聘请有关专家来做鉴定，从事鉴定的专家必须具有丰富的司法精神病学知识、经验和鉴定能力才能胜任这项工作。伪装的精神病由于不是真正的精神病，必然会有许多自我矛盾和不符合医学规律之处，若能认真检查，耐心观察，识破伪装并不困难。

除专家应当做深入细致的调查及全面详尽的检查外，侦查人员的密切配合是必不可少的，因此在办理案件时侦查人员应当做到以下几点：

（1）缜密的调查取证。在做司法精神病鉴定时，假如材料达不到鉴定的要求，鉴定人只能要求侦查人员进行补充侦查。因此侦查人员的调查取证应该尽量缜密，避免之后不必要的麻烦。

（2）及时送鉴。侦查人员在发现精神病或伪装精神病时，应该及时将案件的资料和证据移送给鉴定机构进行鉴定，从而减少伪装精神病的可能性，降低鉴定的难度和提高鉴定的准确性。

（3）消除人为痕迹。侦查人员一般较为缺乏对鉴定的保密意识，很可能在鉴定的过程中有意或无意地将鉴定的事情泄露给被鉴定对象，这将会影响被鉴定人的自然流露，因为不论是精神病患者还是正常人，其心态多多少少会发生一些变化，这便是产生了人为的雕饰痕迹，对鉴定人的正确判断会产生不利的影响。

7. 伪装精神疾病的常用评估方法。

（1）定性评估法：一般是根据伪装疾病的规律和特征，总结归纳成若干个条目，根据这些条目对伪装精神疾病进行识别和判定。国外学者总结了说谎话者的言语特征：

第一，修饰语：常用一些含糊词来回答问题，例如，"不一定""可能是这样""基本上是这样"等。

第二，过分省略：用一些强调词来回答问题，例如，"不""没有"等。

第三，强调真实性：强调自己所说的是完全真实的，例如，"百分之百是真话""绝对没有说谎"等。

第四，停顿现象：无词的声音，例如在犹豫时用"嗯"来拖延时间。

第五，断断续续：说话吞吞吐吐，结舌、口吃或含糊。

第六，清嗓门：发出一些声音，例如，呻吟、叹气、咕噜声等。

（2）经验评估法：凭借专业人员的临床经验来评估，是精神医学鉴定实践中常用的方法。

由于在鉴定实务中，一种病因可导致多种临床表现，而一种临床表现又可以由多种病因引起，即使有先进的评估方法，仍需要经验性评估来排除一些临床特殊情况，并对测验评估的结果进行补充、核实。经验评估法受临床经验的影响较为明显，临床经验越少，对伪装精神疾病的识别率越低。但凭借临床经验做出的判断常带有较大的主观性，判断的一致率较低，而且大多只能发现较为典型、明显的伪装。

（3）定量评估法：在标准情境下，用标准化的工具及检测仪对伪装行为的存在与否进行量化分析，目前国内已经使用的评定量表主要有：①明尼苏达多项人格测验（MMPI）：MMPI是目前世界上所有心理量表中含效度量表最多的心理测验工具，其中MMPI-II有很多反映伪装或夸大精神症状的效度分量表；②简易精神症状自陈量表（malingering test）：由于实施MMPI所需时间较长，影响该测验的可行性，有的被测者在做MMPI后期测试时，有相当一些人胡乱作答，结果往往无效。因此，为了简洁明了地反映被测者是否伪装精神病，提高测验的可行性，国内外均有学者编制了简短的伪装精神病的评定量表，使被测者在实施测验时既能真正感觉到是在测查其有无精神病，又能保证短时间内的认真作答，从而保证了测验的实施和完成。

（4）微表情分析技术：针对面部微表情、身体微动作等进行谎言识别。

第一，斜身：在说谎的同时，表现出身子向前倾斜、双肘搁在膝盖上或放在桌子上，或在椅子上不断改变姿势。

第二，舔唇：不停地用舌头接触口唇。

第三，收紧嘴：紧闭嘴唇，好像不让任何真情透露出来。

第四，饮水、吞咽：不时喝水或吞咽动作增多。

第五，手、面动作：触摸脸面、鼻子（抓鼻、揉鼻）、耳朵、头发的动作增多。

第六，叹气、深呼吸：能听到或看到说谎者的叹息声或深呼吸。

第七，动手、耸肩：向外弹指、耸肩、心神不定的样子。

第八，抓物体：手抓东西的动作增多，如抓眼镜、笔、纸等。

第九，转移视线：在与问话人对视后迅速移开视线，看其他地方，或看下方，回避问话的视线。

第十，很少眨眼：在说谎时，主动眨眼的动作减少。

第十一，握拳、叩指：手握成拳头，看不到手指或双手合拢、手指交叉。

第十二，双臂交叉，类似交叉叠成一个屏障来对抗审讯者对其说谎的否定。

8. 综合以上各方面材料，进行全面分析和判断，做出最后结论。

综上所述，精神障碍者的伪装鉴别应结合全案的总体情况和具体细节，既横向比较被鉴定人在犯罪前中后的表现及精神状态，又要纵向比较被鉴定人在作案过程中和心智正常的人实施同类型犯罪的差异程度来综合判断。对伪装精神病者不能用强迫、威胁的方法使其承认伪装,最重要的是查明其诈病的目的。在司法实践中,伪装精神病的案件一般比伪装其他躯体疾病的案件要少得多。还要注意被鉴定人承认自己是伪装者并不能作为判断诈病的唯一根据。因为真正的精神病人,为了达到不住院或其他目的,也可能表示自己是精神疾病的伪装者。

另外,伪装精神疾病的鉴定要坚持"无病推定"原则。无病推定原则是无罪推定原则在司法精神病鉴定中的体现。根据我国《刑事诉讼法》的规定,在司法精神医学鉴定工作中强调应用"无病推定"的思维模式对保证司法精神病鉴定的质量具有非常重要的意义。即对被鉴定人的精神状态首先应假定为正常,且具有完全刑事责任能力,除非有确凿的证据证明被鉴定人患有精神障碍并且因此影响对自己行为的辨认或控制能力时,方可作出相应的刑事责任能力的结论。

第六节 匿病

有些精神病人如抑郁症患者、偏执性精神病患者,为达到病理性的目的,如自杀或"曲线自杀",报复"加害人"等,其往往会主动配合医生治疗,而且竭力装出精神病好转或痊愈,以图结束治疗出院后行事。还有的精神病人甚至承认自己是"伪装"的。对此,一定要有足够的认识和警惕,还应注意识别为其他目的而隐瞒精神病的。

参考文献

1. 夏镇夷主编:《中国医学百科全书㊺精神病学》,上海科学技术出版社 1982 年版。
2. 沈渔邨主编:《精神病学》,人民卫生出版社,2001 年版。
3. [英]格尔德、梅奥、考恩:《牛津精神病学教科书(中文版)》,刘协和等译,四川大学出版社,2004 年版。
4. 江开达主编:《精神病学》,人民卫生出版社 2005 年版。
5. 郝伟主编:《精神病学》,人民卫生出版社 2004 年版。
6. 姜佐宁主编:《现代精神病学》,科学出版社 2004 年版。
7. 中华医学会精神科分会编:《CCMD-3 中国精神疾病分类方案与诊断标准(第三版)》,山东科学技术出版社 2001 年版。
8. 何伋等主编:《神经精神病学辞典》,中国中医药出版社 1998 年版。
9. 李丛培主编:《司法精神病学》,人民卫生出版社 1992 年版。
10. 李从培:《司法精神病学鉴定的实践与理论》,北京医科大学出版社 2000 年版。
11. 郑瞻培、汤涛、管唯主编:《司法精神鉴定的难点与文书》,上海科学技术出版社 2009 年版。
12. 马恩轩、赵万利、栾清明等:"在监罪犯精神障碍流行学调查",载《山东精神医学》1998 年第 2 期。
13. 刘小林:"人格障碍中的司法精神病学问题",载童俊主编:《人格障碍的心理咨询与治疗》,北京大学医学出版社 2008 年版。
14. 贾谊诚等编著:《实用司法精神病学》,安徽人民出版社 1988 年版。
15. 刘协和主编:《法医精神病学》,人民卫生出版社 1997 年版。
16. 张小宁:《司法精神病学》,陕西人民出版社 1999 年版。
17. 林准:《精神疾病患者刑事责任能力和医疗监护措施》,人民法院出版社 1996 版。

18. 纪宗宜、张小宁编著：《基础司法精神病学》，陕西人民教育出版社 1989 年版。
19. 栗红林、纪宗宜、张小宁编：《司法精神病学研究与应用》，陕西人民出版社 1993 年版。
20. 陈忠保编著：《应用司法精神病学》，上海科学技术出版社 1988 年版。
21. 孙东东：《精神病人的法律能力》，现代出版社 1992 年版。
22. 贾静涛：《世界法医学与法科学史》，科学出版社 2000 年版。
23. 吴家驭主编：《法医学》，四川大学出版社 2006 年版。
24. 郭景元主编：《现代法医学》，科学出版社 2000 年版。
25. 张小宁主编：《法医学》，陕西人民出版社 1999 年版。
26. 陈佩璋主编：《人体重伤鉴定标准释义》，中国检察出版社 1991 年版。
27. 赵新才主编：《法医学伤残评定》，四川大学出版社 2003 年版。
28. 袁尚贤、高北陵编著：《法医精神损伤学》，华中科技大学出版社 2005 年版。
29. 杜海平、贾宇主编：《警用法学辞书》，中国人民公安大学出版社 1994 年版。
30. 高明暄、马克昌主编：《刑法学》，北京大学出版社、高等教育出版社 2000 年版。
31. 苏惠渔主编：《刑法学》，中国政法大学出版社 1997 年版。
32. 江平主编：《民法学》，中国政法大学出版社 2000 年版。
33. 寇志新主编：《民法学》，陕西人民出版社 1989 年版。
34. 全国人大常委会法制工作委员会刑法室编著：《全国人民代表大会常务委员会关于司法鉴定管理问题的决定释义》，法律出版社 2005 年版。
35. 《关于司法鉴定管理问题的决定及相关文件汇编》，中国法制出版社 2005 年版。
36. 司法部司法鉴定体制改革工作办公室组织编写：《建立有中国特色的统一司法鉴定管理体制》，中国政法大学出版社 2005 年版。
37. 《办理司法鉴定案件法律依据》编写组：《办理司法鉴定案件法律依据》，中国法制出版社 2004 年版。
38. 《人身损害赔偿》，中国法制出版社 2003 年版。
39. 侯宗濂主编：《中国医学百科全书 生理学》，上海科学技术出版社 1985 年版。
40. 朱文玉主编：《人体解剖生理学》，北京大学医学出版社 2002 年版。
41. 姚泰主编：《生理学》，人民卫生出版社 2005 年版。
42. 陈仲庚主编译：《变态心理学》，人民卫生出版社 1985 年版。
43. 纪术茂、高北陵、张小宁主编：《中国精神障碍者刑事责任能力评定与司法审判实务指南》，法律出版社 2012 年版。

44. 纪术茂、高北陵、张小宁主编：《中国精神障碍者刑事责任能力评定案例集》，法律出版社 2011 年版。
45. 张小宁、张轶琛："刑事司法精神疾病鉴定法律规范的几个问题"，载《中国司法鉴定》2012 年第 3 期。
46. 张小宁："吸毒犯罪者的司法精神病学鉴定刍议"，载侯一平主编：《法医学进展与实践（第七卷）》，四川大学出版社 2010 年版。
47. 纪术茂、张小宁："《精神障碍者刑事责任能力评定大纲》研究简介"，载《证据科学》2008 年第 4 期。
48. 纪术茂、张小宁："精神障碍者刑事责任能力评定大纲"，载《证据法学》2008 年第 4 期。
49. 张小宁："应激相关障碍的损伤程度评定标准之比较与探讨"，载《法医学杂志》2007 年第 3 期。
50. 张小宁："我国精神病人的法律问题"，载侯一平、廖志钢主编：《法医学进展与实践（第五卷）》，四川大学出版社 2005 年版。